大家文存
粤派评论丛书

康有为集

郑力民 编

本项目受广东省宣传文化发展专项资金资助出版

SPM 南方出版传媒
广东人民出版社
·广州·

图书在版编目（CIP）数据

康有为集 / 郑力民编．—广州：广东人民出版社，2018.1（2023.1重印）
（粤派批评丛书）
ISBN 978-7-218-12152-9

Ⅰ．①康…　Ⅱ．①郑…　Ⅲ．①康有为（1858-1927）—文集
Ⅳ．①B258.1-53

中国版本图书馆CIP数据核字（2017）第257614号

KANG YOUWEI JI
康 有 为 集　　郑力民　编

出 版 人：肖风华

责任编辑：谢　尚　古海阳
装帧设计：张绮华
排　　版：广州市奔流文化传播有限公司
责任技编：吴彦斌　周星奎

出版发行：广东人民出版社
地　　址：广州市大沙头四马路10号（邮政编码：510199）
电　　话：（020）85716809（总编室）
传　　真：（020）83289585
网　　址：http://www.gdpph.com
印　　刷：三河市同力彩印有限公司
开　　本：787毫米×1092毫米　1/16
印　　张：25.25　　**字　　数**：390千
版　　次：2018年1月第1版
印　　次：2023年1月第2次印刷
定　　价：98.00元

“粤派评论丛书”编辑委员会

（按姓氏音序排列）

总 序

近百年来中国文坛，“京派批评”“海派批评”以及20世纪80年代崛起的“闽派批评”已是大家公认的文学现象，但“粤派评论”却极少被人提起。事实上，不论从地域精神、文化气质，还是文脉的历史传承，抑或批评的影响力来看，“粤派评论”都有着独特精神气质和文化品格，有它的优势和辉煌。只不过，由于历史、现实、文化和地域的诸多原因，“粤派评论”一直被低估、忽视乃至遮蔽。有鉴于此，我们认为，以百年粤派文学以及美术、音乐、戏剧、影视等评论为切入点，出版一套“粤派评论丛书”，挖掘被历史和某种文化偏见所遮蔽的“粤派评论”的价值，彰显粤派文学与文化的独特内涵和深厚底蕴，不仅能更好地展示广东文艺评论的力量，让“粤派评论”发出更响亮的声音，而且有助于增强广东文化的自信，提升广东文化的影响力，促进区域文化的繁荣发展。

出版这套丛书，有厚实、充分的历史、现实、文化和地域等方面的依据。

第一，传统文化的影响。岭南文化明显不同于北方文化。如汉代以降以陈钦、陈元为代表的“经学”注释，便明显不同于北方“经学”的严密深邃与繁复，呈现出轻灵简易的特点，并因此被称为“简易之学”。六祖惠能则为佛学禅宗注进了日常化、世俗化的内涵。明代大儒陈白沙主张“学贵知疑”，强调独立思考，提倡较为自由开放的学风，逐渐形成一个有粤派特点的哲学学派。这种不同于北方的文化传统，势必对“粤派评论”的形成起到潜移默化的作用。

第二，文论传统的依据。“粤派评论”的起源可追溯到晚清，黄遵宪的“诗界革命”，梁启超的“小说界革命”的倡导，开创了一个时代的风潮，在全国产生了普泛的影响。上世纪二三十年代，黄药眠在《创造周刊》发表大量文艺大众化、诗歌民族化的文章，风行一时。钟敬文措意于民间文学，被视为中国民间文学的创始人。新中国建立后的“十七年”，“粤派评论”的代表人物有黄秋耘、萧殷、梁宗岱等人。新时期以来，“粤派评论”也涌现出不少在全国具有一定知名度的文艺评论家。如饶芃子、黄树森、黄修己、黄伟宗、洪子诚、刘斯奋、杨义、温儒敏、谢望新、李钟声、古远清、蒋述卓、陈平原、程文超、林岗、陈剑晖、郭小东、宋剑华、陈志红等，其阵容和影响力虽不及“京派批评”和“海派批评”，但其深厚力量堪比“闽派批评”，超越国内大多数地域的文艺评论阵营。如果视野和范围再开放拓展，加上饶宗颐、王起、黄天骥等老一辈学者的纯学术研究，则“粤派评论”更是蔚为壮观。

第三，地理环境的优势。从地理上看，广东占有沿海之利，在沟通世界方面具有得天独厚的优势；同时，广东处于边缘，这既是劣势也是优势。近现代以来，粤派学者在中西文化交汇的背景下，感受并接受多种文明带来的思想启迪。他们视野开阔，思维活跃，不安现状，积极进取，敢为人先，因此能走在时代变革的前列。黄遵宪、康有为、梁启超、孙中山等是这方面的代表人物。他们秉承中国学术的传统，又开创了“粤派评论”的先河。这种地缘、文化土壤的内在培植作用，在“粤派评论”的发展过程中是显而易见的。

“粤派评论”有属于自己的鲜明特点。

第一，中国现当代文学史写作，是“粤派评论”最为鲜亮的一道风景线。在这方面，“粤派评论”几乎占了文学史写作的半壁江山，而且处于前沿位置，有的甚至成为中国现当代文学史写作的高地。比如20世纪80年代，钱理群、陈平原、黄子平联合发表的著名论文《论二十世纪中国文学》，其中陈平原、黄子平均为粤人。洪子诚的《中国当代文学史》以方法先进、富于问题意识、善于整合中西传统资源和吸纳同时代前沿研究成果著称，它与陈思和的《中国当代文学史教程》被学界誉为中国现当代文学史的“南北双璧”。杨义的三卷本《中国现代小说史》是比较方法运用文学史写作的有效实践，该著材料扎实，眼光独到，分析文本有血有肉，堪与夏志清的《中国现代小说史》比肩。此外，温儒敏的《中国现代文学批评史》、黄修己的《中国现代文学发展史》、古远清的港台文学史写作，也都各具特色，体现出自己的史观、史识和史德。

第二，“粤派评论”注重文艺、文化评论的日常化、本土经验和实践性。粤派评论家追求发现创新，但不拒绝深刻宽厚；追求实证内敛，而不喜凌空高蹈；追求灵动圆融，而厌恶哗众取宠。这就体现了前瞻视野与务实批评的结合，经济文化与文艺批评的合流，全球眼光与岭南乡土文化挖掘的齐头并进，灵活敏锐与学问学理的相得益彰，多元开放与独立文化人格的互为表里。粤派评论家有自己的批评立场、批评观念，亦有自己的学术立足点和生长点。他们既面向时代和生活，感受文艺风潮的脉动，又高度重视审美中的文化积累和文化传承；既追求批评的理论性、学理性和体系建构，又强调批评的实践性，注重感性与诗性的个性呈现。

我们认为，建构“粤派评论”，不能沿袭传统的流派范畴与标准，它不是一种具有特定文化立场、一致追求趋向和自觉结社的理论阐释行动。它只是一个松散的、没有理论宣言与主张的群体。因此，没有必要纠结“粤派评论”究竟是一个学派，还是一个地域性的概念，但有一点可以肯定：“粤派评论”已是一个客观存在的文化实体，即虽具有地方身份标识，却不局限于一地之见的文艺理论家、批评家群体。

党的十九大报告指出，发展中国特色社会主义文化，就是以马克思主义为指导，坚守中华文化立场，立足当代中国现实，结合当今时代条件，发展面向现代化、面向世界、面向未来的，民族的科学的大众的社会主义文化，推动社会主义精神文明和物质文明协调发展。广东省委宣传部策划、组织、指导编纂出版“粤派评论丛书”，是贯彻落实十九大关于文化建设发展精神的一项重要举措，是讲好中国故事、传播中国声音、阐发中国精神、展现中国风貌的一次文化实践。我们坚信，扎根广东、辐射全国的“粤派评论”必将成为新时代坚定文化自信、实现中华民族伟大复兴路上其中一块最稳固的基石。

“粤派评论丛书”编辑委员会

康有为像

编者简介：

郑力民，1952年出生于广东梅州的山城大埔县。1968年初中毕业后，先后被上山下乡大潮卷到大埔县一个偏僻山村和海南广州军区生产建设兵团。十年间，务过农，做过工，当兵已被退回，侥幸再入黉门，于恢复高考后先后就读北京师范大学中文系和复旦大学古文献研究班。曾在中山大学古文献研究所岭南文学组从事学习与研究。著有《南园后五先生诗》（校注）、《元好问诗选译》（译注），并曾参与《岭南文学史》《广州城坊志》《岭南历代诗人传》的部分工作。

目 录

论文学现象

论中西文化比较

前　言

郑力民

康有为（1858—1927），原名祖诒，字广厦，号长素，又号明夷、更生、更甡、西樵山人、游存叟、天游化人，人称康南海，是我国晚清时期重要的政治家、思想家、教育家，资产阶级改良主义的代表人物。

康有为出生于广东省南海县（今佛山市南海区）丹灶苏村一个以理学传家的仕宦家庭。他好学聪颖，博闻强记，在家庭文化氛围的影响下，从小就广读诗书，博览典籍，接受了比较正规而完整的传统文化教育。据说，他四岁时已能诵读唐诗数百首，六岁又开始攻读《大学》、《中庸》、《论语》、朱注《孝经》，年仅十一岁，便已写得一手好文章。

光绪二年（1876），康有为应乡试不售，回乡师从广东硕儒朱次琦攻读《周礼》、《仪礼》、《尔雅》、《说文》、《水经注》、《楚辞》、《汉书》、《文选》诸书，以及顾炎武、钱大昕、赵翼等人的历史论著，“大肆力于群书”，并因而“议论宏起”。在崇信宋明理学的朱次琦影响下，他摒弃了所谓汉学家的烦琐考据，转向程朱理学，企图开辟新的治学道路。但一段时间之后，国家危亡的现实，又使他对“仅言孔子修己之学，不明孔子救世之学”的理学乃至对传统的文化学术发生了怀疑。他逐渐厌倦了“日埋故纸堆中，汩其灵明”的治学方式，于是开始大量阅读各种经世致用的书籍，如顾炎武的《天下郡国利病书》、顾祖禹的《读史方舆纪要》等，并曾游历香港，大开了眼界。

光绪五年（1879），康有为开始接触西方文化，陆续阅读了《海国图志》、《瀛环志略》以及声、光、化、电、重学及各国史志、游记等书，“为讲西学之基矣”。光绪八年（1882），康有为到北京参加会试，回归时经过上海，进一步接触到了资本主义的事物，并收集了不少介绍资本主义各国政治制度和自然科学的书刊。

在西方文化的撞击和国家危亡现实的刺激下，自幼即受教于中国传统文化的康有为越来越看清了传统文化的弊端，对传统的文化学术发生了怀疑，从而萌生了学习西方、变革图存的志向，“舍弃考据贴括之学，专意养心”，“以经营天下为志”。从光绪十四年（1888）后，康有为在借鉴西方文明深刻反思和检讨中国传统文化的基础上，陆续撰写了《新学伪经考》、《孔子改制考》、《春秋董氏学》、《春秋笔削大义微言考》、《孟子微》、《论语注》、《中庸注》等一系列文化批判和学术批评文章，对中国文化和传统学术进行了全面而系统的深刻批判，为维新变法奠定了理论基础，并进而把其改革观点融汇为其致光绪皇帝的七次上书，有力地促成和推动了戊戌变法运动。变法运动失败后，康有为有感于西方文明的先进性，先后游历欧美各国，致力于中西文化的比较研究，陆续写下了《与洪右臣给谏论中西异学书》、《波兰分灭记》、《欧洲十一国游记》、《英国监布烈住大学华文总教习斋路士会见记》等中西文化比较论著，旨在引进西方先进文明，宣传变法维新主张。晚年的康有为思想日趋保守，成为顽固的保皇派，逐渐丧失了早期的文化批判精神。此时他的批评论著，已主要着眼于一些文学现象和作品批评，其早期的批判和战斗精神可以说是大为逊色了。

总的来说，康有为的批评论著尤其是其早期作品，在当时的思想界、学术界、文化界乃至政治界都发生了极为轰动的影响。特别是他的两部代表性著作《新学伪经考》和《孔子改制考》，一方面，代表着当时社会中民族资产阶级上层的意向和主张，体现了这个阶层的经济政治要求和利益，为资产阶级改良运动提供了思想基础，在知识界引起强烈的震动和反响；另一方面，也在封建士大夫的各个阶层中间掀起了反对浪潮，就连原来与维新关系比较密切的帝党官僚也开始对康有为有所看法，顽固派更视之如洪水猛兽，指之为邪说。

之所以能够引起如此强烈反响，是由于康有为的批评论著具有如下鲜明的特色——

一是轻于学术考据，重在宣传变法。这一点，在其代表作《孔子改制考》和《新学伪经考》中表现得尤为明显。二书借发挥孔子的政治思想，利用传统的儒学权威来宣传变法道理，因而被顽固派斥为“明似推崇孔教，实则自申其改制之义”，险遭毁版之灾。《孔子改制考》宣传民权、倡导大同，是康有为假托孔子的名义来实行变法的一个理论基础。书中，康有为不顾历史上的孔子思想保守，拘泥旧制的真实面貌，虚构出一个首创“改制”的孔子，认为孔子是假托尧舜等古圣先贤的言论行事而作六经，其目的是托古改制，宣扬民主、平等和进取。在这里，康有为的真实意图是用近代西方社会政治思想，把历代封建统治阶级最尊崇的权威孔子打扮成托古改制的“素王”，以此来打击政治上守旧的顽固派，减少新法推行中的阻力。在《新学伪经考》中，康有为把东汉以来统治者独尊为儒学正宗的古文经，宣称为刘歆为王莽篡汉而伪造的新学，认为这些伪造的新学湮没了孔子学说的“微言大义”；同时，康有为以历史进化论附会公羊学说，阐发了今文学家“通三统”、“张三世”的学说，宣称人类社会是按照“据乱世”、“升平世”和“太平世”的顺序演变的，相对应的是君主专制时代、君主立宪时代和民主共和时代，以此论证变法维新的必然性，完成了变法维新的理论依据。康有为的其他著作如《春秋董氏学》、《春秋笔削大义微言考》、《孟子微》、《论语注》、《中庸注》，也大多是为其变法理论服务。

二是文风汪洋恣肆，行文不拘小节。康有为自幼聪颖好学，及长，更是学识异于常人，因而形成了狂傲、自信的性格，睥睨万物，唯我为是。正如梁启超所评价的：“有为之为人也，万事纯认主观，自信力极强而持之极毅。”他在一生中，对传统文化和学术一直抱持一种批判性态度，先后摒弃了汉学家的烦琐考证、古文学家的实证训诂、程朱理学的修己之学，逐渐转向孔子关注现实政治的“救世之学”，致力于挖掘、发挥经文背后的微言大义，通过对经典本文的分章析句，综合把握经典的精神实质，重新建构其政治意义。这一思维路径反映到其批评论著中，便形成了一种汪洋恣肆，信马由缰，是我所是、非我所非的风格，在行文中不顾小节，只要是阐述其变法理论所需要，他便可以无视，甚至曲解客观证据，“必欲强之以说我”。例如他为了证明新学（即古文经学）之伪，在证据贫乏的情况下，就批评刘歆在《史记》和《楚辞》中羼入了“私货”数十条之多，甚至说出土的钟鼎彝器“皆刘歆私铸埋藏以欺后世”。而正如梁启超所说，“此实为事理之万不可通者，而有为必力持之”。从学术研究的角度说，康有为这种文风确实有其所不可取之处，但在当时万马齐喑、沉闷窒息的社会风气下，这种无畏霸气、直抒己意的文风恐怕也正是推动改革所需要的。事实上，《孔子改制考》等论著虽说在学术上并不严谨，却成为了改革派所奉行的变法理论依据。

三是具有强烈的批判精神。康有为的批评论著，其目的主要在于阐述和确立其变法维新思想。为要立新，必先破旧，因而往往以极其猛烈的笔触批判传统文化和学术。这一点，不但在《孔子改制考》、《新学伪经考》这两部变法维新理论的集大成著作中表现得非常鲜明，在其《大同书》中更是锋芒毕露，可以说，他对于人类未来美好社会的描述，都是建立在对于阶级社会各种罪恶例如天灾人祸、兵荒马乱、阴险欺诈、巧取豪夺、恃强凌弱、国家之争、阶级对立、种族歧视、重男轻女、家族压迫等的无情揭露和猛烈鞭挞上。综观全书，其批判性内容就占了三分之一还多。其他如反对妇女缠足的《戒缠足会启》、抨击科举弊端的《请变通科举改八股为策论折》、《请正定四书文体以励实学而取真才折》等，无不充满着这种强烈的批判精神。

四是论据罗列详赡，富有雄辩色彩。或许康有为也心知自己的某些观点从学术上说未必符合实际，难以站得住脚，所以他在阐述观点、展开批评时，总是罗列大量论据（尽管其中的一些论据是他出于创建变法理论的需要而加以曲解的），而且不厌其详地进行尽可能严密的论证。在《孔子改制考》中，康有为为了论证孔子托古改制的历史存在和历史必然，引用了《尚书》、《史记》、《汉书》、《后汉书》、《公羊传》、《谷梁传》、《论语》、《墨子》、《庄子》、《韩非子》、《淮南子》、《孟子》、《荀子》、《列子》、《法言》、《论衡》、《盐铁论》、《礼记》、《大戴礼记》、《春秋繁露》、《白虎通义》、《五经异义》、《孝经》、《说苑》、《吕氏春秋》、《孔丛子》、《韩诗外传》、《晏子春秋》、《申鉴》、《新论》等数十种史籍的上千条史料，详细论证了老、庄、墨、管、晏、韩、商等诸子的创教改制情况，并从创教、建制、辩难等方面详细论证了孔子伪托古圣贤进行改制的过程。如果不从学术上条分缕析，他所罗列的这么大量史料，确实是可以形成一种逼人气势的。他的《新学伪经考》刊行后（一说是刊行前），时执教广雅书院的朱一新侍御曾多次来访或来信，提出颇多辩难，尤其是对康有为有关秦政焚书未尽、刘歆窜伪经书等论述提出了详尽而切中要害的批评。为了说服朱氏，康有为在洋洋洒洒数千言的多篇《与朱一新论学书牍》中，围绕新学伪经之说能否成立、今古经学可否并存、考辩今古之伪有无必要等问题，引用了大量史料作为论据逐条加以批驳。尽管颇有些“曲为之说”之处，却仍然有一种论据充分、论证严密的雄辩力量。

总的说来，尽管康有为的批评论著在学术上存在一些不足，却仍然不失为粤派评论文库的一颗璀璨明珠。为此，我们以中国人民大学出版社的《康有为全集》为底本，个别地方参校上海古籍出版社的《康有为全集》，选编了康有为有关传统学术批判、中国文化批评、文学现象评论、中西文化比较等四方面的批评论著共61篇，其中短篇论文、信函等均全文照录，一些长篇论著则做了些节选。凡比较重要的节选论著，如《孔子改制考》等，除选录其重要章节外，对其余未录章节，一般也录入其内容撮要，尽可能保留全文结构框架，以使读者得以略窥其豹。此外，康有为呈送光绪皇帝的七次上书，虽然也是康有为的重要著作，但其中内容主要涉及政治、经济、军事、外交、教育等，即使少量有关传统文化和学术批评的内容，在他的其他批评论著中，也多有阐述，因而本书不再录入。

本书的编选得到了中山图书馆、中山大学古文献研究所的鼎力支持，在此深表谢忱。

2017年7月10日

论传统学术

与朱一新论学书牍*

（1891年夏、冬间）

致朱蓉生书（1891年7月28日）

蓉生先生：前承教诲数千言，恳恳谆谆，若以祖诒为可与言者而深责之，非大君子忠告之诚，爱挚之笃，何得闻此言乎？去年承教以“读书穷理，足以自娱；乐行忧违，贞不绝俗，勿为石隐，勿为猖狂”。每念吾子造道之深，赠言之厚，诵之不忘。近世交友，只有酬应，不闻逆耳之言。今幸不弃于吾子，复存古人之义，仆虽不敏，颇自力于闻过知非之学，是用忭喜以受。惟区区此心，公尚未达之，似以为有类于乾嘉学者，猎琐文单义，沾沾自喜，日事谀闻而敂其论，果有关于风俗人心者则无有。若是，则为君子之摈斥也固宜。故不敢默而息言，而欲稍陈其愚陋。连日下痢，故阙然久不报。顷搦管伸纸，滔滔言之，则近于逆指而文过。未信而谏，其言不入，故今亦不复及古今真伪之学。但仆之为教，亦不敢以考据浮夸领率后生。今将门人功课部缴呈一二，览之亦可见鄙志之所存。盖皆宋儒之遗法，非敢薄之也。

足下谓：今之学者，义利之不明，廉隅之不立，身心之不治，时务之不知，名为治经，而但治目录，名为穷理，而但讲应酬。大哉言乎！深切著明，鄙人虽不肖，窃于此数言，颇能提倡之。躬行虽未至，窃喜足下与之合符；而

* 《康南海自编年谱》光绪十七年：“冬……义乌朱蓉生侍御一新时教广雅，来访。与辨难颇多。与语中外之变，孔子之大道，朱君不信。”这里所收《与朱一新论学书牍》，当即撰于此时。书牍录自上海博物馆所藏抄件及《万木草堂遗稿外编》，附录朱一新致康有为诸函，录自《翼教丛编》卷一。

门人兴起者亦颇有人，虽未能大治身心，亦颇淡荣利，而讲时务。似未轶乎规矩法度外也。推足下相规之深，缘仆于宋儒有未满之论，故谆谆以新奇为戒，以平澹为归。苦口良药，至哉言乎！然昔朱子有云：每读古人书，辄觉古人罅漏百出。仆不幸与朱子同病，随举一学，多有不满前人者。盖朱子最能精思穷理，穷至其极，则缒幽凿空，力破余地，虽有坚城严垒，亦无立足之所。仆虽愚，于穷理之学，窃有一日之长，故推陈出新，登峰造极，后生可畏，来者难诬，正不能以荣古虐今了却也。

盖天下义理，无非日新。足下所戒，虽是儒先之谠言，然实非天理也。既非前人所言，自近新奇矣。学者论学，但当问义理之何如。义理以求仁为主，若其不仁，安知平澹者之不特无益，而且以害人乎？言不可以若是其几也。时各有宜，学各有主。佛是大医，主教者自当因病发药。当大病之时，而以茯苓、甘草解之，平澹亦何益耶？牛毛、茧丝析之至细，条理、枝叶敷之至繁，博大精深，前儒惟朱子有之，它不能也。仆生平于朱子之学，尝服膺焉。特儒先有短，正不必为之讳耳。朱子教人以持敬之学最美矣，而于经义何尝不反复辩论？即《诗序》之偏，亦谆谆日与吕伯恭、陈止斋言之，岂亦得责朱子舍义利、身心、时务不谈，而谈此《诗序》乎？盖学固当本末兼举，未可举一而废百，亦不能举空头之高论，抹杀一切也。朱子之学，所以笼罩一切而为大宗者，良以道器兼包，本末具举，不如陆子、止斋之伦滞在偏隅，如耳、目、鼻、口之各明一义，不举大体也。孔子之学，所以师表万世者，更以道器兼包，本末并举，不如诸子之各鸣一术也。

且公之书院，岂能不言经义哉？有一经解题目，当必有以断定之，岂可坐令淆讹乎？今古不明，虽欲不坐视讹谬不可得。如西京先儒皆读秦未焚之书，为孔子之后学四五传，舍此不信，将谁信之？然此犹经解之空言，无关实事，诚可勿辨。若足下谓“未闻东汉兴古文以来，世遂乱而无治”，则未之思也。《春秋》之指数千，皆为二千年之治法所出，但恨未能尽行之。今不能遍举，惟举阉寺一政，《春秋》于阍弑吴子余昧，特严不近刑人之戒。故同子参乘，袁丝变色。《后汉书·襄楷传》曰：臣闻古者本无宦官，武帝末春秋高，数游后宫，始置之。然未尝垂于经典，后世人主，不敢法也。自刘歆伪《周礼》，上因汉制而存阉官，后此常侍弄权，党人戮辱，高名善士先受其祸，而国步随之而亡。唐则神策握政，门生天子，甘露之变，惨被将相，而唐祚随之。明则神庙假权，熹宗昏弱，忠贤柄国，戮辱东林，杜秩献城，明亦随之而亡。今则李莲英复弄政矣，后此忠贤复出，清流之祸方长，是刘歆一言丧三朝矣。古今之祸，孰烈于此！今吾国家尚未知息肩之所，即此一端，伪经之祸已不忍言。足下未尝深思今古变制之由，宜以古文无罪，而欲保护之也。

至于后世，君日尊侈，惟辟玉食之言，叶水心早已疑之。仆亦意此为古文家乱入者。然未有如《周礼·天官》之侈供张者。甚非树后王君公惟以乱民之义，惟王及后、世子不会之说，胡五峰亦大疑之。于是灵帝乃善作家西园成市，魏明帝筑华林至使群臣负土，六朝之败，盖不足言。若乃隋炀西苑，宋徽艮岳，明皇之梨园三千，庄宗之脂粉百万，试问今学民贵君轻之义，有竭天下以供一人之义否？其它今古大义方多，今日不能具与人言，姑将其真伪之故，同于考据之学者微示之意，令天下凡知学之士，咸得讲求之。讲求既入，自能推孔子之大义，以治后之天下，生民所攸赖，更有在也。若诚如今日之破碎荒陋，则彼《新约》、《旧约》之来，正恐无以拒之。诸贤虽激励风节，粉身碎骨，上争朝政之非，下拒异教之入，恐亦无济也。若虑攻经之后，它日并今文而攻之。则今文即孔子之文也，是惟异教直攻孔子，不患攻今学也。遗文具在，考据至确，不能翻空出奇也。彼教《旧约》，去年彼教中人亦自攻之，只分真伪与否，不能如此黑白不分也。昔朱子谓吕伯恭论多骑墙，兄是通于今学者，又作骑墙之论，何其似吕伯恭耶？

若谓仆妄窜《史记》，以成其说，据《读书杂志》以为今本《史记》出于王肃，肃为古文家。此其确据可勿论。少昊、少康见于《左传》，非僻书也，事关一朝，非细事也，而《史记·五帝三王本纪》无少昊、少康事。后羿、寒浞虽是篡位，然四十余年过于政莽及朱温、石敬塘、刘智远、郭威等矣，如今日修何承天之通史，辑司马之《通鉴》，而舍却政、莽、五代，成何书也？史公虽陋，岂至是乎？正统相承，事关兴亡，不著之本纪，而著少昊于《律书》，存羿、浞、少康于《越世家》，有事理乎！史公虽不计史裁，亦无此理。兄能下一语解之否耶？若必党护刘歆，而攻史公为陋，其谁信之？《史记》多窜，终无解于扬雄之语。其它条绪尚多。《经义述闻》、《读书杂志》、《廿二史札记》、《廿二史考异》可考。固贵于多闻阙疑，亦贵好学深思。孟子最长于

《诗》、《书》，而不信《武成》，且又取其二三策，又攻其血流漂杵以为非武王之事，是固赖于论古有识。若仅循文守义，则三尺学童能之，岂望于知言之大君子乎？足下岂谓此孟子之《武成》，非古本之《武成》耶？私行金货以改经文，经文犹可改，何况史也？窃以为足下之笃信，过矣。刘歆之伪经，既造伪文，又伪钟鼎、伪简册以实之。藉中秘之力，以抑外学之愚陋，惟同时学者知之。传之百数十年，钟鼎、简册益加古泽，使仆今日幸列校书，遇此异学，亦必为惑。故虽在李育、何休，亦只攻左氏之义，不能攻其伪，何况马、郑之笃信古文者乎？

且辨别经学，不能以愚智论，是有时焉。朱子能为穷理之学，马、郑所不能比者，然朱子亦不能知今学。今学二字之浅，朱子犹不知，岂得谓朱子为愚耶？国朝顾、阎、惠、戴诸人用功于汉学至深，且特提倡以告学者，然试披其著述，只能浑言汉学，借以攻朱子，彼何尝知今古之判若冰炭乎？不惟不知其判若冰炭，有言及今古学之别乎？夫两汉之学，皆今学也。自郑君混一今古之文，而实以古文为主，魏、晋之博士皆易以古学，而今学遂亡。《晋书·荀崧传》所叙之十四博士：《易》则王氏、郑氏；《书》则古孔氏、郑氏；《诗》则毛氏；《礼》则云“三礼”郑氏；《春秋》则云《左传》杜氏、服氏。崧请立《公》、《谷》，时议以为《谷梁》肤浅，不足立，许立《公羊》，后以王敦之乱卒不立。今学诸经皆亡于永嘉。《公》、《谷》虽存，久无师说。沿及隋、唐，定为《正义》，宋世定《十三经注疏》，即今本也。唐人尚词章，而不言经学。昌黎习之以古文，言道推本于经。穆修继之，传之尹洙以及欧阳，亦由古文以及经说。于是刘公是、王介甫、苏东坡各抒心得，以为经义皆不由师授，各出己见为说。宋之经说遂盛，而朱子集其成。元延祐明洪武立科举，皆以朱子为宗，国朝因之。凡御纂之经，皆宗朱子者也。总而言之，孔子作“六经”，为后世之统宗。今学博士，自战国立，至后汉，正法凡五百年而亡，刘歆作伪，行于魏晋，盛于六朝、隋、唐、宋初，凡五百年而息。朱子发明义理解经，行于元、明及本朝，亦五百年而微。国朝阎、毛、惠、戴之徒，极力主张汉学，能推出贾、马、许、郑以攻朱子，实仅复刘歆之旧，所谓物极则变也。然乾、嘉之世，汉学大行，未有及今学。诸老学问虽博，间辑三家《诗》及欧阳、大小夏侯遗说，亦与《易》之言荀、虞者等，所以示博，非知流别也。至嘉、道间，孔巽轩乃始为《公羊通义》，然未为知《公羊》也。近日钟文烝为《谷梁补注》，然未为知《谷梁》也。直至道、咸，刘申受、陈卓人乃能以《繁露》、《白虎通》解《公羊》，始为知学。则今学息灭废绝二千年，至数十年间乃始萌芽，所谓穷则反本也。条理既渐出，亦必有人恢张今学而大明之，以复孔子后学之绪。而因以明孔子之道者，亦所谓惟此时为然也。外论闻仆之言，每以为狂，以为二千年通人大儒辈出而莫之知，而待康某于二千年后发之，岂不妄哉？虽然，试问二千年中何如哉？贤者不能为时，此固无可如何者也。道者，天下之公，非一人之私。蚩蚩者不足与言，以兄之明达，岂能无望也。

今日之害，于学者先曰训诂，此刘歆之学派。用使学者碎义逃难，穷老尽气于小学，童年执艺，白首无成。必扫除之，使知孔子大义之学，而后学乃有用。孔子大义之学，全在今学。每经数十条，学者聪俊勤敏者，半年可通之矣。诸经皆无疑义，则贵在力行，养心养气，以底光大。于是，求义理于宋、明之儒，以得其流别；求治乱、兴衰、制度沿革于史学，以得其贯通：兼涉外国政俗教治，讲求时务，以待措施；而一皆本之孔子之大义以为断。其反躬之学，内之变化气质，外之砥厉名节，凡此皆有基可立，有日可按。若一格以古学，则穷读两部《皇朝经解》，已非数年不能，而于孔子之大义尚无所知，冥行擿埴，凡仆所见今日学者皆是。而彼能作经解，临深为高，已自俯视一切矣。欲其成学，岂不难哉？况真伪不容不分，而伪经之乱道，贻祸如是耶！

愿各舍成见，虚心以求义理之公，并商略教术，以求有裨于国家风俗人才之际，通达彼已，无为阂碍。足下居高明之地，于转移人才尤为易易，岂能无少有垂采乎？书不尽言，言不尽意，敬布区区，悚息悚息，不任主臣之至。伏候兴居。祖诒再拜。

附一：朱侍御答康长孺书

曩奉教言，属有他事，未遑即复，甚歉甚歉！足下深识独断，扶植孔氏之遗经，摘发嘉新之伪制，以是自任，成一家言。仆方钻研之不尽，奚敢复有异同？顾私心不无过计者。窃以为伪《周官》、《左传》可也，伪《毛诗》不可也；伪《左传》之羼乱者可也，伪其书不可也。辞恉繁多，非仓卒所能究，约举一二，以当寸莛之扣，可乎？

足下不信壁中古文，谓秦法藏书者罪止城旦，又《史记·河间》、《鲁共王传》无壁经之说。夫谓秦未焚书者，特博士所藏未焚耳，《始皇本纪》所载甚明。其黥为城旦者，以令下三十日为限，限甚迫矣。偶语《诗》、《书》，罪且弃市，则设有抗令弗焚者，罪恐不止城旦。史文弗具，未可以是而疑秦法之宽也。

当史公时，儒术始兴，其言阔略，《河间传》不言献书，《鲁共传》不言坏壁，正与《楚元传》不言受《诗》浮丘伯一例。若《史记》言古文者皆为刘歆所窜，则此二传乃作伪之本，歆当弥缝之不暇，岂肯留此罅隙以待后人之攻？足下谓歆伪《周官》，伪《左传》，伪《毛诗》、《尔雅》，互相证明，并点窜《史记》，以就己说，则歆之于古文，为计固甚密矣，何于此独疏之甚乎？

史公自叙，年十岁，则诵古文，《儒林传》有《古文尚书》，其他涉古文者尚夥，足下悉以为歆之窜乱。夫同一书也，合己说者则取之，不合者，则伪之，此宋、元儒者开其端，而近时汉学家为尤甚，虽未尝无精深之言，要非仆之所敢言也。

班史谓迁书载《尧典》、《禹贡》、《洪范》、《微子》、《金縢》诸篇多古文说，今案之诚然。足下将以此亦歆所窜乱乎？歆果窜此，曷不并窜《河间》、《鲁共》二传，以泯其迹乎？

《古文尚书》之可疑，以出自东晋，其辞缓弱，与今文不类，经阎、惠诸家考之而愈明。《左传》之可疑，以论断多不中理，分析附益，自必歆辈所为，故汉儒及朱子皆疑之。然汉儒龂龂争辨者，但谓左氏不传经，非谓其书之伪也。“处者为刘”及“上天降灾”四十七字，孔疏明言其伪。班叔皮《王命论》，刘承尧祚，著于《春秋》。叔皮与刘歆时代相接，此为歆辈附益之显证。“上天降灾”诸语，尤出于晋以后耳。《左氏》与《国语》，一记言，一记事，义例不同，其事又多复见，若改《国语》为之，则《左传》中细碎之事，将何所附丽？且《国语》见采于史公，非人间绝不经见之书，歆如离合其文以求胜，适启诸儒之争，授人口实，愚者不为，而谓歆之谲为之乎？《史记》多采《左传》，不容不见其书，或史公称《左传》为《国语》则有之，谓歆改《国语》为《左传》，殆不然也。《仪礼》、《左传》、《国语》、《战国策》，皆后人标题，故无定名。诸子书亦多如是。犹《史记》非史迁本名。即称《太史公书》者，亦杨恽所题，史迁当时初不立名也。

《左传》、《毛诗》，传授不明，班史虽言之凿凿，实有可疑，然《左氏》之可疑者，仅在张苍、贾谊以上耳。谊为《左氏训故》，其书不见于《艺文志》，太傅《新书》亦经后人羼杂。可据者，惟《汉书》本传。本传虽引白公胜之事，其出于《左氏》与否不可知。孟坚作《张苍传》甚详，而并无一言与《左氏》相涉，书之晚出，自不待辨。但张禹以言《左氏》为萧望之所荐，其事实不能伪造，尹更始、翟方进、贾护、陈钦之传授，鲁国桓公、赵国贯公、胶东庸生之讲习，耳目相接，不能凿空，歆是时虽贵幸，名位未盛，安能使朝野靡然从风，群诵习其私书耶？《春秋序疏》：《严氏春秋》引《观周篇》：孔子修《春秋》，丘明作传，共为表里。刘申受斥为非严彭祖之言。夫左氏不传《春秋》之义耳，曷尝不传《春秋》之事乎？其义则为歆所窜乱，本传固有转相发明之语，为可证也。

《谷梁》始立学时，亦多纷纭之论。然《谷梁》传经，《左氏》不传经；《谷梁》有师法，《左氏》无师法；《谷梁》靡所窜乱，《左氏》多所附益；加以移书责让，怙宠逞私，诸儒之愤争，固其所也，而可以是断为伪乎？《左氏》不传《春秋》，此汉儒至当之言，刘申受作《考证》据以分别真伪，仆犹病其多专辄之词，深文周内，窃所不取。“六经”大旨，皎若日星，师说异同，虽今文亦有可疑，丘盖不言，固圣门阙之旨，必锻炼之以伸己意，安用此司空城旦书乎？

《毛诗》晚出，与三家互有得失。三家之说，班史谓如不得已，《鲁》为最近。而《鲁诗》久佚。近儒缀辑，百无一存。郢书燕说，盖犹不免。就其存者慎择焉，以订《毛》之失则可矣，欲废《毛》而远述三家，无是理也。足下谓今文之与今文，古文之与古文，皆同条共贯，大著未获卒业，不知其说云何？以仆言之，则《毛诗》不尽同于古文也。十五《国风》之次与季札观乐不同。“昊天有成命”，“郊祀天地”，与《周官》南、北郊分祀不同。“我将祀文王于明堂”，且与今文《孝经》同。“文王受命作周”，则与今古文《尚书》皆同。其他礼制同于《戴记》者尤多。故康成以《礼》笺《诗》，虽或迂曲，要非尽古文之学也。《行露传》“昏礼纯帛，不过五两”，与《地官·媒氏》文同。《天保传》“春祠夏禴秋尝冬烝”与《春官·大宗伯》文同。《白华传》“王乘车履石”与《夏官·隶仆》文同。《驷传》“诸侯六闲”与《夏官·校人》文同。《夏官》有《挈壶氏》，《东方未明传》亦有之。《秋官·司圜》有“圜土”，《正月传》亦有之。此类皆似为古文同条共贯之证，然安知非刘歆窜乱《周官》时，剽窃《毛传》，如梅氏《古文尚书》之比耶？《皇皇者华传》，“访问于善为咨”，《皇矣传》，“心能制义曰度”，皆同于《左氏》。此经师相传遗说，不妨互见。犹穆姜论元亨利贞与孔子《文言》同，可谓《周易》亦伪作耶？歆《移太常》不及《毛诗》，彼固自有分别，可知《毛诗》不当与三家并斥也。陈恭甫疏证《五经异义》，所采有今文与今文、古文与古文各异者，亦间有今文与古文相同者，就其所采已如此，况许、郑之辨不尽传于今者乎？

圣人微言大义，莫备于《易》与《春秋》，“二传”尤微言所萃。《谷梁》自范注行，汉儒家法不可得见矣，可见者，犹有《公羊解诂》一书。后人不明托王之义，凡所为“非常可怪之论”，悉归咎于邵公；邵公不任咎也。然“六经”各有大义，亦各有微言，故十四博士各有家法。通三统者，《春秋》之旨，非所论于《诗》、《书》、《易》、《礼》、《论语》、《孝经》也。孔子作《春秋》，变周文，从殷质，为百王大法。素王改制，言各有当，七十子口耳相传，不敢著于竹帛。圣贤之慎盖如此。《诗》、《书》、《礼》、《乐》，先王遗典，使皆以一家私说羼于其中，则孔子亦一刘歆耳，岂独失为下不倍之义，抑亦违敏求好古之心！必若所言，圣人但作一经足矣，曷为而有六欤？

《王制》一篇，汉儒后得，为殷为周，本无定论。康成于其说之难通者，乃归之于殷，今更欲附会《春秋》改制之义，恐穿凿在所不免。《论语》二十篇，可附会者，惟“夏时殷辂”、“文王既没”数言，然既通三统，则《韶》乐郑声，何为而类及之？《春秋》改制，犹托王于鲁，不敢径居素王之名。素王者，弟子尊之之词，非夫子自称也。匡人之围，俨以素王自居，圣人果若是之僭乎？《尧曰篇》，历叙帝王相承之统绪，而次以子张问从政，固有微恉，但此为门人所次第。孔子之告子张，曷尝有一言及于改制？近儒为公羊学者，前则庄方耕，后则陈卓人。方耕间有未纯，大体已具；卓人以《繁露》、《白虎通》说《公羊》，乃真《公羊》家法也。“非常可怪之论”，至于董子、邵公可以止矣。刘申受于邵公所不敢言者，毅然言之，卮辞日出，流弊甚大。《公羊》与《论语》，初不相涉，而作《论语述》何以疏通之？戴子高复推衍之，其说精深，剧可寻绎。然谓《论语》当如是解也，然乎？否乎？

足下曩言西汉儒者乃公羊之学，宋儒者乃“四子书”之学，仆常心折是言。足下既知“四子书”与《公羊》各有大义矣，奚为必欲合之？汉、宋诸儒，大端固无不合，其节目不同者亦多。必若汉学家界画鸿沟，是狭僻迷谬之见也。然苟于诸儒所毕力讲明者，无端而羼杂焉以晦之，谅非足下任道之心所宜出也。汉学家治训诂而忘义理，常患其太浅；近儒知训诂，不足尽义理矣，而或任智以凿经，则又患其太深。夫浅者之所失，支离破碎而已，其失易见，通儒不为所惑也。若其用心甚锐，持论甚高，而兼济之以博学，势将鼓一世，聪颖之士颠倒于新奇可喜之论，而惑经之风于是乎炽。战国诸子孰不欲明道术哉？好高之患中之也。

夫食肉不食马肝，未为不知味也。今学、古学行之几二千年，未有大失也，若《周官》，若《左氏传》，若《古文尚书》，疑之者代不乏人，然其书卒莫能废也。毋亦曰先王之大经大法，藉是存什一于千百焉，吾儒心知其意可矣。礼失求诸野，古文不犹愈于野乎？彼其窜乱之迹，歆固自言之，后人辨斥千万言，不若彼无心流露之一二语为是定其谳也。仆尝旰衡近代学术，而窃有治经不如治史之谬论。方当多事之秋，吾党所当讲求者何限，而暇耗日力于两造不备之谳辞哉？《公羊》多有切于人事者，宜讲明之。通三统之义。尤非后世所能行。辨之极精，亦仍无益。汉时近古，犹有欲行其说者，故诸儒不惮详求。今治《公羊》，不明是义，则全经多所窒阂，不足为专家之学。若遍通于“六经”，殊无谓也。凡学以济时为要，“六经”皆切当世之用，夫子不以空言说经也。后世学术纷歧，功利卑鄙，故必折衷“六艺”以正之，明大义尤亟于绍微言者以此。宋儒之所为，优于汉儒者亦以此。质文递嬗，儒者通其大旨可耳。周制已不可行于今，况夏、殷之制，为孔子所不能征者乎？穿凿附会之辞，吾知其不能免也。曾是说经而可穿凿附会乎？若夫新周、故宋、黜周、王鲁，惟圣人能言之。圣人且不敢明言之，汉儒言之，亦未闻疏通“六经”以言之。仆诚固陋，且姝姝于一先生之说，以期寡吾过焉。

不揣狂戆，无任主臣，幸辱教之。敬承起居，词不宣意。

附二：朱侍御答康长孺第二书

顷辱手教，累数千言，见爱之意深矣。其中有足启发鄙心者，亦多有不敢附和者，未暇一一详复。大要足下卑宋儒之论，而欲扬之使高，凿之使深。足下以是疑宋儒，而虑其同于佛、老，仆则窃以是为足下危也。宋儒之言，虽未必一无可疑，但疑之者不当更求高出乎其上。佛、老之所以异于吾道者，为其高也。高者可心知其意，而不可笔之于书，足下以董生正宋儒，而并欲推及董生所不敢言者，仆窃以为过矣。

曩示大著皆录存，敬佩无已。君之热血，仆所深知，不待读其书而始见之。然古来惟极热者，一变乃为极冷，此阴阳消长之机，贞下起元之理。纯实者甘于淡泊，遂成石隐；高明者率其胸臆，遂为异端；此中转捩，只在几希。故持论不可过高，择术不可不慎也。君伏阙上书，仆盖心敬其言而不能不心疑其事。孔子之赞艮卦，孟子之论蚳灶，其义可深长思耳。

庄生之书，足下所见至确。而其言汪洋恣肆，究足误人。凡事不可打通后壁，老、庄、释氏，皆打通后壁之书也。愚者既不解，智者则易溺其心志，势不至败弃五常不止，岂老、庄、释氏初意之所及哉？然吾夫子则固计及之矣。以故有不语，有罕言，有不可得而闻，凡所以为后世计者至深且远。今君所云云，毋亦有当罕言者乎？读书穷理，足以自娱，乐行忧违，贞不绝俗，愿勿以有用之身而遂于无涯之知也。西人之说至谬，其国必不能久存，仆与诸生言论亦间及之，暇当录呈就正。承索观拙著，仆学无所得，性懒又不肯著书，愧无以应足下之命耳。

附三：朱侍御答康长孺第三书

贵门人复洪给事书一通，读讫敬缴。秦政焚书，千载唾骂，贤师弟独力为昭雪，何幸得此知己耶！虽然，足下不鄙仆之庸愚，虚怀下逮，仆敢不以正对！自顷道术衰息，邪说朋兴，圣学既微，异教遂乘间而入。气机之感召，固有由来，忧世者亟当明理义以正人心，岂可倡为奇邪，启后生以毁经之渐？《乐经》先亡，已无如何，幸而存者，仅有此数。自伪古文之说行，其毒中于人心，人心中有一“六经”不可尽信之意，好奇而寡识者，遂欲黜孔学而专立今文。夫人心何厌之有？“六经”更二千年，忽以古文为不足信，更历千百年，又能必今文之可信耶？欲加之罪，何患无辞。

秦政即未焚书，能焚书者，岂独秦政？此势所必至之事，他日自有仇视圣教者为之，吾辈读圣贤书，何忍甘为戎首。东坡谓其父杀人，其子行劫，不可不加之意也。近世言《尚书》者，坐枚颐以伪造古文之罪，既知其不足以与此，乃进而坐诸皇甫谧，既又知其不足与此，乃进而坐诸王肃，肃遂足以与此哉？治经所以明理，“莫须有”三字，固不足以定爰书，即使爰书确凿，亦不过争今、古文之真伪已耳，曾何益于义理？近儒谓古文虽伪，而作伪者皆有来历，其书今不可废，然则枉费笔墨何为乎？此事本两言可决，而诸老先生哓哓不已，仆方怪许子之不惮烦，乃足下知伪《尚书》之说，数见不鲜，无以鼓动一世，遂推而遍及于“六经”，嘻其甚已。

足下谓今文之与今文，古文之与古文，皆同条共贯，因疑古文为刘歆所伪造。夫古文东汉始行，本皆孔氏一家之说，岂有不同条共贯之理？若今文固不尽同，西汉立十四博士，正以其说之有歧互也。立《鲁诗》复立《齐》、《韩》，立欧阳《尚书》，复立大、小夏侯，一师之所传且如此，况今古文之学，岂能尽同？今文家言传者无多，自东汉时师法已乱，其仅存者乃始觉其同条共贯耳，岂西汉诸儒之说，果如斯而已乎？如《鲁诗》说《关雎》与《齐》、《韩》异，此类今犹可考。由此推之，今文必不能同条共贯也。乃执所见以概所不见，未免轻于立说矣。西汉之有家法，以经始萌芽，师读各异。至东汉而集长舍短，家法遂亡，由分而合，势盖不能不如此。儒者治经，但当问义理之孰优，何暇问今古文之殊别。近儒别今古文，特欲明汉人专家之学，非以古文为不可从，必澌灭之而后快也。古文果不可从，马、郑曷为从之？马、郑而愚者则可，苟非甚愚，岂其一无所知，甘受人愚而不悟？刘歆之才识视马融等耳，足下何视歆过重，至使与尼山争席，视马、郑过轻，乃村夫子不若乎？且足下不用《史记》则已，用《史记》，而忽引之为证，忽斥之为伪，意为进退，初无确据。是则足下之《史记》，非古来相传之《史记》矣。凡古今学术偏驳者，莫不持之有故，言之成理，不然，聪明之士安肯湛溺乎其中，愈聪明则愈湛溺？差之毫厘，缪以千里，故君子慎微。

夫学术在平澹不在新奇。宋儒之所以不可及者，以其平澹也。世之才士，莫不喜新奇而厌平澹，导之者复不以平澹而以新奇。学术一差，杀人如草，古来治日少而乱日多，率由于此。世亟需才，才者有几，幸而得之，乃不范诸准绳规矩之中，以储斯世之用，而徒导以浮夸。窃恐诋讦古人之不已，进而疑经；疑经之不已，进而疑圣；至于疑圣，则其效可睹矣。势有相因，事有必至，明隆、万间之已事，可为寒心！夫今之学者，义利之不明，廉隅之不立，身心之不治，时务之不知。聪颖者，以放言高论为事，谓宋、明无读书之人；卑陋者，以趋时速化为工，谓富强有立致之术；人心日伪，士习日嚣，是则可忧耳。不此之忧，而忧今古文之不辨，吾未闻东汉兴古文以来，世遂有乱而无治也。

夫学以匡时为急，士以立志为先。四郊多垒，而不思卧薪尝胆，以雪国耻者，卿大夫之辱也；邪说诬民，而不思正谊明道，以挽颓流者，士君子之辱也。古之儒者，非有意于著书；其或著书，则凡有关乎学术之邪正，人心之厚薄，世运之盛衰，乃不得不辨别之，以端后生之趋向。若二千余载群焉相安之事忽欲纷更，明学术而学术转歧，正人心而人心转惑，无事自扰，诚何乐而取于斯？充足下之意，欲废《毛诗》，然《毛诗》废矣，《鲁》、《韩》之简篇残佚，可使学者诵习乎？欲废《左传》，然《左传》废矣，《公》、《谷》之事实不详，可使学者悬揣乎？足下之说果行，其利亦不过如斯。若不可行，又何为俯焉？日有孳孳费精神于无用之地也。伊古以来，未有不范诸准绳规矩之中而能陶冶人才转移风气者。足下之高明，其遂无意于是乎？极知言之僭越，然过承知爱，不敢不贡其愚。若其言之有关考订者，前书已略陈之，无烦赘及。“信而好古，多闻阙疑。”仆虽不敏，亦尝受孔子戒矣，敬以持赠何如？

答朱蓉生书（1891年）

省读赐书，所以规刺之者益切，非辱爱之厚，不可得闻。然窃怪足下所发皆浮浅之论，而未深推乎大道之精；所规皆支离疑似之言，而未中乎鄙人症病之结。譬如射者未能中鹄，则必至桑弧蓬矢而射天地四方也。仆近攻伪经，因孔子后学之绪、西汉博士之说而发明之，以其为古学沉坠久矣，故仆列白而正言之。孔子之学，真伪之大，不知则已，知则日不能已于言，非有新奇也；且皆西汉说耳，未尝自出一说也。时人服习于伪古之学，浸淫二千年，譬河北遗民，久经刘石之乱，燕云故老，乐于契丹之治，一旦刘裕东来，药师南至，咸以岛夷南蛮目之，自忘其为中国遗民矣。学者既以浮浅之思，未考今古真伪之别，乃反以仆为攻经。成济久事于司马，乐为倒戈；游吉久习于郑逆，焉知王室！足下前以马、郑为据，马、郑主古学者，即成济之伦也。

二千年中，虽大儒辈出，然无一人知今古之辨者。人莫不自尊其学，《管子》所谓“人相十则自谓过之，相百则毁之，相千则谁何而不信”，况有尊古之心哉！仆故发明汉前只有今学，更无古学，自魏、晋后至国朝，则古学、朱学，无有知今学者。道、咸之后，乃始前□□□。时未至，则贤者不能凿空，犹宋、明人不知小学。钱竹江所谓王厚甫不识孝字，今则三尺学僮能读《说文》者，莫不别之，岂谓学童胜于深宁哉！时为之也。仆之忽能辨别今古者，非仆才过于古人，亦非仆能为新奇也，亦以生于道、咸之后，读刘、陈、魏、邵诸儒书，因而推阐之。使仆生当宋、明，亦不知小学；生当康、乾，亦岂能发明今古之别哉？既至今日，即使仆未能发明伪经，闻大□上下《公羊》之学大盛，十年之内，亦必有人推阐及此。盖今学之界一明，苟有细心人推阐诸经之说，其异同自见，真伪日出，诚非异事也。不先发于一文质无底位禄容貌不足动人如祖诒也，人微言轻，其不足信人而辱经也固宜。然义理之砺，颠扑不破，天下读书人，固多精心者，他日礼制文字之书既出，百数十年今学不昌者，仆不信也。此固可以理测之也。

仆言今古刘、朱之学相盛衰者，正以循环之运，穷则反本。方今正当今学宜复之时。气则有阴阳，世则有治乱，天道日变，异于旧则谓之新，仆所谓新者如此。足下不察，乃就义理言之，何其异耶？又以运会言，欲足下因此深思，自可豁然于古学之伪，不复以马、郑为据，而以董、刘为归，而上寻孔子之绪耳。足下言刘向《说苑》、《新序》与群书多不合。案：此二书，足下惑溺古学，故认贱作皆今学家说，刘歆悖父，改易群经，自与之异主耳，汉《徐防传》言之：文人家法，惟今学有之，古学则无。今学家不独无古学之说，并公羊家不述《谷梁》，谷梁家不称《公羊》。史公今学家，安得有异说？此又可以条例通之。若古学家最无师法，如六宗之义，刘歆以为乾坤六子，贾逵以为祭法寒暑四时水旱诸祭，马融以为天地四时，郑玄以为司中、司命、风师、雨师，四师不同。其妄造经说，不见若少康，见于《夏本纪》者，系平世践，毫无事迹，非有中兴之功，如《左传》云者。至《离骚》等为刘歆校改，已见《伪经考》，望检详之。今不语及，若有之，史公于本纪，何得不叙？仆前论及此，足下何不细察？论少康事文义明显，足下尚未通仆意甚矣，听言而知人意之难，望足下后此细心，不然则无不凿枘矣。

不图足下阅门人课部有西学者，遂谓仆欲嬗宋学而兴西学，且援观人于微之义，谓仆取释氏之权实互用，意谓阳尊孔子，阴祖耶苏耶。是何言欤！马舌牛头，何其相接之不伦也！不待自省，相去乖绝，虽正敬足下，此说实在不辨之例，然足下君子人也，求之今日，何可复得，且相交未久，未能相知，而世间或有人耳，且辱足下之爱，不可不揭露一二，以晓足下，故复为书，不复拘文牵义，冒触而略吐其愚。窃以足下不独不知仆，且不知西人，并未尝精意穷经，于孔子之道之大，未能知之也。

以仆言之，少受朱子，学于先师九江先生，姁姁笃谨。然受质颇热，受情多爱，久居乡曲，日日睹亲族之困，饥寒无以为衣食，心焉哀之；又性好史学，尤好《通考》、《经世文编》之言制度，颇慕王景略、张太岳之为人，倜傥日足。然伏处里闾，未知有西学也。及北试京兆，道出香港、上海、天津，入京师，见彼族宫室、桥梁、道路之整，巡役、狱囚之肃，舟车、器艺之精，而我首善之区，一切乃与相反，□然惊，归乃购制造局所译之书读之，乃始知西人之政教风俗，而得其根本节目之由。昔与延秋、星海未尝不极论之。及在都，与伯熙、仲弢、子培诸公皆昌言焉，且以告屠梅君侍御，屠君嘱开书目而购之，并代上《请开铁路》一折。此折似曾呈阅于左右。即与足下相见虽希，而广雅末席，亦尝妄言，此足下所闻也。故仆之言学及应改制度，盖日日公言之，非待掩饰闭藏，阳儒阴释者也。

吾今且以质足下，以为今之西夷与魏、辽、金、元、匈奴、吐蕃同乎？否乎？足下必知其不同也。今之中国与古之中国同乎？异乎？足下必知其地球中六十余国中之一大国，非古者仅有小蛮夷环绕之一大中国也。今以不同于匈奴、吐蕃、辽、金、蒙古之西夷数十国，其地之大，人之多，兵之众，器之奇，格致之精，农商之密，道路邮传之速，卒械之精炼，数十年来，皆已尽变旧法，如轮舟始于嘉庆二十五年，铁路始于道光二十二年，铁甲船始于咸丰九年，以民为兵始于光绪二年，电线始于道光二十九年，凡百新法，皆出数十年来，并非西人旧法。日益求精，无日不变，而我中国尚谨守千年之旧敝法。即以骑射之无用，人人皆知，而礼官尚动称守祖宗之旧，未肯少变。自沈幼丹言之，至于今盖三十八年矣。衣重裘而行烈日，披葛縠而履重冰，其有不死者乎？使彼不来，吾固可不变。其如数十国环而相迫，日新其法以相制，则旧法自无以御之。是故香港割，诸行开，御园焚，热河幸，安南失，缅甸亡，俄不费一矢而割混同库页六十里之地与之，自古割地所未有。乃至蕞尔之日本，亦灭我琉球，窥我台湾，而补二十万焉，今高丽又将叛矣。是时才臣名将，布满中外，然犹如此。甲申一役，法人仅以轻师游弋海疆，而我天下震动，废饷数千万，至今疮痍未弭。方今幸俄有内乱，法为民主，议论未定，日本极强耳，故我可安旦夕。数年后俄人铁路既成，我中人服□于外者，咸为人逐归，内讧外患，其何可知？且狡焉思启，何国蔑有，不能日强，则蜂虿有毒，亦可腐烂。土耳其陆师，为天下第一，铁甲船亦三十矣，丁亥之役，以教事开衅，六大国环泊兵船，迫其变政，一切大政，归六国使臣主之，失其自主，东割科托于波，北割黑海于俄，南割白海于希，西割赤次戈二部于奥，门约内哥罗马亚三藩土自立为国，一战之间，割疆失政，为人保护之属国，可为前鉴。试问异日若有教衅，诸夷环泊兵船以相挟制，吾何以御之？彼使臣执吾之政，以其教易吾教，且以试士，试问吾今日之作八股，托于孔子，为任孔子之道者，抑为举人进士来乎？杜工部曰：勿令鞭血地，重湿汉臣衣。国亡教微，事可立睹。诸君子乃不察天人之变，名实之间，犹持虚说，坐视君民同灭而为奴虏，仆虽愚，不敢以二帝三王之裔，四万万人坐为奴虏，而徇诸君子之虚论也。周子亦言天下势而已矣，若吾力强，可使吾孔子之学，中国之声灵，运一地球，吾不自立，则并其国与其教而并亡之。足下岂未之思乎？昔在京师，每游万寿山，睹瓦砾之场，未尝不发愤；过香港，经虎门，念关天培之全军覆没，未尝不叹恨。今之游香港者，不知□□已履异国否耳。愿足下及天下之士，日思庚申八月十六之事，则当必有转移之用，而必不肯坐守旧法之虚名，而待受亡国之实祸者，此仆所以取彼长技而欲用之也。

若夫义理之公，因乎人心之自然，推之四海而皆准，则又何能变之哉？钦明文思、允恭克让之德，元亨利贞、刚健中正之义，及夫皋陶之九德，《洪范》之三德，敬义直方，忠信笃敬，仁义智勇，凡在人道，莫不由之，岂能有中外之殊乎？至于三纲五常，以为中国之大教，足下谓西夷无之矣，然以考之则不然。东西律制，以法为宗。今按法国律例，民律第一条云：此律例系由国王颁定，凡列名于法国版图中者，无一人不应钦遵谨守。第十八条云：凡形同叛逆，欲行谋害国王者，照弑父大逆重案科罪。此条在论治叛逆，与不论尊卑僭分干犯国王及宗室一条内皆道名分者不能悉数；其第二节，论治官员在任内干犯罪过，有不忠于君而失其职守之例。第三百七十一条云：凡一切子女，无论其人何等年岁，须于其父母有恭敬孝顺之心。三百七十二条云：凡一切子女，为其父母所管属。第三百七十四条云：凡为子女不能擅离父母之家，除有父命令其前往某处者，始可挪移。第二百一十三条云：凡为妇者，应为其夫者所管属。第二百十五条云：凡一切妇人不能自主作为，及事中见证，须有其夫之命，始得前去。第一百零八条云：凡既经出嫁之妇，不得自谓有家居之所，应随其夫之家以为家。第一百四十八条云：凡男女不能自具意见妄为结婚，须有父母允准之命，始可结姻。第一百六十二条云：凡自其一祖相传一脉直族旁族之人，不能结婚。但其名分系兄弟姊妹者，均不得结姻。即姊丈妹丈亦不能与舅嫂等辈结姻。由斯观之，岂非庄生所谓“父子天性也，君臣之义无所逃于天地之间，凡人道所莫能外”者乎！

至于人心风俗之宜，礼义廉耻之宜，则《管子》所谓“四维不张，国乃灭亡”。有国有家，莫不同之，亦无中外之殊也。法国刑律第二十八条：凡有案犯除治以应得之罪外，该犯即为众人不齿之人。第三十四条：凡为众人所不齿之人，不准其充当一切职役。不准其被人荐保，不准其保荐人，不准给带宝星有经理司伴之权，并为介绍质证刑忤乡团兵并师友教习监督，均不准充当。即为众人不齿之人。以此知彼族亦极尚廉耻也。彼惟男女之事，不待媒妁，稍异于吾道，自余皆无之。诚如足下所谓“六经”之道，日用所共由，如火不可缺，仆即欲叛而逃之，则行遍地球，亦如足下所谓未闻有所谓新奇者。如足下谓彼族无伦理，而有自义理，以为其制度，此则真所谓新奇。然西人无之，地球内无之，不知足下何所指也。考之西俗既如此，则谓仆为变义理，仆将以何变之哉？若将从其教，则彼《新约》、《旧约》之浅鄙诞妄，去佛尚远，何况“六经”之精微深博乎？其最大义。为矫证上天。以布命于下，亦我“六经”之余说，非有异论也。即使仆能悖谬，其如仆颇能分埋何？故知西人学艺，与其教绝不相蒙也。以西人之学艺政制，衡以孔子之学，非徒绝不相碍，而且国势既强，教藉以昌也。彼国教自教，学艺政制自学艺政制，亦绝不相蒙，譬之金元入中国，何损于孔子乎？方今四海困穷，国势微弱，仆故采用其长，门人问者，亦以告之。后生读书无多，不得其根本节目，不大斥之，则大誉之，经屡批斥，或加勒帛，且颇禁读之。缘学者不知西学，则愚暗而不达时变；稍知西学，则尊奉太过，而化为西人。故仆以为必有宋学义理之体，而讲西学政艺之用，然后收其用也。故仆课门人，以身心义理为先，待其将成学，然后许其读西书也。然此为当时也，非仆今学也。

仆昔者以治国救民为志，今知其必不见用，而热力未能销沮，又不佞佛，以为木石必有以置吾心，故杜门来，专以发明孔子之学，俾传之四洲，行之万世为事。极知绵薄不逮，然见弃于世，终日醉饱，无补时艰，聊遣岁月，或有补益。且精思妙悟，自视不后于恒人，故谬以自任，如揭鼓而招亡子，然此则仆近岁之志也。或者孔子道至大至中，不患不行，是亦不然。仆以为行不行，专问力而已，力者何？一在发挥光大焉；一在宣扬布护焉。凡物美斯爱，爱斯传，此一义也。然名誉不闻，则美弗著；政俗已定，则美难行。今地球四洲，除亚洲有孔子与佛、回外，余皆为耶所灭矣。使吾国器艺早精，舟车能驰于域外，则使欧、墨、非、奥早从孔学可也。耶氏浅妄，岂能诱之哉？吾既不能早精器艺，坐令彼诱之而坐大，此不宣扬之失策也。夫吾孔子之教，不入印度，而佛能入中国，岂孔学不及佛哉？传与不传异耳。此其明征也。若教既交互，则必争长，争之胜败，各视其力。先入为主，则国俗已成。尊奉既定，则难于改革。耶稣之教，所至皆灭，至于入土耳其、波斯及吾中国，则数百年犹格格不少行焉，所谓先入为主，难于改革也。然彼奉教之国未灭亚洲耳，若国步稍移，则彼非金、元无教者比也，必将以其教易吾教耳。犹吾孔教本起中国，散入新疆、云南、贵州、高丽、安南也。以国力行其教，必将毁吾学宫而为拜堂，取吾制义而发挥《新约》，从者诱以科第，不从者绝以戮辱，此又非秦始坑儒比也。

今天下日诵孔氏之书，而□□□然不过藉以邀利禄耳。足下阅遍天下士矣，笃信好学，守死善道，可信者有几人哉？夫当风俗共尊，世主欣尚，守道者有□□特豚之荣，万世瞻仰，然人士犹慕一日之富贵，舍之而逃，况新国主之荣辱相形而□见，间有一二遗老鸡鸣不已者，抱书空山，阅百年后，亦已澌尽。后生见闻不接，父以诲子，兄以诲弟，惟利是务。即有好事，搜罗古教，或藉以仅传一二，再阅岁年，当不可闻。仆每念及此，中夜揽衣，未尝不流涕也。故仆之急急以强国为事者，亦以卫教也。沮格而归，屏绝杂书，日夜穷孔子之学，乃得非常异义，而后知孔子为创教之圣，立人伦，创井田，发三统，明文质，道尧舜，演阴阳，精微深博，无所不包。仆今发明之，使孔子之道有不藉国力而可传者，但能发敷教之义，宣扬布护，可使混一地球。非宣扬则亦不能，故今最要是敷教之义。仆窃不自逊让，于孔子之道，似有一日之明，二千年来无人见及此者，其它略有成说。先辟伪经，以著孔子之真面目；次明孔子之改制，以见生民未有；仆言改制自是一端，于今日之宜改法亦无预，足下亦误会。以礼学、字学附之，以成一统；以七十子后学记续之，以见大宗。辑西汉以前之说为“五经”之注，以存旧说，而为之经；然后发孔子微言大义，以为之纬。体裁洪博，义例渊微，虽汗青无日，而□□穷年，意实在此，若成不成则天也。若有所藉，则以此数书者，宣孔子之教于域外。吾知其必行也。仆生平志愿举动，似出于常纬，故人皆谤笑。天下滔滔，谁可语此？扬□之□奉，今亦不敢强聒也。足下闻之，想亦嗤其狂愚而已。若墨氏之学，“非命”、“明鬼”，皆不可通，“尚俭”亦不可行，若其“非攻”，则孔子有之，《谷梁》谓□渊之会，中国夷狄不侵者八年，美□建□成之力，无骇入极则贬而不氏，孟子发之尤切。至于“兼爱”一义，亦出《大戴》，所谓孔子兼而无私，此二字无可议者。孟子之攻之者，当时自有所在，二千年实无议之者。昌黎等辈，安能解此？墨子在战国，与孔子争者也，故自行改制，短丧薄葬，非儒非命，皆力与孔子为难。孟、荀为孔子后学，自当力拒之。孔子最尊父子，特传《孝经》，墨子则无差等，故以为无父，此实不可行者也。今仆所养者，仰事俯畜，仅及一家耳，安有与路人平等者？即以为养，亦人道所不能行，仆安能从之？此亦所谓不待辨者也。故谓足下亦不知仆，亦不知西人，且不知孔子之道之大也。

窃观足下义理甚明，节行甚高，条理甚安详，行事有法度，议论通古今，喟然忧国家，罢黜而不怨，好贤而爱士，今之君子也，故折节敬服。然足下之言义，尚泥乎宋人之义理，而未深窥孔子之门堂。任事则深采老子之术学，而未尽□大直方之概；穷经说则笃守旧说，而未能精思推阐其奥；为教术则狭隘缓卑，而未窥条理之精详。气魄未坚，骨髓未紧，堂室未成。鉴经说之繁，不精深求大道，故以史学为贵。恶夷狄之名，不深求中外之势，故以西学为讳。足下有直节高行，海内瞻仰，关系不少，愿俯心抑气，采及葑菲，去自尊之成心，屏夙昔之习见，以求孔子之大道，及古今中外之宜，必有所进也。辱爱甚至，故敢竭其区区。若《伪经考》，事理万千，足下若欲正之，望将此书逐条签驳。至于穷处，足下必能内疑而目及一二，偏说单辞，终久不能合并，徒费纸墨，终无益也。若垂省察，此后国事之讲求，身心之理会，幸以赐规，无为疑似，以相阂窒。披露肝素，尽于此书，死罪死罪。其存之在足下，其罪之亦惟足下。

附：朱侍御复康长孺第四书

曩贡一笺，谬自托于他山攻错之义，规讽深切，既发而辄悔，惴惴焉，惟见绝于大君子之门是惧。乃复书冲挹，不以为凿枘而奖借之，且惭且感！世俗喜谀恶直，其不以规为瑱者几希矣，何幸昔贤雅度，犹得并吾世而亲见之耶！虽然，足下好善之忱则笃矣，而其所建以为名者，仆虽固陋，诚期期明知其不可。来书谓仆不察足下之意，疑类于乾、嘉学者之所为，仆乌敢以是轻量足下哉！使足下仅猎琐文单义，日事谀闻，则仆当宛舌固声之不遑，岂敢复以逆耳之言进其谬。托于他山攻错之义者，正以足下自处甚高，凡所论撰，皆为一世人心风俗计，仆故不敢不罄其愚，冀足下铲去高论，置之康庄大道中，使坐言可以起行，毋徒凿空武断，使古人衔冤地下，而吾仍不得"六经"之用也。

道也者，如饮衢尊然，无智愚贤不肖，人人各如其量，挹之而不穷。世之人以其平澹无奇也，往往喜为新论，以求驾乎其上，遂为贤智之过而不之悟。足下自视，其愚乎？其智乎？毋亦有当损过以就中者乎？《周官》、《左传》，言不中理者，昔人未尝不疑之而辨之。辨之可也。因是而遂遍及"六经"，于其理之灼然不疑者，亦以为刘歆所应造，歆何人斯，顾能为此？足下徒以一疑似之《周官》，而殃及无辜之群籍，是何异武帝之沉命法，文皇之瓜蔓抄也！谓非贤智之过乎？汉时续《史记》者甚多，后人不察，往往混为史迁之作，竹汀、瓯北诸家皆辨之。辨之是也，因是而遂割裂其全书，强欲坐刘歆以窜乱之罪。歆如窜乱，自当弥缝完好，求免后人之攻，何以彼此纷歧，前后牴牾，罅漏百出，奚取于斯？足下为此无征不信之言，傅合文致，以成其罪。

歆不足惜，如“六经”何？是奚翅宋人之三字狱，周室之罗织经也！谓非贤知之过乎？

从古无不敝之法。有王者作，小敝则小修之，大敝则大改之。法可改，而立法之意不可改，故曰：其人存，则其政举；其人亡，则其政息。政之敝坏，乃行法者之失，非立法者之失也。今托于素王改制之文，以便其推行新法之实。无论改制出于纬书，未可尽信；即圣人果有是言，亦欲质文递嬗，复三代圣王之旧制耳，而岂用夷变夏之谓哉？当今之时，岂犹患新法之不尽行，而重烦吾辈喋喋为之先导？足下其无意于斯道也。诚有意于斯道，则凡圣经贤传之幸而仅存者，一字一言，当护持珍惜之不暇，而反教猱升木，入室操戈，恐大集流传，适为毁弃“六经”张本耳。足下兀兀穷年，何屑倒持太阿，而授人以柄？始则因噎废食，终且舐糠及米，其殆未之思乎？原足下之所以为此者无他焉，盖闻见杂博为之害耳。其汪洋自恣也，取诸庄；其兼爱无等也，取诸墨；其权实互用也，取诸释；而又炫于外夷一日之富强，谓有合吾中国管、商之术，可以旋至而立效也。故于圣人之言，灿著“六经”者，悉见为平澹无奇，而必扬之使高，凿之使深。恶近儒之言训诂破碎害道也，则荡涤而扫除之，以训诂之学，归之刘歆，使人无以自坚其说，而凡古书之与吾说相戾者，一皆诋为伪造，夫然后可以唯吾欲为，虽圣人不得不俯首而听吾驱策。噫！足下之用意则勤矣，然其所以为说者亦已甚矣。

古人著一书，必有一书之精神面目。治经者，当以经治经，不当以己之意见治经。“六经”各有指归，无端比而同之，是削趾以适屦，屦未必合，而趾已受伤矣。刘申受、宋于庭之徒，援《公羊》以释四子书，恣其胸臆，穿凿无理。仆尝谓近儒若西河、东原记丑而博，言伪而辨；申受、于庭析言破律，乱名改作；圣人复起，恐皆不免于两观之诛。乃以足下之精识，而亦为所惑溺，岂不异哉！圣门教人，《诗》、《书》执礼，性与天道，不可得闻。《易》、《春秋》皆言性道之书，游、夏且不能赞一辞，而欲以公羊家之偏论，变《易》、《诗》、《书》、《礼》、《乐》，将使后人何所取信？学者何所持循？如足下言，《尚书》当读者仅有二十八篇，余自《周易》、《仪礼》、《公》、《谷》、《论》、《孟》而外，皆当废弃。“五经”去其四，而《论语》犹在疑信之间，学者几无可读之书，势不得不问途于百家诸子。百家诸子之言，其果优于古文哉？

来书言时各有宜，学各有主，而必以求仁为归。大哉言乎！微足下，仆不闻此言也。然求仁之说，将主孔、孟，而以立达为仁乎？抑主墨氏，而以兼爱为仁乎？且今之时，何时乎？疾之可以猛攻者，必其少年坚实，偶感疵疠者也。若羸疾而攻以猛剂，不自速其毙者几希！今之疾，其实乎？羸乎？而谓蓡苓为不足用乎？乌喙钩吻，非常用之物，以之攻毒，毒尽而身亦随之，况欲以之养生乎？足下以历代秕政，归狱古文，其言尤近于诬。当西汉时，古文未兴，何以有孝武之穷兵，元成之失道？此非事实，仆以为不足辨也。“六经”、四子之书，日用所共由，如水火菽粟之不可缺。无论今文、古文，皆以大中至正为归，古今止此义理，何所庸其新奇！闻日新其德矣，未闻日新其义理也。乾、嘉诸儒，以义理为大禁，今欲挽其流失，乃不求复义理之常，而徒备言义理之变。彼戎翟者，无君臣，无父子，无兄弟，无夫妇，是乃义理之变也。将以我圣经贤传为平澹不足法，而必以其变者为新奇乎？有义理而后有制度，戎翟之制度，戎翟之义理所由寓也。义理殊，斯风俗殊；风俗殊，斯制度殊。今不揣其本，而漫云改制，制则改矣，将毋义理亦与之俱改乎？百工制器是艺也，非理也。人心日伪，机巧日出，风气既开，有莫之为而为者，夫何忧其艺之不精？今以艺之未极其精，而欲变吾制度以徇之，且变吾义理以徇之，何异救刖而牵其足，拯溺而入于渊？是亦不可以已乎！人心陷溺于功利，行法者借吾法以逞其私，而立一法，适增一弊。故治国之道，必以正人心，厚风俗为先，法制之明备，抑其次也。况法制本自明备，初无俟借资于异俗，讵可以末流之失，归咎其初祖，而遂以功利之说导之哉？世之揣影听声，愚而可悯者，既不足以语此。一二贤智之士，矫枉过正，又以为圣圣相传之《诗》、《书》、《礼》、《乐》，果不足以应变也，而姑从事于其新奇可喜者，以为富强之道在是。彼族之所以富强，其在是乎？其不在是乎？抑亦有其本原之道在乎？抑彼之所谓本原者，道其所道，而非吾中土所能行，且为天下后世所断断不可行者乎？以足下之精识，而亦惑溺于是，则斯道其奚望也！

足下服膺孟、荀。荀子之言曰：君子行不贵苟难，说不贵苟察，名不贵苟传，惟其当之为贵。孟子之言曰：君子反经而已矣。经正则庶民兴，庶民兴斯无邪慝。历观往古治乱之原，未有不由乎此者也。足下不语经而语权，不贵当理而贵苟察，是则近世为公羊家言者误之也。仆不肖，屡辱知己之言，其敢默而息哉！贵门人日记十二册，穷日之力读之，高明沉潜，各极其胜。足下因材善诱，所标举者，尤多诣微之言，河汾江汉，成就殆未可量，而惜乎其以伪经改制之说羼之也。怀不能已，再布区区，惟足下裁择焉。

答朱蓉生先生书（1891年）

再拜言，鼎甫足下。曩者辱赐书，骊骊数千言，博实敷畅，意气恳恳款款，若深虑持论有好高之患，而又不以为不可与言者，殷勤而诱进之，此诚大君子与人为善之怀，未易逢于并世者也。虽然，仆亦岂敢苟为好高哉？持论所以异于宋儒者，窃不自量，以为读书穷理，稍有一日之长，且大道终有昭然共见之日，故不敢苟为哗世以取宠。今请舍仆与足下之成见，而以孔子之道还之孔子，可乎？

昔春秋以前，治成于君，政教之迹，实茫昧无可考，此夏、殷所以无征也。尼山崛起，教术肇兴，参天地以赞化，托先王以明权，故三纲五伦，井田学校，孔子所立。何者为善？何者为恶？孔子所定。道之原起也如此。别有论著，不能具录。然孔子之道至大，学焉各得其性之所近，此七十子后学所由各有记也。

今欲知孔子之言性，请先征孔子之经。祖伊曰：不虞天性。据《史记·殷本纪》所引，则伏生所传之本，必作“不虞知天性”。玩郑所注之本，已无“知”字，则“知”字必刘歆作伪所改去者。郑传刘歆之学，所注为刘歆之刘本，则其说不待辨。伪《孔传》能引《史记》以解之，则其说转有可取。“虞”之训“度”。《说文》云：虞，驺虞也。白虎黑文，尾长于身，仁兽也，食自死之肉，从虍吴声。《诗》曰：吁嗟乎驺虞。此许慎采《诗》以为《说文》也。《文选》三张衡《东京赋》注：刘芳《诗义疏》曰：驺虞，或作驺吾。则可知古人但重口授，不重文字，而许慎之泥滞，其伪具见。惟是古人文字仅三千，余则必须假借以足其用，《说文》论“驺虞”之“虞”，是否□□□□字，然借以为虞度之“虞”。虞也，虞乐也。皆有可□□□，不能具录。又□□必以《尔雅》有“茹虞度也”之文，遂谓训“度”为伪。益刘歆伪《尔雅》亦必有所采，方能赝造一书也。

今经文“虞”字下有“知”字，则训以“安乐”二者不顺，自宜训以“度”为顺。他时有考定训诂之书，今不具论。使性而既善，人尚何必度知天性之所在哉？《召诰》曰：节性惟日其迈。“节”字之义，训为“节制”之“节”，节者，天之制也。见《春秋繁露·循天之道篇》。“礼节”之“节”，节者，礼也。见《礼记·丧服四制》。皆不能以顺而致解之。即训以“节视”也。见《毛诗·节南山序》，《释文》引《韩诗》。然既名曰“视”，即有人为之功，亦非顺而致也。《诗·卷阿》曰：俾尔弥尔性。《说文》：弥，长久也，从长尔声。观此则知训弥为大，见《易·系辞上传》“故能弥纶天地之道”虞注。训“弥”为“广”，见《文选·游天台山赋》注引刘《周易义》。训“弥”为“终”，见《毛诗》本传。训“弥”为“满”，见《史记·司马相如列传》“弥山跨谷”正义，《汉书·司马相如传》上“掩平弥泽”注。皆古学家从《说文》展转而出，此外尚多，不能具录。《小尔雅》训“弥”为“益”，亦不足据。惟训“弥”为“缝”，最有可取。见《方言》十三。《广雅释诂》二。盖既与《说文》、《小尔雅》异者，必得诸今文者矣。虽诸经复有假弥字为他义者，然除去出自《说文》、《小尔雅》之伪诂，此外今文之训诂，其可见者尚多。是他经之弥字，或有不可以弥缝解之，兼传可采之说，以会经意焉可矣，则试问弥缝之云者，人功乎？天功乎？顺致乎？逆致乎？能说向性善去否乎？持此三说，孔子之论性，铁案如山矣。

足下谓气有昏明厚薄之不同，故性当节，是矣。又谓虞性、弥性云者，合乎当然之则，以充乎本然之量，即穷理尽性至命之谓，则未知其何所本也。谓：性何以节？恃有礼而已。是也。谓：所以范其血气心知，以渐复乎天命之本然，而初非有所矫揉造作，理以为质，礼以文之。则非也。盖礼者，孔子所立者也。如备六礼以娶妇，当礼矣，善矣；逾东家墙而搂其处子，非礼矣，不善矣。若以为一者出自性，一者不出自性，为问伏羲以俪皮制嫁娶之前，人尽无性欤？谓范其血气心知，以至于当然则可，谓渐复乎天命之本然，殆不可通也。圣经如此，请更征七十子所记之传。《系辞》一书，多称“子曰”，则是出于门人所记，非孔子手定之本，以之解《易》，则与以《公》、《谷》解《春秋》同，要未可跻之为经也。其言曰：一阴一阳之谓道。此指在天之道言。继之者善也，成之者性也。是言善也则是圣人所继之者，性也则是人人当成之者。盖古书多倒句例，有顺解之而其义不见，倒解之而其义乃显者。详贯师所著《古书疑义举例》。且既曰成之，则人为在焉，非谓性即善也。足下论阴阳理气，而徒泥宋儒之说，愈辨而障愈深也。

《系辞》又曰：穷理尽性，以至于命。既当穷理，乃能尽性，以至于命，则孩提之性不能遂谓其善明矣。《中庸》云：天命之谓性，率性之谓道，修道之谓教。“率”之训“循”，出诸《尔雅》。古文家取以遍注诸经，宜足下谓为经典达诂也。王充《论衡》，杂家之书也，然正惟其杂，则今学之说，赖以传什于千百焉。《易·系辞下传》：初率其辞。侯东注训“率”为“修”，见李鼎祚《周易集》所引。侯东非习伪古文费氏《易》者，其训诂必得诸今文，最足信据矣，正与王充训“率”为“勉”同。今足下谓王充“教告率勉，使之为善”二语，是则修道谓教之事，仆今训“率”为“修”，足下能谓仆为诂“修道谓教”语，而非诂“率性谓道”语乎？则《尔雅》之伪诂宜辟也。然古人率、帅间有通用，诸经中如“率西水浒”等，则不能以“勉”、“修”二者诂之，当以“帅”字之诂诂之，要非所论“率件之谓道”一语也。仲尼“知天命”，文王“纯亦不已”，此就既至圣人之境言之，不然，则孩提时岂遂能“知天命”，能“纯亦不已”乎？天固无专生恶物之天，天亦不能生一人，使其全无所学，遂能止于至善也。《论语》云：性相近也，习相远也。正惟性者生之质，人皆具一气质，故相近。圣人从其气质中别之曰，若者为义理，若者非义理，于是习圣人之道者，则日近于圣人，不习圣人之道者，则日远而入于恶人。告子曰“生之谓性”，即“性者生之质”之谓；“食色性也”，即圣人从其食色中指出善恶之谓。故仆有取焉。荀子之与孟子辨者，其言曰：今人之性，生而离其朴，离其资，必失而丧之，由此观之，然则人之性恶明矣。是荀子之与孟子辨者，盖深恐人之任性而废学，而所谓性恶者，以质朴之粗恶言之，非善恶之恶也。是荀子之言，未见有悖于圣言者也。昔宋人不达伪字之诂，遂群起而攻荀子。足下何又不达于性恶之旨哉？孟子之言性善，以人之性善于禽兽者为善，而不知人之异于禽兽者，知觉也，非善也。孟子又以孩提之良知良能为证，而不知此亦知觉也，与善恶无与也。足下谓“未闻枭獍在前，犬羊在后，而儒生可持一卷之书以格之，圣王可恃五礼之制以化之”，至此可释然矣。仆尝慨孟子于“智”之一字，未能辨晰，遂至于告子争仁内义外之说。仆今于“长者义乎，长之者义乎”二语试为之辨曰：长者义，长之者智，未悉孟子复何以圆其说也。于公都子“行吾敬，故谓之内”二语又试为之辨曰：所以行吾敬者智，智在内，而义在外，未悉孟子何以使公都子圆其说也。“冬饮汤而夏饮水”，此智为之，岂义为之乎？足下能下一语以解之乎？

足下谓自告子、荀子之论出，乃始与老、庄、释氏相混。大著虽未获拜读，然谓“圣王制礼，但为苦人之具，非顺乎性之自然。无惑乎老、庄、释氏之徒皆欲逃出乎礼法之外”，不知圣人制礼合乎道之当然，因乎时之必然，其开义又极广，使圣道大明，虽百释氏、老、庄，无有能决其范围而入者，特患人不尊圣学，不能化性起伪，圣道日就湮没，则老、庄、释氏乃能乘弊而入耳，未审足下何以自圆其说也？今幸生逢盛世，群书毕备，刘歆之伪明，孔子之真显，而孟、荀之优绌亦俱见。董子为嫡传孔门之学，其论性之精，得自孔子，足下可披其书而自见之，亦不待仆为之辨，盖足下岂徇己说以求胜之人哉？且如用孟子之说，世有所裨，张荀子之言，人受其害，则道以救民为归，荀子之研理虽精，仆或不惜曲说以就孟子；然正惟从孟子之说，恐人皆任性，从荀子之说，则人皆向学，故仆愈不敢于儒先有所偏袒矣。夫理愈穷而愈出，道日辟而日新，积人积智，而后苟有能补先圣之万一者，虽与先圣稍有异同，而起圣人于九原，犹将谅之。圣人固大公无我，未尝有自私自利之怀也。不能以异端一语，概乎没之也。盖后生可畏，来者难诬，百年后必有论定者。况乎欲考孔子，则当以孔子之道还之孔子，尚不在异同之数哉！宋儒之功，自不可没，当风波颓靡，毅然束之，至今赖焉。然当日经学破碎已极，礼乐不能复兴，则不得不求之于内，而语录之学出，势也。因是求孔子修己以敬之学，得《曲礼》、《玉藻》、《少仪》之意焉，实其美也。谓其言性得孔子之真，非也。然欲举其陈迹，以治今日中西大通之局，能乎否乎？使今日人皆独善其身而止，不复知有生民之疾苦，教术之衰败，利乎害乎？足下当自辨之。

西汉而下，每一大儒，其说既立之后，则下焉者咸附之，其意以为幸附骥尾，名亦足以不朽。而坐对友朋，人必以正学之名属我，其庶几免少年之谤，又赖以文疏考古惮精思之陋，计良得也。足下岂有是耶？不知中国二千余年，圣经瞀乱，大道沉霾，儒风不振，民困莫苏者，皆此辈为之也。“六经”虽乱于歆，然苟二千年儒者不如是，百歆无能为也。世变日新，愿足下毋自待非薄，而思所以特立于万世者。足下居高明之地，则行道济时，转移尤易为力，岂仆所能望哉！幸深知其意，不惮往复以明斯道也。敬候兴居，为道自爱。书不尽言。

附一：朱侍御答康长孺论性书

曩剧谈彻夜，深幸固陋之见，有契高明，而论性则终以不合，此古来聚讼之事，非独今为然也。窃意夫子之言性，明著于《系辞》、《论语》，与《诗》、《书》、《中庸》、《乐记》所言，若合符节。自告子、荀子之论出，乃始与老、庄、释氏相混。其说甚长，曾于答诸生问目中及之，他日当录以就正。今君论性以荀、董为归，仆姑举二家之失，而折衷于圣人可乎？

《系辞》：一阴一阳之谓道。阴阳者，气也；道者，兼理与气之名也。舍阴阳无以见道，舍气无以见理，而理则实宰乎气，人得是理以生，愚者可以与知能，智者可以赞化育。气有昏明厚薄之不同，斯理之随气以赋者。亦因之为差等。苟无是理以宰是气，则人物之生，浑然一致，而人之性真同于犬牛之性矣。人之所以异于禽兽者，以其有此五常之全理。五常本于阴阳，阴阳本于太极，物物一太极，故禽兽亦间有具五常之一体者，特见偏不见全。蜂蚁之君臣，雎鸠之夫妇，岂可与人相提而并论？盖太极者，道之未形也。道既形，则善之名以立、性之类以分。惟人也，得天地之中气，故有物必有则，有气必有理。继之者善，纯以理言；成之者性，则兼理与气言。理气合而成质，故恒言曰气质。理在气中，言气不必复言理也。理无形象，无方体，因气以著，要不得谓有气而无理。譬之木焉，其受规矩准绳者质，其生是木者气，其生是木而必使之中规矩准绳者理。无是理，则木之生何以不中陶冶而中匠石，人之生何以不为禽兽而为圣贤也？成性者物所同，继善者人所独。人惟得此本然之善，乃能穷理以尽性，尽性以至命。物则乌乎能穷理者？穷此继善成性之理，求复乎天命之本然，而一切气拘物蔽，皆有以辨其惑而祛其累，故曰：天命之谓性，率性之谓道，修道之谓教。若人性本恶，则亦何理之可穷，何道之可修，何性之可率？而天之所以与我者，惟是凶恶顽嚚之物，吾当蔑性之不遑，怨天之不暇，仲尼何必复知天命？文王何必纯亦不已，而与此专生恶物之天合德也？且《系辞》所谓穷理者，将穷极凶恶而后可以尽性至命乎？有是理乎？“率”之训“循”，经典达诂。王充《论衡》独训为“勉”，于古无征。谓率勉于学则可，谓率勉于性则不可。王充乃云“教告率勉，使之为善”，是则修道谓教之事，而岂率性谓道之事耶？充于《中庸》文义，尚未尽明，其言乌足为据？

《召诰》曰：节性。《祖伊》曰：虞性。《卷阿》曰：弥性。惟气有昏明厚薄之不同，故性当节。惟气有理以为之宰，故性可节。虞性、弥性云者，合乎当然之则，以充乎本然之量，即穷理尽性至命之谓也。夫性何以节？恃有礼而已。礼也者，理之不可易者也。本于太一，殽于万殊，皆所以范其血气心知，以渐复乎天命之本然。而初非有所矫揉造作，义以为质，礼以文之，是故措诸天下而咸宜，俟诸百世而不惑。若人性本恶，则当毁冠裂冕，弃礼易乐，喻焉而莫能从也，威焉而莫能遏也。吾未闻枭獍在前，犬羊在后，而儒生可持一卷之书以格之，圣王可持五礼之制以化之也。此无他，其性与人殊也。惟人则不然，有物必有则，有气质必有义理，有父子必有慈爱，有君臣必有等威，放诸东海而准，放诸西海而准。瑶僮之悍族，貊貐之野人，其俗与人异，其君臣、父子未尝不与人同。其同焉者，性也；其异焉者，习也；其失本心而至于几希禽兽者，习也，非性也。故四端贵乎扩充，夜气在乎存养，《孟子》七篇多言审端致力之事，曷尝任性而废学哉？《系辞》之穷理尽性，《论语》之性近习远，与《孟子》之言性善一也。惟性善故相近，惟性善故可学。若人性本恶，则不待习而已远纵，欲学而不能，又何相近之有，后儒不达孟子之意，并不达古书之义例，动以越椒商臣相诘难。夫春秋二百四十年，如越椒商臣者有几？圣贤但道其常，岂可以一二人之偶异，而昧亿兆人之大同？犬马恋主，禽鸟报德，传记所载，间亦有之。然论性者，终不以一二物之偶类乎人，遂谓犬之性犹人之性。独于越椒商臣疑之，抑何不充其类也？天下未必无枭獍，而吾目之所接，日见六畜而未一见枭獍，则亦何必举所不见以为说，而转昧乎同然之理哉！是以先王之制礼也，有顺而致焉，有逆而致焉。其顺而致也，以人性之本善，恻隐羞恶，是非辞让，理固具于生初，知皆扩而充之，可以赞天地之化育也；其逆而制也，以理寓乎气，性发为情，气有昏明厚薄之不同，其发之也亦异，苟失其养，则旦昼梏亡，人欲肆而天理灭。人欲肆而天理灭，则其违禽兽不远矣，非礼无以防之也。

圣人不授权于气质，而必以善归诸性，故质有善有恶，情有善有恶，欲有善有恶，惟性也有善而无恶。彼荀卿者，盖以情为性，昧乎性之本原，而又好为立异，不自知其言之过当者也。信如所言，是圣王制礼，但为苦人之具，而并非顺乎性之自然，无惑乎老、庄、释氏之徒，皆欲逃出乎礼法之外，昌言弃礼而不之恤矣。且荀卿以学为起性化伪，夫三代后士多以《诗》、《书》为文饰之具，其能变化气质者，千不获一焉。何以天理民彝之正不绝于终古？毋亦人心之所同，然皆得于赋畀之初，而不容自昧者乎？谓学以扩充四端，则可谓学以起性化伪，乌乎可？荀子尊学而绌性，沿流而昧原，悍然斥之曰“性恶”。夫尊学者是也，绌性者非也。假有人焉，谓：吾之性已恶矣，虽力学何所用之？吾闻甘受和，白受采，未闻苦而可以受和，缁而可以受采也。夫既命吾以恶，吾宁顺天而行，恣睢暴戾，以快吾一日之欲已耳！是尊学适以废学。荀子其何说之辞？藉曰有激而云然也，恶有大儒垂训而可以立言矫激者乎？而况其为论性之大乎？董子长于言阴阳五行，而短于言性知性，禾，善米，亦知禾之中固有米而无稂莠乎？知性如茧如卵，亦知丝在茧中，苟无丝，何有茧？雏在卵中，苟无雏，何有卵乎？卵之不能为丝，茧之不能为雏，理也。惟性之不能为恶，亦理也。谓性与善各有主名，不容以性为善，然则性与恶亦各有主名，独可以性为恶乎？有物必有则，犹之有茧必有丝，有卵必有雏也。继之者善，成之者性，人性之善，犹水之就下。圣贤所斤斤致辨者，曷尝混性与善而为一？如欲深察名号，则水自就下，不可即以水为下，容得谓水之不就下乎？性自皆善，不可即以性为善，容得谓性之非本善乎？譬诸茧自出丝，卵自出雏，不可即以茧为丝，以卵为雏，容得谓茧非始于丝，卵非始于雏乎？有雏种而后成卵，有丝种而后成茧，有继善而后成性，是董子之言，反若与孔、孟相发明，而又何疑焉？且董子明阴阳五行，既知身有性情，犹天之有阴阳矣，盍亦思阴助阳以生物，阳之德固主生而不主杀乎？谓性不皆善，是必天地不以生物为心而后可也。天道无不善，则禀乎天以为性者，安有不善？董子但知善出于性，而不知性实出于善，已显与《系辞》相悖，乃漫援善人有恒以为喻，其说益复支离。善人者成德之称，岂性善之谓乎？近人好攻宋儒，见有与宋儒异趣者，无论理之是非，必称述之以为快。夫宋儒岂必一无可攻？要非矜心躁气者所能哗以求胜。今舍《诗》、《书》之微言，《系辞》之明训，徒取诸子驳杂无当之说，以与圣贤相枝柱，而适流为异端之归，何取乎尔？荀子之书，大醇小疵，三十二篇中，惟《解蔽篇》为最精。然自“圣人知心术之患”以下多杂道家宗旨，其醇者已为周子《太极图》说所取。近人尊荀而诋周，知二五而不知十，名为尊荀，实未知所以尊也。足下高识，岂不知之？特牵于董子之言，祖公羊，遂祖《繁露》，而因祖及荀子耳。仆于董、荀之学，皆有笃嗜，而其悖于圣言者，未敢一例附和。董子有言：正朝夕者视北辰，正嫌疑者视圣人。请以圣人手著之《系辞》，一正董、荀可乎？

附二：复康长孺孝廉

来教敬悉。书十一册均收到。公之见教甚是，但似未深察鄙意也。鄙意非谓西国政法，尽出于耶氏与摩西，亦非以摩西之教，尽行于欧洲，特谓摩西遗书，当时埃及、希腊皆曾翻译，其教亦盛，非如今日犹太之衰耳。鄙意方谓《旧约》为耶氏所托，不足深信，其肯以欧洲之政，尽傅会于摩西哉？大率耶氏未出以前，西土有政而无教，巴庇伦政教已无可考，摩西虽在巴庇伦时，鄙意以为有是人，而无是教。埃及、希腊、罗马其初皆奉神教。埃及火教，火教出于波斯神教，则其旧俗奉神各国不同，大抵与今土番相类，此俗俄国沿至宋、元时未改也。其教初用波斯，后本印度，第波斯火教与彼不同，彼故不讳言之，今西书犹多可考。佛教为所自出，则讳莫如深。摩西“十诫”与释氏同，故前人疑为耶氏所依托也。若其政之传自古昔者，非但西书言之，中书自范史后亦多言之，皆于其教无与。然此特耶氏未出以前则然，刘宋而后则政教合一矣。中国政教由合而分，西土政教由分而合，公前所云，乃适相反也。希腊、犹太，西土文物之地。犹太之所擅名者，以有摩西教徒；希腊之所以擅名者，以有拉丁遗制，天算等学乃其艺事，西人称希腊、犹太，多以其艺事著称于古昔，而兼可考古遗制也。此如中国考据之学，于性理无与，于国之大政亦无与。且观其言古制附会特甚，其视教徒且有甚焉。若索格底、布拉多之徒，虽言性理，而彼人视之未甚尊重，盖犹是党同伐异之见。西人于性理之学喜蔑古，于制度、典章之学喜言古，要之皆不足深信。至毕氏之传佛教，乃是驳文。《四裔年表》言周定王八年印度始行佛教，景王二年释迦灭度，或云释迦以景王五年始生，安得襄王时即有传教之事？盖彼人袭释氏遗说而蔑之，惟恐不尽其言。印度事茫昧尤甚于中国，达摩为迦叶二十八传弟子，约计其时，释迦亦不得在老氏之先。塞种见于《汉书·西域传》，是中土言释教最古而可据者，余皆僧徒眩惑之言。公据毕氏之单文，恐非确证也。

又

日前畅聆高论，快甚。《旧约》九册送还。观君详论，足资启发。惟其书半系寓言，而君以迹象求之，未免方凿圆枘。中土古时为寓言之说者亦多，至庄、列之徒，大畅其风，流毒后世。惟儒教则不然，一字一言，必征诸实。宪章祖述，好古敏求，毫无师心自用之弊，此所以为万世之准则也。君于其当信者疑之，而可疑者反信之，视中西为一辙，混庄、释为同源，鄙人之所以不能无献替者此耳。

至西人之言古制，穿凿附会，视教徒尤有过之，其所言周、秦以前之制度，断难凭信。未译诸书，吾不得而知之矣，若其说之行于中国者，考之矛盾牴牾，不一而足。中土讲钟鼎古文者，弊亦类是。况西人之考古倍难于中国，向壁虚造，无怪其然，特中土人不当为所欺耳。麦西为西土最古之国，地虽褊小，而统绪相承，非如巴庇伦之屡灭于异教者比。而麦西之制度，迄今仍不能详，所赖以考古者，乃石柱文字之类，此正如中土之商鼎周彝，出于赝造者半，出于燕说者半，以博好古之名则可耳，其言岂果足征信哉？

西土惟希腊、拉丁有文字之传，差为可信，拉丁并不古，希腊亦已在中国制字千余年之后。西人远推诸上古，不过好胜之习，实则问其由来，彼亦不能言也。地球绕日之理发于歌白尼，成于刻日尔，此中西无异说，而来示有毕他固拉创造之言，果尔则其说为极古。足下博览西书，谅必有所本，乞将原书检赐一览，以扩见闻也。

又

大著两册读毕敬缴。是书于字学之源流正变，厘然明晰，所论穿穴入微，多惊心动魄之语，惜鄙人素拙于书，钦其宝，莫名其器也。《宝南》、《缀法》两篇，尤为服膺。《执笔》篇度尽金针，而所谓腕平者，尚未深达其说，迟日容再请教。

弟尝妄论用笔之道，方易而圆难，方则易见厚，圆则易见薄，然圆可赅方，方不能赅圆，犹之地不能包天，天则可包地也。隶用篆法固可，篆用隶法似未尽可，完白山人传至后世，恐不能无遗议。晋人楷法，至鲁公而尽变，汉人篆法至完白而亦尽变，故皆能鼓动一世，要其为变古则一也。君于两家盛为轩轾，似尚能平情之论。但书为艺事，各道其心之所得，正不妨成一家言，非比辨章学术，偶一过当，或恐贻祸后人也。是书用力既深，望即速付剞劂，以惠学子。弟于此事，虽无所解，亦愿早得一本以为临摹之则耳。北碑今世盛行，此则关乎运会。北碑多伉厉之气，与南帖之琴德愔愔者异。自同治末年，都中士大夫，喜听秦声而南曲遂为所压，此与重北碑同理，盖皆北鄙杀伐之音。其机先见于百十年前，固莫之为而为也。鄙说未免背道而驰，然君夙喜为观微之论，聊妄及之，以资温噱。

新学伪经考（节选）

（1891年）

【按】《新学伪经考》是康有为变法理论体系的一部主要著作。该书初刻于光绪十七年（1891）秋七月，光绪二十年（1894）遭清政府禁毁。1898年，戊戌变法运动中再刻并进呈光绪帝。不久，又再度遭禁毁。以后，又相继出现万木草堂版（1917、1919年）、北京文化学社版（1931年）、商务印书馆版（1936年）及北京古籍出版社版（1956年）。现以1891年初刻本作底本，参校以1917年重刻本。

新学伪经考南海康祖诒广厦撰一名有为

秦焚六经未尝亡缺考第一

史记经说足证伪经考第二

汉书艺文志辨伪第三上（略）

汉书艺文志辨伪第三下（略）

汉书河间献王鲁共王传辨伪第四

汉书儒林传辨伪第五（略）

汉书刘歆王莽传辨伪第六（略）

汉儒愤攻伪经考第七

伪经传于通学成于郑玄考第八（略）

后汉书儒林传纠谬第九《〈说文序〉纠谬》附。（略）

经典释文纠谬第十（略）

隋书经籍志纠谬第十一（略）

伪经传授表第十二上（略）

伪经传授表第十二下（略）

书序辨伪第十三《〈尚书〉篇目异同真伪表》附。（略）

刘向经说足证伪经考第十四（略）

《新学伪经考》凡十四篇，叙其目而系之辞曰：

始作伪乱圣制者自刘歆，布行伪经篡孔统者成于郑玄。阅二千年岁、月、日、时之绵暧，聚百、千、万、亿衿缨之问学，统二十朝王者礼乐制度之崇严，咸奉伪经为圣法，诵读尊信，奉持施行，违者以非圣无法论，亦无一人敢违者，亦无一人敢疑者。于是夺孔子之经以与周公，而抑孔子为传；于是扫孔子改制之圣法，而目为断烂朝报。“六经”颠倒，乱于非种；圣制埋瘗，沦于霿雾；天地反常，日月变色。以孔子天命大圣，岁载四百，地犹中夏，蒙难遘闵，乃至此极，岂不异哉！且后世之大祸，曰任奄寺，广女色，人主奢纵，权臣篡盗，是尝累毒生民、覆宗社者矣，古无有是，而皆自刘歆开之。是上为圣经之篡贼，下为国家之鸩毒者也。

夫始于盗篡者，终于即真；始称伪朝者，后为正统。司马盗魏嵇绍忠，曹节矫制张奂卖，习非成是之后，丹黄乱色，甘辛变味。孤鸣而正易之，吾亦知其难也。然提圣法于既坠，明“六经”于闇曶，刘歆之伪不黜，孔子之道不著，吾虽孤微，乌可以已！窃怪二千年来，通人大儒，肩背相望，而咸为瞀惑，无一人焉，发奸露覆，雪先圣之沉冤，出诸儒于云雾者，岂圣制赫闇有所待邪？不量绵薄，摧廓伪说，犁庭扫穴，魑魅奔逸，霿散阴豁，日𣋉星呀，冀以起亡经，翼圣制，其于孔氏之道，庶几御侮云尔。

光绪十七年夏四月朔，南海康祖诒长素记。

述叙既讫，乃为主客发其例，曰：客问主人曰：“伪经”何以名之“新学”也？《汉·艺文志》号为“古经”，《五经异义》称为“古说”，诸书所述“古文”尤繁，降及隋、唐，斯名未改，宜仍旧贯，俾人易昭。主人听[1]然曰：若客所云，是犹为刘歆所绐也。夫“古学”所以得名者，以诸经之出于孔壁，写以古文也。夫孔壁既虚，古文亦赝，伪而已矣，何“古”之云？后汉

① “听”，重刻本作“哹”。

之时，学分今、古，既托于孔壁，自以古为尊，此新歆所以售其欺伪者也。今罪人斯得，旧案肃清，必也正名，无使乱实。歆既饰经佐篡，身为“新”臣，则经为“新学”，名义之正，复何辞焉！后世汉、宋互争，门户水火，自此视之，凡后世所指目为“汉学”者，皆贾、马、许、郑之学，乃“新学”，非“汉学”也；即宋人所尊述之经，乃多伪经，非孔子之经也。“新学”之名立，学者皆可进而求之孔子，汉、宋二家退而自讼，当自咎其夙昔之眯妄，无为谬讼者矣。客又问主人曰：别伪文，正“新”名，既得闻命矣。主人所著《毛诗伪证》、《古文尚书伪证》、《古文礼伪证》、《周官伪证》、《明堂月令伪证》、《费氏易伪证》、《左氏传伪证》、《国语伪证》、《古文论语伪证》、《古文孝经伪证》、《尔雅伪证》、《小尔雅伪证》、《说文伪证》，既遍攻伪经，何不合作一书，沧海之观既极，犁靬之幻自祛，发蒙晓然，绝其根株？离而贰之，鄙犹惑诸。主人曰：伪经虽攻，然其蒂附深远，未能尽去也。百诗证王肃之伪《书》，而王《书》自行也；司马证刘炫之伪《传》，而刘《传》自传也。吾采西汉之说，以定孔子之本经；亦附“新学”之说，以证刘歆之伪经。真伪相校，黑白昭昭，是非禯禯。虽有苏、张，口呿舌挢，无事麇聚于此，致启哓哓。客又问主人曰：主人之于文字，既攻许学之伪矣，然三古之真字不传，后世之野文日增，传流有绪，无如《说文》，虽乱淄渑，犹有寄君，若舍洨长，将何依因？主人曰：文字之别，有户有门，寻端绎绪，承变相因。若欲复篆，中隔汉隶，难逾此关。魏、晋争乱，书体杂越，更难求真。唯开元之定今隶，为后世之矩绳，于今用之，正极为衡。《开成石经》、《干禄字书》、《九经字样》、《五经文字》，依此写定，是师是承。其张、唐二本，如“桃梿”、“栞刊”，《说文》、《石经》，两体并存。《九经字样》不言《石经》，然曰“经典相承”，即《石经》之类也。考中郎刊正，本主今文，南阁稽撰，专宗古学。今尊《石经》，其诸雅正欤！门人好学，预我玄文。其赞助编检者，则南海陈千秋、新会梁启超也[①]；校雠讹夺者，则番禺韩文举、新会林奎也。

---

① “新会梁启超也”，重刻本作“最勤而敏也其”。

秦焚六经未尝亡缺考第一

按：后世"六经"亡缺，归罪秦焚，秦始皇遂婴弥天之罪，不知此刘歆之伪说也。歆欲伪作诸经，不谓诸经残缺，则无以为作伪窜入之地，窥有秦焚之间，故一举而归之。一则曰：书缺简脱。《汉书·艺文志》、《楚元王传》。一则曰：学残文缺。《汉书·楚元王传》。又曰：秦焚《诗》、《书》，"六艺"从此缺焉。《汉书·儒林传》。《史记·儒林传》亦窜入。又曰：秦焚《诗[1]》、《书》，书散亡益多。《史记·儒林传》窜入。学者习而熟之，以为固然，未能精心考校其说之是非，故其伪经得乘虚而入，蔽掩天下，皆假校书之权为之也。今据《史记》及诸传记条别，证之如左：

三十四年，丞相臣斯昧死言：臣请史官非秦纪皆烧之。非博士官所职，天下敢有藏《诗》、《书》、百家语者，悉诣守尉杂烧之。令下三十日不烧，黥为城旦。所不去者，医药、卜筮、种树之书。若欲有[2]学法令，《集解》，徐广曰：一无"法令"二字。以吏为师。制曰：可。《史记·秦始皇本纪》。

按：焚书之令，但烧民间之书，若博士所职，则《诗》、《书》、百家自存。夫政、斯焚书之意，但欲愚民而自智，非欲自愚。若并秘府所藏、博士所职，而尽焚之，而仅存医药、卜筮、种树之书，是秦并自愚也，何以为国？《史记》别白而言之，曰：非博士所职藏者悉烧。则博士所职，保守珍重，未尝焚烧，文至明也。又云：若欲有学，以吏为师。吏，即博士也。然则欲学《诗》、《书》、"六艺"者，诣博士受业则可矣。实欲重京师而抑郡国，强干弱支之计耳。汉制：郡国计偕，诣太常受业如弟子。犹因秦制也。夫博士既有守职之藏书，学者可诣吏而受业，《诗》、《书》之事，尊而方长，然则谓"秦焚《诗》、《书》，'六艺'遂缺"，非妄言而何？然而二千年之学者遂为所惑，虽魁

[1] "诗"，重刻本无。
[2] "欲有"，重刻本作"有欲"。

儒辈出，无一人细心读书，祛其伪妄者，岂不异哉！

或疑《始皇纪》云：今天下已定，法令出一，士则学习法令辟禁，今诸生不师今而学古，以非当世。然则秦焚书之意，盖深忌士之学古，而专欲其学习法令，岂焚书之后尚有听习《诗》、《书》之制？则所谓"欲学者，以吏为师"，必为学法令明矣。释之曰：秦焚《诗》、《书》，博士之职不焚，是《诗》、《书》，博士之专职。秦博士如叔孙通，有儒生弟子百余人，诸生不习《诗》、《书》，何为复作博士弟子？既从博士受业，如秦无"以吏为师"之令，则何等腐生，敢公犯诏书，而以私学相号聚乎？"不师今而学古"，乃一时廷议之虚辞；至诣博士受《诗》、《书》，则一朝典制。佐验显然，必不能以虚辞颠倒者矣。《朱子语类》亦有"秦只教天下焚书，他朝廷依旧留得"之说。见卷一百三十八。

古者天下散乱，莫能相一，是以诸侯并作，语皆道古以害今，饰虚言以乱实，人善其所私学，以非上所建立。今陛下并有天下，辨白黑而定一尊，而私学乃相与非法教之制，闻令下，即各以其私学议之，入则心非，出则巷议，非主以为名，异趣以为高，率群下以造谤。如此不禁，则主势降乎上，党与成乎下。禁之便。臣请诸有文学、《诗》、《书》、百家语者，蠲除去之。令到，满三十日弗去，黥为城旦。所不去者，医药、卜筮、种树之书。若有欲学者，以吏为师。始皇可其议，收去《诗》、《书》、百家之语，以愚百姓，使天下无以古非今。明法度，定律令，皆以始皇起。《史记·李斯传》。

按：《秦始皇本纪》云：若欲有学法令，以吏为师。徐广曰：一无"法令"二字。以《李斯传》考之，云"若有欲学者，以吏为师"，无"法令"二字。此为当时令甲，故史公录之无一字异。二文互证，然则"法令"二字为刘歆所窜乱者可见矣。徐广所见，犹是史公原本。《十二诸侯年表》云：为成学治古文者要删焉。徐广曰：一云"治国闻"。亦是史公原本如此。然则《史记》若是之类，其为歆所窜者，皆可以此推之矣。

侯生、卢生相与谋曰：始皇为人，天性刚戾自用。起诸侯，并天下，意得欲从，以为自古莫能及己。专任狱吏，狱吏得亲幸。博士虽七十人，特备员弗用。丞相诸大臣皆受成事，倚辨于上。上乐以刑杀为威，天下畏罪持禄，莫敢尽忠。上不闻过而日骄，下慑伏谩欺以取容。秦法：不得兼方，不验，辄死。然候星气者至三百人，皆良士，畏忌讳谀，不敢端言其过。天下之事，无大小皆决于上。上至以衡石量书，日夜有呈，不中呈不得休息。贪于权势至如此，未可为求仙药。于是乃亡去。始皇闻亡，乃大怒曰：吾前收天下书，不中用者尽去之。悉召文学、方术士甚众，欲以兴太平。方士欲练以求奇药。今闻韩众去不报，徐市等费以巨万计，终不得药，徒奸利相告日闻。卢生等，吾尊赐之甚厚，今乃诽谤我，以重吾不德也。诸生在咸阳者，吾使人廉问，或为訞言以乱黔首。于是使御史悉按问诸生。诸生传相告引。乃自除犯禁者四百六十余人，皆阬之咸阳，使天下知之，以惩后。益发谪徙边。《史记·秦始皇本纪》。

按：秦虽不尚儒术，然博士之员尚七十人，可谓多矣。且召文学甚众，卢生等尊赐甚厚，不为薄也。阬者仅咸阳诸生四百六十余人，诬为“妖言传相告引”，此亦汉钩党之类耳[①]。钩党杀天下高名善士百余人，然郡国不遭党祸之士，尚不啻百亿万也。伏生、叔孙通即秦时博士，张苍即秦时御史。自两生外，鲁诸生随叔孙通议礼者三十余人，皆秦诸生，皆未尝被阬者。其人皆怀蕴“六艺”，学通《诗》、《书》，逮汉犹存者也。然则以阬儒为绝儒术者，亦妄言也。

二世皇帝元年，令群臣议尊始皇庙。群臣皆顿首言曰：古者天子七庙，诸侯五，大夫三，虽万世世不轶毁。今始皇为极庙，四海之内皆献贡职，增牺牲，礼咸备，毋以加。先王庙或在西雍，或在咸阳。天子仪当独奉酌祠始皇庙。自襄公已下轶毁。所置凡七庙。《史记·秦始皇本纪》。

此议与《谷梁》、《王制》、《礼器》、《荀子》合。博士之议固存也。

乃从荀卿学帝王之术。太史公曰：斯知“六艺”之归。《史记·李斯传》。

沛公至咸阳，诸将皆争走金帛财物之府分之。何独先入收秦丞相、御史律令图书藏之。《史记·萧相国世家》。

---

① “此亦汉钩党之类耳”，重刻本作“且多方士非尽儒者汉”。

按：焚书在始皇三十四年，阬儒在始皇三十五年，始皇崩于三十七年七月，戍卒陈涉反于二世元年七月，李斯诛于二世二年七月，汉高祖入咸阳在二世三年十月。自焚书至陈涉反，凡四年，至高祖入关，凡六年；自阬儒至陈涉反，凡三年[①]。至高祖入关，凡五年。阬、焚之后，尚有荀卿高弟"知'六艺'之归"李斯其人者为丞相，死于陈涉反后。阬、焚至汉兴，为日至近，博士具官，儒生甚夥。即不焚烧，罪仅城旦，天下之藏书者尤不少，况萧何收丞相、御史府之图书哉！丞相府图书，即李斯所领之图书也。斯知"六艺"之归，何收其府图书，"六艺"何从亡缺？何待共王坏壁，忽得异书邪？事理易明，殆不待辨。

后陵迟以至于始皇，天下并争于战国，儒术既绌焉，然齐、鲁之间，学者独不废也。及高皇帝诛项籍，举兵围鲁，鲁中诸儒尚讲诵习礼、乐，弦歌之音不绝。岂非圣人之遗化，好礼、乐之国哉？故孔子在陈，曰：归欤，归欤！吾党之小子狂简，斐然成章，不知所以裁之。夫齐、鲁之间于文学，自古以来，其天性也。故汉兴，然后诸儒始得修其经艺，讲习大射、乡饮之礼。叔孙通作汉礼仪，因为太常；诸生弟子共定者，咸为选首。于是喟然叹兴于学，然尚有干戈。平定四海，亦未暇遑庠序之事也。孝惠、吕后时，公卿皆武力有功之臣。孝文时颇征用，然孝文本好刑名之言。及至孝景，不任儒者，而窦太后又好黄、老之术，故诸博士具官待问，未有进者。《史记·儒林传》。

按：《儒林传》言战国绌儒，然齐、鲁学者不废；又言高帝围鲁，诸儒讲诵习礼、乐不绝；又言圣人遗化，好礼、乐之国，于文学其天性也，汉兴，诸儒修其经艺，习大射、乡饮之礼，诸生弟子随稷嗣而定礼仪。高、惠、文、景虽不好儒，而博士之官仍具。以斯而观，凡抱礼器之孔甲，被围之诸儒，定礼之诸生，具官之博士，皆生长焚书之前，逃出于阬儒之外。所云"讲诵"，所云"经艺"，皆孔子相传之本。加有口诵，非城旦之刑、数年之间所能磨灭，必不至百篇之《书》亡其大半，《逸礼》、《周官》、《左

① "凡三年"，重刻本作"凡四年"。

传》若罔闻知也。然则焚书阬儒虽有虐政，无关“六经”之存亡。而伪经实出哀、平之世，固不足攻，即出共王、安国之时，亦不足攻矣。

鲁世世相传以岁时奉祠孔子冢，而诸儒亦讲礼、乡饮、大射于孔子冢。孔子冢大一顷，故所居堂弟子内，后世因庙藏孔子衣、冠、琴、车、书，至于汉二百余年不绝。《史记·孔子世家》。

按：诸儒讲礼于孔子冢，不过《乡饮》、《大射》之篇。《儒林传》同。皆十七篇所有。孔子之书藏于庙，自子思至汉凡二百余年不绝。而孔襄尝为孝惠博士，忠、武、延年、安国、霸、光，皆传《尚书》为博士，所谓“传十余世，学者宗之”也。史迁读孔氏书，又尝观其藏书之庙堂及车、服、礼器，又讲业其都，未尝言及孔庙所藏之“六经”有缺脱而叹息痛恨之。献王、共王、安国所得之古文，自《尚书》外，有《毛诗》、《周官》、《逸礼》、《左传》，为孔氏世传之所无，未尝一赞美喜幸之。刘歆欲立古文，而孔光不助焉。然则孔氏之本具在不缺，无“古文”之名，亦无后出古文之《书》，至明矣。

楚元王交，字游，高祖同父少弟也。好书，多材艺。少时尝与鲁穆生、白生、申公俱受《诗》于浮丘伯。伯者，孙卿门人也。文帝时，闻申公为《诗》最精，以为博士。元王好《诗》，诸子皆读《诗》，申公始为《诗》传，号《鲁诗》。元王亦次之《诗》传，号曰《元王诗》，世或有之。《汉书·楚元王传》。

陈馀者，亦大梁人也，好儒术。《史记·陈馀传》。

张丞相苍者，阳武人也，好书、律、历。秦时为御史，主柱下方书。而张苍乃自秦时为柱下史，明习天下图书、计籍。《史记·张丞相传》。

郦生食其者，陈留高阳人也，好读书。骑士曰：沛公不好儒，诸客冠儒冠来者，沛公辄解其冠，溲溺其中。与人言，常大骂，未可以儒生说也。《史记·郦生传》。

陆生时时前说，称《诗》、《书》，高帝骂之曰：乃公居马上而得之，安事《诗》、《书》！陆生曰：居马上得之，宁可以马上治之乎？且汤、武逆取，而以顺守之；文武并用，长久之术也。昔者吴王夫差、智伯，极武而亡；秦任刑法不变，卒灭赵氏。乡使秦已并天下，行仁义，法先圣，陛下安得而有之？高帝不怿而有惭色，乃谓陆生曰：试为我著秦所以失天下，吾所以得之者何，及古成败之国。陆生乃粗述存亡之征，凡著十二篇。每奏一篇，高帝未尝不称善。左右呼万岁。号其书曰《新语》。《史记·陆贾传》。

刘敬曰：陛下取天下与周室异。周之先自后稷，尧封之邰，积德累善，十有余世。公刘避桀居豳。太王以狄伐故，去豳，杖马箠居岐，国人争随之。及文王为西伯，断虞、芮之讼，始受命，吕望、伯夷自海滨来归之。武王伐纣，不期而会孟津之上八百诸侯，皆曰“纣可伐矣”。遂灭殷。成王即位，周公之属傅相焉，乃营成周、洛邑，以此为天下之中也。诸侯四方纳贡职，道里均矣。《史记·刘敬传》。

叔孙通者，薛人也。秦时以文学征，待诏博士。数岁，陈胜起山东，使者以闻。二世召博士诸儒生问曰：楚戍卒攻蕲入陈，于公如何？博士诸生三十余人前曰：人臣无将，将即反，罪死无赦。愿陛下急发兵击之！二世怒，作色。叔孙通前曰：诸生言皆非也。夫天下合为一家，毁郡县城，铄其兵，示天下不复用。且明主在其上，法令具于下，使人人奉职，四方辐辏，安敢有反者！此特群盗、鼠窃、狗盗耳，何足置之齿牙间。郡守尉今捕论，何足忧。二世喜曰：善。尽问诸生，诸生或言“反”，或言“盗”。于是，二世令御史按诸生，言“反”者下吏，非所宜言。诸言“盗”者，皆罢之。乃赐叔孙通帛二十匹，衣一袭，拜为博士。叔孙通已出宫，反舍，诸生曰：先生何言之谀也？通曰：公不知也，我几不脱于虎口！乃亡去，之薛，薛已降楚矣。及项梁之薛，叔孙通从之。败于定陶，从怀王。怀王为义帝，徙长沙，叔孙通留事项王。汉二年，汉王从五诸侯入彭城，叔孙通降汉王。汉王败而西，因竟从汉。叔孙通儒服，汉王憎之，乃变其服，服短衣，楚制，汉王喜。叔孙通之降汉，从儒生弟子百余人，然通无所言进，专言诸故群盗壮士进之。弟子皆窃骂曰：事先生数岁，幸得从降汉，今不能进臣等，专言大猾，何也！叔孙通闻之，乃谓曰：汉王方蒙矢石争天下，诸生宁能斗乎？故先言斩将搴旗之士。诸生且待我，我不忘矣。汉王拜叔孙通为博士，号稷嗣君。汉五年，已并天下，诸侯共尊汉王为皇帝于定陶，叔孙通就其仪号。高帝悉去秦苛仪法，为简易。群臣饮酒争功，醉或妄呼，拔剑击柱，高帝患之。叔孙通知上益厌之也，说上曰：夫儒者难与进取，可与守成。臣愿征鲁诸生，与臣弟子共起朝仪。高帝曰：得无难乎？叔孙通曰：五帝异乐，三王不同礼。礼者，因时世人情为之节文者也。故夏、殷、周之礼所因损益可知者，谓不相复也。臣原颇采古礼与秦仪，杂就之。上曰：可试为之，令易知，度吾所能行为之。于是，叔孙通使征鲁诸生三十余人。鲁有两生不肯行，曰：公所事者且十主，皆面谀以得亲贵。今天下初定，死者未葬，伤者未起，又欲起礼、乐。礼、乐所由起，积德百年而后可兴也。吾不忍为公所为。公所为不合古，吾不行。公往矣，无污我！叔孙通笑曰：若真鄙儒也，不知时变。遂与所征三十人西，及上左右为学者与其弟子百余人，为绵蕞野外。习之月余，叔孙通曰：上可试观。上既观，使行礼，曰：吾能为此。乃令群臣习肄。会十月。汉七年，长乐宫成，诸侯群臣皆朝十月。仪：先平明，谒者治礼，引以次入殿门，廷中陈车骑、步卒，卫宫设兵，张旗志。传言“趋”。殿下郎中侠陛，陛数百人。功臣、列侯、诸将军、军吏以次陈西方，东乡，文官丞相以下陈东方，西乡，大行设九宾，胪句传①。于是，皇帝辇出房，百官执职传警，引诸侯王以下至吏六百石以次奉贺。自诸侯王以下，莫不振恐肃敬。至礼毕，复置法酒，诸侍坐殿上皆伏抑首，以尊卑次起上寿。觞九行，谒者言“罢酒”。御史执法举不如仪者，辄引去，竟朝置酒，无敢讙哗失礼者。于是高帝曰：吾乃今日知为皇帝之贵也！乃拜叔孙通为太常，赐金五百斤。叔孙通因进曰：诸弟子儒生随臣久矣，与臣共为仪，愿陛下官之。高帝悉以为郎。叔孙通出，皆以五百斤金赐诸生。诸生乃皆喜曰：叔孙生诚圣人也，知当世之要务。《史记·叔孙通传》。

贾山，颍川人也。祖父祛，故魏王时博士弟子也。山受学祛所。《汉书·贾邹枚路传》。

贾生，名谊，洛阳人也。年十八，以能诵《诗》属《书》闻于郡中。孝文皇帝初立，闻河南守吴公治平为天下第一，故与李斯同邑而常学事焉，乃征为廷尉。廷尉乃言贾生年少，颇通诸子百家之书。《史记·贾生传》。

文翁，庐江舒人也。少好学，通《春秋》。景帝末为蜀郡太守。《汉书·循吏传》。

---

① “胪句传”，《史记》作“胪传”，《汉书》作“胪句传”。

右见《史记》、《汉书》者，并伏生、申公、辕固生、韩婴、高堂生计之，皆受学秦焚之前，其人皆未阬之儒，其所读皆未焚之本，博士具官者七十，诸生弟子定礼者百余。李斯再传为贾谊，贾祛一传为贾山，皆儒林渊源可考者。统而计之：其一，博士所职"六经"之本具存，七十博士之弟子当有数百，则有数百本《诗》、《书》矣，此为"六经"监本不缺者一；其二，丞相所藏，李斯所遗，此为"六经"官本不缺者二；其三，御史所掌，张苍所守，此为"六经"中秘本不缺者三；其四，孔氏世传，"六经"本不缺者四；其五，齐、鲁诸生"六经"读本不缺者五；其六，贾祛、吴公传，"六经"读本不缺者六；其七，藏书之禁仅四年，不焚之刑仅城旦，则天下藏本必甚多，若伏生、申公之伦，天下"六经"读本不缺者七；其八，经文简约，古者专经在讽诵，不徒在竹帛，则口传本不缺者八。有斯八证，"六艺"不缺，可以见孔子遗书复能完，千岁蔀说可以祛，铁案如山，不能摇动矣。[①]

史记经说足证伪经考第二

经学纷如乱丝，于今有汉学、宋学之争，在昔则[②]有今学、古学之辨。不知古学皆刘歆之窜乱伪撰也，凡今所争之汉学、宋学者，又皆歆之绪余支派也。经歆乱诸经，作《汉书》之后，凡后人所考证，无非歆说。征应四布，条理精密，几于攻无可攻，此歆所以能欺绐二千年，而无人发其覆也。今取西汉人之说证之，乃知其伪乱百出。而司马迁《史记》，统"六艺"，述儒林，渊源具举，条理毕备，尤可信据也。察迁之学，得于"六艺"至深：父谈既受

① 初刻本及重刻本每卷末均刊书名和卷第。卷第之下，初刻本有"弟子韩文举、陈千秋初校"及"弟子林奎，梁启超覆校"两行。重刻本有"门人新会梁启超、三水徐勤初校"，"门人番禺韩文举、南海陈千秋覆校"及"门人新会林奎、东莞张伯桢三校"等三行，今均删去。以下各卷同。

② "则"，初刻本作"有"，此从重刻本。

《易》于杨何，迁又问《书》故于孔安国，闻《春秋》于董生，讲业于齐、鲁之都，观孔子之遗风，乡射邹峄，其于孔门渊源至近。孔子，一布衣耳，而于《周本纪》、《十二国世家》，迁皆书“孔子卒”，因尊孔子为世家。《太史公自序》曰：周室既衰，诸侯恣行，仲尼悼礼废乐崩，追修经术，以达王道，匡乱世反之于正，见于文辞，为天下制仪法，垂“六艺”之统纪于后世。《孔子世家》赞曰：言“六艺”者皆出于夫子，可谓至圣矣。《自序》曰：孔子卒后，至于今五百岁，有能绍明世，正《易传》，继《春秋》，本《诗》、《书》、《礼》、《乐》之际，意在斯乎，意在斯乎！小子何敢让焉！其预闻“六艺”，至足信矣。虽其书多为刘歆所窜改，而大体明粹，以其说与《汉书》相校，真伪具见。孔子“六经”之传，赖是得存其真。史迁之功，于是大矣。《儒林传》详传经之人，今以为主，而《孔子世家》、《河间献王》、《鲁共王世家》附焉。窜附之说，并辨于后。

孔子世家

孔子之时，周室微而礼、乐废，《诗》、《书》缺。追迹三代之礼，序《书传》，上纪唐、虞之际，下至秦缪，编次其事。曰：夏礼吾能言之，杞不足征也。殷礼吾能言之，宋不足征也。足，则吾能征之矣。观殷、夏所损益，曰：后虽百世可知也。以一文一质周监二代，郁郁乎文哉！吾从周。故《书传》、《礼记》自孔氏。孔子语鲁太师：乐其可知也。始作翕如，纵之纯如，皦如，绎如也以成。吾自卫反鲁，然后《乐》正，《雅》、《颂》各得其所。古者，《诗》三千余篇，及至孔子，去其重，取可施于礼义，上采契、后稷，中述殷、周之盛，至幽、厉之缺，始于衽席，故曰：《关雎》之乱以为《风》始，《鹿鸣》为《小雅》始，《文王》为《大雅》始，《清庙》为《颂》始。三百五篇，孔子皆弦歌之以求合《韶》、《武》、《雅》、《颂》之音。礼、乐自此可得而述，以备王道，成“六艺”。孔子晚而喜《易》，序《彖》、《系》、《象》、《说卦》、《文言》。读《易》，韦编三绝。曰：假我数年，若是，我于《易》则彬彬矣。孔子以《诗》、《书》、《礼》、《乐》

教，弟子盖三千焉。乃因史记作《春秋》，上至隐公，下讫哀公十四年，十二公。据鲁，亲周，故殷，运之三代，约其文辞而指博。故吴、楚之君自称王，而《春秋》贬之曰“子”；践土之会实召周天子，而《春秋》讳之曰：天王狩于河阳。推此类以绳当世贬损之义，后有王者，举而开之。《春秋》之义行，则天下乱臣贼子惧焉。孔子在位听讼，文辞有可与人共者，弗独有也。至于为《春秋》，笔则笔，削则削，子夏之徒不能赞一辞。弟子受《春秋》，孔子曰：后世知丘者以《春秋》，罪丘者亦以《春秋》。鲁世世相传，以岁时奉祀孔子冢，而诸儒亦讲礼、乡饮、大射于孔子冢。孔子冢大一顷，故所居堂弟子内。后世因庙藏孔子衣、冠、琴、车、书，至于汉二百余年不绝。高皇帝过鲁，以太牢祠焉。诸侯卿相至，常先谒，然后从政。孔子生鲤，字伯鱼。伯鱼年五十，先孔子死。伯鱼生伋，字子思，年六十二。尝困于宋。子思作《中庸》。子思生白，字子上，年四十七。子上生求，字子家，年四十五。子家生箕，字子京，年四十六。子京生穿，字子高，年五十一。子高生子慎，年五十七，尝为魏相。子慎生鲋，年五十七，为陈王涉博士，死于陈下。鲋弟子襄，年五十七，尝为孝惠皇帝博士，迁为长沙太守，长九尺六寸。子襄生忠，年五十七。忠生武。武生延年及安国。安国为今皇帝博士，至临淮太守，蚤卒。安国生卬。卬生驩。

太史公曰：《诗》有之：高山仰止，景行行止。虽不能至，然心乡往之。余读孔氏书，想见其为人。适鲁，观仲尼庙堂、车服、礼器，诸生以时习礼其家，余只回留之不能去云。天下君王至于贤人，众矣，当时则荣，没则已焉。孔子布衣，传十余世，学者宗之。自天子、王侯，中国言“六艺”者，折中于夫子，可谓至圣矣！

史迁所述“六经”篇章指义、孔氏世家传授、齐鲁儒生讲习如此，“六经”完全，皆无缺失，事理至明。史迁去圣不远，受杨何之《易》于父谈，问《书》故于安国，闻《春秋》于董生，讲业齐、鲁之都，亲登孔子之堂，观藏书、礼器，若少有缺失，宁能不言邪？此为孔子传经存案，可为铁证。

河间献王世家

河间献王德，以孝景帝前二年用皇子为河间王。好儒学，被服造次必于儒者，山东之儒多从之游。二十六年，卒。

鲁共王世家

鲁共王馀，以孝景前二年用王子为淮阳王。二年，吴、楚反。破后，以孝景前三年徙为鲁王。好治宫室、苑囿、狗马。季年好音，不喜辞辩，为人吃。二十六年，卒。

古文诸伪经，皆托于河间献王、鲁共王，以史迁考之，寥寥仅尔。若有搜遗经之功，立博士之典，史迁尊信"六艺"，岂容遗忽？若谓其未见，则《左氏》乃其精熟援引者，天下遗文古事靡不毕集太史公，不容不见矣。辨详于下。此为无古文之存案，并《儒林传》考之，古文经之出于伪撰，"铁案如山摇不动，万牛回首丘山重"矣。

儒林传

太史公曰：余读功令，至于广厉学官之路，未尝不废书而叹也。曰：嗟乎！夫周室衰而《关雎》作，幽、厉微而礼、乐坏，诸侯恣行，政由强国。故孔子闵王路废而邪道兴，于是论次《诗》、《书》，修起《礼》、《乐》。适齐闻《韶》，三月不知肉味。自卫返鲁，然后《乐》正，《雅》、《颂》各得其所。世以混浊，莫能用。是以仲尼干七十余君，无所遇，曰：苟有用我者，期月而已矣。西狩获麟，曰：吾道穷矣！故因史记作《春秋》，以寓王法，其辞微而指博，后世学者多录焉。

自是之后，言《诗》，于鲁，则申培公；于齐，则辕固生；于燕，则韩太傅。言《尚书》，自济南伏生。言《礼》，自鲁高堂生。言《易》，自菑川田生。言《春秋》，于齐、鲁，自胡毋生；于赵，自董仲舒。

申公者，鲁人也。高祖过鲁，申公以弟子从师，入见高祖于鲁南宫。吕太后时，申公游学长安，与刘郢同师。已而郢为楚王，令申公傅其太子戊。戊不好学，疾申公。及王郢卒，戊立为楚王，胥靡申公。申公耻之，归鲁，退居家教，终身不出门。复谢绝宾客，独王命召之乃往。弟子自远方至受业者百余人。申公独以《诗经》为训以教，无传疑，疑者则阙不传。兰陵王臧既受《诗》，以事孝景帝为太子少傅，免去。今上初即位，臧乃上书，宿卫上，累迁，一岁中为郎中令。及代赵绾，亦尝受《诗》申公，绾为御史大夫。绾、臧请天子，欲立明堂以朝诸侯，不能就其事，乃言师申公。于是，天子使使束帛加璧，安车驷马迎申公，弟子二人乘轺传从至。见天子，天子问治乱之事。申公时已八十余，老，对曰：为治者不在多言，顾力行何如耳。是时，天子方好文辞，见申公对，默然。然已招致，则以为太中大夫，舍鲁邸，议明堂事。太皇窦太后好老子言，不说儒术，得赵绾、王臧之过，以让上。上因废明堂事，尽下赵绾、王臧吏，后皆自杀。申公亦疾免以归，数年卒。弟子为博士者十余人：孔安国至临淮太守，周霸至胶西内史，夏宽至城阳内史，砀鲁赐至东海太守，兰陵缪生至长沙内史，徐偃为胶西中尉，邹人阙门庆忌为胶东内史。其治官民，皆有廉节，称其好学。学官弟子，行虽不备，而至于大夫、郎中、掌故以百数。言《诗》虽殊，多本于申公。

清河王太傅辕固生者，齐人也。以治《诗》，孝景时为博士，与黄生争论景帝前。黄生曰：汤、武非受命，乃弑也。辕固生曰：不然。夫桀、纣虐乱，天下之心皆归汤、武。汤、武与天下之心而诛桀、纣。桀、纣之民不为之使，而归汤、武，汤、武不得已而立，非受命为何？黄生曰：冠虽敝，必加于首；履虽新，必关于足。何者？上下之分也。今桀、纣虽失道，然君上也；汤、武虽圣，臣下也。夫主有失行，臣下不能正言匡过以尊天子，反因过而诛之，代立践南面，非弑而何也？辕固生曰：必若所云，是高帝代秦即天子之位，非邪？于是景帝曰：食肉不食马肝，不为不知味；言学者无言汤、武受命，不为愚。遂罢。是后学者莫敢明受命放杀者。窦太后好《老子》书，召辕固生问《老子》书。固曰：此是家人言耳。太后怒曰：安得司空城旦书乎？乃使固入圈刺豕。景帝知太后怒，而固直言无罪，乃假固利兵，下圈刺豕，正中其心，一刺，豕应手而倒。太后默然，无以复罪，罢之。居顷之，景帝以固为廉直，拜为清河王太傅。久之，病免。今上初即位，复以贤良征固。诸谀儒多疾毁固，曰：固老。罢归之，时固已九十余矣。固之征也，薛人公孙弘亦征，侧目而视固。固曰：公孙子，务正学以言，无曲学以阿世！自是之后，齐言

《诗》皆本辕固生也。诸齐人以《诗》显贵，皆固之弟子也。

韩生者，燕人也。孝文帝时为博士，景帝时为常山王太傅。韩生推《诗》之意，而为内、外《传》数万言，其语颇与齐、鲁间殊，然其归一也。淮南贲生受之。自是之后，而燕、赵间言《诗》者由韩生。韩生孙商，为今上博士。

按：申公为荀卿再传弟子，高祖至鲁，已能从师而见。辕固生至景帝时罢归，年九十余，当秦时，年已二十余矣。韩生为文帝博士，必为当时耆儒。三家盖皆读秦焚前书者。齐、鲁诸儒生千百，而三家所传，其归一也，其为孔子之传确矣。三家之外，史公无一字。此为孔子《诗》学存案，而后有舍三家而言《诗》者，其真伪可引此案决之。

伏生者，济南人也。故为秦博士。孝文帝时，欲求能治《尚书》者，天下无有，乃闻伏生能治，欲召之。是时伏生年九十余，老不能行，于是乃诏太常，使掌故晁错往受之。秦时焚《书》，伏生壁藏之。其后兵大起，流亡。汉定，伏生求其《书》，亡数十篇，独得二十九篇，即以教于齐、鲁之间。学者由是颇能言《尚书》，诸山东大师无不涉《尚书》以教矣。伏生教济南张生及欧阳生，欧阳生教千乘兒宽。兒宽既通《尚书》，以文学应郡举，诣博士受业，受业孔安国。兒宽贫无资用，常为弟子都养，及时时间行佣赁，以给衣食。行常带经，止息则诵习之。以试第次，补廷尉史。是时，张汤方乡学，以为奏谳掾，以古法议决疑大狱，而爱幸宽。宽为人温良，有廉智，自持，而善著书、书奏。敏于文，口不能发明也。汤以为长者，数称誉之。及汤为御史大夫，以兒宽为掾，荐之天子。天子见问，说之。张汤死后六年，兒宽位至御史大夫。九年，而以官卒。宽在三公位，以和良承意从容得久，然无有所匡谏；于官，官属易之，不为尽力。张生亦为博士。而伏生孙以治《尚书》征，不能明也。自此之后，鲁周霸、孔安国，雒阳贾嘉，颇能言《尚书》事。

按：伏生当孝文时，年九十余，计当焚书时，年已六七十矣。从始皇三十四年焚书之时上推，鲁灭于楚，当庄襄王元年，仅三十七年，正值春申君为相之时。荀卿自齐归春申君，伏生当其时已二三十岁矣，上距孟子亦不过数十年。齐、鲁诸儒生千百，而治

《尚书》者唯伏生为首，藏书之禁仅数年，藏书之刑仅城旦，不能害也。然则伏生之《书》为孔子之正传确矣。此为孔子《书》学存案。而后有舍伏生而言《书》者，其真伪可引此案决之。

孔氏有《古文尚书》，而安国以今文读之，因以起其家，《逸书》得十余篇，盖《尚书》兹多于是矣。

诸学者多言《礼》，而鲁高堂生最本。《礼》固自孔子时而其经不具，及至秦焚书，书散亡益多，于今独有《士礼》，高堂生能言之。而鲁徐生善为容。孝文帝时，徐生以容为礼官大夫，传子，至孙徐延、徐襄。襄，其天姿善为容，不能通《礼经》。延颇能，未善也。襄以容为汉礼官大夫，至广陵内史。延及徐氏弟子公户满意、桓生、单次，皆常为汉礼官大夫。而瑕丘萧奋以《礼》为淮阳太守。是后能言《礼》为容者，由徐氏焉。

按：《礼》以高堂生为最本，而高堂生传《礼》凡十七篇。《孔子世家》所言诸儒习《乡饮》、《大射》在其中，《王制》所言冠、昏、丧、祭、乡、相见在其中，《礼运》、《昏义》所言冠、昏、丧、祭、射、乡、朝、聘在其中。孔子传十余世不绝，诸生以时习《礼》其家，其为孔子之传确矣。此为孔子《礼》学存案。而后有舍高堂生之《礼》而言《礼》者，其真伪可引此案决之。

自鲁商瞿受《易》孔子，孔子卒，商瞿传《易》，六世至齐人田何，字子庄，而汉兴。田何传东武人王同子仲，子仲传菑川人杨何。何以《易》元光元年征，官至中大夫。齐人即墨成以《易》至城阳相。广川人孟但以《易》为太子门大夫。鲁人周霸、莒人衡胡、临菑人主父偃皆以《易》至二千石。然要言《易》者，本于杨何之家。

《易》不经焚，为完书，上自商瞿为嫡派，下至田何、杨何。太史迁为杨何再传弟子，其为孔子之传尤确矣。此为孔子《易》学存案。而后有舍田何、杨何而言《易》者，其真伪可引此案决之。

董仲舒，广川人也。以治《春秋》，孝景时为博士。下帷讲诵，弟子传以久次相受业或莫见其面。盖三年董仲舒不观于舍园，其精如此。进退容止，非礼不行，学士皆师尊之。今上即位，为江都相。以《春秋》灾异之变，推阴阳所以错行。故求雨，闭诸阳，纵诸阴；其止雨，反是。行之一国，未尝不得所欲。中废为中大夫，居舍，著《灾异之记》。是时，辽东高庙灾，主父偃疾之，取其书奏之天子。天子召诸生，示其书，有刺讥。董仲舒弟子吕步舒不知其师书，以为下愚。于是下董仲舒吏，当死，诏赦之。于是董仲舒竟不敢复言灾异。董仲舒为人廉直。是时方外攘四夷，公孙弘治《春秋》不如董仲舒，而弘希世用事，位至公卿。董仲舒以弘为从谀，弘疾之，乃言上曰：独董仲舒可使相胶西王。胶西王素闻董仲舒有行，亦善待之。董仲舒恐久获罪，疾免居家，至卒。终不治产业，以修学著书为事。故汉兴至于五世之间，唯董仲舒为明于《春秋》。其传，公羊氏也。

胡毋生，齐人也，孝景时为博士，以老归教授。齐之言《春秋》者，多受胡毋生。公孙弘亦颇受焉。

瑕丘江生为《谷梁春秋》。自公孙弘得用，尝集比其义，卒用董仲舒。仲舒弟子遂者，兰陵褚大、广川殷忠、温吕步舒。褚大至梁相。步舒至长史，持节使决淮南狱，于诸侯擅专断，不报，以《春秋》之义正之，天子皆以为是。弟子通者，至于命大夫，为郎、谒者、掌故者，以百数。而董仲舒子及孙皆以学至大官。

《春秋》但有《公》、《谷》二家。胡毋生，孝景时为博士，且以老归矣，其传《春秋》必在秦前。上述《春秋》云“学者多录焉”，则齐、鲁诸生传《春秋》之盛可知。其为孔子之传确矣。此为孔子《春秋》学存案。而后有舍《公》、《谷》，而言《春秋》者，其真伪可引此案决之。

或疑诸经古文不列学官，以《儒林传》从功令、依博士叙之，其不列学官者，自不能及。释之曰：若古文为真，《古文逸书》亦不列学官，而《儒林传》已言之。同为不列学官，于《古文逸书》则详之，于《毛诗》、《逸礼》、《周官》、《左传》则略之，岂情理乎？此可一言断也。

按：史迁述“六艺”之序，曰：《诗》、《书》、《礼》、《乐》、《易》、《春秋》。凡西汉以前之说皆然。《论语》曰：兴于《诗》，立于《礼》，成于《乐》。又曰：《诗》、《书》执

《礼》，皆雅言也。《王制》：顺先王《诗》、《书》、《礼》、《乐》以造士。《经解》：其为人也，温柔敦厚，《诗》教也；疏通知远，《书》教也；洁静精微，《易》教也；恭俭庄敬，《礼》教也；广博易良，《乐》教也；属辞比事，《春秋》教也。《庄子·天运篇》：丘治《诗》、《书》、《礼》、《乐》、《易》、《春秋》。《徐无鬼篇》：横说之，则以《诗》、《书》、《礼》、《乐》；纵说之，则以《金板》、《六弢》。《天下篇》：《诗》以道志，《书》以道事，《礼》以道行，《乐》以道和，《易》以道阴阳，《春秋》以道名分。《列子·仲尼篇》：曩吾修《诗》、《书》，正《礼》、《乐》。又曰：吾始知《诗》、《书》、《礼》、《乐》无救于治乱。《荀子·儒效篇》：故《诗》、《书》、《礼》、《乐》之归是矣。《诗》言，是其志也；《书》言，是其事也；《礼》言，是其行也；《乐》言，是其和也；《春秋》言，是其微也。《商君书·农战篇》：《诗》、《书》、《礼》、《乐》。《春秋繁露·玉杯篇》：《诗》、《书》，序其志；《礼》、《乐》，纯其养；《易》、《春秋》，明其知。诸所言"六艺"之序如是，皆以《诗》、《书》为称首，无以《易》为先者，更无以《书》先《诗》者。《王制》：冬、夏教以《诗》、《书》。《秦本纪》：天下敢有藏《诗》、《书》、百家语者，悉诣守尉杂烧之。有敢偶语《诗》、《书》者，弃市。举《诗》、《书》者至繁，诚不胜数，聊举数条例之，从无异说。此为孔门"六经"之序存案，可为铁证。其有舍史迁《儒林传》，而颠倒其序者，其真伪可引此案决之。又按：《史记·外戚世家》：《易》基《乾》、《坤》，《诗》始《关雎》，《书》美厘降，《春秋》讥不亲迎。《滑稽列传》：孔子曰："六艺"于治一也，《礼》以节人，《乐》以发和，《书》以道事，《诗》以达意，《易》以神化，《春秋》以道义。《太史公自序》：有能绍明世，正《易传》，继《春秋》，本《诗》、《书》、《礼》、《乐》之际。又曰：《易》著天地、阴阳、四时、五行，故长于变；《礼》经纪人伦，故长于行；《书》记先王之事，故长于政；《诗》记山川、溪谷、禽兽、草木、牝牡、雌雄，故长于风；《乐》乐所以立，故长于和；《春秋》辨是非，故长于治人。又曰伏牺至纯厚，作《易·八卦》；尧、舜之盛，《尚书》载之，礼乐作焉；汤、武之隆，诗人歌之；《春秋》采善贬恶，推三代之法[1]。

史公于此数条，皆有颠倒，此则行文无定之笔，于传经体式次叙无关者也。

太史公自序

太史公学天官于唐都，受《易》于杨何。

夫儒者以“六艺”为法。“六艺”经、传以千万数，累世不能通其学，当年不能究其礼。故曰：博而寡要，劳而少功。

讲业齐、鲁之都，观孔子之遗风，乡射邹、峄。

幽、厉之后，王道缺，礼乐衰。孔子修旧起废，论《诗》、《书》，作《春秋》，则学者至今则之。

有能绍明世，正《易传》，继《春秋》，本《诗》、《书》、《礼》、《乐》之际，意在斯乎，意在斯乎！小子何敢让焉！

太史公曰：余闻董生曰：周道衰废，孔子为司寇，诸侯害之，大夫壅之。孔子知言之不用，道之不行也，是非二百四十二年之中，以为天下仪表。贬天子，退诸侯，讨大夫，以达王事而已矣。子曰：我欲载之空言，不如见之于行事之深切著明也。夫《春秋》，上明三王之道，下辨人事之纪，别嫌疑，明是非，定犹豫，善善恶恶，贤贤贱不肖，存亡国，继绝世，补敝起废，王道之大者也。《易》著天地、阴阳、四时、五行，故长于变；《礼》经纪人伦，故长于行；《书》记先王之事，故长于政；《诗》记山川、溪谷、禽兽、草木、牝牡、雌雄，故长于风；《乐》乐所以立，故长于和；《春秋》辨是非，故长于治人。是故《礼》以节人，《乐》以发和，《书》以道事，《诗》以达意，《易》以道化，《春秋》以道义。拨乱世反之正，莫近于《春秋》。《春秋》文成数万，其指数千。万物之散聚，皆在《春秋》。

伏牺至纯厚，作《易》八卦；尧、舜之盛，《尚书》载之，礼、乐作焉；汤、武之隆，诗人歌之。《春秋》采善贬恶，推三代之德，褒周室，非独

---

① “法”，《史记·太史公自序》原作“德”。

刺讥而已也。

昔西伯拘羑里，演《周易》；孔子厄陈、蔡，作《春秋》；屈原放逐，著《离骚》；左丘失明，厥有《国语》；孙子膑脚，而论《兵法》；不韦迁蜀，世传《吕览》；韩非囚秦，《说难》、《孤愤》。

按：《汉书·司马迁传》载迁《报任安书》云：左丘失明，厥有《国语》；孙子膑脚，《兵法》修列。下云：及如左丘明无目，孙子断足，终不可用，退论书策以舒其愤，思垂空文以自见。《十二诸侯年表》云：表见《春秋》、《国语》。合此三条观之，如丘明兼作二书，太史公乃舍其《春秋》，而称其《外传》，岂理也哉？或疑作《国语》者为左丘，作《春秋传》者为左丘明，分为二人，则《报任安书》明云"及如左丘明无目"，则明明左丘明矣。二人之说，盖不足疑。《左传》从《国语》分出，又何疑焉？

于是汉兴，萧何次律令，韩信申军法，张苍为章程，叔孙通定礼仪，则文学彬彬稍进，《诗》、《书》往往间出矣。自曹参荐盖公言黄、老，而贾生、晁错明申、商，公孙弘以儒显，百年之间，天下遗文古事，靡不毕集太史公。太史公仍父子相续纂其职。

厥协"六经"异传，整齐百家杂语。

史迁叙"六艺"之指，兼及其所受"六艺"之学，著书之由，见书之故，少则讲业齐、鲁之都，长则续纂太史之职，天下遗文古事咸集，不言孔氏有古文之逸经，则伪经之证殆不足辨也。

凡此数条，史迁所传孔子"六艺"之源流，至足信者。凡《诗》三百五篇。其"四始"之义①，以《关雎》为《风》始，《鹿鸣》为《小雅》始，《文王》为《大雅》始②。其《诗》，孔子皆弦歌之，以求合《韶》、《武》、《雅》、《颂》之音。传之有鲁、齐、韩三家，无所谓《毛诗》者。其《书》，上纪唐、虞之际，无《舜典》，但有伏生今文二十八篇。其"八"字作"九"

---

① "其四始之义"，重刻本无。

② "始"下，重刻本有"清庙为颂始"。

字，后人追改，辨见于下。以《鲁共王世家》考之，无所谓“壁中《古文尚书》”者。其《礼》，唯有高堂生所传十七篇，而无《逸礼》三十九篇、《周官》五篇，及《明堂阴阳》、《王史氏记》也。其《易》，则伏牺画八卦，文王重六十四卦，孔子系之辞，无以为周公作，亦无《说卦》、《序卦》、《杂卦》三篇①。亦无《十翼》之说。传授人自商瞿至田何，再传至杨何，无所谓古文《费氏》也。其《春秋》，唯有《公羊》、《谷梁》二家，无所谓《左氏传》也。经师皆先秦之遗民，去圣不远。经次与《经解》相合，证应无分。据以考孔子全经，具著于是。人共熟读，无由窜乱。故能条章明秩，如日中天，诚经学之象魏，先圣之护法，学士之瑰宝。今据之以攻古学，若发蒙焉，知《毛诗》、《古文尚书》、《逸礼》、《周官》、《费氏易》、《左氏春秋》，皆伪经也。于以洗二千年歆、莽之伪氛，复孔圣传授之微言，皆赖于此。学者知其真者，乃能辨其伪者，悟于此义，思过半矣。《儒林传》虽粹然完书，然云：秦时焚书，伏生壁藏之，其后兵大起，流亡。汉定，伏生求其书，亡数十篇，独得二十九篇，即以教于齐、鲁之间。又云：孔氏有《古文尚书》，而安国以今文读之，因以起其家，《逸书》得十余篇，盖《尚书》滋多于是矣。又云：《礼》固自孔子时而其经不具，及至秦焚书，书散亡益多，于今独有《士礼》，高堂生能言之。此三条是刘歆窜乱以惑人者。考“六经”之传，有书本，有口说。博士所职，孔庙藏书，是传本也。然吴祐写书，汗青盈车，其子辄以薏苡之谤为谏，则当时写本甚难，颇赖口说。伏生于《尚书》是其专门，即有百篇，皆所熟诵。当时《春秋》赖口说流传，《诗》则以其讽诵，皆至公羊寿、申公、辕固生、韩婴乃著竹帛。以故《公》、《谷》二传，鲁、齐、韩三家《诗》，文字互异，良由口说之故。且古人字仅三千，理难足用，必资通假，重义理而不重文字，多假同音为之，与今泰西文字相近。譬由缁绎，但

① “亦无”至此，重刻本作“亦无有序卦杂卦二”。

取得音，不能定字。一“英吉利”也，而可作“英圭黎”；一“法兰西”也，而可作“佛狼机”；一“西班牙”也，而可作“日思巴尼亚”。汉儒之尊，以其有专辄之权，得擅缮经之事。《诗》不过三百五篇，《书》不过二十八篇，为文甚简，人人熟诵，诚不赖书本也。若专赖壁藏之简，而后二十九篇得存，则《诗》、《春秋》未闻有壁藏之简，何以三百五篇之文，二百四十二年之事得全乎？若谓《诗》有韵语，讽诵易存，《书》文聱牙，非简不存，则《春秋》及二传岂有韵语乎？故《隋志》之言曰：至汉，唯济南伏生口传二十八篇，又河内女子得《泰誓》一篇献之。曰“口传”，曰“二十八篇”，曰“河内女子得《泰誓》一篇”，其说出《论衡》，此必今学家之说，足以破壁藏流亡失数十篇之谬，并足破伏生得二十九篇之误矣。今学以《尚书》二十八篇比二十八宿，以后得《泰誓》一篇比北斗，其说可据。且伏生为秦博士，秦虽焚书，而博士所职不焚，则伏生之本，无须藏壁而致亡也。知此，则壁藏亡失之说更不待攻，而二十八篇为孔子未经秦火之《书》愈明矣。云“二十九篇”者，盖《太誓》后得，后人忘其本原，轻改《史记》“八”字为“九”字，必非史迁原文，并非歆窜原文。犹戴圣《礼记》本四十六篇，马融增三篇为四十九篇，而《后汉书》曹褒、桥仁传《礼记》皆四十九篇，盖亦后人追改之辞也。

难者曰：若谓孔子传《书》只二十八篇，则《史记》所引《书》篇名，《礼记》、《左传》、《国语》、《孟子》、《管子》、《墨子》、《尚书大传》所引《书》篇名非欤？释之曰：《书》经孔子所论定者，凡二十八篇。余则孔子所未定之《书》，犹《春秋》有已修之《春秋》，未修之《春秋》也。《诗》有删定之《诗》，已删之逸《诗》，本固不同。夫“血流漂杵”之虐，孟子不信《武成》，孔子岂肯存之乎？今所见逸《诗》三百余条，杂引于《礼记》、《左传》、诸子，人人皆知其非三百五篇之《诗》，则《史记》及诸传记所引之《书》，岂可阑入孔子所定二十八篇之列乎？不疑逸《诗》，而疑删《书》，是知二五而不知十也。且《汤誓》为今学，而墨子引之为《汤说》，凡三条，则百篇所无之名矣。如以“说”为文误，不应三条皆误。如以为异篇，何以《书序》无之？此类之疑尚多，不能悉数，其详见《书序辨伪》。二十八篇中，如《尧典》、《禹贡》、《洪范》、《无逸》等文，经纬人天，试问《史记》、《汤诰》、《太誓》之文厕于其间，能相称否？《汉志》之《周书》七十一篇、如《世俘解》之为《武成》等类，其或有孔子已删之《书》存焉而史迁取之欤！要之，孔子定本之《书》，伏生传二十八篇，无数十篇之亡，亦无百篇之《序》，可断断也。

若云“孔氏有《古文尚书》”，所谓“孔氏”者，《汉志》所谓鲁共王坏壁所得之《书》也，《史记》于《鲁共王世家》何以无之？且其时河间献王亦得《古文书》，同异若何？史公于《河间世家》何以无之？其详见《汉书艺文志辨伪》。史公尊经，河间、鲁共有此巨典，岂其疏脱若是？若谓安国以今文读之，《逸书》得十余篇，则安国兄延年、延年子霸、霸子光世治《尚书》，应传古文，而刘歆欲立《古文尚书》，光不肯助，何也？安国《古文》传都尉朝，朝传胶东庸生，然安国又传兒宽，宽授欧阳生之子，世世传之，则今古文同出一师，何以今文无十余篇之《逸书》，且史迁尝从安国问《故》，而所闻亦无出二十八篇外者？夫《共王传》不著坏壁得书之事，孔光不助古文《书》之立，兒宽、司马不见《逸书》之文，则此条之为窜入，无可疑矣。

难者曰：《尚书大传》有引《九共篇》语，此伏生所述亡失篇之确据。而古文《逸书》有之，又十余篇与伏生合之，明征也。释之曰：《尚书大传》自宋不传，《经说》自刘歆后多窜伪。即不然，则伏生引已删之《书》目耳。《礼》十七篇之为足本，说已见上。此云“《礼》固自孔子时而其《经》不具”，《周礼》无可考，今《礼经》皆孔子所作，昔之具不具无可考，歆盖言其不具以为伪作地耳。至云“秦焚书多散亡”，辨见前篇。高堂生所传十七篇，除《冠》、《昏》、《相见》、《丧》四篇外，余皆大夫、诸侯、天子之礼，安得曰“士礼”乎？歆伪作《明堂》、《巡狩》等三十九篇《逸礼》及《周官》五篇，皆天子、诸侯之礼。其作《七略》，曰：犹瘉仓等推士礼，而致于天子之说。则此士礼歆所改也。若《仪礼》之名，又述歆者改抑之辞，西汉前但曰《礼》而已。

难者曰：《儒林传》全篇粹完，若歆能窜入，则歆为《毛诗》、《逸礼》、《周官》、《费易》、《左传》，何不并窜之？释之曰：若歆能将诸伪经全行窜入，则证据坚确，吾诚无如之何，今日更无以发明其伪矣。但《史记·儒林传》人人共读，若骤窜群经之名，诸儒骤起，按旧本而力争，则其伪更易露。唯略为点缀一二语，使无大迹，非唯不攻，且足为其征助矣。如王肃既伪《古文尚书》，而偏缺《舜典》一篇，又缺“粤若稽古帝舜”二十八字，待姚方兴得于大桁头而后补之。其缀缉诸书，皆与原文少异，或增或漏，故示缺略。凡此皆作伪者之伎俩，欲使人疑信参半，而凭托既深，卒不能去，则其术售矣。古今作伪如出一轨，《儒林传》所以独窜《古文尚书》，而不他及，犹《封禅书》之窜《周官》，《十二诸侯年表》之窜《左氏春秋》，皆于旁见侧出，以乱人耳目。作伪之诀皆如是，一经勘破，肺肝如见。今将刘歆窜乱之文条列于下：

古文八条

总之，不离古文者近是。《五帝本纪》。

《史记·五帝本纪》，依《五帝德》、《帝系姓》而作。古文如《周官》、《左传》、《国语》，则添出伏牺、神农、少昊，与《史记》大相违谬，何为忽以“古文”为“近是”，得无自相矛盾乎？其添设之迹，不攻自破。

余读《谍记》，黄帝以来皆有年数，稽其历、谱、谍、《终始五德》之传，古文咸不同乖异。《三代世表》。

此言《谍记》与邹衍《终始五德》之传不同乖异，如何著得

"古文"二字？

于是谱十二诸侯，自共和讫孔子，表见《春秋》、《国语》，学者所讥盛衰大指著于篇，为成学治古文者徐广曰：一云"治国闻者"也。要删焉。《十二诸侯年表》。

上云"著盛衰之大指"，其为"治国闻者"之要删无可疑，忽插"古文"二字，作何解？徐广所见，犹为原本。其余可推。

群儒既已不能辨明封禅事，又牵拘于《诗》、《书》古文，而不能骋。《封禅书》。

群儒牵拘于《诗》、《书》，而不能骋，则文从矣，插"古文"二字，其"古文"，何文邪？若即《诗》、《书》邪？则已该之；其《逸礼》邪？则何不别举之乎？其为添窜，不待问矣！

余读《春秋古文》。《吴世家》。

《春秋古文》者，《左氏传》耳，《儒林传》、《河间献王世家》无之。此忽出之，其为谰言易见。

则论言弟子籍出孔氏古文近是。《仲尼弟子传》。

"孔氏古文"者何？殆指鲁共王坏壁所得之《古文论语》也。无如《共王世家》无是事何！

年十岁，则诵古文。

秦拨去古文。以上《太史公自序》。

《史记·贾生传》称：以能诵《诗》属《书》。《汉书》东方朔亦称：学《诗》、《书》，诵二十二万言。无言诵古文者。且古文者，如《索隐》以为《古文尚书》邪？如刘氏以为《左传》、《国语》、《世本》邪？则其妄已辨之矣。若秦只云烧《诗》、《书》，何以云"拨古文"乎？其窜乱至显也。

诗书六条言《书序》者先焉。

至于序《尚书》，则略无年月。或颇有，然多阙，不可录。《三代世表》。

孔子之时，周室微，而《礼》、《乐》废，《诗》、《书》缺，追迹三代之礼，序《书传》，上纪唐、虞之际，下至秦缪，编次其事。《孔子世家》。

按：《书序》之伪，已详《书序辨伪》。或据此二条以为孔子有《书序》之证，不知为刘歆所窜入也。且《易》无《序》矣，而《孔子世家》之“孔子晚而喜《易》，序《彖》、《系》、《象》、《说卦》、《文言》”，此“序”字在首，不得如《正义》作《序卦》解，当亦次序之辞。此“序《书》”即不伪窜，亦非今《书序》可知也。

秦既得意，烧天下《诗》、《书》，诸侯史记尤甚，为其有所刺讥也。《诗》、《书》所以复见者，多藏人家。《六国表》。

歆云“藏人家”者，暗指古文而言，忘却博士之职不失也。

夫学者载籍极博，犹考信于“六艺”，《诗》、《书》虽缺，然虞、夏之文可知也。《伯夷列传》。

及至秦之季世，焚《诗》、《书》，阬术士，“六艺”从此缺焉。

孝文帝时，欲求能治《尚书》者，天下无有。乃闻伏生能治，欲召之。是时伏生年九十余，老不能行，于是乃诏太常，使掌故鼂错往受之。秦时焚书，伏生壁藏之。其后兵大起，流亡。汉定，伏生求其书，亡数十篇，独得二十九篇，即以教于齐、鲁之间。学者由是颇能言《尚书》。

孔氏有《古文尚书》，而安国以今文读之，因以起其家。《逸书》得十余篇，盖《尚书》滋多于是矣。

礼二条

诸学者多言《礼》，而鲁高堂生最本。《礼》固自孔子时，而其经不具，及至秦焚书，书散亡益多，于今独有《士礼》，高堂生能言之。以上《儒林传》。

辨见前。

封禅用希旷绝，莫知其仪礼，而群儒采封禅《尚书》、《周官》、《王制》之望祀、射牛事。《封禅书》。

《周官》一篇，《史记》自《河间献王世家》、《儒林传》皆不著。一部《史记》无之，唯《封禅书》有此二字，其为歆窜入何疑焉！凡作盗，皆不敢于显明，而多尝试于幽暗也。

易三条

孔子晚而喜《易》，序《彖》、《系》、《象》、《说卦》、《文言》。《孔子世家》。

按：《汉书·艺文志》云：孔子为之《彖》、《象》、《系辞》、《文言》、《序卦》之属十篇。《儒林传》云：费直亡章句，徒以《彖》、《象》、《系辞》、十篇《文言》解说上下经。《隋书·经籍志》云：及秦焚书，《周易》独以卜筮得存，唯失《说卦》三篇，后河内女子得之。《隋志》之说出于《论衡》，此必王充曾见武、宣前本也。《说卦》：帝出乎《震》，齐乎《巽》，相见乎《离》，致役乎《坤》，说言乎《兑》，战乎《乾》，劳乎《坎》，成言乎《艮》。又曰：《震》，东方也；《离》也者，南方之卦也；《兑》，正秋也；《坎》者，正北方之卦也。与焦、京《卦气图》合。盖宣帝时说《易》者附之入经，田何、丁宽之传无之也。史迁不知焦、京，必无之，此二字不知何时窜入。至《序卦》、《杂卦》，所出尤后，《史记》不著。盖出刘歆之所伪，故其辞闪烁隐约，于《艺文志》著《序卦》，于《儒林传》不著，而以"十篇"二字总括其间。要之，三篇非孔子经文。《说卦》之伪，见《易汉学辨》；十篇之伪，见《艺文志辨伪》。

周太史过陈，陈厉公使以《周易》筮之，卦得《观》之《否》。贾逵曰：《坤》下《巽》上《观》，《坤》下《乾》上《否》，《观》爻在六四，变而之《否》。按：六爻有"变象"，有"互体"。是谓"观国之光，利用宾于王"。《陈世家》。《田敬仲完世家》略同。

初，毕万卜仕于晋国，遇《屯》之《比》。贾逵曰：《震》下《坎》上《屯》，《坤》下《坎》上《比》，《屯》初九变之《比》。辛廖占之曰：吉。《屯》固《比》入。吉孰大焉！其后必蕃昌。《晋世家》。《魏世家》略同。

顾氏炎武《日知录》曰：凡卦爻二至四、三至五，两体交互，各成一卦，先儒谓之"互体"。然夫子未尝及之，后人以"杂物撰德"之语当之，非也。其所论"二与四。三与五，同功而异位”，特就两爻相较言之，初何尝有“互体”之说？《晋书》，荀颉尝难钟会“《易》无互体”，见称于世，其文不传。新安王炎晦叔尝问张南轩曰：伊川令学者先看王辅嗣、胡翼之、王介甫三家《易》。何也？南轩曰：三家不论互体故耳。朱子《本义》不取“互体”之说，唯《大壮》六五云：卦体似《兑》，有羊象焉。不言“互”，而言“似”，“似”者，合两爻为一爻，则似之也。然此又创先儒所未有，不如言“互体”矣。《大壮》自三至五成《兑》，《兑》为羊，故《爻辞》并言“羊”。全氏祖望《经史问答》曰：汉、晋诸儒无不言“互体”者，至王辅嗣、钟士季始力排之，然亦终不能绌也。特是汉儒言“互”，只就一卦一爻取①象，未能探其所以然。至王伯厚作郑康成《易注序》始发之，谓：八卦之中，《乾》、《坤》纯乎阴阳，故无互体。若《震》、《巽》、《艮》、《兑》分主四时，而《坎》、《离》居中以运。是以下互《震》而上互《艮》者，坎也；下互《巽》而上互《兑》者，《离》也。若《震》、《巽》分《乾》、《坤》之下画，则上互有《坎》、《离》、《艮》、《兑》分《乾》、《坤》之上画，则下互有《坎》、《离》；而《震》、《艮》又自相互，《巽》、《兑》又自相互，斯阴阳老少之交相资也。愚再以十辟卦推之：五阳辟，以《震》、《兑》与《乾》、《坤》合而成；五阴辟，以《巽》，《艮》与《乾》、《坤》合而成；乃《夬》、《姤》近乎纯《乾》，《剥》、《复》近乎纯《坤》，故无互体。而《艮》、《兑》之合《乾》、《坤》也，为《临》，为《遁》，则下互有《震》、《巽》；《震》、《巽》之合《乾》、《坤》也，为《大壮》，为《观》，则上互有《艮》、《兑》。至《乾》、《坤》合而为《泰》，则下互《兑》而上互《震》；《乾》、《坤》合而为《否》，则下互《艮》而上互《巽》。《坎》、《离》于十辟卦虽不预，而以《既》、《未济》自相互，是阴阳消长之迭为用也。盖

① “取”，原作“配”，初重两刻均误，校改。

伯厚八卦之旨，即“中央寄王”之义也。愚所推十辟卦之旨，即“六律还宫”之义也。是以朱子晚年谓从《左氏》悟得互体，而服汉儒之善于经说者，有自来矣。按：“互体”之说，实创于刘歆，经无之也。歆窜入《左传》，则惑人深矣。史公受杨何之《易》，必无之，盖亦歆所窜入也。若“互体”之谬，钟会发之于前，张南轩、顾亭林述之于后，可谓绝世之识，惜其不知《左传》为伪说。朱子卒亦惑之，全谢山更无论也。

春秋九条附《宋世家赞》一条。

是以孔子明王道，干七十余君，莫能用，故西观周室，论史记旧闻，兴于鲁，而次《春秋》。上记隐，下至哀之获麟，约其辞文，去其烦重，以制义法，王道备，人事浃。七十子之徒口受其传指，为有所刺讥、褒讳、挹损之文辞，不可以书见也。鲁君子左丘明，惧弟子人人异端，各安其意，失其真，故因孔子史记具论其语，成《左氏春秋》。铎椒为楚威王传，为王不能尽观《春秋》，采取成败，卒四十章，为《铎氏微》。赵孝成王时，其相虞卿，上采《春秋》，下观近世，亦著八篇，为《虞氏春秋》。吕不韦者，秦庄襄王相，亦上观尚古，删拾《春秋》，集六国时事，以为《八览》、《六论》、《十二纪》，为《吕氏春秋》。及如荀卿、孟子、公孙固、韩非之徒，各往往捃摭《春秋》之文以著书，不可胜纪。汉相张苍历谱《五德》，上大夫董仲舒推《春秋》义，颇著文焉。《十二诸侯年表》。

按：今博士谓左氏不传《春秋》，《儒林传》述《春秋》有《公羊》、《谷梁》，而无《左氏》。史迁征引《左氏》至多，如其传经，安有不叙？此为辨今古学真伪之铁案。孔子《春秋》之义法，唯七十子能传之，即《公羊》、《谷梁》之说也。自非七十子，其不传明矣。此表骤言“左氏”，且称丘明为“鲁君子”，惧弟子各安其意，而失其真，抑《公》、《谷》，而尊《左氏》如此！考文翁《孔庙图》、《史记·仲尼弟子传》，无左丘明名。且《左传》称“悼四年”。据《史记·六国表》，悼公之薨，在获麟后五十余年。则丘明在孔子后远矣。岂七十子学成德尊所存者不足据，而非弟子之丘明反足据乎？此又不待辨也。下杂叙《铎氏微》、《虞氏春秋》、《吕氏春秋》诸书，各体既杂而不类。又《吕氏春秋》于十二诸侯年、月事无关，《虞氏春秋》在“儒家”，于十二诸侯年、月事亦必无关。以此例之，不过歆以《史记·儒林传》彰著，难于窜乱，故旁窜于《十二诸侯年表》，以为《左传》之证。又多窜数书，故为繁重，以泯其迹。“安意失真”之说与《七略》同，其为歆言无疑义矣。

太史公曰：神农以前尚矣。盖黄帝考定星历，建立五行，起消息，正闰余，于是有天地、神祇、物类之官，是谓五官，各司其序，不相乱也。民是以能有信，神是以能有明德。民神异业，敬而不渎，故神降之嘉生，民以物享，灾祸不生，所求不匮。少皞氏之衰也，九黎乱德，民神杂扰，不可放物，祸灾荐至，莫尽其气。颛顼受之，乃命南正重司天以属神，命火正黎司地以属民，使复旧常，无相侵渎。其后三苗服九黎之德，故二官咸废所职，而闰余乖次，孟陬殄灭，摄提无纪，历数失序。尧复遂重、黎之后，不亡旧者，使复典之，而立羲和之官，明时正度，则阴阳调，风雨节，茂气至，民无夭疫。年耆禅舜，申戒文祖，云：天之历数在尔躬。舜亦以命禹。由是观之，王者所重也。夏正以正月，殷正以十二月，周正以十一月。盖三王之正若循环，穷则反本。天下有道，则不失纪序；无道，则正朔不行于诸侯。幽、厉之后，周室微，陪臣执政，史不记时，君不告朔，故畴人子弟分散，或在诸夏，或在夷狄，是以其禨祥废而不统。周襄王二十六年闰三月，而《春秋》非之。先王之正时也，履端于始，举正于中，归邪于终。履端于始，序则不愆；举正于中，民则不惑；归邪于终，事则不悖。《历书》。

考五帝，无少皞之说。《逸周书·尝麦解》云：昔天之初，诞作二后，乃设建典，命赤帝分正二卿，命蚩尤于宇，少皞以临四方。又云：乃命少皞清司马鸟师以正五帝之官，故名曰“质”。按：蚩尤为古之诸侯，而少皞与蚩尤为二卿，同受帝命，则少皞亦古之诸侯，与蚩尤同。非五帝，更非黄帝之子甚明。刘歆欲臆造三皇，变乱五帝之说，以与今文家为难，因跻黄帝于三皇，而以少皞补之。其造《世经》，以太皞帝、炎帝、黄帝、少皞帝、颛顼、帝喾、唐帝、虞帝为次，隐寓三皇、五帝之说。又惧其说异于前人，不足取信，于是窜入《左传》、《国语》之中，一则曰：我高祖少皞挚之立也。《左传·昭十七年》。再则曰：少皞有四叔。《左传·昭十九年》。三则曰：而封于少皞之虚。《左传·定四年》。四则曰：及少皞之衰也。《国语·楚语》。又伪作《月令》，以孟秋为其帝少皞。皆所以证成其《世经》之说，而不知其犹有《逸周书》遗文不能弥缝也。夫出于一己者则较若画一，偶见他书者辄判然不同，其为己所私造，尚待辨邪？歆又窜之《史记·历书》中，曰：少皞氏之衰也。即《国语·楚语》之文。《史记》纪五帝，用《大戴礼》、《世本》之说，若《左传》、《国语》有少皞事，史公于二书素所引用，何以遗之？其为伪窜，益无疑矣。如谓《本纪》据《大戴》，不兼他书，则八恺等说固兼《左传》矣。如《左》、《国》有少皞，断无不兼及也。文十八年，“少皞氏有不才子”，与缙云氏并称。缙云氏非古天子，则少皞未可遽以为天子，殆即《逸周书》所称之类。《五帝本纪》亦有此语，今皆不必断为窜伪。

昔有过氏杀斟灌以伐斟寻，灭夏后帝相。帝相之妃后缗方娠，逃于有仍，而生少康。少康为有仍牧正。有过又欲杀少康，少康奔有虞。有虞思夏德，于是妻之以二女，而邑之于纶，有田一成，有众一旅。后遂收夏众，抚其官职。使人诱之，遂灭有过氏，复禹之绩，祀夏配天，不失旧物。今吴不如有过之强，而句践大于少康，今不因此而灭之，又将宽之，不亦难乎！《吴世家》。

《夏本纪》无夏中亡而少康中兴事。此何事也，而史公于述《本纪》若不知，而于《吴世家》乃叙之邪？其谬不待言。然此事亦非全无来历。《离骚》：夏康娱以自纵，不顾难以图后兮，五子用失乎家巷。羿淫游以佚田兮，又好射夫封狐。固乱流其鲜终兮，浞又贪夫厥家。浇身被服强圉兮，纵欲而不忍。日康娱而自忘兮，厥首用夫颠陨。及少康之未家兮，留有虞之二姚。盖战国多杂说，史迁所谓“言不雅驯”者，歆入之于《左传》，并窜之于《史记》耳。《夏本纪》称禹后有斟寻氏，亦所自出也。但恐歆校诗赋，并

《离骚》亦歆所窜入，不然，何此一事叙至十二句邪？

四十六年，惠公卒，长庶子息摄，当国行君事，是为隐公。初，惠公适夫人无子，公贱妾声子生息。息长，为娶于宋。宋女至而好，惠公夺而自妻之，生子允，登宋女为夫人，以允为太子。及惠公卒，为允少故，鲁人共令息摄政，不言即位。

按：《汉书·王莽传》，莽奏曰：《尚书·康诰》：王若曰：孟侯，朕其弟，小子封。此周公居摄称王之文也。《春秋》：隐公不言即位，摄也。此二经，周公、孔子所定，盖为后法。观此，知歆之伪撰《左传》书法，所以翼成王莽居摄而篡位者也，不闻《公》、《谷》有是义。史迁闻《春秋》于董仲舒，述《儒林》无《左氏》。若真有《左氏》解经语，岂容没之？足见歆之窜伪也。

八年，与[①]郑易天子之太山之邑祊及许田，君子讥之。二年，以宋之赂鼎入于大庙，君子讥之。

比及葬，三易衰。君子曰：是不终也。以上《鲁世家》。

穆公九年，病。召大司马孔父，谓曰：先君宣公舍太子与夷而立我，我不敢忘。我死，必立与夷也。孔父曰：群臣皆愿立公子冯。穆公曰：毋立冯，吾不可以负宣公。于是穆公使冯出居于郑。八月庚辰，穆公卒，兄宣公子与夷立，是为殇公。君子闻之曰：宋宣公可谓知人矣，立其弟以成义，然卒其子复享之。

十二年春，宋襄公为鹿上之盟，以求诸侯于楚，楚人许之。公子目夷谏曰：小国争盟，祸也。不听。秋，诸侯会宋公盟于盂。目夷曰：祸其在此乎？君欲已甚，何以堪之！于是楚执宋襄公以伐宋。冬，会于亳，以释宋公。子鱼曰：祸犹未也。十三年夏，宋伐郑。子鱼曰：祸在此矣。秋，楚伐宋以救郑。襄公将战，子鱼谏曰：天之弃商久矣，不可。冬十一月，襄公与楚成王战于泓。楚人未济，目夷曰：彼众我寡，及其未济，击之。公不听。已济未陈，又曰：可击。公曰：待其已陈。陈成，宋人击之。宋师大败，襄公伤股。国人皆怨公。公曰：君子不困人于阨，不鼓不成列。子鱼曰：兵以胜为功，何常言

① “与”，初刻本无，据《史记·鲁世家》原文及重刻本补。

与！必如公言，即奴事之耳，又何战为！是年，晋公子重耳过宋，襄公以伤于楚，欲得晋援，厚礼重耳以马二十乘。十四年夏，襄公病伤于泓而竟卒。

三十七年。荧惑守心。心，宋之分野也。景公忧之。司星子韦曰：可移于相。景公曰：相，吾之股肱。曰：可移于民。景公曰：君者待民。曰：可移于岁。景公曰，岁饥民困，吾谁为君！子韦曰：天高听卑。君有君人之言三，荧惑宜有动。于是候之，果徙三度。

太史公曰：《春秋》讥宋之乱，自宣公废太子而立弟，国以不宁者十世。襄公之时，修行仁义，欲为盟主。其大夫正考父美之，故追道契、汤、高宗，殷所以兴，作《商颂》。襄公既败于泓，而君子或以为多，伤中国阙礼义，褒之也，宋襄之有礼让也。以上《宋世家》。

按：《世家》叙宣公事，以为立弟成义，子复享之；叙襄公事，讥其得祸致怨；皆用《左氏》义。汉人之学，皆有家法，何以同一《世家》，《赞》讥宣公之乱宋，褒襄公之礼让，独用公羊义？一文矛盾，何至于是！其为歆所窜入，最为易见。以此推之，《秦本纪》、《鲁世家》之"君子"，亦为窜入无疑矣。《秦本纪》引"君子"凡二条，以其无关《春秋》书法，故不录。"分野"为歆伪撰，辨见卷十四。

凡所引《史记》窜入诸条，皆确凿无可疑者。考《史记》一书，《太史公自序》称：凡百三十篇，五十二万六千五百字。本自完具。唯班固所见，已云：十篇有录无书。《汉书·艺文志》、《司马迁传》。而褚少孙补之，《太史公自序集解》引张晏说。故《索隐·述赞》云：惜哉残缺，非才妄续。然自褚少孙后，续者尚多。《后汉书·班彪传》：武帝时，司马迁著《史记》，自太初以后，阙而不录。后好事者颇或缀集时事，然多鄙俗，不足以踵继其书。章怀注：好事者，谓杨雄、刘歆、阳城衡、褚少孙、史孝山之徒也。《史通·正史篇》云：其后刘向、向子歆及诸好事者若冯商、卫衡、杨雄、史岑、梁审、肆仁、晋冯、段肃、金丹、冯衍、韦融、萧奋、刘恂等，相次撰续，迄于哀、平间，犹名《史记》。若杨终之删《太史公书》为十余万言，《后汉书·杨终传》。犹不数也。当成帝时，东平王寓以叔父之尊，上疏求《太史公书》，朝廷不与，《汉书·东平思王传》。则外人见者绝少，其唯刘歆肆行窜入至易也。《太史公自序集解》引张晏曰：迁没之后，亡《景纪》、《武纪》、《礼书》、《乐书》、《兵书》、《汉兴以来将相年表》、《日者列传》、《三王世家》、《龟策列传》、《傅靳蒯成列传》。则张晏见本，序目有《兵书》也。颜师古注《汉书·司马迁传》曰：序目本无《兵书》，张云亡失，此说非也。刘奉世曰：《兵书》即《律书》，盖当时有尔。盖史迁有《兵书》，无《律书》，师古据其所见歆本误言之，盖《律书》亦歆所窜补者也。赵氏翼论《史记》为后人增窜甚详，惜未知即为刘歆所窜，而频疑褚少孙耳，今全录于此：

《廿二史札记》"褚少孙补《史记》不止十篇"条云：《汉书·司马迁传》谓：《史记》内十篇有录无书。颜师古注引张晏曰：迁没后，亡《景纪》、《武纪》、《礼书》、《乐书》、《兵书》、《汉兴以来将相年表》、《日者列传》、《三王世家》、《龟策列传》、《傅靳蒯成列传》，凡十篇。元、成间，褚少孙补之，文辞鄙陋，非迁原本也。是少孙所补只此十篇。然细按之，十篇之外，尚有少孙增入者。如《外戚世家》增尹、邢二夫人相避不相见，及钩弋夫人生子，武帝将立为太子，而先赐钩弋死，又卫青本平阳公主骑奴，后贵为大将军，而平阳公主寡居，遂以青为夫等事。《田仁传》后增仁与任安皆由卫青舍人选入见帝，二人互相举荐，帝遂拔用之等事。又《张苍申屠嘉传》后增记征和以后为相者车千秋之外，有韦贤、魏相、丙吉、黄霸，皆宣帝时也；韦玄成、匡衡，则元帝时也。此皆少孙别有传闻，缀于各传之后。今《史记》内各有"褚先生曰"以别之。其无"褚先生曰"者，则于正文之下另空一字以为识别，此少孙所补显然可见者也。又有就史迁原文而增改者。《楚元王世家》后叙其子孙有地节二年者，则宣帝年号也。《齐悼惠王世家》后叙朱虚侯子、孙有至建始三年者，则成帝年号也。此则皆在迁后，而迁书内见之，则亦少孙所增入也。又

《史记·匈奴传》，太初四年，且鞮侯单于立。其明年，浞野侯亡归。又明年，汉使李广利击右贤王于天山，又使李陵出居延。陵败降匈奴，则天汉二年也。又二年，汉使广利出朔方，与匈奴连战十余日，广利闻家已族灭，遂降匈奴，则应是天汉四年事。然《汉书·武帝纪》，天汉二年李陵降匈奴，与此传同，而广利之降则在征和三年，距天汉四年尚隔七年，殊属歧互。不知者必以史迁为及身亲见，与班固事后追书者不同，自应以《史记》为准。然征和元年巫蛊事起，二年太子斩江充，战败自杀；而广利之降，则以太子既死之明年。广利出击匈奴，丞相刘屈氂饯于郊外，广利以太子既死，属屈氂劝上立昌邑王为太子。昌邑王者，广利妹李夫人所生子，广利甥也。此语为人所告发，帝遂诛其家，广利闻之，乃降匈奴。是广利之降在卫太子死后，而太子之死实在征和二年。此等大事，《汉书·本纪》编年记载，断无差误，则广利之降必不在天汉四年明矣。再以《汉书·匈奴传》核对，则李陵降匈奴以前皆与《史记·匈奴传》同。陵降后二年，广利出兵与单于连战十余日，无所得，乃引还，并未降匈奴也。又明年，匈奴且鞮侯单于死，狐鹿姑单于立[①]，是为汉太始元年。狐鹿姑立六年，遣兵入寇上谷、五原、酒泉，汉乃又遣广利出塞，战胜追北，至范夫人城，闻妻子坐巫蛊事被收，乃降匈奴。计其岁年，正是征和三年之事，与《武帝纪》相合，则知《史记·匈奴传》末所云天汉四年广利降匈奴者，非迁原本也。迁是时目击其事，岂有错年岁至此？盖迁所作传，仅至李陵降后二年广利出塞不利引还便止。迁《自叙》谓“讫于太初”，则并在陵降匈奴之前。而褚少孙于数十年后，但知广利降匈奴之事，不复细考年代，即以系于天汉四年出兵之下，故年代错误也。可知《史记》十篇之外，多有少孙所窜入者。

“《史记》有后人窜入处”条云：《史记·田儋传赞》忽言：蒯通辨士，著书八十一篇，项羽欲封之而不受。此事与儋何涉，

① “立”，初刻本作“位”，误，据重刻本改。

而赞及之？《司马相如传赞》谓“相如虽多虚辞滥说，然其要归引之节俭。杨雄以为靡丽之赋劝百讽一，犹驰骋《郑》、《卫》之音，曲终而奏雅，不已亏乎！余采其语可论者著于篇”云云。按：雄乃哀、平、王莽时人，史迁何由预引其语？此并非少孙所补，而后人窜入者也。《汉书·相如传赞》正同，岂本是班固引雄言作《赞》，而后人反移作《史记》传赞邪？《外戚世家》叙卫子夫得幸之处，不曰“今上”，而曰“武帝”，此或是少孙所改耳。观瓯北所考《史记》之经后人窜乱，无足疑者。此外尚多，以文繁不复录，学者可观省而自得焉。

汉书河间献王鲁共王传辨伪第四

按：古学惑人最甚，移人最早者，莫若《汉书》。自马融伏东阁受读后、六朝、隋、唐传业最盛。二千年来，学者披艺受学，即便诵习，先入人心，积习生常，于是无复置疑者，古学所以坚牢不可破也。余读《史记·河间献王》、《鲁共王世家》，怪其绝无献王得书、共王坏壁事，与《汉书》绝殊。窃骇此关“六艺”大典，若诚有之，史公何得不叙？及读《儒林传》，又无《毛诗》、《周官》、《左传》，乃始大疑。又得魏氏源《诗古微》，刘氏逢禄《左氏春秋考证》，反覆证勘，乃大悟刘歆之作伪。而卒无以解《汉书》也，以为班固校书，本从古学而然耳。今按葛洪《西京杂记》，谓：《汉书》本刘歆作，班固所不取不过二万许言。刘知幾《史通·正史篇》亦谓刘歆续《太史公书》，即作《汉书》也。盖葛洪去汉不远，犹见《汉书》旧本，乃知《汉书》实出于歆，故皆为古学之伪说，听其颠倒杜撰，无之不可。其第一事则伪造河间得书、共王坏壁也。后人日读古文伪经及《汉书》，重规叠矩，掩蔽无迹。故千载邈邈，群盲同暗室，众口争昼日，实无见者，岂不哀哉！重之曰：歆造伪经，密致而工，写以古文体隆隆，托之河间及鲁共。兼力造《汉书》，一手掩群矇。金丝发变怪，百代争讧讻。

校以《太史公》，质实绝不同。奸破覆露，霾开日中。发得巢穴，具告童蒙。

河间献王德，以孝景前二年立，修学好古，实事求是。从民得善书，必为好写与之，留其真，加金帛赐以招之。繇是四方道术之人不远千里，或有先祖旧书，多奉以奏献王者，故得书多，与汉朝等。是时，淮南王安亦好书，所招至率多浮辩。献王所得书，皆古文先秦旧书，《周官》、《尚书》、《礼》、《礼记》、《孟子》、《老子》之属，皆经传说记，七十子之徒所论。其学举“六艺”，立《毛氏诗》、《左氏春秋》博士，修礼乐，被服儒术，造次必于儒者。山东诸儒从而游。武帝时，献王来朝，献《雅乐》，对三雍宫及诏策所问三十余事。其对推道术而言，得事之中，文约指明。立二十六年薨。中尉常丽以闻，曰：王身端行治，温仁共俭，笃敬爱下，明知深察，惠于鳏寡。大行令奏：《谥法》曰：聪明睿知曰献。宜谥曰“献王”。

《史记·河间献王世家》云：河间献王德，以孝景帝前二年用皇子为河间王，二十六年卒。《汉书》本传同。今按：景帝立十六年，自前二年下数二十六年，为武帝元光五年；《太史公书》讫于天汉三年，上数至元光五年献王之卒，凡三十三年，则太史公远在河间之后也。

《太史公自序》称：于是汉兴，萧何次律令，韩信申军法，张苍为章程，叔孙通定礼仪，则文学彬彬稍进，《诗》、《书》往往间出矣。自曹参荐盖公言黄、老，而贾生、晁错明申、商，公孙弘以儒显。百年之间，天下遗文古事靡不毕集太史公。太史公仍父子相续纂其职。则天下凡有佚书出者，史迁莫不见之。故《自序》云：紬史记石室金匮之书，罔罗天下放失旧闻，厥协“六经”异传，整齐百家杂语。《自序》又曰：讲业齐、鲁之都，观孔子之遗风，乡射邹、峄。则山东诸儒之学，盖皆详访而熟讲之矣。

今考《史记·河间献王世家》，但云“好儒学，被服造次必于儒者，山东诸儒多从之游”十九字，下即叙卒。若如《汉书》

所叙，献王得书，等于汉朝，史迁好学，不应绝不一叙。至于得《周官》，立《毛氏诗》、《左氏春秋》博士，尤为艺林殊功重事，何以史迁于《献王世家》绝不一叙？而总括“六艺”作《儒林传》，遍详诸经，于《诗》则鲁、齐、韩，于《礼》则唯有高堂生《士礼》，于《春秋》则公羊、谷梁，未尝知天下有所谓《毛氏诗》、《周官》、《左氏春秋》者，何哉？若谓河间虽得古文先秦旧书，而史迁不获见之，则史迁少讲业齐、鲁之都，《毛氏诗》、《左氏春秋》既立博士，山东诸儒从之游者必皆熟闻。迁生后三十余年，亲与山东诸儒讲业，岂有“六艺”大业不获一闻其名者？又身为太史，百年之间，《诗》、《书》间出，天下遗文古事靡不毕集太史公，《毛诗》、《左氏春秋》，河间既立博士，彰明显彻，自必集于太史公，何以不获一见？且左氏之书，则云“左丘失明，厥有《国语》”，《汉书·司马迁传·赞》叙其作《史记》所援据之书，亦曰据《左氏国语》与《世本》、《战国策》、《楚汉春秋》等，皆为叙事之书。可知左氏之书，分国为体，并非编年而为《春秋》作传。故《儒林传》叙《春秋》之学，有《公羊》、《谷梁》而无《左氏》，以其纪事而不释经，与《春秋》绝不干预。《太史公自序》尊《春秋》至矣；其为《世家》、《列传》，多据《左氏》，其熟精《左氏》至矣；使《左氏》有经文释义，史迁博达，宜扶微学，何昧昧焉诬其为《国语》，置之与《世本》、《战国策》、《楚汉春秋》同列，而黜之于《公羊》、《谷梁》之外哉？其事至明，浅学者一加详考，未有不失笑其纰漏嗤黠者也。

歆阴窜易左氏《国语》为编年而以为《春秋传》，伪为《周官》以改《礼》学，又伪《毛氏诗》以证之。以传记引《逸书》数十篇，易于伪托，先为古文《书》，于是以所伪作书皆号为古文。至《易》所传，尤彰彰无可下手，则为《费氏易》以为古文以影射之。左氏突出公、谷之外，恐人不信，又伪邹氏、夹氏俱为传，以映带遗书之多焉。既挟校书之权，作为《七略》，肆其窜附矣，犹恐无可征信，于是缉《尔雅》，作《汉书》，以一天下之耳目。见《史记·河间献王世家》有“好儒学”三字，以为藩王之力能购书也，于是将生平伪撰之书一举而附于《河间传》中，以证成其真，而阴灭其迹。故史迁仅言献王“好儒学”，歆即云“修学好古”，以其伪作古文伏之矣；以己之出于欺也，则云“实事求是”矣。国朝经学家动引河间之“实事求是”，而不知为歆谩语也。于是，首叙金帛之招善书，次叙四方道术、先祖旧书之多奏，三叙其得书之等于汉，盖汉秘府本无其书，必云河间等于汉，乃可立也。四叙淮南好书，以影射而实其事。郑重重复，叙之又叙，而后乃云“献王所得书皆古文先秦旧书”，于是直以其伪著之《周官》、《毛氏诗》、《左氏春秋》为曾立博士，而以《儒林传》应之。于是证佐分明，无可摇动，而伪书行，丰蔀数千年，人人皆在其袢中，而莫能窥之矣。

共王初好治宫室，坏孔子旧宅以广其宫。闻钟磬琴瑟之声，遂不敢复坏，于其壁中得古文经传。

按：《史记·鲁共王世家》无共王坏孔子宅得古文经传事。史迁好学，又为太史，天下遗文古事毕集，不应共王得古文经传而不知其事，不见其书。正与《献王传》同，皆歆之伪窜者也。本传但云“得古文经传”，不著何经。《艺文志》称：武帝末，鲁共王坏孔子宅，欲以广其宫，而得《古文尚书》及《礼记》、《论语》、《孝经》，凡数十篇，皆古字也。则共王与献王同得《尚书》、《礼记》。然即使献王在武帝初，共王在武帝末，相距数十年，则献王之《古文尚书》应大行，何以山东诸儒未尝有之，俟共王得书后，而孔安国乃传之哉？其自相矛盾，作伪日劳，抑可概见。且按以共王本传，二十八年而薨，为元光六年，正在武帝初年，下距巫蛊事将四十年，不知安国何以久不献也？其诬妄支离，不待辨矣！

据《艺文志》、《刘歆传》、《河间献王传》，《古文书》、《礼》、《礼记》，共王与献王同得，而皆不言二家所得之异同，岂残缺之余，诸本杂出，而篇章文字不谋而合？岂有此理！其为虚诞，即此已可断。然《艺文志》又言：《礼古经》者，出于鲁淹中及孔氏，与十七篇依刘敞校。文相似，多三十九篇。是《古文礼》淹中又得。淹中及孔氏所得，与十七篇同一相似，同一多三十九篇，不谋而同，绝无殊异。焚余之书，数本杂出，而整齐画一如是，虽欺童蒙，其谁信之！而欺绐数千年，无一人发其覆者，亦可异也。

汉儒愤攻伪经考第七

伪经焜焜，烁耀施行，凡二千年。积非成是，戴而奉之，胡帝胡天。或疑或难，甲胄扞御，不可干焉。请按厥朔，歆伪突出，诸儒哗然。博士不封，龚胜自免，师丹怒旃。尚有岳岳上书，请诛健[①]者，公孙、升、硕、育、休。建武之后，桓、灵之前，众儒咸讪，虽灭其名，万百亿千。古学既兴，扫之除之，厥迹莫湮。绵载二百，帝者虽袒，学官不宣。昔《易》有京，《春秋》谷梁，儒士无言。伪经若信，匪仇匪怨，胡乃訾訾！铸鼎然犀，汉儒发难，视我兹篇。

歆亲近，欲建立《左氏春秋》及《毛诗》、《逸礼》、《古文尚书》，皆列于学官。哀帝令歆与“五经”博士讲论其义，诸博士或不肯置对。《汉书·刘歆传》。

抑此三学，以《尚书》为备，谓左氏为不传《春秋》。《汉书·刘歆传》。

按：上云：鲁共王得《逸礼》三十九篇，《书》十六篇。又云：《春秋》左氏丘明所修。又云：孝成皇帝得此三事。则此之三学，即谓《逸书》、《逸礼》、《左氏春秋》也。《书》二十八篇，《礼》十七篇，皆为完本，当时博士必皆以为备，故歆并言抑之，《尚书》下当缺一“礼”字也。是时盈廷汹汹，说皆如此，非

① “健”，重刻本作“歆”。

歆口自吐其实，则两造不备，而国师公之存案，将以诬辞掩尽天下目矣。

是时名儒光禄大夫龚胜以歆《移书》，上疏深自罪责，乞骸骨罢。及儒者师丹为大司空，亦大怒，奏：歆改乱旧章，非毁先帝所立。上曰：歆欲广道术，亦何以为“非毁”哉！歆由是忤执政大臣，为众儒所讪，惧诛，求出补吏。《汉书·刘歆传》。

宣帝立大、小夏侯《尚书》，大、小戴《礼》，施、孟、梁丘《易》，谷梁《春秋》，元帝立京氏《易》，大儒博士咸无间言。独至歆书，攻者云起，龚胜乞罢，师丹大怒，执政见忤，众儒克讪，乃至“惧诛，求出补吏”，人情可见。尽诬以“专己守残，党同门，妒道真”，其谁能信之？言“众儒尽讪”，可知当时举朝哗然，无一从者。汉朝自公卿、博士、弟子、儒生凡数千，无不愤绝，如明议大礼者之欲伏道手击张桂矣。不然，何至惧诛而求出哉？或疑歆若伪经，时人何不攻之？读此应难置喙。

歆白《左氏春秋》可立，哀帝纳之。以问诸儒，皆不对。歆于是数见丞相孔光，为言《左氏》以求助，光卒不肯。唯凤、龚许，歆遂共移书责让太常博士，语在《歆传》。大司空师丹奏“歆非毁先帝所立”。《汉书·儒林传》。

光为孔子十四世孙，而安国兄子之孙，若古文为孔子所作，安国所传，安有求助不肯之事？详见《〈汉书·儒林传〉辨伪》。

是岁，南郡秦丰众且万人。平原女子迟昭平能说经，博以八投，亦聚数千人在河阻中。莽召问群臣禽贼方略，皆曰：此天囚行尸，命在漏刻。故左将军公孙禄征来与议，禄曰：太史令宗宣典星历，候气变，以凶为吉，乱天文，误朝廷。太傅平化侯饰虚伪以媮名位，贼夫人之子。国师嘉信公颠倒“五经”，毁师法，令学士疑惑。明学男张邯、地理侯孙阳造井田，使民弃土业。羲和鲁匡设六筦，以穷工商。说符侯崔发阿谀取容，令下情不上通。宜诛此数子以慰天下。《汉书·王莽传》。

歆作伪经，移孔子为周公，又移秦、汉为周制，微文琐义，无一条不与孔子真经为难，而又阴布其书于其党，借莽力征求天下学者读之，与向来先师之说相忤，无一可通者，学者盖无不疑之，人人皆积怨愤于心矣。歆又以其新说作《周礼》，莽用以变易汉制，天下苦其骚扰，莫不归咎于国师之策，殆无不欲剚刃于歆腹中。公孙禄乃能因人民之愁怨，王莽之震动，而请借朱云之剑以诛之，故云“以慰天下”。若非深见其伪经之乱圣，变法之失民，则公孙禄岂能与莽言此？不然，莽问平贼方略，歆为定三雍、立法制之儒臣，何至与“使民弃土业”之孙阳、“设六筦以穷工商”之鲁匡、“阿谀取容，令下情不上通”之崔发同请诛哉！盖视之与张角之妖书等矣。如谓公孙禄“党同门，妒道真”，则后世郑、王之辨，朱、陆之争，罗整庵、王阳明之攻，何尝有挺刃言哉！

时尚书令韩歆上疏，欲为《费氏易》、《左氏春秋》立博士，诏下其议。四年正月，朝公卿、大夫、博士见于云台。帝曰：范博士可前平说！升起对曰：《左氏》不祖于孔子，而出于丘明，师徒相传，又无其人。且非先帝所存，无因得立。遂与韩歆及太中大夫许淑等互相辨难，日中乃罢。升退而奏曰：臣闻主不稽古，无以承天；臣不述旧，无以奉君。陛下愍学微缺，劳心经艺，情存博闻，故异端竞进。近有司请置《京氏易》博士，群下执事，莫能据正。《京氏》既立，《费氏》怨望，《左氏春秋》复以比类，亦希置立。《京》、《费》已行，次复《高氏》，《春秋》之家又有《驺》、《夹》。如令《左氏》、《费氏》得置博士，《高氏》、《驺》、《夹》，“五经”奇异，并复求立，各有所执，乖戾分争。从之则失道，不从则失人，将恐陛下必有厌倦之听。孔子曰：博学约之，弗叛矣夫！夫学而不约，必叛道也。颜渊曰：博我以文，约我以礼。孔子可谓知教，颜渊可谓善学矣。《老子》曰：学道日损。损，犹约也。又曰：绝学无忧。绝，末学也。今《费》、《左》二学，无有本师，而多反异。先帝前世，有疑于此，故《京氏》虽立，辄复见废。疑道不可由，疑事不可行。《诗》、《书》之作，其来已久。孔子尚周流游观，至于知命，自卫反鲁，乃正《雅》、《颂》。今陛下草创天下，纪纲未定，虽设学官[①]，无有弟子，《诗》、《书》不讲，《礼》、《乐》不修，奏立《左》、《费》，非政急务。孔子曰：攻乎异端，斯害也已。《传》曰：闻疑传疑，闻信传信，而尧、舜之道存。愿陛下疑先帝之所疑，信先帝之所

① “官”，初刻本作“宫”，误，此从重刻本。

信，以示反本，明不专己。天下之事所以异者，以不一本也。《易》曰：天下之动，贞夫一也。又曰：正其本，万事理。"五经"之本，自孔子始。谨奏《左氏》之失凡十四事。时难者以太史公引《左氏》，升又上太史公违戾"五经"，谬孔子言，及《左氏春秋》不可录三十一事。诏以下博士。《后汉书·范升传》。

升言"《左氏》不祖孔子，而出于丘明"及"《费》、《左》二学，无有本师"，已足以胜之矣。乃又云"《京》、《费》已行，次复《高氏》，《春秋》之家又有《驺》、《夹》，恐陛下厌倦"云云，则其辞不顺。夫使可立，虽有数家，犹兼存之；既不可立，无《高氏》、《驺》、《夹》，犹宜已也。此等说出，于是，刘歆之徒乃得以"党同妒真"藉口，而人主亦渐疑之矣。夫《公》、《谷》盛衰，尚因辩讷，乃以"守约"为辞，安得不为伪古学者所排哉？盖不得歆作伪之根原，故并迁怒《史记》，亦其短也。然云"无本师而多反异"，"前世有疑于此"，则当时实情矣。

时议欲立《左氏传》博士，范升奏以为《左氏》浅末，不宜立。元闻之，乃诣阙上疏。书奏，下其议，范升复与元相辩难，凡十余上，帝卒立《左氏》学。太常选博士四人，元为第一。帝以元新忿争，乃用其次司隶从事李封。于是诸儒以《左氏》之立，论议讙哗，自公卿以下数廷争之。会封病卒，《左氏》复废。《后汉书·陈元传》。

"诸儒讙哗"，"公卿以下数廷争之"，与西汉移文博士一案正同。学者合争经二大案观之，则当时伪经突出，众情汹愤，虽以帝者之力，卒格众议而不行，狱情自可明矣。

李育少习《公羊春秋》，颇涉猎古学。尝读《左氏传》，虽乐文采，然谓不得圣人深意。以为前世陈元、范升之徒更相非折，而多引图谶，不据理体。于是作《难左氏[1]四十一事》。《后汉书·儒林传》。

歆伪《左氏》在于伪书法，自范升、李育、何休皆难伪《左传》，而不知歆伪书法，此则百辨而无一日明矣。要以"前汉博

① "氏"下，疑有"义"，初重两刻均无。

士不传《春秋》”一语为最中症结。升云“反异前世”，已稍失之；育云“不得圣人深意”，乃与之较短长；休之《膏肓》、《废疾》，则直侪之与《谷梁》同列，其战而北，不亦宜乎！然尚可见《左传》虽行，犹有攻者。

休善历算，与其师博士羊弼，追述李育意以难“二传”，作《公羊墨守》、《左氏膏肓》、《谷梁废疾》。《后汉书·儒林传》。

何休为《公羊》大宗，自能攻《左氏》，然亦不得其伪书法之根，故卒为康成所箴。休又以《周官》为“战国阴谋之书”，可见今古学之不并立矣。

“壁中书”者，鲁共王坏孔子宅而得《礼记》、《尚书》、《春秋》[①]、《孝经》。又北平侯张苍献《春秋左氏传》。郡国亦往往于山川得鼎彝，其铭即前代之古文，皆自相似，虽叵复见远流，其详可得略说也。而世人大共非訾，以为好奇者也，故诡更正文，乡壁虚造不可知之书，变乱常行，以耀于世。段《注》曰：此谓世人不信古文，非毁之。谓好奇者改易正字，向孔氏之壁凭空b造此不可知之书，变乱常行，以耀于世。诸生竞逐说字解经谊，称秦之隶书为苍颉时书，云：父子相传，何得[③]改易！《说文解字序》。

许慎为刘歆干城，故于今学家言著而辨之，疾之如仇，不知适足以得攻伪之证。如此《序》称鼎彝铭即前代之古文，而世人訾为“好奇”，此许慎之供辞，即刘歆之亲供也。考秦始侈心，实开求鼎之风；汉武踵之，求神仙，喜祥瑞，于是诸鼎间出，或者一二三代遗器。然伪造献媚，蛊惑上意，若丹沙之黄金，空中之神语者殆不少。道家符箓异篆多至百数，元虞集号称博雅，识其七十余种。而“垂露”、“薤叶”等体，亦梦英创为之。方士每工作伪，此钟鼎之所由出，奇字之所以生也。刘歆欲夺孔子之经，因得间而起，以宗室之英，名父之子，校书之任，多见古物，挟其奥博，搜采奇字异制。加以附会，伪为鼎彝。或埋藏郊

① “秋”下，疑有“《论语》”，初重两刻均无。
② “空”，原作“虚”，初重两刻均误，校改。
③ “得”，原作“从”，初重两刻均误，校改。

野，而使人掘出，或深瘗山谷，而欺绐后世，流布四出，以为征应。歆散布伪经、小学于其徒，复假帝力征召，使说字未央廷中以行其古文，则散伪鼎以为征应，亦其熟技耳。世人以其制作之精工，文字之奇古，故皆宝而信之。不知汉去古未远，其制作自非今人所及，市贾伪造已不能辨之，况歆之所为乎！其诪张以行之如此，世人"以为好奇"，正得其实。至明诋曰"向壁虚造"，则出于孔壁之非真，当时固已大共昌言攻之矣。至云"秦之隶书为苍颉时书"，云"父子相传，何从改易"，考周、秦、汉、晋，文字相承，少有减变，非有更作，而当时学者以秦隶为"苍颉时书"，且云"父子相传，何从改易"，是即西汉以前不分籀书、小篆、隶书之明据，故皆推本于苍颉。今文学者家世传业，经莽、歆史篇文字颠倒窜乱，行之以国力，诱之以禄利，而不能夺其说，则其根源之深可知也。然使无许慎此言，则茫茫万古，征信无从矣。故有刘歆《移博士书》，而伪经之狱明；有许慎《说文·序》，而伪字之案定。文字无变，辨见前。

秦自孝公以下用商君之法，其政酷烈，与《周官》相反。故始皇禁挟书，特疾恶，欲绝灭之，搜求焚烧之独悉，是以隐藏百年。孝武帝始除挟书之律，开献书之路，既出于山岩屋壁，复入于秘府，五家之儒莫得见焉。至孝成皇帝，达才通人刘向、子歆校理秘书，始得列序，著于《录》、《略》，然亡其《冬官》一篇，以《考工记》足之。时众儒并排，以为非是，唯歆独识。其年尚幼，务在广览博观，又多锐精于《春秋》，末年乃知其周公致太平之迹，迹具在斯。奈遭天下仓卒，兵革并起，疾疫丧荒，弟子死丧。徒有里人河南缑氏杜子春尚在，永平之初，年且九十，家于南山，能通其读，颇识其说，郑众、贾逵往受业焉。贾公彦《序周礼废兴》引《马融传》。

《汉书》无言诸儒排《周官》者。贾公彦所引《马融传》，所出甚古，必有所据。盖古学大盛后，今学攻难之迹刬削尽矣，故并录之。唯《后汉书》称郑兴从歆受业，已亲传《周官》，何独杜子春邪！除挟书之律，《汉书》以为惠帝二年，此云"武帝"，盖东汉学者附会伪学而加甚之，不复足据也。

林孝存以为武帝知《周官》末世渎乱不验之书，故作《十论》、《七难》，以排弃之。何休亦以为六国阴谋之书。唯有郑玄遍览群经，知《周礼》者乃周公致太平之迹，故能答林硕之《论》、《难》，使《周礼》义得条通。贾公彦《序周礼废兴》。

硕、休皆知攻《周礼》，而仅以为“末世渎乱”，“六国阴谋”，则不能得其症结也。硕更以为武帝知之，尤为伪说所绐。盖西汉博士之攻伪经，立乎其外以攻之者也；范升以下之攻伪经，入乎其中以攻之者也；入乎其中以攻之，鲜有能胜之者矣。此伪焰所以炽欤！

春秋董氏学（节选）

（1893年至1897年）

【按】《春秋董氏学》自序末署“光绪十九年癸巳七月”，《康南海自编年谱》光绪二十年甲午条末述“著《春秋董氏学》及《孔子改制考》”。该书首次由上海大同译书局于光绪二十三年冬刊行，分八卷六册，其后广州演孔书局于光绪二十四年重刻。戊戌、庚子两次奉旨毁版。其后，作为《万木草堂丛书》之一种，于1917年重刊。今以大同译书局本为底本，以《万木草堂丛书》本校勘。

春秋董氏学自序

苟非毛羽爪角之伦，有所行，必有道焉。有所效，必有教焉。无教者，谓之禽兽。无道者，谓之野人。道、教何从？从圣人。圣人何从？从孔子。孔子之道何在？在“六经”。“六经”粲然深美，浩然繁博，将何统乎？统一于《春秋》。《诗》、《书》、《礼》、《乐》并立学官，统于《春秋》，有据乎？据于孟子。孟子述禹、汤、文、武、周公而及孔子，不及其他书，惟尊《春秋》。《春秋》三传何从乎？从公羊氏。有据乎？据于孟子。孟子发《春秋》之学曰：其事则齐桓、晋文，其文则史，其义则丘取之矣。《左传》详文与事，是史也，于孔子之道无与焉。惟《公羊》独详《春秋》之义。孟子述《春秋》之学，曰：《春秋》天子之事也。《谷梁传》不明《春秋》王义，传孔子之道而不光焉。惟《公羊》详素王改制之义，故《春秋》之传在《公羊》也。

《春秋》文成数万，其旨数千，大义炳炳，然仅二百余，脱略甚矣，安能见孔子数千之大旨哉？又多非常异义可怪之论，意者不足传信乎？《春秋纬》：孔子曰，乱我书者董仲舒。乱者，理也。太史公曰：汉兴，唯董生明于《春秋》，两汉博士，公羊家严彭祖、颜安乐皆其后学。刘向称董仲舒为王者之佐，虽伊、吕无以加。即刘歆作伪，力攻《公羊》，亦称为群儒首。朱子论三代下人物，独推董生为醇儒。其传师说最详，其去先秦不远，然则欲学《公羊》者，舍董生安归？

虽然，公羊家多非常异义可怪之说，辄疑异之，吾昔亦疑怪之。及读《繁露》，则孔子改制变周，以《春秋》当新王，王鲁绌杞，以夏、殷、周为三统，如探家人筐箧，日道不休。董子何所乐而诞谩是？董子岂愚而不知辩是？然而董子举以告天下则是，岂不可用心哉！吾以董子学推之今学家说而莫不同。以董子说推之周、秦之书而无不同。若其探本天元，著达阴阳，明人物生生之始，推圣人制作之源，扬纲纪，白性命，本仁谊，贯天人，本数末度，莫不兼运。信乎明于《春秋》为群儒宗也。

然大贤如孟、荀，为孔门龙象，求得孔子立制之本，如《繁露》之微言奥义不可得焉。董生道不高于孟、荀，何以得此？然则是皆孔子口说之所传，而非董子之为之也。善乎王仲任之言曰：文王之文，传于孔子。孔子之文，传于仲舒。故所发言轶荀超孟，实为儒学群书之所无。若微董生，安从复窥孔子之大道哉！

顾是书久不诵于学官，阙夺百出，如临绝壑崩崖，无绠索，无铁梁，惟有废然而返。又自古学变后，今为宋儒之学，视董生旧说如游异国，语言不解，风俗、服食、宫室皆殊绝，或不求其本而妄议之。故二千年来遂如泛太平洋而无轮舰，适瀚海而无向导，徒尔尔向若而惊，望流沙而叹，人踪几绝。近惟得江都凌氏曙为空谷足音，似人而喜，然缘文疏义，如野人之入册府，聋者之听钧天，徒骇玮丽，不能赞一辞也，况于条举以告人哉！不量窾启，数宗庙百官之美，因董子以通《公羊》，因《公羊》以通《春秋》，因《春秋》以通“六经”，而窥孔子之道本。昧昧思之，如图建章之宫，写《霓裳》之曲，岂有涯哉？庶俾学者小竭具赞仰之愚云尔。好学深思之君子，其亦乐道之欤[①]！

---

① “之欤”下，《万木草堂丛书》本有“孔子二千四百四十四年，光绪十九年癸巳七月，南海康有为自序”。

春秋董氏学目[①]

春秋董氏学卷一[②]　春秋旨第一

作经总旨
奉天（略）
天子诸侯等杀（略）
立君书不书（略）
讥赏罚不当（略）
亲德亲亲（略）
恶伐同姓（略）
伤痛敦重（略）
恶欲为君则从其志（略）
诛细恶以止乱（略）
刺上矜下（略）
敬贤重民（略）
恶战害民（略）

① “目”下，《万木草堂丛书》本有“录”。
② “卷一”下，原有“南海康有为广厦学一名祖诒”，今删。后各卷同。

战有恶有善（略）
当仁不让（略）
常变义（略）
处变大义（略）
知忧（略）
得志宜慎（略）
荣辱（略）
讳大恶（略）
慎所从事（略）
得众（略）
忧天下（略）
讥不合群（略）
重志（略）
听狱本事原志（略）
诛意（略）
不畏强御（略）
为善不法不取不弃（略）
察微（略）
春秋总义

孟子曰：其事则齐桓、晋文，其文则史，其义则丘窃取之。盖《春秋》所重在义，不在文与事也。吾有《〈春秋〉改制在义不在事与文考》。夫《春秋》为文数万，其旨数千，今虽不能尽传，而公、谷及董子、刘向、何邵公所传《春秋》之旨，略可窥焉。凡传、记称引《诗》、《书》，皆述经文，独至《春秋》则遍周、秦、两汉人传、记、文、史所述者，皆未尝引文，但称其义。故知《春秋》言微，与他经殊绝，非有师师口说之传，不可得而知也。今师说之传，只有董、何二家。何氏为胡母生例。而汉人博士至严、颜二家，皆以董子为祖师。今专绎董子之说以求《春秋》之义。先叙作经总旨，而摭其诸义附焉。其大义与微言不能分析，别为一篇，汉博士之学，庶几存什一于千百耶！

作经总旨

仲尼之作《春秋》也，上探正天，端王公之位、万民之所欲；下明得失，起贤才以待后圣。故引史记，理往事，正是非，序王公。史记十二公之间，皆衰世之事，故门人惑。孔子曰：吾因其行事，而加乎王心焉。以为见之空言，不如行事博深切明。故子贡、闵子、公肩子言其切而为国家贤也。其为切而至于杀[①]君亡国奔走，不得保社稷，其所以然，是皆不明于道，不览于《春秋》也。故卫子夏言：有国家者，不可不学《春秋》。不学《春秋》，则无以见前后旁侧之危，则不知国之大柄，君之重任也。故或胁穷失国，擒杀于位，一朝至尔。苟能述《春秋》之法，致行其道，岂徒除祸哉？乃尧、舜之德也。故世子曰：功及子孙，光辉百世，圣王之道，莫美于恕。故予先言《春秋》详己而略人，因其国而容天下。春秋之道，大得之则以王，小得之则以霸。故曾子、子石盛美齐侯。安诸侯，尊天子，霸王之道，皆本于仁。仁，天心，故次以天心。爱人之大者，莫大于思患而豫防之，故蔡得意于吴，鲁得意于齐，而《春秋》皆不告，故次以言怨人不可迩，敌国不可狎，攘窃之国不可使久亲，皆防患、为民除患之意也。不爱民之渐，乃至于死亡，故言“楚灵王、晋厉公生弑于位”，不仁之所致也。故善宋襄公不厄人，不由其道而胜，不如由其道而败，《春秋》贵之，将以变习俗而成王化也。故子夏言《春秋》重人，诸讥皆本此。或奢侈使人愤怨，或暴虐贼害人，终皆祸及身。故子池言鲁庄筑台，丹楹刻桷，晋厉之刑刻意者，皆不得以寿终。上奢侈，刑又急，皆不内恕，求备于人，故次以《春秋》缘人情，赦小过，而《传》明之曰：君子辞也。孔子明得失，见成败，疾时世之不仁，失王道之体，故因行事，赦小过。《传》又明之曰：君子辞也。孔子曰：吾因行事，加吾王心焉。假其位号以正人伦，因其成败以明顺逆，故其所善，则桓、文行之而遂，其所恶，则乱国行之终以败。故始言大恶弑君亡国，终言赦小过，是亦始于粗粝，终于精

① “杀”，《万木草堂丛书》本作“弑”。

微。教化流行，德泽大洽，天下之人，人有士君子之行而少过矣。亦讥二名之意也。《俞序》

《俞序》得《春秋》之本有数义焉。以仁为天心，孔子疾时世之不仁，故作《春秋》，明王道，重仁而爱人，思患而豫防，反覆于仁不仁之间。此《春秋》全书之旨也。《春秋》体天之微，难知难读，董子明其托之行事以明其空言，假其位号以正人伦，因一国以容天下，而后知素王改制，一统天下，《春秋》乃可读。法尧、舜以待后圣，述子贡、闵子、子夏、曾子、子石、世子、公肩子、子池诸先师之传，又以得《春秋》之传授，可谓提要钩元矣。

书必有序，以发明其意。序或自作，或同时人作，或后学作《春秋》言微，孔子未能自序，赖后学发明之。后学明于《春秋》者，莫如董子、俞序者，《春秋》之序云尔，故以冠此书之首。

《春秋》论十二世之事，人道浃而王道备。法布二百四十二年之中，相为左右，以成文采。其居参错，非袭古也。《玉杯》

《春秋》，二百四十二年之文，天下之大，事变之博，无不有也。虽然，大略之要有十指。十指者，事之所系也，王化之由得流也。举事变见有重焉，一指也。见事变之所至者，一指也。因其所以至者而治之，一指也。强干弱枝，大本小末，一指也。别嫌疑，异同类，一指也。论贤才之义，别所长之能，一指也；亲近来远，同民所欲，一指也。承周文而反之质，一指也。木生火，火为夏，天之端，一指也。切讥刺之所罚，考变异之所加，天之端，一指也。举事变见有重焉，则百姓安矣。见事变之所至者，则得失审矣；因其所以至而治之，则事之本正矣。强干弱枝，大本小末，则君臣之分明矣。别嫌疑，异同类，则是非著矣。论贤才之义，别所长之能，则百官序矣。承周文而反之质，则化所务立矣。亲近来远，同民所欲，则仁恩达矣。木生火，火为夏，则阴阳四时之理相受而次矣。切讥刺之所罚，考变异之所加，则天所欲为行矣。统此而举之，仁往而义来，德泽广大，衍溢于四海，阴阳和调，万物靡不得其理矣。说《春秋》者，凡用是矣，此其法也。《十指》

《春秋》大义之所本耶？六者之科、六者之指之谓也。然后援天端，布流物，而贯通其理，则事变散其辞矣。故志得失之所从生，而后差贵贱之所始矣。论罪源深浅，定法诛，然后绝属之分别矣。立义定尊卑之序，而后君臣之职明矣。载天下之贤方，表谦义之所在，则见复正焉耳。幽隐不相逾，而近之则密矣。而后万变之应无穷者，故可施其用于人，而不悖其伦矣。《正贯》

故曰：立义，以明尊卑之分。强干弱枝，以明大小之职。别嫌疑之行，以明正世之义。采摭托意，以矫失礼。善无小而不举，恶无小而不去，以纯其美。别贤、不肖，以明其尊。亲近以来远，因其国而容天下，名伦等物，不失其理。公心以是非，赏善诛恶而王泽洽，始于除患，正一而万物备。故曰：大矣哉！其号。两言而管天下，此之谓也。《盟会要》

故《春秋》明得失，差贵贱，本之天王之所失天下者，使诸侯得以大乱之说，而后引而反之。故曰：博而明，切而深矣。《重政》

孔子明得失，差贵贱，反王道之本，讥天王以致太平。刺恶讥微，不遗大小，善无细而不举，恶无细而不去，进善诛恶，绝诸本而已矣。《王道》

《春秋》采善不遗小，掇恶不遗大，讳而不隐，罪而不忽，□□[1]以是非，正理以褒贬。喜怒之发，威德之处，无不皆中其应，可以参寒暑冬夏之不失其时而已。故曰：圣人配天。《威德所生》

春秋总义

鲁隐之代桓立，祭仲之出忽立突，仇牧、孔父、荀息之死节，公子目夷不与楚国，此皆执权存国，行正世之义，守惓惓之心，《春秋》嘉义气焉，故皆见之，复正之谓也。夷狄邾娄人、牟人、葛人，为其天王崩而相朝聘也，此其诛也。杀世子母弟直称君，明失亲亲也。鲁季子之免罪，吴季子之让国，明亲亲之恩也。阍杀吴子余祭，见刑人之不可近。郑伯髡原卒于会，讳弑，痛强臣专君，君不得为善也。卫人杀州吁，齐人杀无知，明君臣之义，守国之正也。卫人立晋，美得众也。君将不言率师，重君之义也。正月，公在楚，臣子思君，无一日无君之义也。诛受令，恩卫葆，以正图圄之平也。言围成，甲午祠兵，以别迫胁之罪，诛意之法也。作南门，刻桷，丹楹，作雉门，及两观，筑三台，新延厩，讥骄溢不恤下也。故臧孙辰请籴于齐，孔子曰：君子为国，

① “□□”，《万木草堂丛书》本作“正心”。

必有三年之积。一年不熟，乃请籴，失君之职也。诛犯始者，省刑，绝恶疾始也。大夫盟于澶渊，刺大夫之专政也。诸侯会同，贤为主，贤贤也。《春秋》纪纤芥之失，反之王道。追古贵信，结言而已，不至用牲盟而后成约。故曰：齐侯、卫侯胥命于蒲。《传》曰：古者不盟，结言而退。宋伯姬曰：妇人夜出，傅母不在不下堂。曰："曰"上当有"传"字。古者周公东征，则西国怨。桓公曰：无贮粟，无障谷，无易树子，无以妾为妻。宋襄公曰：不鼓不成列，不厄人。庄王曰：古者曰杆不穿，皮不蠹，则不出。君子笃于礼，薄于利，要其人不要其土，告从不赦不祥。强不陵弱。齐顷公吊死视疾，孔父正色而立于朝，人莫过而致难乎其君，齐国佐不辱君命而尊齐侯，此《春秋》之救文以质也。救文以质，见天下诸侯所以失其国者亦有焉。潞子欲合中国之礼义，离乎夷狄，未合乎中国，所以亡也。吴王夫差行强于越，臣人之王，妾人之妻，卒以自亡，宗庙夷，社稷灭，其可痛也。长王投死，於戏！岂不哀哉！晋灵行无礼，处台上弹群臣，枝解宰人而弃[①]。漏阳处父之谏，使阳处父死。及患赵盾之谏，欲杀之，卒为赵穿所杀。晋献公行逆理，杀世子申生，以骊姬立奚齐、卓子，皆杀死，国大乱，四世乃定，几为秦所灭，从骊姬起也。楚昭王行无度，杀伍子胥父兄。蔡昭公朝之，因请其裘，昭公不与。吴王非之，举兵加楚，大败之。君舍乎君室，大夫舍大夫室，妻楚君之母，贪暴之所致也。晋厉公行暴道，杀无罪人，一朝而杀大臣三人。明年，臣下畏恐，晋国杀之。陈侯佗淫乎蔡，蔡人杀之。古者诸侯出疆必具左右，备一师，以备不虞。今陈[②]侯恣以身出入民间，至死闾里之庸，甚非人君之行也。宋闵公矜妇人而心妒，与大夫万博。万誉鲁庄公曰：天下诸侯宜为君，唯鲁侯尔。闵公妒其言，曰：此虏也，尔虏焉知鲁侯之美恶乎？致万怒，搏闵公绝脰。此以与臣博之过也。古者人君立于阴，大夫立于阳，所以别位，明贵贱。今与臣相对而博，置妇人在侧，此君臣无别也。故使万称他国卑闵公之意，闵公藉万而身与之博，下君自置有辱之妇人之房，俱而矜妇人，独得杀死之道也。《春秋》曰：大夫不适君。远此逼也。梁内役民无已，其民不能堪，使民比地为伍，一家亡五家杀

① "弃"下，《万木草堂丛书》本有"之"。

② "陈"，原作"蔡"，误，校改。

刑。其民曰：先亡者封，后亡者刑。君者，将使民以孝于父母，顺于长老，守丘墓，承宗庙，世世祀其先。今求财不足，行罚如将不胜，杀戮如屠，仇雠其民，鱼烂而亡，国中尽空。《春秋》曰：梁亡。亡者，自亡也，非人亡之也。虞公贪财，不顾其难，快耳悦目，受晋之璧、屈产之乘，假晋师道，还以自灭。宗庙破毁，社稷不祀，身死不葬，贪财之所致也。故《春秋》以此见物不空来，宝不虚出。自内出外[①]，无亡[②]不行，自外至者，无主不止，此其应也。楚灵王行强乎陈、蔡，意广以武，不顾其行，虑所美，内罢其众。乾溪有物女，水尽则女见，水满则不见。灵王举发其国而役，三年不罢，楚国大怨；有行暴意，杀无罪臣成然，楚国大懑。公子弃疾卒令灵王[③]自杀而取其国。虞不离津泽，农不去畴土，此非盈意之过耶？鲁庄公好宫室，一年三起台。夫人内淫两弟，弟兄子父相杀，国绝莫继，为齐所存，夫人淫之过也。妃匹贵妾，可不慎耶？此皆内自强从心之败已，见自强之败，尚有正谏而不用，卒皆取亡。曹羁谏其君曰：戎众以无义，君无自适。君不听，果死戎寇。伍子胥谏吴王，以为越不可不取。吴王不听，至死伍子胥。还九年，越果大灭吴国。秦穆公将袭郑，百里、蹇叔谏曰：千里而袭人者，未有不亡者也。穆公不听，师果大败殽中，匹马只轮无反者。晋假道于虞，虞公许之。宫之奇谏曰：唇亡齿寒，虞、虢之相救，非相赐也。君请勿许。虞公不听，后虞果亡于。“于”下当有“晋”字。《春秋》明此，存亡道，“道”上当有“之”字。可观也。观乎蒲社，知骄溢之罚。观乎许田，知诸侯不得专封。观乎齐桓、晋文、宋襄、楚庄，知任贤奉上之功。观乎鲁隐、祭仲、叔武、孔父、荀息、仇牧、吴季子、公子目夷，知忠臣之效。观乎楚公子比，知臣子之道，效死之义。观乎潞子，知无辅自诅之败。观乎公在楚，知臣子之恩。观乎漏言，知忠道之绝。观乎献六羽，知上下之差。观乎宋伯姬，知贞妇之信。观乎吴王夫差，知强陵弱。似缺二字观乎晋献公，知逆理近色之过。观乎楚昭王之伐蔡，知无义之反。观乎晋厉之妄杀无罪，知行暴之报。观乎陈佗、宋闵，知妒淫之过。观乎虞公、梁亡，知贪财枉法之穷。观乎楚灵，知苦民之壤。观乎鲁庄之起台，知骄奢淫佚之失。

---

① “外”，《万木草堂丛书》本作“者”。
② “亡”，《万木草堂丛书》本作“匹”。
③ “王”下，《万木草堂丛书》本有“父子”。

观乎卫侯朔；知不即召之罪；观乎执凡伯，知犯上之法。观乎晋郤缺之伐邾娄，知臣下作福之诛。观乎公子翚，知臣窥君之意。观乎世卿，知移权之败。故明王视于冥冥，听于无声，天覆地载，天下万国莫敢不悉靖共职受命者，不示臣下以知之至也。故道同则不能相先，情同则不能相使，此其教也。由此观之，未有去人君之权，能制其势者也。未有贵贱无差，能全其位者也。故君子慎之。《王道》

此篇总揽《公羊》之义，举要无遗，如肉贯串。虽非微言所在，而大义懔懔如日星矣。[①]

① 卷末原注："《董氏学》卷一。弟子梁应骝、陈国镛初校，弟子王觉任、康同勤覆校。"《万木草堂丛书》本卷末改为："《春秋董氏学》卷一终。门人东莞张伯桢覆校。"今删。

孔子改制考（节选）

（1892年至1898年）

【按】《孔子改制考》是康有为维新变法时期影响最大的代表作之一。据《康南海自编年谱》光绪十八年条下所述，是书“始属稿”于光绪十二年丙戌（1886），光绪十五年己丑“在京师，既谢国事，又为之。是年编次甚多，选同学诸子分葺焉”。光绪十八年（1892）编辑之书甚多，“而《孔子改制考》体裁博大，选同学高才助纂焉”。《年谱》述是时“以孔子所制之礼与三代旧制不同，更与刘歆伪礼相反，古今淆乱，莫得折衷，乃剌取古今礼说，立例以括之”，所立之例，包括“孔子定说”、“三统说”、“存旧”、“辟伪”、“传谬”等。于此可知，《孔子改制考》酝酿已久，并早已尝试编次，然较为系统地编纂则始于1892年。《年谱》光绪二十年甲午条下述是年“著《春秋董氏学》及《孔子改制考》”，是知此书尚在继续编纂中。上海大同译书局光绪二十三年冬首次刊刻（光绪二十四年初方问世），二十一卷十册，不久重印，合装五册。其后在1913年创刊的《不忍》杂志上分期登载，并作为《万木草堂丛书》之一种，1920年与1923年分别重刊于北京、上海。《丛书》本删去序文，改作《题记》：“光绪、丁酉印于上海，戊戌、庚子两奉伪旨焚版禁行。越廿年庚申，重刊于京师，壬戌成，冬，印行。南海康有为记。”中华书局1958年校点印行。

《孔子改制考》另有清光绪年间内府抄本，原藏景阳宫，现存故宫博物院图书馆，线装，九册，书首为孔子改制考序，署“工部主事臣康有为撰”。正文九卷，是为二十一卷本之节本。卷一“上古茫昧无稽考”，是为二十一卷本之卷一。卷二题目与首数页撕去，正文从“孔子自明创儒大义”一节中“而以一律限之，自谓析理于秋毫”开始，是为二十一卷本之卷七。卷三“孔子为制法之王考”，是为二十一卷本之卷八。卷四“孔子为创儒教改制考”，是为二十一卷本之卷九。卷五“六经皆孔子改制所作考”，是为二十一卷本之卷十。卷六至卷九，分别为“儒墨最盛并称考”、“鲁国全从儒教考”、“儒教遍传天下战国秦汉间尤盛考”、“武帝后儒教一统考”，是为二十一卷本之卷十八至卷二十一，惟卷十八原题作“儒教遍传天下战国秦汉时尤盛考”，相差一字。抄写中，有若干缺漏。如卷二“异教非儒专攻孔子知儒为孔子所特创”一节中，缺抄“叛，漆雕刑残”至“皆孔子大义，从异”一段；卷三缺“右孔子为文王”一句；卷四缺“右孔子与弟子商定改制大义”一句；“据异教攻儒专攻制度，知制为孔子所改”一节中，引《墨子·公孟》，误抄作《墨子·公篇》。卷九至“两汉学人皆从儒教”一节中“传经诸大儒，天下学术所自出，皆博士之学也”一语为止，以下全缺。

今以上海大同译书局初印本为底本标点，并参校以其他各本。

序

孔子卒后二千三百七十六年，康有为读其遗言，渊渊然思，凄凄然悲，曰：嗟夫！使我不得见太平之泽、被大同之乐者何哉？使我中国二千年、方万里之地、四万万神明之裔不得见太平之治、被大同之乐者何哉？使大地不早见太平之治、逢大同之乐者何哉？

天既哀大地生人之多艰，黑帝乃降精而救民患，为神明，为圣王，为万世作师，为万民作保，为大地教主。生于乱世，乃据乱而立三世之法，而垂精太平，乃因其所生之国，而立三界之义，而注意于大地远近大小若一之大一统。乃立元以统天，以天为仁，以神气流形而教庶物，以不忍心而为仁政。合鬼神山川、公侯庶人、昆虫草木一统于其数，而先爱其圆颅方趾之同类，改除乱世勇乱争战角力之法，而立《春秋》新王行仁之制。其道本神明，配天地，育万物，泽万世，明本数，系末度，小大精粗，六通四辟，无乎不在。此制乎，不过于一元中立诸天，于一天中立地，于一地中立世，于一世中随时立法，务在行仁，忧民忧以除民患而已。《易》之言曰：书不尽言，言不尽意。《诗》、《书》、《礼》、《乐》、《易》、《春秋》为其书，口传七十子后学为其言。此制乎，不过其夏葛冬裘，随时救民之言而已。若夫圣人之意，窈矣深矣，博矣大矣。世运既变，治道斯移，则始于粗粝，终于精微。教化大行，家给人足，无怨望忿怒之患，强弱之难，无残贼妒疾之人。民修德而美好，被发衔哺而游，毒蛇不螫，猛兽不搏，抵虫不触，朱草生，醴泉出，凤凰麒麟游于郊陬，囹圄空虚，画衣裳而民不犯。则斯制也，利用发蒙，声色之以化民，末矣。

夫两汉君臣、儒生，尊从《春秋》拨乱之制而杂以霸术，犹未尽行也。圣制萌芽，新歆遽出，伪《左》盛行，古文篡乱。于是削移孔子之经而为周公，降孔子之圣王而为先师，公羊之学废，改制之义湮，三世之说微，太平之治，大同之乐，暗而不明，郁而不发。我华我夏，杂以魏、晋、隋、唐佛老词章之学，乱以氐、羌、突厥、契丹、蒙古之风，非惟不识太平，并求汉人拨乱之义亦乖剌而不可得，而中国之民遂二千年被暴主、夷狄之酷政，耗矣哀哉！

朱子生于大统绝学之后，揭鼓扬旗而发明之，多言义而寡言仁，知省身寡过而少救民患，蔽于据乱之说而不知太平大同之义，杂以佛老，其道觳苦，所以为治教者，亦仅如东周、刘蜀、削瞀之偏安而已。

大昏也，博夜也，冥冥汶汶，雺雺雰雰，重重锢昏，皎日坠渊。万百亿千缝掖俊民，跂跂脉脉而望，篝灯而求明，囊萤而自珍，然卒不闻孔子天地之全、太平之治、大同之乐。悲夫！

天哀生民，默牖其明，白日流光，焕炳莹晶。予小子梦执礼器而西行，乃睹此广乐钧天，复见宗庙百官之美富。门户既得，乃扫荆榛而开途径，拨云雾而览日月，别有天地，非复人间世矣。不敢隐匿大道，乃与门人数辈朝夕钩撢，八年于兹，删除繁芜，就成简要，为《改制考》三十卷。同邑陈千秋礼吉、曹泰箸伟，雅才好博，好学深思，编检尤劳，墓草已宿。然使大地大同太平之治可见，其亦不负二三子铅椠之劳也夫！

嗟夫！见大同太平之治也，犹孔子之生也。《孔子改制考》成书，去孔子之生二千四百四十九年也。有清光绪二十四年正月元日，南海康有为广厦记。

孔子改制考卷一　上古茫昧无稽考

人生六七龄以前，事迹茫昧，不可得记也。开国之始，方略缺如，不可得详也。况太古开辟，为萌为芽，漫漫长夜，舟车不通，书契难削，畴能稽哉？大地人道皆莀敷于洪水后，然印度婆罗门前，欧西希腊前，亦已茫然，岂特秘鲁之旧劫，墨洲之古事，黯芴渺昧不可识耶？吾中国号称古名国，文明最先矣，然“六经”以前无复书记。夏、殷无征，周籍已去，共和以前不可年识，秦、汉以后乃得详记。而谯周、苏辙、胡宏、罗泌之流乃敢于考古，实其荒诞。崔东壁乃为《考信录》以传信之，岂不谬哉？夫三代文教之盛，实由孔子推托之故。故得一孔子而日月光华，山川焜耀。然夷考旧文，实犹茫昧，虽有美盛，不尽可考焉。

（下略）

孔子改制考卷二　周末诸子并起创教考

诸子并起创教总义

子桑伯子创教（略）

原壤创教（略）

棘子成创教（略）

管子创教（略）

晏子创教（略）

少正卯创教（略）

许行创教（略）

子莫创教（略）

白圭创教（略）

陈仲子创教（略）

墨家创教（略）

道家创教（略）

法家创教（略）
名家创教（略）
阴阳家创教（略）
纵横家创教（略）
兵家创教（略）
诸家创教绪论（略）

凡物，积粗而后精生焉，积贱而后贵生焉，积愚而后智生焉。积土石而草木生，积虫介而禽兽生，人为万物之灵，其生尤后者也。洪水者，大地所共也，人类之生，皆在洪水之后。故大地民众皆苠萌于夏禹之时。积人、积智，二千年而事理咸备。于是才智之尤秀杰者，蜂出挺立，不可遏靡。各因其受天之质，生人之遇，树论语，聚徒众，改制立度，思易天下。惟其质毗于阴阳，故其说亦多偏蔽，各明一义，如耳、目、鼻、口不能相通。然皆坚苦独行之力，精深奥玮之论，毅然自行其志，思立教以范围天下者也。外国诸教亦不能外是矣。当是时，印度则有佛、婆罗门及九十六外道并创术学，波斯则有祚乐阿士对创开新教，泰西则希腊文教极盛，彼国号称同时七贤并出，而索格底集其成。故大地诸教之出，尤盛于春秋、战国时哉！积诸子之盛，其尤神圣者，众人归之，集大一统，遂范万世。《论衡》称孔子为诸子之卓，岂不然哉！天下咸归依孔子，大道遂合，故自汉以后无诸子。今考春秋、战国诸子有门户者，举其宗旨，明其时会。其立一说，树一行，索隐行怪，后世无述者，亦附及之。虽不能尽，抑可考万年古今之会，大地学术之变矣。

诸子并起创教总义[1]

假今之世，饰邪说，文奸言，以枭乱天下，欺惑愚众，矞宇嵬琐，使天

---

① 各节小标题原仅列于卷首，今同时各插入诸节前。后各卷类似情况，不另注出。

下混然不知是非治乱之所存者，有人矣。纵情性，安恣睢，禽兽之行，不足以合文通治，然而其持之有故，其言之成理，足以欺惑愚众，是它嚣、魏牟也。忍情性，綦溪利跂，苟以分异人为高，不足以合大众，明大分，然而其持之有故，其言之成理，足以欺惑愚众，是陈仲、史鰌也。不知一天下，建国家之权称，上功用，大俭约，而僈差等，曾不足以容辨异、悬君臣，然而其持之有故，其言之成理，足以欺惑愚众，是墨翟、宋钘也。尚法而无法，下修而好作，上则取听于上，下则取从于俗，终日言成文典，又纠察之，则倜然无所归宿，不可以经国定分，然而其持之有故，其言之成理，足以欺惑愚众，是慎到、田骈也。不法先王，不是礼义，而好治怪说，玩琦辞，甚察而不惠，辩而无用，多事而寡功，不可以为治纲纪，然而其持之有故，其言之成理，足以欺惑愚众，是惠施、邓析也。略法先王而不知其统，犹然而材剧志大，闻见杂博；案往旧造说，谓之五行，甚僻违而无类，幽隐而无说，闭约而无解，案饰其辞，而祗敬之曰：此真先君子之言也。子思唱之，孟轲和之，世俗之沟犹瞀儒，嚾嚾然不知其所非也，遂受而传之，以为仲尼、子游为兹厚于后世，是则子思、孟轲之罪也。若夫总方略，齐言行，壹统类，而群天下之英杰而告之以太古，教之以至顺；奥窔之间，簟席之上，敛然圣王之文章具焉，佛然平世之俗起焉；则六说者不能入也，十二子者不能亲也；无置锥之地，而王公不能与之争名；在一大夫之位，则一君不能独畜，一国不能独容；成名况乎诸侯，莫不愿以为臣，是圣人之不得势者也，仲尼、子弓是也。一天下，财万物，养长生民，兼利天下，通达之属，莫不服从，六说者立息，十二子者迁化，则圣人之得势者，舜、禹是也。今夫仁人将何务哉？上则法舜、禹之制，下则法仲尼、子弓之义，以务息十二子之说。如是，则天下之害除，仁人之事毕，圣王之迹著矣。信信，信也；疑疑，亦信也。贵贤，仁也；贱不肖，亦仁也。言而当，知也；默而当，亦知也。故知默，犹知言也。故多言而类，圣人也；少言而法，君子也；多少无法而流湎然，虽辩，小人也。故劳力而不当民务，谓之奸事；劳知而不律先王，谓之奸心；辩说譬谕，齐给便利，而不顺礼义，谓之奸说。此三奸者，圣王之所禁也。知而险，贼而神，为诈而巧，言无用而辩，辩不惠而察，治之大殃也。行辟而坚，饰非而好，玩奸而泽，言辩而逆，古之大禁也。知而无法，勇而无惮，察辩而操僻，淫大而用之，好奸而与众，利足而迷，负石而坠，是天下之所弃也。兼服天下之心；高上尊贵，不以骄人；聪明圣智，不以穷人；齐给速通，不争先人；刚毅勇敢，不以伤人；不知则问，不能则学，虽能必让，然后为德；遇君则修臣下之义，遇乡则修长幼之义，遇长则修子弟之义，遇友则修礼节辞让之义，遇贱而少者则修告导宽容之义，故无不爱也，无不敬也，无与人争也。恢然如天地之苞万物；如是，则贤者贵之，不肖者亲之。如是而不服者，则可谓讠夭怪狡猾之人矣，虽则子弟之中，刑及之而宜。《诗》云：匪上帝不时，殷不用旧。虽无老成人，尚有典刑。曾是莫听，大命以倾。此之谓也。古之所谓士仕者，厚敦者也，合群者也，乐富贵者也，乐分施者也，远罪过者也，务事理者也，羞独富者也。今之所谓士仕者，污漫者也，贼乱者也，恣睢者也，贪利者也，触抵者也，无礼义而唯权势之嗜者也。古之所谓处士者，德盛者也，能静者也，修正者也，知命者也，著是者也。今之所谓处士者，无能而云能者也，无知而云知者也，利心无足而佯无欲者也，行伪险秽而强高言谨悫者也，以不俗为俗，离纵而跂訾者也。士君子之所不能为：君子能为可贵，不能使人必贵己；能为可信，不能使人必信己；能为可用，不能使人必用己。故君子耻不修，不耻见污；耻不信，不耻不见信；耻不能，不耻不见用。是以不诱于誉，不恐于诽，率道而行，端然正己，不为物倾侧，夫是之谓诚君子。《诗》云：温温恭人，维德之基。此之谓也。士君子之容：其冠进，其衣逢，其容良；俨然，壮然，祺然，蕼然，恢恢然，广广然，昭昭然，荡荡然，是父兄之容也。其冠进，其衣逢，其容悫；俭然，恀然，辅然，端然，訾然，洞然，缀缀然，瞀瞀然，是子弟之容也。吾语汝学者之嵬容：其冠绕，其缨禁缓，其容简连，填填然，狄狄然，莫莫然，瞡瞡然，瞿瞿然，尽尽然，盱盱然。酒食声色之中，则瞒瞒然，瞑瞑然；礼节之中，则疾疾然，訾訾然；劳苦事业之中，则儢儢然，离离然。偷儒而罔，无廉耻而忍謑询。是学者之嵬也。第佗其冠，衶禫其辞，禹行而舜趋，是子张氏之贱儒也。正其衣冠，齐其颜色，嗛然而终日不言，是子夏氏之贱儒也。偷儒惮事，无廉耻而耆饮食，必曰君子固不用力，是子游氏之贱儒也。彼君子则不然。佚而不惰，劳而不慢，宗原应变，曲得其宜，如是然后圣人也。《荀子·非十二子》。

天下之治方术者多矣，皆以其有，为不可加矣。古之所谓道术者，果恶乎在？曰：无乎不在。曰：神何由降？明何由出？圣有所生，王有所成，皆原于一。不离于宗，谓之天人；不离于精，谓之神人；不离于真，谓之至人。以天为宗，以德为本，以道为门，兆于变化，谓之圣人。以仁为恩，以义为理，以礼为行，以乐为和，薰然慈仁，谓之君子。以法为分，以名为表，以参为验，以稽为决，其数一、二、三、四是也，百官以此相齿，以事为常，以衣食为主，蕃息畜藏，老弱孤寡为意，皆有以养，民之理也。古之人其备乎！配神明，醇天地，育万物，和天下，泽及百姓，明于本数，系于末度，六通四辟，小大精粗，其运无乎不在。其明而在数度者，旧法世传之史尚多有之。其在于《诗》、《书》、《礼》、《乐》者，邹鲁之士、搢绅先生多能明之。《诗》以道志，《书》以道事，《礼》以道行，《乐》以道和，《易》以道阴阳，《春秋》以道名分。其数散于天下而设于中国者，百家之学时或称而道之。天下大乱，贤圣不明，道德不一，天下多得一察焉以自好。譬如耳、目、鼻、口，皆有所明，不能相通。犹百家众技也，皆有所长，时有所用。虽然，不该不遍，一曲之士也。判天地之美，析万物之理，察古人之全，寡能备于天地之美，称神明之容。是故内圣外王之道，暗而不明，郁而不发，天下之人各为其所欲焉以自为方。悲夫！百家往而不反，必不合矣！后世之学者，不幸不见天地之纯，古人之大体，道术将为天下裂。不侈于后世，不靡于万物，不晖于数度，以绳墨自矫而备世之急，古之道术有在于是者。墨翟、禽滑釐闻其风而说之，为之大过，已之大顺。作为《非乐》，命之曰《节用》。生不歌，死无服。墨子泛爱兼利而非斗，其道不怒；又好学而博，不异，不与先王同，毁古之礼乐。黄帝有《咸池》，尧有《大章》，舜有《大韶》，禹有《大夏》，汤有《大濩》，文王有辟雍之乐，武王、周公作《武》。古之丧礼，贵贱有仪，上下有等。天子棺椁七重，诸侯五重，大夫三重，士再重。今墨子独生不歌，死不服，桐棺三寸而无椁，以为法式。以此教人，恐不爱人；以此自行，固不爱已。未败墨子道。虽然，歌而非歌，哭而非哭，乐而非乐，是果类乎？其生也勤，其死也薄，其道大觳。使人忧，使人悲，其行难为也，恐其不可以为圣人之道。反天下之心，天下不堪。墨子虽独能任，奈天下何？离于天下，其去王也远矣。墨子称道曰：昔者禹之湮洪水，决江河而通四夷九州也，名川三百，支川三千，小者无数。禹亲自操橐耜，而九杂天下之川。腓无胈，胫无毛，沐甚风，栉疾雨，置万国。禹，大圣也，而形劳天下也如此。使后世之墨者，多以裘褐为衣，以跂蹻为服，日夜不休，以自苦为极。曰：不能如此，非禹之道也，不足为墨。相里勤之弟子，五侯之徒，南方之墨者苦获、已齿、邓陵子之属，俱诵《墨经》，而倍谲不同，相谓别墨。以坚白同异之辩相訾，以觭偶不仵之辞相应，以巨子为圣人，皆愿为之尸，冀得为其后世，至今不决。墨翟、禽滑釐之意则是，其行则非也。将使后世之墨者，必自苦以“腓无胈，胫无毛”相进而已矣。乱之上也，治之下也。虽然，墨子真天下之好也，将求之不得也，虽枯槁不舍也。才士也夫！不累于俗，不饰于物，不苟于人，不忮于众，愿天下之安宁，以活民命，人我之养，毕足而止，以此白心，古之道术有在于是者。宋钘、尹文闻其风而悦之，作为华山之冠以自表，接万物以别宥为始。语心之容，命之曰心之行，以胹合欢，以调海内，请欲置之以为主。见侮不辱，救民之斗，禁攻寝兵，救世之战。以此周行天下，上说下教，虽天下不取，强聒而不舍者也，故曰上下见厌而强见也。虽然，其为人太多，其自为太少。曰：请欲固置五升之饭足矣。先生恐不得饱，弟子虽饥，不忘天下，日夜不休。曰：我必得活哉！图傲乎救世之士哉！曰：君子不为苛察，不以身假物。以为无益于天下者，明之不如已也，以禁攻寝兵为外，以情欲寡浅为内，其小大精粗，其行适至是而止。公而不当，易而无私，决然无主，趣物而不两，不顾于虑，不谋于知，于物无择，与之俱往，古之道术有在于是者。彭蒙、田骈、慎到闻其风而悦之，齐万物以为首，曰：天能覆之，而不能载之；地能载之，而不能覆之；大道能包之，而不能辩之；知万物皆有所可，有所不可。故曰：选则不遍，教则不至，道则无遗者矣。是故慎到弃知去已，而缘不得已，冷汰于物以为道理。曰：知不知，将薄知而后邻伤之者也。谿髁无任，而笑天下之尚贤也；纵脱无行，而非天下之大圣。椎拍輐断，与物宛转，舍是与非，苟可以免，不师知虑，不知前后，魏然而已矣。推而后行，曳而后往，若飘风之还，若羽之旋，若磨石之隧，全而无非，动静无过，未尝有罪。是何故？夫无知之物，无建已之患，无用知之累，动静不离于理，是以终身无誉。故曰：至于若无知之物而已，无用贤圣，夫块不失道。豪杰相与笑之曰：慎到之道，非生人之行，而至死人之理，适得怪焉。田骈亦然，学于彭蒙，得不教焉。彭蒙之师曰：古之道人，至于莫之是、莫之非而已矣。其风窢然，恶可而言？常反人，不见观，而不免于鯇断。其所谓道非道，而所言之韪不免于非。彭蒙、田骈、慎到不知道，虽然，概乎皆尝有闻者也。以本为精，以物为粗，以有积为不足，澹然独与神明居，古之道术有在于是者。关尹、老聃闻其风而悦之，建之以常无有，主之以太一，以濡弱谦下为表，以空虚不毁万物为实。关尹曰：在己无居，形物自著。其动若水，其静若镜，其应若响。芴乎若亡，寂乎若清，同焉者和，得焉者失。未尝先人而常随人。老聃曰：知其雄，守其雌，为天下溪；知其白，守其辱，为天下谷。人皆取先，己独取后，曰：受天下之垢。人皆取实，己独取虚。无藏也故有余，岿然而有余，其行身也，徐而不费，无为也而笑巧。人皆求福，己独曲全，曰：苟免于咎。以深为根，以约为纪，曰：坚则毁矣，锐则挫矣。常宽容于物，不削于人，可谓至极。关尹、老聃乎，古之博大真人哉！芴漠无形，变化无常，死与生与，天地并与，神明往与！芒乎何之？忽乎何适？万物毕罗，莫足以归，古之道术有在于是者。庄周闻其风而悦之，以谬悠之说，荒唐之言，无端崖之辞，时恣纵而不傥，不以觭见之也。以天下为沉浊，不可与庄语，以卮言为曼衍，以重言为真，以寓言为广。独与天地精神往来，而不傲倪于万物，不谴是非，以与世俗处。其书虽瑰玮，而连犿无伤也，其辞虽参差，而諔诡可观。彼其充实不可以已，上与造物者游，而下与外死生无终始者为友。其于本也，弘大而辟，深闳而肆；其于宗也，可谓稠适而上遂矣。虽然，其应于化而解于物也，其理不竭，其来不蜕，芒乎昧乎，未之尽者。惠施多方，其书五车，其道舛驳，其言也不中。历物之意，曰：至大无外，谓之大一；至小无内，谓之小一。无厚，不可积也。其大千里。天与地卑，山与泽平。日方中方睨，物方生方死。大同而与小同异，此之谓小同异；万物毕同毕异，此之谓大同异。南方无穷而有穷，今日适越而昔来。连环可解也。我知天下之中央，燕之北、越之南是也。泛爱万物，天地一体也。惠施以此为大，观于天下而晓辩者，天下之辩者相与乐之：卵有毛。鸡三足。郢有天下。犬可以为羊。马有卵。丁子有尾。火不热。山出口。轮不蹍地。目不见。指不至。至不绝。龟长于蛇。矩不方。规不可以为圆。凿不围枘。飞鸟之景，未尝动也。镞矢之疾，而有不行不止之时。狗非犬。黄马骊牛三。白狗黑。孤驹未尝有母。一尺之棰，日取其半，万世不竭。辩者以此与惠施相应，终身无穷。桓团、公孙龙辩者之徒，饰人之心，易人之意，能胜人之口，不能服人之心，辩者之囿也。惠施日以其知与人之辩，特与天下之辩者为怪，此其柢也。然惠施之口谈，自以为最贤，曰：天地其壮乎？施存雄而无术。南方有倚人焉，曰黄缭，问天地所以不坠不陷，风雨雷霆之故。惠施不辞而应，不虑而对，遍为万物说，说而不休，多而无已，犹以为寡，益之以怪。以反人为实而欲以胜人为名，是以与众不适也。弱于德，强于物，其涂隩矣。由天地之道，观惠施之能，其犹一蚉一虻之劳者也。其于物也何庸！夫充一尚可，曰愈贵道，几矣！惠施不能以此自宁，散于万物而不厌，卒以善辩为名。惜乎！惠施之才，骀荡而不得，逐万物而不反，是穷响以声，形与影竞走也。悲夫！《庄子·天下》。

乃论六家之要指曰，《易大传》：天下一致而百虑，同归而殊涂。夫阴阳、儒、墨、名、法、道德，此务为治者也。直所从言之异路，有省不省耳。尝窃观阴阳之术，大祥而众忌讳，使人拘而多所畏，然其序四时之大顺，不可失也。儒者博而寡要，劳而少功，是以其事难尽从；然其序君臣、父子之礼，列夫妇长幼之别，不可易也。墨者俭而难遵，是以其事不可遍循；然其强本节用，不可废也。法家严而少恩，然其正君臣、上下之分，不可改矣。名家使人俭而善失真，然其正名实，不可不察也。道家使人精神专一，动合无形，赡足万物。其为术也，因阴阳之大顺，采儒、墨之善，撮名、法之要，与时迁移，应物变化，立俗施事，无所不宜，指约而易操，事少而功多。儒者则不然，以为人主天下之仪表也，主倡而臣和，主先而臣随，如此则主劳而臣逸；至于大道之要，去健羡，绌聪明，释此而任术。夫神大用则竭，形大劳则敝。形神骚动，欲与天地长久，非所闻也。夫阴阳四时、八位、十二度、二十四节，各有教令，顺之者昌，逆之者不死则亡，未必然也，故曰：使人拘而多畏。夫春生、夏长、秋收、冬藏，此天道之大经也，弗顺则无以为天下纲纪，故曰四时之大顺，不可失也。夫儒者以“六艺”为法，“六艺”经传以千万数，累世不能通其学，当年不能究其礼，故曰博而寡要，劳而少功。若夫列君臣、父子之礼，序夫妇、长幼之别，虽百家弗能易也。墨者亦尚尧、舜道，言其德行曰：堂高三尺，土阶三等，茅茨不翦，采椽不刮。食土簋，啜土刑，粝粱之食，藜藿之羹。夏日葛衣，冬日鹿裘。其送死，桐棺三寸，举音不尽其哀。教丧礼，必以此为万民之率。使天下法若此，则尊卑无别也。夫世异时移，事业不必同，故曰：俭而难遵。要曰强本节用，则人给家足之道也。此墨子之所长，虽百家弗能废也。法家不别亲疏，不殊贵贱，一断于法，则亲亲、尊尊之恩绝矣。可以行一时之计，而不可长用也，故曰：严而少恩。若尊主卑臣，明分职不得相逾越，虽百家弗能改也。名家苛察缴绕，使人不得反其意，专决于名而失人情，故曰：使人俭而善失真。若夫控名责实，参伍不失，此不可不察也。道家无为，又曰无不为，其实易行，其辞难知。其术以虚无为本，以因循为用，无成执，无常形，故能究万物之情。不为物先，不为物后，故能为万物生。有法无法，因时为业；有度无度，因物与合。故曰：圣人不朽，时变是守。虚者道之常也，因者君之纲也。群臣并至，使各自明也。其实中其声者谓之端，实不中其声者谓之窾。窾言不听，奸乃不生，贤不肖自分，白黑乃形。在所欲用耳，何事不成？乃合大道，混混冥冥。光耀天下，复反无名。凡人所生者神也，所托者形也。神大用则竭，形大劳则敝，形神离则死。死者不可复生，离者不可复反，故圣人重之。由是观之，神者生之本也，形者生之具也。不先定其神，而曰“我有以治天下”，何由哉？《史记·太史公自序》

老子学商容，见舌而知守柔矣；列子学壶子，观景柱而知持后矣。故圣人不为物先，而常制之。《淮南子·缪称训》

或曰；庄周有取乎？曰：少欲。邹衍有取乎？曰：自持。至周罔君臣之义，衍无知于天地之间，虽邻不觌也。《法言·问道》

客曰：将为太子奏方术之士有资略者，若庄周、魏牟、杨朱、墨翟、便蜎、詹何之伦，使之论天下之精微，理万物之是非。孔、老览观，孟子持筹而算之，万不失一。此亦天下之要言妙道也。《枚乘七发》

百家异说，各有所出。若夫墨、杨、申、商之于治道，犹盖之无一橑，而轮之无一辐，有之可以备数，无之未有害于用也。已自以为独擅之，不通之于天地之情也。《淮南子·俶真训》

杨朱、墨翟之言盈天下。天下之言，不归杨、则归墨。《孟子·滕文》

故圣人听于无声，视于无形，詹何、田子方、老聃是也。《吕氏春秋·重言》

枝于仁者，擢德塞性以收名声，使天下簧鼓以奉不及之法，非乎？而曾、史是已。骈于辩者，累瓦结绳窜句，游心于坚白同异之间，而敝跬誉无用之言，非乎？而杨、墨是已。《庄子·骈拇》

周衰之末，战国纵横，用兵争强，以相侵夺。当世取士，务先权谋，以为上贤。先王大道，陵迟隳废。异端并起，若杨朱、墨翟放荡之言，以干时惑众者非一。《孟子·题辞》

故吴子以法治楚、魏，申、商以法强秦、韩也。《盐铁论·申韩》

昔杨朱、墨翟、申不害、韩非、田骈、公孙龙汩乱乎先王之道，诪张乎战国之世。《中论·考伪》

墨子蔽于用而不知文，宋子蔽于欲而不知得，慎子蔽于法而不知贤，申子蔽于势而不知知，惠子蔽于辞而不知实，庄子蔽于天而不知人。故由用谓之道尽利矣，由欲谓之道尽嗛矣，由法谓之道尽数矣，由势谓之道尽便矣，由辞谓之道尽论矣，由天谓之道尽因矣。而此数具者，皆道之一隅也。《荀子·解蔽》

百川异源，而皆归于海；百家殊业，而皆务于治。《淮南子·氾论训》

右诸子并起创教总义。

（下略）

孔子改制考卷三　诸子创教改制考

墨子改制

管子改制（略）

晏子改制（略）

棘子成、原壤、老子改制（略）

杨子改制（略）

宋钘、尹文、慎到改制（略）

惠子改制（略）

许子改制（略）

白圭改制（略）

驺子改制（略）

公孙龙改制（略）

邓析改制（略）

林既改制（略）

商君、申子、韩非子改制（略）

孔子改制之说，自今学废没，古学盛行后，迷惑人心，人多疑之。吾今不与言孔子，请考诸子。诸子何一不改制哉？后世风俗，法密如网，天下皆俛首奉法，无敢妄作者。然江充之见武帝，纱縠禅衣，禅缅步摇，飞翮之英。隽不疑之见暴胜之，冠进贤冠，褒衣博带。宋世司马公、朱子，尚自制深衣。明张凤翼尚以菊花绣衣谒巡抚。则儒服之创何异哉？其他悬为虚论，待之后王，则有若黄梨州之《明夷待访录》，顾亭林之《日知录》，更何足言乎？今揭诸子改制之说。诸子之改制明，况大圣制作之孔子，坐睹乱世，忍不损益，拨而反之正乎？知我罪我，惟义所在，固非曲士、夏虫所能知矣。

墨子改制

子墨子制为葬埋之法，曰：棺三寸，足以朽骨；衣三领，足以朽肉。掘地之深，下无菹漏，气无发泄于上，垄足以期其所，则止矣。哭往哭来，反从事乎衣食之财，佴乎祭祀，以致孝于亲。故曰：子墨子之法，不失死生之利者，此也。《墨子·节葬》

故古圣王制为葬埋之法，曰：棺三寸，足以朽体；衣衾三领，足以覆恶。以及其葬也，下无及泉，上无通臭，陇若参耕之亩，则止矣。死者既以葬矣，生者必无久哭，而疾而从事。人为其所能，以交相利也。同上

不久哭而疾从事，宜孟子以为薄而无父矣。荀子以为知用而不知文，诚切中其病。

子墨子游。魏越曰：既得见四方之君，子则将先语？子墨子曰：凡入国，必择务而从事焉。国家昏乱，则语之尚贤，尚同；国家贫，则语之节用，节葬；国家熹音湛湎，则语之非乐、非命；国家淫僻无礼，则语之尊天、事鬼；国家务夺侵凌，则语之兼爱、非攻①。曰：择务而从事焉。《墨子·鲁问》

① “攻”，原脱，据《墨子》补。

公孟子谓子墨子曰：子以三年之丧为非，子之三日之丧，亦非也。三日当为三月。子墨子曰：子以三年之丧非三日之丧，是犹果谓撅者不恭也。《墨子·公孟》

上稽之尧、舜、禹、汤、文、武之道，而政逆之，下稽之桀、纣、幽、厉之事，犹合节也。若以此观，则厚葬久丧，其非圣王之道也。今执厚葬久丧者言曰：厚葬久丧，果非圣王之道，夫胡说中国之君子，为而不已，操而不择哉？子墨子曰：此所谓便其习而义其俗者也。昔者，越之东有輆沐之国者，其长子生则解而食之，谓之“宜弟”。其大父死，负其大母而弃之，曰：鬼妻不可与居处。此上以为政，下以为俗，为而不已，操而不择，则此岂实仁义之道哉？此所谓便其习而义其俗者也。楚之南有炎人国者，其亲戚死，朽其肉而弃之，然后埋其骨，乃成为孝子。秦之西有仪渠之国者，其亲戚死，聚柴薪而焚之，熏上谓之登遐，然后成为孝子。此上以为政，下以为俗，为而不已，操而不择，则此岂实仁义之道哉？此所谓便其习而义其俗者也。若以此若三国者观之，则亦犹薄矣。若中国之君子观之，则亦犹厚矣。如彼则大厚，如此则大簿，然则葬埋之有节矣。故衣食者，人之生利也，然且犹尚有节；葬埋者，人之死利也，夫何独无节于此乎？《墨子·节葬》

堂高三尺，土阶三等，茅茨不翦，采椽不刮。食土簋，啜土刑，粝粱之食，藜藿之羹。夏日葛衣，冬日鹿裘。其送死桐棺三寸，举音不尽其哀。《墨子·佚文》

兼爱，尚贤，右鬼，非命，墨子之所立也。《淮南子·氾论训》

昔者圣王为法曰：丈夫年二十，毋敢不处家；女子年十五，无敢不事人。此圣王之法也。圣王既没，于民次也，其欲蚤处家者，有所二十年处家；其欲晚处家者，有所四十年处家。以其蚤与其晚相践，后圣王之法十年。若纯三年而字子，生可以二三年矣，此不惟使民蚤处家，而可以倍与。《墨子·节用》

子墨子曰：为乐，非也。何以知其然也？曰：先王之书，汤之《官刑》有之曰：其恒舞于宫，是谓巫风。其刑，君子出丝二卫，小人否。似二伯黄径。乃言曰：呜呼！舞佯佯，黄言孔章，上帝弗常，九有以亡！上帝不顺，降之百殃，其家必坏丧。察九有之所以亡者，徒从饰乐也。于《武观》曰：启乃淫溢康乐，野于饮食，将将铭苋磬以力。湛浊于酒，渝食于野，万舞翼翼，章闻于天，天用弗式。故上者天鬼弗戒，下者万民弗利。《墨子·非乐》

且惟昔者虞、夏、商、周三代之圣王，其始建国营都日，必择国之正坛，置以为宗庙；必择木之修茂者，立以为菆位；必择国之父兄，慈孝、贞良者，以为祝宗；必择六畜之胜腯肥倅毛，以为牺牲，珪、璧、琮、璜，称财为度；必择五谷之芳黄，以为酒醴粢盛，故酒醴粢盛，与岁上下也。故古圣王治天下也，故必先鬼神而后人者，此也。故曰：官府选效，必先祭器、祭服，毕藏于府，祝宗有司，毕立于朝，牺牲不与昔聚群。故古者圣王之为政若此。《墨子·明鬼》

按：此《墨子》诸篇，皆墨子特创之义，即墨子所改之制也。然曰“择务而从事”，则亦深观时势，曲有斟酌，非持偏论而概施之。《庄子》谓：墨子真天下之好，求之天下无有。诚哉是言！但总诸篇之旨，《节葬》、《非命》、《非乐》、《非儒》，皆显与孔子之学为敌。又其声名徒众与孔子相比，故述孔子者必力攻之。非独孔子义理之粹，亦所谓子不私其父则不成为子，臣不私其君则不成为臣也。若韩愈谓孔子必用墨子，墨子必用孔子，二家交攻，非二师之道本然，则譬言也。虽然，退之一文人之雄耳，安足责以大道之源流哉！

不侈于后世，不靡于万物，不晖于数度，以绳墨自矫而备世之急，古之道术有在于是者。墨翟、禽滑釐闻其风而悦之，为之大过，已之大顺。作为《非乐》，命之曰《节用》。生不歌，死无服。墨子泛爱兼利而非斗，其道不怒。又好学而博，不异，不与先王同，毁古之礼乐。黄帝有《咸池》，尧有《大章》，舜有《大韶》，禹有《大夏》，汤有《大濩》，文王有辟雍之乐，武王、周公作《武》。古之丧礼，贵贱有仪，上下有等。天子棺椁七重，诸侯五重，大夫三重，士再重。今墨子独生不歌，死不服，桐棺三寸而无椁，以为法式。以此教人，恐不爱人；以此自行，固不爱己；未败墨子道。虽然，歌而非歌，哭而非哭，乐而非乐，是果类乎？其生也勤，其死也薄，其道大觳。使人忧，使人悲，其行难为也，恐其不可以为圣人之道。反天下之心，天下不堪。墨子虽独能任，奈天下何？离于天下，其去王也远矣。墨子称道曰：昔者，禹之湮洪水，决江、河，而通四夷九州也，名川三百，支川三千，小者无数。禹亲自操橐耜，而九杂天下之川。腓无胈，胫无毛，沐甚风，栉疾雨，置万国。禹，大圣也，而形劳天下也如此。使后世之墨者，多以裘褐为衣，以跂跻为服，日夜不休，以自苦为极。曰：不能如此，非禹之道也，不足谓墨。相里勤之弟子，五侯之徒，南方之墨者苦获、已齿、邓陵子之属，俱诵《墨经》，而倍谲不同，相谓别墨。以坚白同异之辨相訾，以觭偶不仵之辞相应，以巨子为圣人，皆愿为之尸，冀得为其后世，至今不决。墨翟、禽滑釐之意则是，其行则非也。将使后世之墨者，必自苦以"腓无胈，胫无毛"相进而已矣。乱之上也，治之下也。虽然，墨子真天下之好也，将求之不得也，虽枯槁不舍也。才士也夫！《庄子·天下》

墨者之法曰：杀人者死，伤人者刑。此所以禁杀伤人也。夫禁杀伤人者，天下之大义也。《吕氏春秋·去私》

墨者亦尚尧、舜道，言其德行，曰：堂高三尺，土阶三等，茅茨不翦，采椽不刮。食土簋，啜土刑，粝粱之食，藜藿之羹。夏日葛衣，冬日鹿裘。其送死，桐棺三寸，举音不尽其哀。教丧礼，必以此为万民之率。《史记·太史公自序》

右墨子改制。

（下略）

孔子改制考卷四　诸子改制托古考

托古要旨

墨子托古

老子托古（略）

杨子托古（略）

庄子托古（略）

列子托古（略）

驺子托古（略）

尸子托古（略）

商君托古（略）

韩非托古（略）

管子托古（略）

吕氏托古（略）

内经托古（略）

鹖冠子托古（略）

淮南子托古（略）

方士托古（略）

荣古而虐今，贱近而贵远，人之情哉！耳、目所闻睹，则遗忽之；耳、目所不睹闻，则敬异之；人之情哉！慧能之直指本心也，发之于己，则捻道人、徐遵明耳；托之于达摩之五传迦叶之衣钵，而人敬异矣，敬异则传矣。袁了凡之创功过格也，发之于己，则石奋、邓训、柳玭耳；托之于老子、文昌，而人敬异矣，敬异则传矣。汉高之神丛狐鸣，摩诃末、西奈之天使，莫不然。庄子曰：其言虽教，谪之实也。古之有也，非吾有也。古之言，莫如先王，故百家多言黄帝，尚矣。一时之俗也。当周末，诸子振教，尤尚寓言哉！

托古要旨

世俗之人，多尊古而贱今，故为道者，必托之于神农、黄帝，而后能入说。《淮南子·修务训》

《淮南子》尚知诸子托古之风俗，此条最为明确。盖当时诸子纷纷创教，竞标宗旨，非托之古，无以说人。

寓言十九，重言十七，卮言日出，和以天倪。寓言十九，藉外论之，亲父不为其子媒。亲父誉之，不若非其父者也。非吾罪也，人之罪也。与己同，则应；不与己同，则反。同于己，为是之；异于己，为非之。重言十七，所以己言也，是为耆艾。年先矣，而无经纬、本末以期年耆者，是非先也。人而无以先人，无人道也；人而无人道，是之谓陈人。卮言日出，和以天倪，因以曼

衍，所以穷年。《庄子·寓言》

《庄子》一书所称黄帝、尧、舜、孔子、老聃，皆是寓言。既自序出，人皆知之。然此实战国诸子之风。非特《庄子》为然，凡诸子皆然。所谓亲父不为其子媒，亲父誉之，不若非其父者也。故必托之他人而为寓言。寓言于谁？则少年不如耇艾，今人不如古人。耇古之言，则见重矣，耇艾莫如黄帝、尧、舜，故托于古人以为重，所谓重言也。凡诸子托古皆同此。《庄子》既皆寓言，故皆不录。

今逮至昔者，三代圣王既没，天下失义。后世之君子，或以厚葬，久丧以为仁也，义也，孝子之事也；或以厚葬、久丧以为非仁义，非孝子之事也。曰：二子者，言则相非，行即相反，皆曰吾上祖述尧、舜、禹、汤、文、武之道者也。而言即相非，行即相反，于此乎后世之君子，皆疑惑乎二子者言也。《墨子·节葬》

"皆曰吾上祖述尧、舜、禹、汤、文、武"云云，则当时诸子纷纷托古矣。然同托于尧、舜、禹、汤、文、武，而相反若是与！《韩非·显学》所谓"孔子、墨翟皆自以为真尧、舜，尧、舜不复生，谁使定孔、墨之诚乎？"可知当日同为托古，彼此互知，以相攻难。

孔子、墨子俱道尧、舜，而取舍不同，皆自谓真尧、舜。尧舜不复生，将谁使定儒、墨之诚乎？《韩非子·显学》

同是尧、舜，而孔、墨称道不同。韩非当日著说犹未敢以为据，非托而何？不能定尧、舜之真，则诸子皆托以立教，可无疑矣。

今儒、墨者称三代文、武而弗行，是言其所不行也。《淮南子·氾论训》

有为神农之言者许行。《孟子·滕文》

许行托古，人多信之者，得无孟子辟之乎？然信此而疑彼，是亦知二五而不知一十之数也。

且夫世之愚学，皆不知治乱之情，讘詉多诵先古之书，以乱当世之治。《韩非子·奸劫弑臣》

夫称上古之传，颂辩而不悫，道先王仁义而不能正国者，此亦可以戏，而不可以为治也。《韩非子·外储说左》

太史公曰：学者多称五帝，尚矣。然《尚书》独载尧以来，而百家言黄帝，其文不雅驯，荐绅先生难言之。孔子所传《宰予问五帝德》及《帝系姓》，儒者或不传。余尝西至空峒，北过涿鹿，东渐于海，南浮江、淮矣，至长老皆各往往称黄帝、尧、舜之处，风教固殊焉，总之不离古文者近是。予观《春秋》、《国语》，其发明《五帝德》、《帝系姓》章矣，顾弟弗深考，其所表见皆不虚。《书》缺有间矣，其轶乃时时见于他说。非好学深思，心知其意，固难为浅见寡闻者道也。余并论次，择其言尤雅者，故著为《本纪》书首。《史记·五帝本纪》

见于《大戴》，安得谓儒者或不传？此与古文近是，皆刘歆窜改。百家多称黄帝，可见托古之盛。

公见乎谈士辩人乎？虑事定计，必是人也，然不能以一言说人主意，故言必称先王，语必道上古。虑事定计，饰先王之成功，语其败害，以恐喜人主之志，以求其欲。多言夸严，莫大于此矣。《史记·日者列传》

战国诸子皆谈士辩人，言必称先王，饰先王之成功。至汉时，人尚知之。

右托古要旨。

墨子托古

子墨子言曰：古者，明王圣人所以王天下，正诸侯者，彼其爱民谨忠，利民谨厚，忠信相连，又示之以利。是以终身不餍，殁二十而不卷。古者明王圣人其所以王天下、正诸侯者，此也。是故古者圣王制为节用之法。曰：凡天下群百工、轮车、鞼匏、陶冶、梓匠，使各从事其所事能。曰：凡足以奉给民用，则止。诸加费，不加于民利者，圣王弗为。古者圣王制为饮食之法。曰：足以充虚继气，强股肱，使耳、目聪明，则止。不极五味之调，芬香之和，不致远国珍恢异物。何以知其然？古者尧治天下，南抚交阯，北降幽都，东西至日所出入，莫不宾服。逮至其厚爱，黍稷不二，羹胾不重，饮于土熘，啜于土形，斗以酌。俯仰周旋威仪之礼，圣王弗为。古者圣王制为衣服之法。曰：

冬服绀緅之衣，轻且暖，夏服絺绤之衣，轻且清，则止。诸加费，不加于民利者，圣王弗为。古者，圣人为猛禽狡兽暴人害民，于是，教民以兵行，日带剑，为刺则入，击则断，旁击而不折，此剑之利也。甲为衣则轻且利，动则兵且从，此甲之利也。车为服重致远，乘之则安，引之则利。安以不伤人，利以速至，此车之利也。古者，圣王为大川广谷之不可济，于是，利为舟楫，足以将之则止[①]，虽上者三公诸侯至，舟楫不易，津人不饰，此舟之利也。古者圣王制为节葬之法。曰：衣三领足以朽肉，棺三寸足以朽骸，堀穴深不通于泉，流不发泄，则止。死者既葬，生者毋久丧用哀。古者，人之始生，未有宫室之时，因陵丘堀穴而处焉。圣王虑之，以为堀穴。曰：冬可以辟风寒，逮夏，下润湿，上熏烝，恐伤民之气，于是作为宫室而利。然则为宫室之法将奈何哉？子墨子言曰：其旁可以圉风寒，上可以圉雪霜、雨露，其中蠲洁可以祭祀，宫墙足以为男女之别，则止。诸加费，不加民利者，圣王弗为。《墨子·节用》

《内则》：八珍笾豆鼎俎之实。《春秋》说天子四十豆，诸公二十六豆。又有玉瓒、玉豆。《书》称日、月、星、辰、山、龙、华、虫、藻、火、粉、米，以五采章施于五色作服。《士丧礼》：衣衾绞紟十九袭，棺椁七寸，天子七重。宫室则明堂、清庙四阿重屋，丹漆雕几，灵台、灵沼。固知黍稷不二，羹胾不重，土簋土形，夏止絺绤，冬止绀緅，衣三领，棺三寸。皆墨子之制，而托之先王也。

昔之圣王禹、汤、文、武，兼爱天下之百姓，率以尊天、事鬼，其利人多。故天福之，使立为天子。《墨子·法仪》

尊天、事鬼，皆墨子之法，而托之先王。

故《夏书》曰：禹七年水。《殷书》曰：汤五年旱。此其离凶饿甚矣。然而民不冻饿者，何也？其生财密，其用之节也。《墨子·七患》

节用，墨法，而托之先王。

子墨子曰：古之民，未知为宫室时，就陵阜而居，穴而处，下润湿，伤民。故圣王作为宫室。为宫室之法，曰：高足以辟润湿，边足以圉风寒，上足

① “止”，原作“上”，据《万木草堂丛书》本改。

以待雪霜、雨露，宫墙之高，足以别男女之礼。谨此则止。《墨子·辞过》

《礼》有明堂，四阿重屋，丹楹刻桷。以为仅足避润湿，围风寒，待雪霜、雨露。此墨子之制，而托之先王。

古之民，未知为衣服时，衣皮带茭，冬则不轻而温，夏则不轻而清。圣王以为不中人之情，故作诲妇人，治丝麻，捆布绢，以为民衣。为衣服之法，冬则练帛之中，以为轻且暖；夏则絺绤，轻且清。谨此则止。《墨子·辞过》

《礼》有五服五章、衮冕、黼黻。此墨子法，而托之先王。

凡回于天地之间，包于四海之内，天壤之情，阴阳之和，莫不有也，虽至圣不能更也。何以知其然？圣人有传，天地也，则曰上下；四时也，则曰阴阳；人情也，则曰男女；禽兽也，则曰牡牝雄雌也。真天壤之情，虽有先王，不能更也。虽上世至圣，必蓄私不以伤行，故民无怨；宫无拘女，故天下无寡夫。内无拘女，外无寡夫，故天下之民众。《墨子·辞过》

墨子以久丧为败男女之交，故尚短丧，其意专欲繁民也。

程繁问于子墨子曰：圣王不为乐。昔诸侯倦于听治，息于钟鼓之乐；士大夫倦于听治，息于竽瑟之乐；农夫春耕、夏耘、秋敛、冬藏，息于聆缶之乐。今夫子曰：圣王不为乐。此譬之犹马驾而不税，弓张而不弛，无乃非有血气者之所不能至邪？子墨子曰：昔者尧、舜有茅茨者且以为礼，且以为乐。汤放桀于大水，环天下自立以为王，事成功立，无大后患，因先王之乐，又自作乐，命曰《頀》，又修《九招》。武王胜殷杀纣，环天下自立以为王，事成功立，无大后患，因先王之乐，又自作乐，命曰《象》。周成王因先王之乐，命曰《驺虞》。周成王之治天下也，不若武王；武王之治天下也，不若成汤；成汤之治天下也，不若尧、舜。故其乐逾繁者，其治逾寡。自此观之，乐非所以治天下也。程繁曰：子曰：圣王无乐。此亦乐已。若之，何其谓圣王无乐也？子墨子曰：圣王之命也，多寡之。食之利也，以知饥而食之者，智也，因为无智矣。今圣有乐而少，此亦无也。《墨子·三辩》

墨子以尧、舜之乐为茅茨，以《招》为汤。墨子非乐，当非伪托，或旧名也。《頀》、《象》、《驺虞》亦即旧名，孔子因之而制新乐耳。

故古者圣王之为政，列德而尚贤。虽在农与工肆之人，有能则举之，高

予之爵，重予之禄，任之以事，断予之令。《墨子·尚贤》

故古者尧举舜于服泽之阳，授之政，天下平。禹举益于阴方之中，授之政，九州成。汤举伊尹于庖厨之中，授之政，其谋得。文王举闳夭、泰颠置罔之中，授之政，西土服。

是故子墨子言曰：得意贤士不可不举，不得意贤士不可不举，尚欲祖述尧、舜、禹、汤之道，将不可以不尚贤。夫尚贤者，政之本也。并同上

三代时，尚世爵，故孔、墨皆尚贤，而托其义于古人。

且以尚贤为政之本者，亦岂独子墨子之言哉？此圣人之道，先王之书，距年之言也。传曰：求圣君哲人，以裨辅而身。《汤誓》曰：聿求元圣，与之戮力同心，以治天下。则此言圣之不失以尚贤使能为政也。故古者圣王唯能审以尚贤使能为政，无异物杂焉，天下皆得其利。古者舜耕历山，陶河濒，渔雷泽。尧得之服泽之阳，举以为天子，与接天下之政，治天下之民。伊挚，有莘氏女之私臣，亲为庖人。汤得之，举以为己相，与接天下之政，治天下之民。傅说被褐带索，庸筑乎傅岩。武丁得之，举以为三公，与接天下之政，治天下之民。《墨子·尚贤》

然昔吾所以贵尧、舜、禹、汤、文、武之道者，何故以哉？以其唯毋临众发政而治民，使天下之为善者可而劝也，为暴者可而沮也。然则此尚贤者也，与尧、舜、禹、汤、文、武之道同矣。

故古圣王以审以尚贤使能为政，而取法于天。虽天亦不辩贫富、贵贱、远迩、亲疏，贤者举而尚之，不肖者抑而废之。然则富贵为贤，以得其赏者，谁也？曰：若昔者三代圣王，尧、舜、禹、汤、文、武者是也。

是故昔者尧之举舜也，汤之举伊尹也，武丁之举傅说也，岂以为骨肉之亲、无故富贵、面目美好者哉？惟法其言，用其谋，行其道，上可而利天，中可而利鬼，下可而利人，故推而上之。并同上

墨子恶时之专用世爵，故托古圣以申尚贤之义。

是故子墨子言曰：古者圣王为五刑，请以治其民，譬若丝缕之有纪，罔罟之有纲，所连收天下之百姓，不尚同其上者也。《墨子·尚同》

子墨子曰：方今之时，复古之民始生，未有正长之时，盖其语曰：天下之人异义。是以一人一义，十人十义，百人百义，其人数兹众，其所谓义者亦

兹众。是以人是其义而非人之义，故相交非也。内之父子兄弟作怨仇，皆有离散之心，不能相和合。至乎舍余力，不以相劳；隐匿良道，不以相教；腐朽余财，不以相分。天下之乱也至如禽兽然，无君臣、上下、长幼之节，父子、兄弟之礼，是以天下乱焉。同上

墨子虽尚同，亦有君臣、上下之节，父子、兄弟之礼矣。

故古者圣王明天鬼之所欲，不避天鬼之所憎，以求兴天下之利，除天下之害。是以率天下之万民，齐戒沐浴，洁为酒醴粢盛，以祭祀天鬼。其事鬼神也，酒醴粢盛，不敢不蠲洁；牺牲，不敢不腯肥；珪璧币帛，不敢不中度量；春秋祭祀，不敢失时几；听狱，不敢不中；分财，不敢不均；居处，不敢怠慢。曰：其为正长若此。是故出诛胜者何故之以也？曰：唯以尚同为政者也。故古者圣王之为政若此。《墨子·尚同》

凡墨子之尊天、事鬼，皆托之先王。

故古者圣人之所以济事成功，垂名于后世者，无他故异物焉，曰：唯能以尚同为政者也。是以先王之书《周颂》之道之曰：载来见辟[①]王，聿求厥章。则此语古者国君、诸侯之以春秋来朝聘天子之廷，受天子之严教，退而治国，政之所加，莫敢不宾。当此之时，本无有敢纷天子之教者。《诗》曰：我马维骆，六辔沃若，载驰载驱，周爰咨度。又曰：我马维骐，六辔若丝，载驰载驱，周爰咨谋。即此语也。古者国君、诸侯之闻见善与不善也，皆驰驱以告天子。是以赏当贤，罚当暴，不杀不辜，不失有罪，则此尚同之功也。《墨子·尚同》

故曰：治天下之国，若治一家；使天下之民，若使一夫。意独子墨子有此，而先王无此，其有邪？则亦然也。圣王皆以尚同为政，故天下治。何以知其然也？于先王之书也《大誓》之言然。曰：小人见奸巧，乃闻不言也，发罪钧。此言见淫辟不以告者，其罪亦犹淫辟者也。故古之圣王治天下也，其所差论，以自左右羽翼者皆良。外为之人，助之视听者众。故与人谋事，先人得之；与人举事，先人成之；光誉令闻，先人发之。唯信身而从事，故利若此。古者有语焉，曰：一目之视也，不若二目之视也；一耳之听也，不若二耳之听

① “辟”，原作“彼”，误，校改。

也；一手之操也，不若二手之强也。夫唯能信身而从事，故利若此。是故古之圣王之治天下也，千里之外有贤人焉，其乡里之人皆未之均闻见也，圣人得而赏之；千里之内有暴人焉，其乡里未之均闻见也；圣王得而罚之。同上

古者，禹治天下，西为西河、渔窦，以泄渠孙皇之水；北为防原派，注后之邸、嘑池之窦，洒为底柱，凿为龙门，以利燕、代、胡、貉与西河之民；东方漏之陆，防孟诸之泽，洒为九浍，以楗东土之水，以利冀州之民；南为江、汉、淮、汝，东流之注五湖之处，以利荆、楚与越南夷之民。此言禹之事，吾今行兼矣。昔者文王之治西土，若日若月，乍光于四方，于西土。不为大国侮小国，不为众庶侮鳏寡，不为暴势夺穑人黍稷狗彘。天屑临文王慈，是以老而无子者，有所得终其寿；连独无兄弟者，有所杂于生人之间；少失其父母者，有所放依而长。此文王之事，则吾今行兼矣。昔者武王将事泰山隧，传曰：泰山，有道曾孙周王有事。大事既获，仁人尚作，以祗商、夏，蛮夷丑貉。虽有周亲，不若仁人，万方有罪，惟予一人！此言武王之事，吾今行兼矣。《墨子·兼爱》

言禹治水，与《禹贡》同意异名。文王则与《康诰》、《孟子》有相同者，词则迥异。是墨子之《书经》与儒教之《书经》不同也。“虽有周亲，不如仁人”四语，与《论语》同。此二家采集古书并同处，必确为古书语矣。

今若夫兼相爱，交相利，此自先圣六王者亲行之。何知先圣六王之亲行之也？子墨子曰：吾非与之并世同时，亲闻其声，见其色也，以其所书于竹帛，镂于金石，琢于槃盂，传遗后世子孙者知之。《泰誓》曰：文王若日若月，乍照光于四方，于西土。即此言文王之兼爱天下之博大也。譬之日月兼照天下之无有私也，即此文王兼也。虽子墨子之所谓兼者，于文王取法焉。且不惟《泰誓》为然，虽《禹誓》即亦犹是也。禹曰：济济有众，咸听朕言：非惟小子，敢行称乱。蠢兹有苗，用天之罚。若予既率尔群对诸群，以征有苗。禹之征有苗也，非以求以重富贵、干福禄、乐耳目也，以求兴天下之利，除天下之害。即此禹兼也。虽子墨子之所谓兼者，于禹求焉。且不惟《禹誓》为然，虽《汤说》即亦犹是也。汤曰：惟予小子履，敢用玄牡，告于上天后曰：今天大旱，即当朕身履，未知得罪于上下，有善不敢蔽，有罪不敢赦，简在

帝心。万方有罪，即当朕身，朕身有罪，无及万方。即此言。汤贵为天子，富有天下，然且不惮以身为牺牲，以祠说于上帝鬼神，即此汤兼也。虽子墨子之所谓兼者，于汤取法焉。且不惟《誓命》与《汤说》为然，《周诗》即亦犹是也。《周诗》曰：王道荡荡，不偏不党；王道平平，不党不偏。其直若矢，其易若底。君子之所履，小人之所视。若吾言非语道之谓也。古者，文、武为正均分，赏贤罚暴，勿有亲戚弟兄之所阿，即此文、武兼也。虽子墨子之所谓兼者，于文、武取法焉。《墨子·兼爱》

《泰誓》、《禹誓》、《汤说》、《周诗》，皆墨子之《诗》、《书》也，与孔子之《诗》、《书》同，而删定各异，以行其说。今伪古文采用之人忘之矣。

昔者，有三苗大乱，天命殛之。日妖宵出，雨血三朝，龙生庙，犬哭乎市，夏冰，地坼及泉，五谷变化，民乃大振。高阳乃命玄宫。禹亲把天之瑞令，以征有苗。四电诱祇，有神人面鸟身，若瑾以侍，搤矢有苗之祥。苗师大乱，后乃遂几。禹既已克有三苗焉，磨为山川，别物上下，卿制大极而神民不违，天下乃静。则此禹之所以征有苗也。还至乎夏王桀，天有牿命，日月不时，寒暑杂至，五谷焦死，鬼呼国，鹤鸣十夕余。天乃命汤于镳宫，用受夏之大命：夏德大乱，予既卒其命于天矣，往而诛之，必使汝堪之。汤焉，敢奉率其众，是以乡有夏之境。帝乃使阴暴毁有夏之城。少少有神来告曰：夏德大乱，往攻之，予必使汝大堪之。予既受命于天，天命融隆火，于夏之城间西北之隅。汤奉桀众以克有，属诸侯于薄，荐章天命，通于四方，而天下诸侯莫敢不宾服。则此汤之所以诛桀也。还至乎商王纣，天不序其德，祀用失时，兼夜中，十日雨土于薄，九鼎迁止，妇妖宵出，有鬼宵吟，有女为男，天雨肉，棘生乎国道，王兄自纵也。赤乌衔珪，降周之岐社，曰：天命周文王伐殷有国。泰颠来宾，河出《绿图》，地出乘黄。武王践功，梦见三神，曰：予既沈渍殷纣于酒德矣，往攻之，予必使汝大堪之。武王乃攻狂夫，反商之周。天赐武王黄鸟之旗。王既已克殷，成帝之来，分主诸神，祀纣先王，通维四夷，而天下莫不宾焉，袭汤之绪。此即武王之所以诛纣也。《墨子·非攻》

此言征有苗事，亦必墨子之《书经》。必是旧文，而墨子稍附己意者。儒书文王无伐殷事，三分服事，孔子所以发明文王为纯臣也。据《墨子》则有之，必有一家托古者。

昔者，圣王为法曰：丈夫年二十，毋敢不处家；女子年十五，毋敢不事人。此圣王之法也。圣王既没，于民次也，其欲蚤处家者，有所二十年处家；其欲晚处家者，有所四十年处家。以其蚤与其晚相践，后圣王之法十年。若纯三年而字子，生可以二三年矣，此不惟使民蚤处家，而可以倍与！《墨子·节用》

墨子恐人败男女之交，故婚嫁特早。礼：男子三十而娶，女子二十而嫁。故知为墨子改制之托先王也。

故古圣王制为葬埋之法，曰：棺三寸，足以朽体；衣衾三领，足以覆恶。以及其葬也，下毋及泉，上毋通臭，垄若参耕之亩，则止矣。死者既以葬矣，生者必无久哭，而疾而从事，人为其所能，以交相利也。此圣王之法也。今执厚葬、久丧者之言曰：厚葬、久丧，虽使不可以富贫、众寡、定危治乱，然此圣王之道也。子墨子曰：不然。昔者尧北教乎八狄，道死，葬蛩山之阴。衣衾三领，谷木之棺，葛以缄之。既氾而后哭。满坎无封，已葬，而牛马乘之。舜西教乎七戎，道死，葬南已之市。衣衾三领，谷木之棺，葛以缄之。已葬，而市人乘之。禹东教乎九夷，道死，葬会稽之山。衣衾三领，桐棺三寸，葛以缄之。绞之不合，通之不坎，土地之深，下毋及泉，上无通臭。既葬，收余壤其上，垄若参耕之亩，则止矣。若以此若三圣王者观之，则厚葬、久丧果非圣王之道。故三王者，皆贵为天子，富有天下，岂忧财用之不足哉？以为如此葬埋之法。《墨子·节葬》

太古不知重魂，惟重尸体。埃及古王陵至今犹在，裹尸亦在博物院焉。二婢夹我，三良为殉，骊山虽暴，尚是旧俗，故汉陵尚沿其制。乃知孔子之制已损之尽。制衣衾三领，桐棺三寸，荀子攻之，以为刑徒之礼，而墨子制之。其为托古犹明。韩非所谓孔子、墨翟同称尧、舜，尧、舜不可复生，谁使定尧、舜之真也。

故昔三代圣王禹、汤、文、武，欲以天之为政于天子，明说天下之百姓，故莫不犓牛羊，豢犬彘，洁为粢盛酒醴，以祭祀上帝鬼神，而求祈福于天。我未尝闻天下之所求祈福于天子者也，我所以知天之为政于天子者也。故天子者，天下之穷贵也，天下之穷富也。故于富且贵者，当天意而不可不顺。

顺天意者，兼相爱，交相利，必得赏；反天意者，别相恶，交相贼，必得罚。然则是谁顺天意而得赏者？谁反天意而得罚者？子墨子言曰：昔三代圣王禹、汤、文、武，此顺天意而得赏也。昔三代之暴王桀、纣、幽、厉，此反天意而得罚者也。然则禹、汤、文、武其得赏何以也？子墨子言曰：其事，上尊天，中事鬼神，下爱人。然则桀、纣、幽、厉得其罚何以也？子墨子曰：其事，上诟天，中诟鬼，下贱人。《墨子·天志》

夫爱人、利人、顺天之意、得天之赏者，谁也？曰：若昔三代圣王尧、舜、禹、汤、文、武者是也。尧、舜、禹、汤、文、武焉所从事？曰：从事兼，不从事别。同上

墨子少条理，以孔子多条理为别，因以其制托于先王。

何以知天之爱百姓也？吾以贤者之必赏善罚暴也。何以知贤者之必赏善罚暴也？吾以昔者三代之圣王知之。故昔也三代之圣王尧、舜、禹、汤、文、武之兼爱之天下也，从而利之，移其百姓之意焉，率以敬上帝、山川、鬼神。《墨子·天志》

昔者武王之攻殷诛纣也，使诸侯分其祭，曰：使亲者受内祀，疏者受外祀。故武王必以鬼神为有，是故攻殷伐纣，使诸侯分其祭。若鬼神无有，则武王何祭分哉？非惟武王之事为然也。故圣王其赏也必于祖，其僇也必于社。赏于祖者何也？告分之均也。僇于社者何也？告听之中也。非惟若《书》之说为然也。且惟昔者虞、夏、商、周三代之圣王，其始建国营都日，必择国之正坛，置以为宗庙；必择木之修茂者，立以为菆位；必择国之父兄慈孝、贞良者，以为祝宗；必择六畜之胜腯肥倅毛，以为牺牲：珪、璧、琮、璜，称财为度；必择五谷之芳黄，以为酒醴粢盛，故酒醴粢盛与岁上下也。故古圣王治天下也，故必先鬼神而后人者，此也。故曰：官府选效，必先祭器、祭服，毕藏于府，祝宗有司，毕立于朝，牺牲不与昔聚群。故古者圣王之为政若此，古者圣王必以鬼神为，其务鬼神厚矣。又恐后世子孙不能知也，故书之竹帛，传遗后世之子孙；咸恐其腐蠹绝灭，后世之子孙不得而记，故琢之盘盂，镂之金石，以重之；有恐后世了孙不能敬莙以取羊，故先工之书，圣人 尺之帛，一篇之书，语数鬼神之有也，重有重之。此其故何？则圣王务之。今执无鬼者曰：鬼神者，固无有。则此反圣王之务。反圣王之务，则非所以为君子之

道也。今执无鬼者之言曰：先王之书，慎无一尺之帛，一篇之书，语数鬼神之有，重有重之，亦何书之有哉？子墨子曰：《周书》、《大雅》有之。《大雅》曰：文王在上，于昭于天。周虽旧邦，其命维新。有周不显，帝命不时。文王陟降，在帝左右。穆穆文王，令闻不已。若鬼神无有，则文王既死，彼岂能在帝之左右哉？此吾所以知《周书》之鬼也。且《周书》独鬼，而《商书》不鬼，则未足以为法也。然则姑尝上观乎《商书》，曰：呜呼！古者有夏方未有祸之时，百兽贞虫，允及飞鸟，莫不比方。矧佳人面，胡敢异心？山川、鬼神亦莫敢不宁，若能共允，佳天下之合，下土之葆。察山川、鬼神之所以莫敢不宁者，以佐谋禹也。此吾所以知《商》、《周》之鬼也。且《商书》独鬼，而《夏书》不鬼，则未足以为法也。然则姑尝上观乎《夏书》。《禹誓》曰：大战于甘，王乃命左右六人，下听誓于中军，曰：有扈氏威侮五行，怠弃三正，天用剿绝其命。有曰：日中，今予与有扈氏争一日之命。且尔卿大夫庶人，予非尔田野葆士之欲也，予共行天之罚也。左不共于左，右不共于右，若不共命，御非尔马之政；若不共命，是以赏于祖而僇于社。赏于祖者何也？言分命之均也；僇于社者何也？言听狱之事也。故古圣王必以鬼神为赏贤而罚暴，是故赏必于祖，而僇必于社，此吾所以知《夏书》之鬼也。故尚书《夏书》，其次商、周之《书》，语数鬼神之有也，重有重之。此其故何也？则圣王务之。以若书之说观之，则鬼神之有，岂可疑哉？于古曰：吉日丁卯，周代祝社方，岁于社者考，以延年寿。若无鬼神，彼岂有所延年寿哉？《墨子·明鬼》

巫马子谓子墨子曰：鬼神孰与圣人明智？子墨子曰：鬼神之明智于圣人，犹聪耳明目之与聋瞽也。昔者夏后开使蜚廉采金于山川，而陶铸之于昆吾。是使翁难乙卜于目若之龟，龟曰：鼎成三足而方，不炊而自烹，不举而自臧，不迁而自行，以祭于昆吾之墟，上乡。乙又言兆之由，曰：飨矣，逢逢白云，一南一北，一西一东。九鼎既成，迁于三国：夏后氏失之，殷人受之；殷人失之，周人受之。夏后、殷、周之相受也，数百岁矣。使圣人聚其良臣与其桀相而谏，岂能智数百岁之后哉？而鬼神智之。是故曰：鬼神之明智于圣人也，犹聪耳明目之与聋瞽也。《墨子·耕柱》

托禹卜以明鬼神之明智，然后能申其明鬼之说。

是故子墨子曰：为乐非也。何以知其然也？曰：先王之书，汤之《官刑》有之。曰：其恒舞于宫，是谓巫风，其刑：君子出丝二卫，小人否。似二伯黄径，乃言曰：呜呼！舞佯佯，黄言孔章。上帝弗常，九有以亡；上帝不顺，降之百殚，其家必坏丧。察九有之所以亡者，徒从饰乐也。于《武观》曰：启乃淫溢康乐，野于饮食，将将铭苋磬以力，湛浊于酒，渝食于野，万舞翼翼，章闻于天，天用弗式。故上者天鬼弗戒，下者万民弗利。《墨子·非乐》

六代之乐，岂非先王者乎？墨子何不引之？故知托古以申其说。

尝尚观于先王之书。先王之书所以出国家、布施百姓者，宪也。先王之宪亦尝有曰：福不可请，而祸不可讳，敬无益、暴无伤者乎？所以听狱制罪者，刑也。先王之刑亦尝有曰：福不可请，祸不可讳，敬无益、暴无伤者乎？所以整设师旅，进退师徒者，誓也。先王之誓亦尝有曰：福不可请，祸不可讳，敬无益、暴无伤者乎？故子墨子言曰：吾当未盐此尽字之讹数，天下之良书，不可尽计数，大方论数，而五者是也。《墨子·非命》

"福不可请，祸不可讳"，此墨子自申其无命之说。其言先王之誓亦皆有此说，则此誓盖墨子之书托先王以明之者。孔子之书《汤誓》有曰：天命殛之。《甘誓》曰：天用剿绝其命。此何尝非言命者哉？

于仲虺之告曰：我闻于夏，人矫天命，布命于下，帝伐之恶，龚丧厥师。此言汤之所以非桀之执有命也。于《太誓》曰：纣夷处，不肯事上帝、鬼神，祸厥先神禔不祀。乃曰：吾民有命，无廖排漏，天亦纵之弃而弗葆。此言武王所以非纣执有命也。《墨子·非命》

《仲虺之告》，今为伪古文所窃。此《墨子》书之篇名，言汤之执有命，武王之执有命，皆所以托先王而言命之不可恃也。今《书·高宗肜日》曰：民中绝命。《咎繇谟》曰：天命有德。《诰》曰：天既遐终大邦殷之有命。《康诰》曰：惟命不如常。孔子之言命多矣。

墨子专持"无命"之说以攻孔子。翟之意，盖以人人皆以命为可恃，则饥以待食，寒以待衣。翟仁而愚，急欲行其道，故坚守此义，托之先王。当时儒者亦莫如之何也。夫即孔子之浅而论之，《论语》则首以学而后知命，孔子立名之后，命即随之。盖命所以视其有一定之理，不可强求，即孟子所云孔子得不得之义也。名则兴起拨乱之治矣。夫有行，而后有命；无行，是无命也。翟独昧于此，而力争之，真庄子所谓“其道大觳”，徒成其为才士也夫。

今夫有命者言曰：我非作之后世也，自昔三代有若言以传流矣，今故先生毕注：生当为王。对之？曰：夫有命者，不志昔也三代之圣善人与，意亡昔三代之暴不肖人也？何以知之！《墨子·非命》

墨子谓三代先王不言命。夫先王，禹、汤、文、武耳，而《书·般庚》有曰：恪谨天命。《金縢》又曰：无坠天之降宝命。皆显明言命者。今书中不可缕指。然则墨子之言“非命”，非托之先王而何？墨子托先王以非命，孔子之言命，亦何莫非托先王以明斯义哉？

圣王之患此也，故书之竹帛，琢之金石。于先王之书《仲虺之告》曰：我闻有夏，人矫天命，布命于下。帝式是恶，用阙师。此语夏王桀之执有命也。汤与仲虺共非之。先王之书《太誓》之言然，曰：纣夷之居，而不肯事上帝，弃阙其先神而不祀也。曰：我民有命，毋戮其务。天亦不弃纵而不葆。此言纣之执有命也。武王以《太誓》非之，有于《三代不国》有之，曰：女毋崇天之有命也，命三不国，亦言命之无也。于召公之执令于然，且敬哉无天命，惟予二人而无造言，不自降天之哉得之。在于商，夏之《诗》、《书》曰：命者，暴王作之。《墨子·非命》

《仲虺之告》、《太誓》之言，皆墨子之书，绝不言命，与今书不符，可知皆出于托也。

禹之《总德》有之曰：允不著，惟天民不而葆，既防凶心，天加之咎，不慎厥德，天命焉葆？《仲虺之告》曰：我闻有夏，人矫天命，于下帝式是增，用爽厥师。彼用无为有，故谓矫。若有而谓有，夫岂为矫哉？昔者，桀执有命而行，汤为《仲虺之告》以非之。《太誓》之言也，于去发曰：恶乎君子！天有显德，其行甚章，为鉴不远，在彼殷王。谓人有命，谓敬不可行，谓祭无益，谓暴无伤，上帝不常，九有以亡。上帝不顺，祝降其丧。惟我有周，受之大帝。昔纣执有命而行，武王为《太誓》去发以非之。曰：子胡不尚考之乎商、周、虞、夏之记，从十简之篇以尚皆无之，将何若者也？《墨子·非命》

《书·大诰》曰：予惟小子，不敢替上帝命。《康诰》：天乃大命文王。固知墨翟非命，而言禹、汤、文、武者，托古也。

墨子攻孔子“立命”之说，引《书》为证。而今《书》则频称天命，足见墨子之《书》亦墨子删改而成，其言皆托古墨子之《书》，而非三代之《书》。其《明鬼篇》引《大雅》“其命维新”，则安得谓十简无之？益以见其假托也。《墨子》以《书》十简以上皆无命，可征《书》之言命者折之。

公孟子曰：君子必古言服，然后仁。子墨子曰：昔者，商王纣卿士费仲为天下之暴人，箕子、微子为天下之圣人，此同言，而或仁不仁也。周公旦为天下之圣人，关叔为天下之暴人，此同服，或仁或不仁。然则不在古服与古言矣。且子法周而未法夏也，子之古非古也。《墨子·公孟》

禽滑釐问于墨子曰：锦绣絺纻，将安用之？墨子曰：恶，是非吾用务也。古有无文者，得之矣，夏禹是也。卑小宫室，损薄饮食，土阶三等，衣裳细布。当此之时，黻无所用，而务在于完坚。殷之盘庚，大其先王之室，而改迁于殷。茅茨不翦，采椽不斲，以变天下之视。当此之时，女采之帛，将安所施？夫品庶非有心也，以人主为心，苟上不为，下恶用之？二王者，以化身先于天下，故化隆于其时，成名于今世也。且夫锦绣絺纻，乱君之所造也，其本皆兴于齐。景公喜奢而忘俭，幸有晏子以俭镌之，然犹几不能胜。夫奢安可穷哉！纣为鹿台、糟邱、酒池、肉林，宫墙文画，雕琢刻镂，锦绣被堂，金玉珍玮，妇女优倡，钟鼓管弦，流漫不禁。而天下愈竭，故卒身死国亡，为天下戮，非惟锦绣絺纻之用邪？今当凶年，有欲予子隋侯之珠者，不得卖也，珍宝而以为饰。又欲予子一钟粟者。得珠者不得粟，得粟者不得珠，子将何择？禽滑釐曰：吾取粟耳，可以救穷。墨子曰：诚然，则恶在事夫奢也。长无用，好末淫，非圣人之所急也。故食必常饱，然后求美；衣必常暖，然后求丽；居必常安，然后求乐。为可长，行可久，先质而后文，此圣人之务。禽滑釐曰：善。《墨子·佚文》

墨子多托于禹，以尚俭之故。禹卑宫室以开辟洪荒，未善制作之故，当是实事，故儒、墨交称之。至孔子谓致美黻冕，墨子谓衣裳细布，黻无所用，此则各托先王以明其宗旨。至于盘庚之世，茅茨不翦，则不可信。且与墨制同，其为墨子所托，不待言矣。萧道成谓：使我治天下十年，当使黄金与粪土同价。黄金不可与粪土同，锦绣絺纻亦必不可去，以非人情也。

尧葬于谷林，通树之。舜葬于纪市，不变其肆。禹葬于会稽，不变人徒。是故先王以俭节葬死也。《吕氏春秋·安死》

墨子薄葬，托于尧、舜、禹以发之，其义更明。

墨者亦尚尧、舜道，言其德行曰：高堂三尺，土阶三等，茅茨不翦，采椽不刮，食土簋，啜土刑，粝粱之食，藜藿之羹。夏日葛衣，冬日鹿裘。其送死，桐棺三寸，举音不尽其哀。教丧礼，必以此为万民之率，使天下法。《史记·太史公自序》

墨者所称尧、舜，与孔子相反，太史公亦知。当时诸子皆托古矣。

右墨子托古。

（下略）

孔子改制考卷五　诸子争教互攻考

诸子互攻总义

墨攻诸子（略）

墨攻杨朱（略）

墨攻吴虑（略）

老攻儒墨

老攻墨学（略）

老攻名家（略）

老攻法术家（略）

老攻刑名、法术、纵横家（略）

老攻诸子（略）

儒、道攻法术家（略）

儒、道攻诸子（略）

名、法家交攻（略）

名家攻纵横家（略）

法家攻杨学（略）

人莫不尊知而火驰，自是而人非。抱有者，咸有之，匪振以私。夫天之道圆，圆则无宗、无相，人能之哉？足跌若圆，不能自立。有形体则碍，有墙壁则蔽，奈之何哉！于是，坚壁树垒，立沟营家，纷而封哉！自信而攻人，自大而灭人。争政者以兵，争教者以舌，树颏立说，徒党角立，衍而弥滋。佛与婆罗门九十六外道，立坛腾辨。然则诸子互功，固宜然哉！编其诸说，考古今之故焉。

诸子互攻总义

夫弦歌、鼓舞以为乐，盘旋、揖让以修礼，厚葬、久丧以送死，孔子之所立也，而墨子非之。兼爱、尚贤、右鬼、非命，墨子之所立也，而杨子非之。全性保真、不以物累形，杨子之所立也，而孟子非之。《淮南子·氾论训》

墨子本孔子后学，杨子为老子弟子。战国时，诸子虽并争，而兼爱以救人，为我以自私，皆切于人情。故徒属极众，与孔子并。故当时杨、墨与儒相攻最多。

墨子贵兼，孔子贵公，皇子贵衷，田子贵均，列子贵虚，料子贵别囿，其学之相非也，数世矣，而已皆弇于私也。天、帝、后、皇、辟、公、弘、廓、宏、溥、介、纯、夏、怃、冢、晊、昄，皆大也，十有余名而实一也。若使兼、公、虚、均、衷、平、易、别囿一实，则无相非也。《尸子·广泽》

皇子、田子、料子之学不传，然尸子以与孔、墨并称，亦其时改制巨子也。贵均、贵别，其学皆可想。贵衷不知若何。孟子云：子莫执中。中、衷音义俱同，殆即一人也。

巫马子谓子墨子曰：子兼爱天下，未云利也。我不爱天下，未云贼也。功皆未至，子何独自是而非我哉？子墨子曰：今有燎者于此，一人奉水将灌之，一人掺火将益之，功皆未至，子何贵于二人？巫马子曰：我是彼奉水者之义，而非夫掺火者之意。子墨子曰：吾亦是吾意，而非子之意也。《墨子·耕柱》

今诸侯异政，百家异说，则必或是或非，或理或乱。《荀子·解蔽》

故惠子从车百乘，以过孟诸，庄子见之，者其余鱼。鹈胡饮水数斗而不足，鳝鲔入口若露而死。智伯有三晋而欲不赡，林类、荣启期衣若县衰而意不慊。由此观之，则趣行各异，何以相非也？《淮南子·齐俗训》

古者，杨、墨塞路，孟子辞而辟之，廓如也。后之塞路者有矣，窃自比于孟子。或曰："人各是其所是，而非其所非，将谁使正之？"《法言·吾子》

右诸子互攻总义。

（下略）

老攻儒墨

故孔、墨之后，儒分为八，墨离为三。取舍相反，不同，而皆自谓真孔、墨。孔墨不可复生，将谁使定后世之学乎？孔子、墨子俱道尧、舜，而取舍不同，皆自谓真尧、舜。尧舜不复生，将谁使定儒、墨之诚乎？殷、周七百余岁，虞、夏二千余岁，而不能定儒、墨之真，今乃欲审尧、舜之道于三千余岁之前，意者其不可必乎？无参验而必之者，愚也；弗能必而据之者，诬也。故明据先王，必定尧、舜者，非愚则诬也。愚诬之学，杂反之行，明主弗受也。墨者之葬也，冬日冬服，夏日夏服，桐棺三寸，服丧三月，世以为俭而礼之。儒者破家而葬，服丧三年，大毁扶杖，世主以为孝而礼之。夫是墨子之俭，将非孔子之侈也；是孔子之孝，将非墨子之戾也。今孝戾、侈俭俱在儒、墨，而上兼礼之。《韩非子·显学》

孔、墨俱改制，上托尧、舜。韩非在儒、墨外，犹知其托古，故得而攻之。异教相攻，原不足计，然儒、墨之托古可为据矣。

儒以文乱法，侠以武犯禁，而人主兼礼之，此所以乱也。夫离法者罪，而诸先王以文学取；犯禁者诛，而群侠以私剑养。《韩非子·五蠹》

国平养儒、侠，难至用介士，所利非所用，所用非所利。是故服事者简其业，而游学者日众，是世之所以乱也。同上韩非学于荀子，本为儒家。然《解老》、《喻老》专言刑名法术，归宿在老学，故攻儒、墨也。墨子之学，以死为义，以救人为事，侠即其流派，故与儒并攻。当时，诸子之学，亦无与儒并驰者。墨之为侠，犹孔之为儒，或以姓行，或以道显耳。

以为儒者用文乱法，而侠者以武犯禁。《史记·老庄申韩列传》

儒者，孔子也；侠者，墨子也。流派各分。墨子之学不畏死，故其学为侠。侠者，墨学之号，犹孔学之称儒。诸子史中或称孔、墨，举其姓；或称儒、侠，举其号；至称儒、墨者，杂举之也。太史公云者，盖史谈为老学，不满于儒、墨也。而云二者交讥，亦见二学之至盛也。

孔、墨之弟子，皆以仁义之术教导于世，然而不免于儡身，犹不能行也。又况所教乎？是何则？其道外也。《淮南子·俶真训》

此老氏学攻儒、墨之言，老氏内学为多。

夫三年之丧，是强人所不及也，而以伪辅情也。三月之服，是绝哀而迫切之性也。夫儒、墨不原人情之终始，而务以行相反之，制五缞之服。《淮南子·齐俗训》

此在儒、墨之外，而兼讥二教者。

今世殊死者相枕也，桁杨者相推也，刑戮者相望也，而儒、墨乃始离跂攘臂乎桎梏之间。意甚矣哉！其无愧而不知耻也。《庄子·在宥》

此道家攻儒、墨之说。

道之所一者，德不能同也；知之所不能知者，辩不能举也；名若儒、墨而凶矣。故海不辞东流，大之至也；圣人并包天地、泽及天下，而不知其谁氏。《庄子·徐无鬼》

故有儒、墨之是非，以是其所非，而非其所是。《庄子·齐物》

右老攻儒、墨。

（下略）

孔子改制考卷六　墨老弟子后学考表附

大教之行，各有龙象。其教力之所嘘吸，皆有聪敏坚强之士为之先后、疏附、奔走、御侮焉。虽然，读辽、金、大理、南诏之书，其人才光诵于口，脍炙于时者寡矣。若王猛、慕容恪、王朴之流，才略冠古今，独不能与萧、张、房、魏争功臣之享，况范增、荀彧者哉！嗟夫！仕非其主，功名夭枉，况事师从教，垂于万世者乎？颜、冉、由、赐之徒，俎豆莘莘，乐舞铿锵，烹牛宰羊，既苾既芬，翼翼訾宗，万方严宏，龙衮缝掖，匍匐振振，若诸子后世可述者，其有几人哉！拾遗补坠，表附于后。此皆当时之误于攀龙鳞、附凤翼者，盖湮没暗汶于草土不齿数者久矣。士青云之附，岂可不善择耶？

（下略）

孔子改制考卷七　儒教为孔子所创考

孔子创儒显证
孔子自明创儒大义
孔子弟子后学发明创儒大义
异教非儒专攻孔子知儒为孔子所特创（略）
孔子创儒后其服谓之儒服（略）
孔子创儒后其书谓之儒书（略）
孔子创儒后诸弟子传其口说谓之儒说（略）
孔子创儒后诸弟子从其教者谓之儒生（略）

伪《周官》谓儒“以道得民”，《汉·艺文志》谓儒“出于司徒之官”，皆刘歆乱教倒戈之邪说也。汉自王仲任前，并举儒、墨，皆知孔子为儒教之主，皆知儒为孔子所创。伪古说出，而后吻塞掩蔽，不知儒义。以孔子修述“六经”，仅博雅高行，如后世郑君、朱子之流，安得为大圣哉？章学诚直以集大成为周公，非孔子。唐贞观时，以周公为先圣，而黜孔子为先师，乃谓特识，而不知为愚横狂悖矣。神明圣王，改制教主，既降为一抱残守阙之经师，宜异教敢入而相争也。今发明儒为孔子教号，以著孔子为万世教主。

孔子创儒显证

礼义由孔氏出。《盐铁论·论儒》

儒教礼制义理，皆孔子所制，此条最可据，盖汉诸儒皆知之。

儒家之宗，孔子也。墨家之祖，墨翟也。且案儒道传而墨法废者，儒之道义可为，而墨之法议难从也。《论衡·案书》

王仲任时，尚知孔子为儒者之宗。《周礼》“儒以道得民”之说，盖未行也。又知儒道传，而墨法废。又知儒之道义可为，墨之法议难从。两两对校，合《韩非》、《论衡》观之，可见二家兴废之由，亦知儒于先王无与矣。

世之显学，儒、墨也。儒之所至，孔丘也。墨之所至，墨翟也。《韩非子·显学》

孔子修成、康之道，述周公之训，以教七十子。使服其衣冠，修其篇籍，故儒者之学生焉。《孔子集语》引《淮南子·要略》

“儒者之学生焉”一语，为孔子创儒教之确据。今幸得此微言，以考见吾教所自出。然则刘歆抑儒为九流，其罪直上通于天矣！或者惑于修成、康，述周公，以为孔子之道皆本诸此。不知此即刘歆所据作伪经以夺孔子者。然改制托古，当时诸子皆然。《韩非》谓“儒、墨皆称先王”。《五蠹》又谓儒、墨“俱道尧、舜，而取舍不同”。《显学》夫称先王而不同，非托而何？通乎此，儒为孔子所创，益明矣。

鲁国服儒者之礼，行孔子之术。《淮南子·齐俗训》

儒为孔子所创，故服其礼，而行其术，所谓鲁人皆以儒教也。

右孔子创儒显证。

孔子自明创儒大义

鲁哀公问于孔子曰：夫子之服，其儒服欤？孔子对曰：丘少居鲁，衣逢掖之衣；长居宋，冠章甫之冠。丘闻之也，君子之学也博，其服也乡，丘不知儒服。哀公曰：敢问儒行。孔子对曰：遽数之，不能终其物；悉数之，乃留更仆，未可终也。哀公命席。孔子侍，曰：儒有席上之珍以待聘，夙夜强学以待问，怀忠信以待举，力行以待取：其自立有如此者。儒有衣冠中，动作慎，其大让如慢，小让如伪，大则如威，小则如愧，其难进而易退也，粥粥若无能也：其容貌有如此者。儒有居处齐难，其坐起恭敬；言必先信，行必中正；道涂不争险易之利，冬夏不争阴阳之和；爱其死以有待也，养其身以有为也：其备豫有如此者。儒有不宝金玉，而忠信以为宝；不祈土地，立义以为土地；不祈多积，多文以为富。难得而易禄也，易禄而难畜也。非时不见，不亦难得乎？非义不合，不亦难畜乎？先劳而后禄，不亦易禄乎？其近人有如此者。儒有委之以货财，淹之以乐好，见利不亏其义；劫之以众，沮之以兵，见死不更其守；鸷虫攫搏，不程勇者，引重鼎，不程其力；往者不悔，来者不豫，过言不再，流言不极；不断其威，不习其谋：其特立有如此者。儒有可亲而不可劫也，可近而不可迫也，可杀而不可辱也；其居处不淫，其饮食不溽，其过失可微辨，而不可面数也：其刚毅有如此者。儒有忠信以为甲胄，礼义以为干橹，戴仁而行，抱义而处，虽有暴政，不更其所：其自立有如此者。儒有一亩之宫，环堵之室，筚门圭窬，蓬户瓮牖，易衣而出，并日而食；上答之，不敢以疑，上不答，不敢以谄：其仕有如此者。儒有今人与居，古人与稽，今世行之，后世以为偕；适弗逢世，上弗援，下弗推，谗谄之民，有比党而危之者，身可危也，而志不可夺也，虽危，起居竟信其志，犹将不忘百姓之病也：其忧思有如此者。儒有博学而不穷，笃行而不倦，幽居而不淫，上通而不困，礼之以和为贵，忠信之美，优游之法，慕贤而容众，毁方而瓦合：其宽裕有如此者。儒有内称不辟亲，外举不辟怨，程功积事，推贤而进达之，不望其报；君得其志，苟利国家，不求富贵：其举贤援能有如此者。儒有闻善以相告也，见善以相示也，爵位相先也，患难相死也，久相待也，远相致也：其任举有如此者。儒有澡身而浴德，陈言而伏，静而正之，上弗知也，粗而翘之，又不急为也；不临深而为高，不加少而为多；世治不轻，世乱不沮，同弗与，异弗非也：其特立独行有如此者。儒有上不臣天子，下不事诸侯；慎静而尚宽，强毅以与人，博学以知服；近文章，砥厉廉隅，虽分国，如锱铢，不臣不仕：其规为有如此者。儒有合志同方，营道同术，并立则乐，相下不厌，久不相见，闻流言不信；其行本方、立义，同而进，不同而退：其交友有如此者。温良者，仁之本也；敬慎者，仁之地也；宽裕者，仁之作也；孙接者，仁之能也；礼节者，仁之貌也；言谈者，仁之文也；歌乐者，仁之和也；分散者，仁之施也；儒皆兼此而有之，犹且不敢言仁也：其尊让有如此者。儒有不陨获于贫贱，不充诎于富贵，不慁君王，不累长上，不闵有司，故曰儒。今众人之命儒也妄常，以儒相诟病。孔子至舍，哀公馆之。闻此言也，言加信，行加义，终没吾世，不敢以儒为戏。《礼记·儒行》

此篇是孔子为其教所定之行，如佛之有百法明门，禅之有百文法规。考后汉人行谊，皆与之合。而程子讥为汉儒之说，此不知孔子教术之大者也。如儒有上不臣天子，樊英实行之，而朱子以为行之大过矣。人性万品，而以一律限之，自谓析理于秋毫，岂知圣人之理广博无量，不可以一端尽哉！吾有《儒行传》，编汉人为之。

子谓子夏曰：女为君子儒，无为小人儒。《论语·雍也》

儒为孔子时创教名，孔子且口自述之，著于《论语》。但儒为教名，虽为儒教中人，而或为大儒，或为小儒，或为雅儒，或为俗儒，或为通儒，或为愚儒，或为迂儒、陋儒，此君子、小人之别也。如辕固、公孙弘皆学“六经”，则皆儒也。而辕为君子，弘为小人，以辕正学直言，弘曲学阿世也。

右孔子自明创儒大义。

孔子弟子后学发明创儒大义

孟子曰：逃墨必归于杨，逃杨必归于儒。归，斯受之而已矣。《孟子·尽心》

孟子为儒教大宗，杨、墨门下多有逃而归之者，孟子道广，归则受之，如后世之自佛还俗者，不必追其既往。昌黎送灵彻诗，所谓：材调真可惜，朱丹在磨研。方将敛之道，且欲冠其巅。广吾道之招徕，甚得孟子意也。若儒是先王之教，则墨子日述禹、汤、文、武，何所逃而何所归哉？以其为孔子创立之教，杨、墨鼎立，故其门下有逃有归耳。若陈良之徒陈相学于许行，是逃儒而归于墨者也。

秦昭王问孙卿子曰：儒无益于人之国？孙卿子曰：儒者法先王，隆礼义，谨乎臣子，而致贵其上者也。人主用之，则势在本朝而宜；不用，则退编百姓而悫；必为顺下矣。虽穷困、冻馁，必不以邪道为贪；无置锥之地，而明于持社稷之大义。呜呼而莫之能应，然而通乎财万物，养百姓之经纪。势在人上，则王公之材也；在人下，则社稷之臣，国君之宝也。虽隐于穷阎漏屋，人莫不贵之，道诚存也。仲尼将为司寇，沈犹氏不敢朝饮其羊，公慎氏出其妻，慎溃氏逾境而徙，鲁之粥牛马者不豫贾，必蚤正以待之也。居于阙党，阙党之子弟罔不必分，有亲者取多，孝弟以化之也。儒者在本朝则美政，在下位则美俗。儒之为人下如是矣。《荀子·儒效》

一明儒效，便举孔子，所谓宗师仲尼也。

大儒者，善调一天下者也，无百里之地，则无所见其功。舆固马选矣，而不能以至远一日而千里，则非造父也；弓调矢直矣，而不能以射远、中微，则非羿也；用百里之地，而不能以调一天下、制强暴，则非大儒也。彼大儒者，虽隐于穷阎漏屋，无置锥之地，而王公不能与之争名；在一大夫之位，则一君不能独畜，一国不能独容；成名况乎诸侯，莫不愿得以为臣；用百里之地，而千里之国莫能与之争胜；笞棰暴国，齐一天下，而莫能倾也：是大儒之征也。其言有类，其行有礼，其举事无悔，其持险、应变曲当；与时迁徙，与世偃仰，千举万变，其道一也：是大儒之稽也。其穷也，俗儒笑之；其通也，英杰化之，嵬琐逃之，邪说畏之，众人愧之。通则一天下，穷则独立贵名。天不能死，地不能埋，桀、跖之世不能污，非大儒莫之能立，仲尼、子弓是也。故有俗人者，有俗儒者，有雅儒者，有大儒者。不学问，无正义，以富利为隆，是俗人者也。逢衣浅带，解果其冠，略法先王而足乱世术；缪学杂举，不知法后王而一制度，不知隆礼义而杀《诗》、《书》；其衣冠行伪已同于世俗矣，然而不知恶者，其言议谈说已无以异于墨子矣，然而明不能别；呼先王以欺愚者，而求衣食焉，得委积足以掩其口，则扬扬如也；随其长子，事其便辟，举其上客，偄然若终身之虏，而不敢有他志：是俗儒者也。法后王，一制度，隆礼义而杀《诗》、《书》，其言行已有大法矣，然而明不能齐法教之所不及，闻见之所未至，则知不能类也；知之曰知之，不知曰不知，内不自以诬，外不自以欺，以是尊贤畏法而不敢怠傲：是雅儒者也。法先王，统礼乐，一制度，以浅持博，以古持今，以一持万，苟仁义之类也，虽在鸟兽之中，若别白黑；倚物怪变所未尝闻也，所未尝见也，卒然起一方，则举统类而应之，无所儗㤰，张法而度之，则晻然若合符节：是大儒者也。同上

儒创自孔子，见于《论语》。此条亦最详明。然儒者但服儒服，从儒礼者，便得有此名，如为墨、为道、为僧之类。《庄子》：郑人缓也为儒。儒以《诗》、《礼》发冢。既已为儒，尚有君子、小人之别也。自伪《周礼》昧没此义，乃与师对举，谓：儒以道得民。于是，儒为通道艺之人，而儒尊焉。今从祀文庙之贤亦仅称先儒，不知其为大儒乎？雅儒乎？抑为曲儒、俗儒、小人儒乎？盖久而忘其本矣！若称先僧、先道，何贵之有？

论德使能而官施之者，圣王之道也，儒之所谨守也。《荀子·王霸》

老子言失德后仁，又言不尚贤，不使能，大与孔子论德、使能之义相悖，故明为儒道也。

伤国者何也？曰：以小人尚民而威，以非所取于民而巧，是伤国之大灾也。大国之主也，而好见小利，是伤国；其于声色、台榭、园囿也，愈厌而好新，是伤国；不好循正其所以有，啖啖常欲人之有，是伤国。三邪者在匈中，而又好以权谋倾覆之人断事其外，若是，则权轻名辱，社稷必危，是伤国者也。大国之主也，不隆本行，不敬旧法，而好诈故，若是，则夫朝廷群臣亦从而成俗，不隆礼义，而好倾覆也。朝廷群臣之俗若是，则夫众庶百姓亦从而成俗于不隆礼义而好贪利矣。君臣上下之俗莫不若是，则地虽广，权必轻；人虽众，兵必弱；刑罚虽繁，令不下通。夫是之谓危国，是伤国者也。儒者为之不然，必将曲辨。朝廷必将隆礼义而审贵贱，若是，则士大夫莫不敬节死制者矣。百官则将齐其制度，重其官秩，若是，则百吏莫不畏法而遵绳矣。关市几

而不征，质律禁止而不偏，如是，则商贾莫不敦悫而无诈矣。百工将时斩伐，佻其期日，而利其巧任，如是，则百工莫不忠信而不楛矣。县鄙将轻田野之税，省刀布之敛，罕举力役，无夺农时，如是，则农夫莫不朴力而寡能矣。士大夫务节死制，然而兵劲。百吏畏法循绳，然后国常不乱。商贾敦悫无诈，则商旅安，货通财，而国求给矣。百工忠信而不楛，则器用巧便而财不匮矣。农夫朴力而寡能，则上不失天时，下不失地利，中得人和，而百事不废。是之谓政令行，风俗美。以守则固，以征则强，居则有名，动则有功，此儒之所谓曲辨也。《荀子·王霸》

佚而治，约而详，不烦而功，治之至也。秦类之矣。虽然，则有其諰矣。兼是数具者而尽有之，然而悬之以王者之功名，则倜倜然其不及远矣。是何也？则其殆无儒耶。《荀子·强国》

孔子创儒教，齐、鲁之间先行之。太史公谓“鲁人以儒教”是也。儒者传道，不为其国，但以教为主。如佛氏及今耶、回诸教皆然，务欲人国之行其教也。自鲁至秦相去二千里，当时各国自为风气，自为政教，讥察甚严，山河阻绝，舟舆不接，非如今日轮船、铁路，地球可以旬日至也。故孔子西行不到秦。秦奉儒甚迟，荀子谓“秦无儒”者，欲秦之从儒。而秦立博士七十人，诸生皆诵说《诗》、《书》，法孔子，则孔教大行于秦矣。

儒者，儒也，儒之为言无也，不易之术也。千举万变，其道不穷，“六经”是也。若夫君臣之义，父子之亲，夫妇之别，朋友之序，此儒者之所谨守，日切磋而不舍也。《韩诗外传》

齐宣王问匡倩曰：儒者博乎？曰：不也。王曰：何也？匡倩对曰：博贵枭。胜者必杀枭，杀枭者，是杀所贵也。儒者以为害义，故不博也。又问曰：儒者弋乎？曰：不也。弋者从下畏于上者也，是从下伤君也，儒者以为害，故不弋。又问：儒者鼓瑟乎？曰：不也。夫瑟以小弦为大声，以大弦为小声，是大小易序，贵贱易位，儒者以为害义，故不鼓也。宣王曰：善。《韩非子·外储》

《春秋》大一统者，天地之常经，古今之通谊也。今师异道，人异论，百家殊方，指意不同，是以上亡以持一统，法制数变，下不知所守。臣愚以为诸不在"六艺"之科、孔子之术者，皆绝其道，勿使并进。邪辟之说灭息，然后统纪可一而法度可明，民知所从矣。《汉书·董仲舒列传》

平原君曰：儒之为名，何取尔？子高曰：取包众美，兼"六艺"，动静不失中道。《孔丛子·儒服》

所以贵儒术者，贵其处谦推让，以道尽人。《盐铁论·国病》

孟子伤杨、墨之议，大夺儒家之论。《论衡·对作》

杨、墨攻儒者，仲任知之。

右孔子弟子后学发明创儒大义。

（下略）

孔子改制考卷八　孔子为制法之王考

孔子为制法之王显证（略）

孔子为新王（略）

孔子为素王（略）

孔子为文王（略）

孔子为圣王（略）

孔子为先王（略）

孔子为后王（略）

孔子为王者（略）

孔子托王于鲁（略）

孔子为制法之王总义（略）

乃上古昔，尚勇竞力，乱萌惨黩。天闵振救，不救一世而救百世，乃生神明圣王，不为人主，而为制法主。天下从之，民萌归之。自战国至后汉八百年间，天下学者无不以孔子为王者，靡有异论也。自刘歆以《左氏》破《公羊》，以古文伪传记攻今学之口说，以周公易孔子，以述易作，于是，孔子遂仅为后世博学高行之人，而非复为改制立法之教主圣王，只为师统而不为君统。诋素王为怪谬，或且以为僭窃。尽以其权归之人主。于是，天下议事者引律而不引经，尊势而不尊道。其道不尊，其威不重，而教主微；教主既微，生民不严不化，益顽益愚。皆去孔子素王之故。异哉！王义之误惑不明数千载也！夫王者之正名出于孔氏。何谓之王？一画贯三才谓之“王”，天下归往谓之“王”。天下不归往，民皆散而去之，谓之“匹夫”。以势力把持其民谓之“霸”，残贼民者谓之“民贼”。夫王不王，专视民之聚散向背名之，非谓其黄屋左纛，威权无上也。后世有天下者称帝，以王封其臣子，则有亲王、郡王等名。六朝则滥及善书，渎及奴隶，皆为王。若将就世俗通达之论识言之，则王者人臣之一爵，更何足以重孔子？亦何足以为僭异哉？然今中国圆颅方趾者四万万，其执民权者二十余朝，问人归往孔子乎？抑归往嬴政，杨广乎？既天下义理、制度皆从孔子，天下执经、释菜、俎豆、莘莘皆不归往嬴政、杨广，而归往大成之殿、阙里之堂，共尊孔子。孔子有归往之实，即有王之实，有王之实而有王之名，乃其固然。然大圣不得已而行权，犹谦逊曰假其位号，托之先王，托之鲁君，为寓王为素王云尔。故夫孔子以元统天，天犹在孔子所统之内，于无量数天之中而有一地，于地上无量国中而为一王，其于孔子曾何足数！但考其当时，则事实同称，征以后世，则文宣有号，察其实义，则天下归往，审其通名，则人臣之爵，而上昧神圣行权偶托之文法，下忘天下归往同上之徽称，于素王则攻以僭悖之义，于民贼私其牙爪，则许以贯三才之名，何其舛哉！今遍考秦、汉之说，证明素王之义。庶几改制教主，尊号威力，日光复荧，而教亦再明云尔。

（下略）

孔子改制考卷九　孔子创儒教改制考

孔子改制总义

孔子与弟子商定改制大义

据异教攻儒专攻制度知制为孔子所改（略）

儒服为孔子创制（略）

孔子亲迎之制（略）

孔子立嗣之制（略）

丧葬之制为孔子改定者（略）

孔子定削封建大一统之制（略）

授时乃孔子之制（略）

孔子制土籍田之制（略）

选举为孔子之制（略）

孔子定刑罚之制（略）

孔子定姓之义（略）

孔子定礼乐之义（略）

孔子作经以改制（略）

凡大地教主，无不改制立法也。诸子已然矣。中国义理、制度，皆立于孔子，弟子受其道而传其教，以行之天下，移易其旧俗。若冠服、三年丧、亲迎、井田、学校、选举，尤其大而著者。今采传记，发其一隅，以待学者引伸触长焉。其详别为专书矣。

孔子改制总义

有非力之所能致而自致者，西狩获麟、受命之符是也。然后托乎《春秋》正不正之间，而明改制之义。《繁露·符瑞》

夫殷变夏，周变殷，春秋变周，三代之礼不同，何古之从？《淮南子·氾论训》

以春秋为变周，可为孔子改制之证。且以春秋为一代，当淮南子时已如此，盖莫不知孔子为改制素王矣。

周室既衰，诸侯恣行。仲尼悼礼废乐崩，进修经术，以达王道；匡乱世反之于正，见其文辞，为天下制义法，垂“六艺”之统纪于后世。《史记·太史公自序》

礼义由孔氏出。《盐铁论·论儒》

儒教礼制义理，皆孔子所制，此条最可据。盖汉诸儒皆知之。

《春秋》曰：王正月。《传》曰：王者孰谓？谓文王也。曷为先言王而后言正月？王正月也。何以谓之王正月？曰：王者必受命而后王，王者必改正朔，易服色，制礼乐，一统于天下，所以明易姓非继仁，通以己受之于天[①]也。王者受命而王，制此月以应变，故作科以奉天地，故谓之"王正月"也。王者改制作科奈何？曰：当十二色，历各法而正色，逆数三而复。绌三之前曰五帝，帝迭首一色，顺数五而相复。礼乐各以其法象其宜，顺数四而相复。咸作国号，迁宫邑，易官名，制礼作乐。故汤受命而王，应天变夏作殷号，时正白统。亲夏故虞，绌唐谓之帝尧，以神农为赤帝。作宫邑于下洛之阳，名相官曰尹。爵谓之帝舜，以轩辕为黄帝，推神农为九皇。作宫邑于丰，名相官曰宰。作《武乐》，制文礼以奉天。武王受命，作宫邑于镐，制爵五等，作《象乐》，继文以奉天。周公辅成王受命，作宫邑于洛阳，成文、武之制，作《汋乐》以奉天。殷汤之后称邑，示天之变反命，故天子命无常，唯命是德庆。故《春秋》应天作新王之事，时正黑统。王鲁，尚黑，绌夏，亲周，故宋。乐宜亲《招武》，故以虞录亲，乐制宜商，合伯、子、男为一等。然则其略说奈何？曰：三正以黑统初。正日月朔于营室，斗建寅。天统气始通化物，物见萌达，其色黑。故朝正服黑，首服藻黑，正路舆质黑，马黑，大节授帻尚黑，旗黑，大宝玉黑，郊牲黑，牺牲角卵。冠于阼，昏礼逆于庭，丧礼殡于东阶之上。祭牲黑牡，荐尚肝。乐器黑质。法不刑有怀任新产者，是月不杀。听朔废刑发德，具存二王之后[②]也。亲赤统，故日分平明，平明朝正。正白统奈何？曰：正白统者，历正日月朔于虚，斗建丑。天统气始蜕化物，物始芽，其色白，故朝正服白，首服藻白，正路舆质白，马白，大节绶帻尚白，旗白，大宝玉白，郊牲白，牺牲角茧。冠于堂，昏礼逆于堂，丧事殡于楹柱之间。祭牲白牡，荐尚肺。乐器白质。法不刑有身怀任，是月[③]不杀。听朔废刑发德，具存二王之后也。亲黑统，故日分鸣晨，鸣晨朝正。正赤统奈何？曰：正赤统

---

① "天"后，原有"下"，衍，据《春秋繁露》各本删。

② "后"，原作"德"，误，校改。

③ "月"，原作"日"，误，校改。

者，大节绥帻尚赤，旗赤，大宝玉赤，郊牲骍，牺牲角栗。冠于房，昏礼逆于户，丧礼殡于西阶之上。祭牲骍牡，荐尚心。乐器赤质。法不刑有身重怀，藏以养微，是月不杀。听朔废刑发德，具存二王之后也。亲白统，故日分夜半，夜半朝正。改正之义，奉元而起。古之王者，受命而王，改制称号正月，服色定，然后郊告天地及群神。远追祖祢，然后布天下。诸侯庙受，以告社稷、宗庙、山川，然后感应一其司。三统之变，近夷遐方无有，生煞者，独中国然。而三代改正，必以三统天下。曰三统五端，化四方之本也。天始废始施，地必待中，是故三代必居中国。法天奉本，执端要以统天下，朝诸侯也。是以朝正之义，天子纯统色衣，诸侯统衣缠缘纽，大夫士以冠，参近夷以绥，遐方各衣其服而朝，所以明乎天统之义也。其谓统三正者，曰：正者正也，统致其气，万物皆应，而正统正，其余皆正，凡岁之要，在正月也。法正之道，正本而末应，正内而外应，动作举错，靡不变化随从，可谓法正也。故君子曰：武王其似正月矣。《春秋》曰：杞伯来朝。王者之后称公，杞何以称伯？《春秋》上黜夏，下存周，以《春秋》当新王。《春秋》当新王者奈何？曰：王道之法，必正号，绌王谓之帝，封其后以小国，使奉祀之。下存二王之后以大国，使服其服，行其礼乐，称客而朝。故同时称帝者五，称王者三，所以昭五端，通三统也。是故周人之王，尚推神农为九皇，而改号轩辕谓之黄帝，因存帝颛顼、帝喾、帝尧之帝号，绌虞而号舜曰帝舜，录五帝以小国。下存禹之后于杞，存汤之后于宋，以方百里爵称公。皆使服其服，行其礼乐，称先王客而朝。《春秋》作新王之事，变周之制，当正黑统。而殷、周为王者之后，绌夏改号禹，谓之帝，录其后以小国，故曰绌夏存周，以《春秋》当新王。不以，侯，弗同王者之后也。称子又称伯何？见殊之小国也。黄帝之先谥，四帝之后谥，何也？曰：帝号必存五，帝代首天之色，号至五而反。周人之王，轩辕直首天黄号，故曰黄帝云。帝号尊而谥卑，故四帝后谥也。帝，尊号也，录以小何？曰：远者号尊而地小，近者号卑而地大，亲疏之义也。故王者有不易者，有再而复者，有三而复者，有四而复者，有五而复者，有九而复者。明此通天地、阴阳、四时、日月、星辰、山川、人伦，德侔天地者称皇帝。天佑而子之，号称天子。故圣王生则称天子，崩迁则存为三王，绌灭则为五帝，下至附庸，绌为九皇，下极其为民。有一谓之三代。故虽绝地庙位，祝牲犹列于郊号，宗于代宗。故曰：声名、魂魄施于虚，极寿无疆。何谓再而复，四而复？《春秋》郑忽何以名？《春秋》曰：伯、子、男，一也，辞无所贬。何以为一？曰：周爵五等，《春秋》三等。《春秋》何三等？曰：王者以制，一商一夏，一质一文。商质者主天，夏文者主地，《春秋》者主人，故三等也。主天法商而王，其道佚阳，亲亲而多仁朴。故立嗣予子，笃母弟，妾以子贵。冠昏之礼，字子以父。别眇夫妇，对坐而食，丧礼别葬，祭礼先臊，夫妻昭穆别位。制爵三等，禄士二品。制郊宫明堂员，其屋高严侈员，惟祭器员。玉厚九分，白藻五丝，衣制大上，首服严员。鸾舆尊盖，法天列象，垂四鸾。乐载鼓，用锡儛，儛溢员。先毛血而后用声。正刑多隐，亲戚多讳。封禅于尚位。主地法夏而王，其道进阴，尊尊而多义节。故立嗣与孙，笃世子，妾不以子称贵号。昏冠之礼，字子以母。别眇夫妇，同坐而食，丧礼合葬，祭礼先亨，妇从夫为昭穆。制爵五等，禄士三品。制郊宫明堂方，其屋卑污方，祭器方。玉厚八分，白藻四丝，大下，首服卑退。鸾舆卑，法地周象载，垂二鸾。乐设鼓，用纤施儛，儛溢方。先亨而后用声。正刑天法，封坛于下位。主天法质而王，其道佚阳，亲亲而多质爱。故立嗣予子，笃母弟，妾以子贵。昏冠之礼，字子以父。别眇夫妇，对坐而食，丧礼别葬，祭礼先嘉疏，夫妇昭穆别位。制爵三等，禄士二品。制郊宫明堂内员外椭，其屋如倚靡员椭，祭器椭。玉厚七分，白藻三丝，衣长前衽，首服员转。鸾舆尊盖，备天列象，垂四鸾。乐程鼓，用羽籥儛，儛溢椭。先用玉声而后亨，正刑多隐，亲戚多赦。封坛于左位。主地法文而王，其道进阴，尊尊而多礼文。故立嗣予孙，笃世子，妾不以子称贵号。昏冠之礼，字子以母。别眇夫妇，同坐而食，丧礼合葬，祭礼先秬鬯，妇从夫为昭穆。制爵五等，禄士三品。制郊宫明堂内方外衡，其屋习而衡，祭器衡同，作秩机。玉厚六分，白藻三丝，衣长后衽，服首习而垂流。鸾舆卑，备地周象，载垂二鸾。乐县鼓，用《万儛》，儛溢衡。先亨而后用乐，正刑天法，封坛于左位。四法修于所故，祖于先帝，故四法如四时然，终而复始，穷则反本。四法之天施符受圣人，王法则性命形乎先祖，大昭乎王君。故天将授舜，主天法商而王，祖锡姓为姚氏。至舜，形体太上而员首，而明有二童子，性长于天文，纯于孝慈。天将授禹，主地法夏而王，祖锡姓为姒氏。至禹，生发于背，形体长，长足肵，疾行先左，随以右，劳左佚右也。性长于行，习地明水。天将授汤，主天法质而王，祖锡姓为子氏。谓契母吞玄鸟卵生契。契先发于胸，性长于人伦。至汤，体长专小，足左扁而右便，劳右佚左也。性长于天光，质易纯仁。天将授文王，主地法文而王，祖锡姓姬氏。谓后稷母姜原履天之迹而生后稷，后稷长于郃土，播田五谷。至文王，形体博长，有四乳而大足，性长于地文势。故帝使禹、皋论性，知殷之德阳德也，故以子为姓；知周之德阴德也，故以姬为姓。故殷王改文，以男书子，周王以女书姬。故天道各以其类动，非圣人孰能明之？《繁露·三代改制》

孔子作《春秋》改制之说，虽杂见他书，而最精详可信据者莫如此篇。称《春秋》当新王者凡五，称变周之制，以周为王者之后，与王降为风、周道亡于幽、厉同义。故以春秋继周为一代，至于亲周、故宋、王鲁，三统之说亦著焉，皆为《公羊》大义。其他绌虞、绌夏、五帝、九皇、六十四民，皆听孔子所推。姓姚、姓姒、姓子、姓姬，皆听孔子所象。白黑、方圆、异同、世及，皆为孔子所制。虽名三代，实出一家，特广为条理以待后人之行，故有再、三、四、五、九之复。博厚配地，高明配天，游入其中，乃知宗庙之美，百官之富，别有世界，推之不穷。邵子谓：日、月、星、辰齐照耀，皇、王、帝、霸大铺舒。惟孔子乃有之。董子为第一醇儒，安能妄述无稽之谬说？此盖孔门口说相传非常异义，不敢笔之于书。故虽《公羊》未敢骤著其说。至董生时，时世殊易，乃敢著于竹帛。故《论衡》谓孔子之文传于仲舒也。苟非出自醇实如董生者，虽有此说，亦不敢信之矣。幸董生此篇犹传，足以证明孔子改制大义。

《春秋》之于世事也，善复古，讥易常，欲其法先王也。然而介以一言，曰：王者必改制。《繁露·楚庄王》

今所谓新王必改制者，非改其道，非变其理。受命于天，易姓更王，非继前王而王也。若一因前制，修故业而无有所改，是继前王而王者，无以别受命之君，天之所大显也。事父者承意，事君者仪志，事天亦然。今天大显已物，袭所代而卒与同，则不显不明，非天志。故必徙居处，更称号，改正朔，易服色者，无他焉，不敢不顺天志而明自显也。若夫大纲、人伦、道理、政治、教化、习俗、文义尽如故，亦何改哉？故王者有改制之名，无易道之实。孔子曰：无为而治者，其舜乎？言其主尧之道而已，此非不易之效欤？问者曰：物改而天授显矣，其必更作乐，何也？曰：乐异乎是。制为应天改之，乐为应人作之。彼之所受命者，必民之所同乐也。是故大改制于初，所以明天命也；更作乐于终，所以见天功也。同上

故孔子立新王之道，明其贵志以反和，见其好诚以灭伪，其有继周之弊，故若此也。《繁露·玉杯》

故王者受命，改正朔，不顺数而往，必迎来而受之者，授受之义也。《繁露·二端》

庄子以孔子为神明圣王，孟子称先王，荀子法后王，当时多有以孔子为王者。即秘纬亦以素王称之。《公羊》：王者孰谓？谓文王。《论语》：文王既没，文不在兹！盖孔子改制，文质三统。素者，质也。质家则称之素王，文家则称为文王。《春秋》改周之文，从殷之质，故《春秋纬》多言素王。而《公羊》首言文王者，则又见文质可以周而复之义也。《繁露》之言“王者受命改制”，正与《纬》言“孔子受端门之命”同。孔子既为素王，则百王受治亦固其所，改制之说何足怪哉！

孔子之时，上无明君，下不得任用，故作《春秋》，垂空文以断礼义，当一王之法。《史记·太史公自序》

是以孔子明王道，干七十余君，莫能用，故西观周室，论史记旧闻，兴于鲁而次《春秋》，上记隐，下至哀之获麟，约其文辞，去其烦重，以制义法，王道备，人事浃。七十子之徒口受其传指，为有所刺讥褒讳挹损之文辞不可以书见也。《史记·十二诸侯年表》

夫子行说七十诸侯无定处，意欲使天下之民各得其所，而道不行。退而修《春秋》，采毫毛之善，贬纤介之恶，人事浃，王道备，精和圣制，上通于天而麟至，此天之知夫子也。《说苑·至公》

五帝殊时，不相沿乐；三王异世，不相袭礼。乐极则忧，礼粗则偏矣。及夫敦乐而无忧，礼备而不偏者，其唯大圣乎！《礼记·乐记》

立权度量，考文章，改正朔，易服色，殊徽号，异器械，别衣服，此其

所得与民变革者也。《礼记·大传》

揭改制大义。

故圣人事穷而更为，法弊而改制，非乐变古易常也。将以救弊扶衰，黜淫济非，以调天地之气，顺万物之宜也。《淮南子·泰俗训》

《春秋》有改制之说，盖初汉先师所共传共知。故《淮南》犹有是说，不止董子矣。

右明孔子改制总义。

孔子与弟子商定改制大义

颜渊问为邦。子曰：行夏之时，乘殷之辂，服周之冕，乐则《韶舞》。《论语·卫灵》

此条为改制之确证。譬如今日言用元朝之历，乘明朝车，戴国朝朝帽，听宋朝戏曲，岂非大异闻乎？非圣人岂能定之！

子张问：十世可知也？子曰：殷因于夏礼，所损益可知也；周因于殷礼，所损益可知也。其或继周者，虽百世可知也。《论语·为政》

《淮南子》：殷变夏，春秋变周，三代之礼不同，以春秋为一代。《说苑》：夏道不亡，殷德不作；殷道不亡，周德不作；周道不亡，《春秋》不作。以此证之，继周者春秋也。百世以俟圣人，由百世之后，等百世之王，以《春秋》治百世也。百世之后，穷则变通，又有三统也。此改制之微言也。

子路曰：卫君待子而为政，子将奚先？子曰：必也正名乎！子路曰：有是哉！子之迂也。奚其正？子曰：野哉，由也！君子于其所不知，盖阙如也。名不正，则言不顺；言不顺，则事不成；事不成，则礼乐不兴；礼乐不兴，则刑罚不中；刑罚不中，则民无所措手足。故君子名之必可言也，言之必可行也。君子于其言，无所苟而已矣。《论语·子路》

荀子有《正名篇》，董子有《深察名号篇》，皆孔学大义。荀子谓后王之成名，刑名从商，爵名从周，文名从礼，散名之加于万物者则从诸夏之成俗曲期。既云从商、从周，则后王非商、周可知，非孔子而何？刑名、爵名、文名、散名，非改制而何？此条为

《论语》微言，孔子改制明义也。盖改制必改名，而制乃定。

曾子撰斯，问曰：孝文手[①]驳不同何？子曰：吾作《孝经》，以素王无爵禄之赏，斧钺之诛，故称明王之道。曾子辟席复坐。子曰：居，吾语女，顺逊以避祸灾，与先王以托权。《孝经纬钩命诀》

右孔子与弟子商定改制大义。

孔子弟子后学发明改制大义

宰我曰：以予观于夫子，贤于尧、舜远矣！子贡曰：见其礼而知其政，闻其乐而知其德。由百世之后，等百世之王，莫之能违也。自生民以来，未有夫子也。《孟子·公孙丑》

孔子、尧、舜，后世疑其差等。王阳明有"尧、舜万镒，孔子九千镒"说，固为大谬。朱子谓孔子贤于尧、舜，在事功似矣。然不知孔子改制，治定百世，乃为功德无量。不然，区区删述，仅比老、彭，宰我不诚阿好哉！

伤国者何也？曰：以小人尚民而威，以非所取于民而巧，是伤国之大灾也。大国之主也，而好见小利，是伤国；其于声色、台榭、园囿也，愈厌而好新，是伤国；不好循正其所以有，啖啖常欲人之有，是伤国。三邪者在匈中，而又好以权谋倾覆之人断事其外，若是，则权轻名辱，社稷必危，是伤国者也。大国之主也，不隆本行，不敬旧法，而好诈故，若是，则夫朝廷群臣亦从而成俗不隆礼义，而好倾覆也。朝廷群臣之俗若是，则夫众庶百姓亦从而成俗于不隆礼义而好贪利矣。君臣上下之俗莫不若是，则地虽广，权必轻；人虽众，兵必弱；刑罚虽繁，令不下通。夫是之谓危国，是伤国者也。儒者为之不然，必将曲辨。朝廷必将隆礼义而审贵贱，若是，则士大夫莫不贵节死制者矣。百官则将齐其制度，重其官秩，若是，则百吏莫不畏法而遵绳矣。关市几而不征，质律禁止而不偏，如是，则商贾莫不敦悫而无诈矣。百工将时斩伐，佻其期日，而利其巧任，如是，则百工莫不忠信而不楛矣。县鄙将轻田野之税，省刀布之敛，罕举力役，无夺农时，如是，则农夫莫不朴力而寡能矣。士

① "手"，《纬捃》作"平"，《七纬》作"乎"。

大夫务节死制，然而兵劲。百吏畏法循绳，然后国常不乱。商贾敦悫无诈，则商旅安，货通财，而国求给矣。百工忠信而不楛，则器用巧便而财不匮矣。农夫朴力而寡能，则上不失天时，下不失地利，中得人和，而百事不废。是之谓政令行，风俗美。以守则固，以征则强，居则有名，动则有功。此儒之所谓曲辨也。《荀子·王霸》

荀子所言，与孟子告齐宣王、《中庸》、九经之义相出入，盖同为孔子所嫡传者也。然伪经一出，而凡百制度遂归周制，其知为儒制者盖亦寡焉。荀子以为儒者为之，又曰：此儒者之所谓曲辨。孔子为儒教之祖，改制之义不昭然若揭哉？

礼起于何也？曰：人生而有欲，欲而不得，则不能无求，求而无度量分界，则不能不争。争则乱，乱则穷。先王恶其乱也，故制礼义以分之，以养人之欲，给人之求。使欲必不穷乎物，物必不屈于欲，两者相持而长，是礼之所起也。故礼者，养也。刍豢稻粱，五味调香，所以养口也；椒兰芬苾，所以养鼻也；雕琢刻镂，黼黻文章，所以养目也；钟鼓管磬，琴瑟竽笙，所以养耳也；疏房檖貌越席床笫几筵，所以养体也。故礼者，养也。君子既得其养，又好其别。曷谓别？曰：贵贱有等，长幼有差，贫富轻重皆有称者也。故天子大路越席，所以养体也；侧载睪芷，所以养鼻也；前有错衡，所以养目也；和鸾之声，步中《武》、《象》，趋中《韶》、《濩》，所以养耳也；龙旂九斿，所以养信也；寝兕、持虎、蛟韅、丝末、弥龙，所以养威也；故大路之马必倍至教顺然后乘之，所以养安也。孰知夫出死要节之所以养生也！孰知夫出费用之所以养财也！孰知夫恭敬辞让之所以养安也！孰知夫礼义文理之所以养情也！故人苟生之为见，若者必死；苟利之为见，若者必害；苟怠惰偷懦之为安，若者必危；苟情说之为乐，若者必灭。故人一之于礼义，则两得之矣；一之于情性，则两丧之矣。故儒者将使人两得之者也，墨者将使人两丧之者也，是儒、墨之分也。《荀子·礼论》

《论语》：有子曰：礼之用，和为贵。先王之道，斯为美。《庄子》谓：墨子不与先王同，毁古之礼乐。先王即孔子，托以制礼者也。墨子以绳墨自矫，以自苦为极，无以养人之欲，无以给人之求。乖戾不和，使人忧悲，故其道大觳，其行难为，不可以为圣王之道也。老子谓：五色令人目盲；五音令人耳聋；五味令人口爽；驰骋畋猎，令人心发狂；难得之货，令人行妨。塞人之情，蔽人之欲，是乱天下也。又曰：礼者，忠信之薄，而乱之首。开魏、晋清谈放诞之风，乖谬尤甚。老、墨皆攻孔子之礼制者也。

百王之道，后王是也。君子审后王之道，而论于百王之前，若端拜而议。《荀子·不苟》故曰：欲观圣王之迹，则于其粲然者矣，后王是也。《荀子·非相》

当荀子之前，则有禹、汤、文、武，谓之先王，可为百王之法，论于百王之前。后王之道，如此舍孔子其谁当之？世之治古文者，若犹以《春秋》"王正月"之王为周王者，其谬可见。

今夫辟地殖谷，以养生送死；锐金石，杂草药，以攻疾苦[①]；各知构室屋，以避暑雨；累台榭，以避润湿。入知亲其亲，出知尊其君，内有男女之别，外有朋友之际。此圣人之德教，儒者受之传之，以教诲于后世。今夫晚世之恶人，反非儒者曰：何以儒为？如此人者，是非本也。《说苑·建本》

耕凿、医药、宫室、五伦，刘向以为出于儒者，非知孔子改制，岂能为是言？

右孔子弟子后学发明改制大义。

（下略）

孔子改制考卷十　六经皆孔子改制所作考

孔子为教主，为神明圣王，配天地，育万物，无人、无事、无义不围范于孔子大道中，乃所以为生民未有之大成至圣也！而求孔子之大道乃无一字，仅有弟子所记之语录曰《论语》，据赴告策书钞誊之断烂朝报曰《春秋》耳。若《诗》、《书》、《礼》、《乐》、《易》，皆伏羲、夏、商、文王、周公之旧典，于孔子无与，则孔子仅为后世之贤士大夫，比之康成、朱子尚未及也，

① "苦"，原缺，据《说苑》补。

岂足为生民未有范围万世之至圣哉？章实斋谓：集大成者，周公也，非孔子也。其说可谓背谬极矣！然如旧说，《诗》、《书》、《礼》、《乐》、《易》皆周公作，孔子仅在明者述之之列，则是说岂非实录哉？汉以来皆祀孔子为先圣也，唐贞观乃以周公为先圣，而黜孔子为先师。孔子以圣被黜，可谓极背谬矣！然如旧说，《诗》、《书》、《礼》、《乐》、《易》皆周公作，孔子仅在删赞之列，孔子之仅为先师而不为先圣，比于伏生、申公，岂不宜哉！然以《诗》、《书》、《礼》、《乐》、《易》为先王周公旧典，《春秋》为赴告策书，乃刘歆创伪古文后之说也。歆欲夺孔子之圣而改其圣法，故以周公易孔子也，汉以前无是说也。汉以前咸知孔子为改制教主，知孔子为神明圣王。庄生曰：《春秋》经世先王之志。荀子曰：孔子明智且不蔽，故其术足以为先王也。故宰我以为贤于尧、舜，子贡以为生民未有也。孔子之为教主，为神明圣王，何在？曰：在“六经”。“六经”皆孔子所作也，汉以前之说莫不然也。学者知“六经”为孔子所作，然后孔子之为大圣，为教主，范围万世而独称尊者，乃可明也。知孔子为教主，“六经”为孔子所作，然后知孔子拨乱世，致太平之功，凡有血气者，皆日被其殊功大德，而不可忘也。汉前旧说犹有存者，披录而发明之，拯坠日于虞渊，洗霿雺于千载，庶几大道复明，圣文益昭焉。

孔子所作谓之经，弟子所述谓之传，又谓之记，弟子后学展转所口传谓之说，凡汉前传经者无异论。故惟《诗》、《书》、《礼》、《乐》、《易》、《春秋》“六艺”为孔子所手作，故得谓之经。如释家佛所说为经，禅师所说为论也。弟子所作，无敢僭称者。后世乱以伪古，增以传、记。《乐》本无文，于是南朝增《周礼》、《礼记》，谓之“七经”；唐又不称《春秋》，增三传，谓之“九经”；宋、明道时，增《孟子》，甚至增伪训诂之《尔雅》亦冒经名，为“十三经”；又增《大戴记》为“十四经”。僭伪纷乘，经名谬甚！朱子又分《礼记》、《大学》首章为经，余章为传，则又以一记文分经传，益更异矣！皆由不知孔子所作乃得为经之义。今正定旧名，惟《诗》、《书》、《礼》、《乐》、《易》、《春秋》为“六经”，而于经中虽《系辞》之粹懿，《丧服》之敦悫，亦皆复其为传，如《论语》、《孟子》、《大》、《小戴记》之精粹，亦不得不复其为传，以为经佐。而《尔雅》、伪《左》咸黜落矣，今正明于此。“六经”文辞虽孔子新作，而书名实沿旧俗之名，盖无征不信，不信民弗从，欲国人所共尊而易信从也。

（下略）

孔子改制考卷十一　孔子改制托古考

孟子曰：大人者，言不必信，惟义所在。斯言也，何为而发哉？大人莫若孔子，其为孔子改制“六经”言耶？慈母之养子也，托之鬼神，古昔以耸善戒恶。圣人爱民如子，其智岂不若慈母乎？子思曰：无征不信，不信民弗从。欲征信莫如先王。传曰：可与立，未可与权。《易》曰：巽以行权。权者，知轻重之谓。拨乱救民，硁硁必信，义孰重轻？巽辞托先王，俾民信从，以行权救患。孔子乎，将为硁硁必信之小人乎？抑为唯义所在之大人乎？况寓言尤诸子之俗哉！

子曰：吾作《孝经》，以素王无爵禄之赏，斧钺之诛，故称明王之道。曾子避席复坐。子曰：居，吾语女，顺孙以避灾祸，与先王以托权。《孝经纬钩命诀》

孔子改制托古大义，全见于此。一曰素王之诛赏，一曰与先王以托权。守经之徒，可与立者也。圣人但求有济于天下，则言不必信，惟义所在。无征不信，不信民不从，故一切制度托之三代先王以行之。若谓圣人行事不可依托，则是以硁硁之小人律神化之孔子矣。布衣改制，事大骇人，故不如与之先王，既不惊人，自可避祸。

文王，周始受命之王，天之所命，故上系天端。方陈受命，制正月，故

假以为王法。《公羊》隐元年何注

《春秋》以新王受命，而文王为受命之王，故假之以为王法，一切制度皆从此出。必托之文王者，董子《繁露》所谓时诡其实以有所讳也。必如是，而后可以避祸，而后可以托王。《论语》：文王既没，文不在兹乎？孔子明以自谓矣。何邵公非嫡传口说，何敢谓为假乎？

仲尼之作《春秋》也，上探正天端，王公之位，万民之所欲；下明得失，起贤才，以得后圣。故引史记，理往事，正是非，见王公史记十二公之间皆衰世之事，故门人惑。孔子曰：吾因其行事，而加乎王心焉，以为见之空言，不如行事博深切明。《繁露·俞序》

孔子明得失，见成败，疾时世之不仁，失王道之体，故缘人情，赦小过。传又明之曰：君子辞也。孔子曰：吾因行事，加吾王心焉，假其位号以正人伦，因其成败以明顺逆。同上

孔子以布衣而改乱制，加王心，达王事，不得不托诸行事以明其义。当时门人犹惑之，况门外者乎？此孔子之微言，董子能发明之。

有非力之所能致而自至者，西狩获麟受命之符是也。然后托乎《春秋》正不正之间，而明改制之义，一统乎天子，而加忧于天下之忧也。务除天下之所患，而欲上通五帝，下极三王，以通百王之道。《繁露·符瑞》

孔子受天命，改乱制，通三统，法后王。托古改制之义，此条最为显确，可无疑矣。

托记高祖以来事可及问闻知者，犹曰：我但记先人所闻，辟制作之害。《公羊》哀十四年何注

略与《钩命诀》义同，本文自明显，邵公盖深知口说者。

《春秋》假行事以见王法，圣人为文辞孙顺，善善恶恶，不可正言其罪。《公羊》庄十年何注

太史公曰：余闻董生曰：周道衰废，孔子为鲁司寇，诸侯害之，大夫壅之。孔子知言之不用，道之不行也，是非二百四十二年之中，以为天下仪表，贬天子，退诸侯，讨大夫，以达王事而已矣。子曰：我欲载之空言，不如见之

于行事之深切著明也。《史记·太史公自序》

太史公，董生嫡传。《春秋》之学，皆有口说相传，故深知孔子托古改制之义。

明《春秋》之道亦通于三王，非主假周，以为汉制而已。《公羊》桓三年何注

夏、殷、周三统，皆孔子所托，故曰"非主假周"也。

昔者，三代圣王既没，天下失义。后世之君子，或以厚葬、久丧以为仁也，义也，孝子之事也；或以厚葬、久丧以为非仁义，非孝子之事也。曰：二子者，言则相非，行即相反，皆曰吾上祖述尧、舜、禹、汤、文、武之道者也。而言即相非，行即相反，于此乎后世之君子，皆疑惑乎二子者言也。《墨子·节葬》

厚葬、久丧，孔子之制，当时未有定论。墨子攻之为言相非，行相反，则儒教托古之义不待辨。

孔子、墨子俱道尧、舜，而取舍不同，皆自谓真尧、舜，尧、舜不复生，将谁使定儒、墨之诚乎？《韩非子·显学》

孔子称尧、舜五服五章，山龙藻火，大章《韶乐》。而墨子称尧、舜土阶茅茨，夏葛冬裘。所谓"取舍不同"也，"皆自谓真尧、舜"。可见当时托古于先王之风，韩非犹及知之。

且夫世之愚学，皆不知治乱之情，讘诶多诵先古之书，以乱当世之治。《韩非子·奸劫弑臣》

夫称上古之传，颂辩而不悫，道先王仁义而不能正国者，此亦可以戏，而不可以为治也。《韩非子·外储说左》

《春秋》之于世事也，善复古，讥易常，欲其法先王也。然而介以一言曰：王者必改制。自僻者得此以为辞，曰：古苟可循先王之道，何莫相因？世迷是闻，以疑正道而信邪言，甚可患也。《繁露·楚庄王》

孔子之作《春秋》，托新王以改制，而其于世事，则欲人之法先王，岂不自相刺谬？不知改制者，孔子之隐志；法先王者，《春秋》之托词。在当时莫知其故。自后世口说微言流布天下，改制之义既彰，僻者乃有"先王之道何莫相因"之说，盖犹未明托之义，反以为口实而相难也。

古者天下散乱，莫之能一。是以诸侯并作，语皆道古以害今，饰虚言以乱实，人善其所私学，以非上之所建立。《史记·秦始皇纪》

“侯”字疑“子”字之误，盖谓诸子并作，道古虚言，皆托先王以非当世也。

孔子曰：我欲观夏道，是故之杞，而不足征也，吾得《夏时》焉。我欲观殷道，是故之宋，而不足征也，吾得《坤》、《乾》焉。《坤》、《乾》之义，《夏时》之等，吾以是观之。《礼记·礼运》

夏、殷之礼皆无征，而仅得《坤》、《乾》之义，《夏时》之等，何为尚有此琐碎丧祭之典，如《檀弓》所杂称引者？然则为儒者之称托何疑？

《春秋》王鲁，托隐公以为始受命王。因仪父先与隐公盟，可假以见褒赏之法。《公羊》隐元年何注

此发诸侯归命、新王蒙褒之制，孔子托此以见义。

定、哀多微辞，主人习其读而问其传，则未知己之有罪焉尔。《公羊》定元年传

孟子道性善，言必称尧、舜。《孟子·滕文》

《孟子》书多称引尧、舜，故言性善亦托之尧、舜，以明其旨。董子亦言性善，盖皆公羊家言也。

予观《春秋》、《国语》，其发明《五帝德》、《帝系姓》章矣，顾弟弗深考，其所表见皆不虚。《书》缺有闲矣，其轶乃时时见于他说。非好学深思，心知其意，固难为浅见寡闻道也。《史记·五帝本纪》

系姓古无之，孔子吹律定姓，《大传》系之以姓而不殊，百世而婚姻不通，周道然也。则夏、殷已不然，盖孔子特立托之五帝耳。《春秋繁露·三代改制质文篇》言殷阳周阴，详言之。此谓顾弟弗深考，时时见于他说，又谓非深思知意难为浅见寡闻者道，又谓其所表见皆不虚，更以坚人之信。史公盖深知托古之旨矣。

太史公曰：学者多称五帝，尚矣。然《尚书》独载尧以来，而百家言黄帝，其文不雅驯，荐绅先生难言之。孔子所传《宰予问五帝德》及《帝系姓》，儒者或不传。《史记·五帝本纪》

《五帝德》及《帝系姓》皆孔子所定，然尧、舜三代同出黄帝，尧、舜周亲，何舜至耕稼陶渔，尧须明扬侧陋？若夫玄鸟生商，履武降稷，诗人所歌则皆无父而生，平林寒冰，鸟覆牛腓，决非帝王之家。姓别男女，周道乃然，古无是制，何有系姓？稷母为帝喾元妃，不应逾越挚尧将二百年，乃见用于舜。世疑皆孔子所托，或疑以传疑，故两传之。以理而言，诗文可证也。

古者棺椁无度，中古棺七寸，椁称之。自天子达于庶人，非直为观美也，然后尽于人心。不得，不可以为悦；无财，不可以为悦。得之为有财，古之人皆用之，吾何为独不然？《孟子·公孙丑》

诸侯之礼，吾未之学也；虽然，吾当闻之矣。三年之丧，齐疏之服，飦粥之食，自天子达于庶人，三代共之。然友反命，定为三年之丧。父兄百官皆不欲，曰：吾宗国鲁先君莫之行，吾先君亦莫之行也。《孟子·滕文》

“三年之丧”，为孔子增改之制，托于三代圣王以行之。孟子为孔子后学，故日以推行孔道为事。若本是三代旧制，则鲁自周公、伯禽至平公，滕自叔绣至定公，中间非无贤君，岂敢悖当王定制，何至绝无一人行之？鲁为秉礼，亦无人行之，何也？且自亲臣、重臣、言官盈廷会议具奏，无一人以为可者。若大周会典、大周通礼显有此条，且上溯夏、殷会要皆有之，百官议奏能引《志》曰，观瞻具在，有不知而公然违悖者乎？与宰我问短丧、齐宣王欲短丧三说参考之，自悟其为孔子新改之制，托古以为三代矣。而尤莫若此条之明晰。国朝满洲臣工皆服丧百日，乾隆时舒赫德请令满洲臣工一律服三年丧，不行。舒赫德即孟子也，以今证古，何足异乎？

子张曰：《书》云：高宗谅阴，三年不言。何谓也？子曰：何必高宗，古之人皆然。君薨，百官总己以听于冢宰三年。《论语·宪问》

孔子立三年丧之制而著之于《书》，盖古者高宗当独行之。孔子托古定制，故推之为古之人皆然。

子张问曰：《书》云：高宗三年不言，言乃欢。有诸？仲尼曰：胡为其不然也？古者天子崩，王世子听于冢宰三年。《礼记·檀弓》

义同上。

王曰：寡人有疾，寡人好货。对曰：昔者，公刘好货，《诗》云：乃积乃仓，乃裹糇粮，于橐于囊。思戢用光。弓矢斯张，干戈戚扬，爰方启行。故居者有积仓，行者有裹粮也，然后可以爰方启行。王如好货，与百姓同之，于王何有？王曰：寡人有疾，寡人好色。对曰：昔者，太王好色，爱厥妃。《时》云：古公亶父，来朝走马，率西水浒，至于岐下，爰及姜女，聿来胥宇。当是时也，内无怨女，外无旷夫。王如好色，与百姓同之，于王何有？《孟子·梁惠王》

公刘、太王皆非好货、好色之君，而孟子乃托之以勉宣王。盖当时人情皆厚古而薄今，儒者之说又迂远而难于信，故必借古人以为据，然后使其无疑而易于入，此虽孟子引导时君之法，而儒家之善于托古，亦可见矣。《淮南子》所谓“故为道者必托之神农、黄帝而后能入说”，此类是也。

古者冠缩缝，今也衡缝，故丧冠之反吉，非古也。《礼记·檀弓》

幼名，冠字，五十以伯仲，死谥，周道也，绖也者实也，掘中霤而浴，毁灶以缀足，及葬，毁宗躐行，出于大门，殷道也。学者行之。《礼记·檀弓》

县子曰：绤衰穗裳，非古也。《礼记·檀弓》

质家亲亲先立娣，文家尊尊先立侄。嫡子有孙而死，质家亲亲先立弟，文家尊尊先立孙。其双生也，质家据见立先生，文家据本意立后生。《公羊》隐元年何注

质家、文家，孔子所托三统之别号。《春秋》诡辞诡实，故不必言夏、殷、周，而曰质家、文家也。

讥始不亲迎也。何注：礼所以必亲迎者，所以示男先女也。于庙者，告本也。夏后氏逆于庭，殷人逆于堂，周人逆于户。《公羊》隐三年传

古未有亲迎之礼，盖尊男卑女，从古已然。孔子始发君聘臣，男下女，创为亲迎之义，故于《春秋》著之。何邵公所云夏、殷、周之逆，盖皆儒者假托以为说。不然，亲迎果为三代所有，煌煌巨典，昭布天下，而孔子何为独陈于哀公之前，而公讶其已重，一若闻所未闻者？见《大戴礼》哀公问于孔子。墨子亦称三代先王，而讥儒者亲

迎，祇禂若仆，盖孔子创制托古耳。

二月三月皆有王者。二月，殷之正月也；三月，夏之正月也。王者存二王之后，使统其正朔，服其服色，行其礼乐，所以尊先圣，通三统。师法之义，恭让之礼，于是可得而观之。《公羊》隐三年何注

《春秋》于十一月、十二月、十三月皆书王，余则无之。盖三正皆孔子特立，而托之三王。其实秦汉皆用十月，疑古亦当有因，未必用三正也。

黄帝之乐曰《咸池》。《乐纬动声仪》

颛顼之乐曰《五茎》。

帝喾之乐曰《六英》。

尧乐曰《大章》。

舜乐曰《箫韶》。

禹乐曰《大夏》。

殷曰《大頀》。

周曰《酌》。

孔子曰：《箫韶》者，舜之遗音也。并同上

王者治定制礼，功成作乐。未制作之时，取先王之礼乐宜于今者用之。尧曰《大章》，舜曰《箫韶》，夏曰《大夏》，殷曰《大頀》，周曰《大武》，各取其时民所乐者名之。《公羊》隐五年何注

《繁露·三代改制质文篇》：礼乐各以其法，象其宜。又曰：《春秋》应天作新王之事，王鲁，绌夏，亲周，故宋，乐宜亲《招武》，故以虞录亲乐，制宜商。可见孔子托古以定乐制。不然，凡乐律音曲恒易失传，难以传之五百年者。孔子去黄帝、项、喾已二千余载，尧、舜、夏、商亦千余载，乌得有闻《韶》忘味之理乎？其托无疑矣。

乐所由来者尚也，必不可废。有节、有侈、有正、有淫矣，贤者以昌，不肖者以亡。昔古朱襄氏之治天下也，多风，而阳气畜积，万物散解，果实不成。故士达作为五弦瑟，以来阴气，以定群生。昔葛天氏之乐，三人操牛尾，投足以歌八阕：一曰《载民》，二曰《玄鸟》，三曰《遂草木》，四曰《奋五

谷》，五曰《敬天常》，六曰《建帝功》，七曰《依地德》，八曰《总禽兽之极》。昔陶唐氏之始，阴多滞伏而湛积，水道壅塞，不行其原，民气郁阏而滞著，筋骨瑟缩不达，故作为舞以宣导之。昔黄帝令伶伦作为律。伶伦自大夏之西，乃之阮隃之阴，取竹于嶰溪之谷，以生空窍厚钧者、断两节间、其长三寸九分而吹之，以为黄钟之宫，吹曰“舍少”。次制十二筒，以之阮隃之下，听凤凰之鸣，以别十二律。其雄鸣为六，雌鸣亦六，以比黄钟之宫，适合。黄钟之宫，皆可以生之，故曰：黄钟之宫，律吕之本。黄帝又命伶伦与荣将铸十二钟，以和五音，以施《英韶》，以仲春之月乙卯之日，日在奎，始奏之，命之曰《咸池》。帝颛顼生自若水，实处空桑，乃登为帝。惟天之合，正风乃行，其音若熙熙凄凄锵锵。帝颛顼好其音，乃令飞龙作效八风之音，命之曰《承云》，以祭上帝。乃令鱓先为乐倡，鱓乃偃寝，以其尾鼓其腹，其音英英。帝喾命咸黑作为《声歌》、《九招》、《六律》、《六英》。有倕作为鼙鼓、钟、磬、吹苓、管、埙、篪、鞀、椎钟。帝喾乃令人抃或鼓鼙，击钟、磬，吹苓，展管篪，因令凤鸟、天翟舞之，帝喾大喜，乃以康帝德。帝尧立，乃命质为乐。质乃效山林溪谷之音以歌，乃以麋輅置缶而鼓之，乃附石击石，以象上帝玉磬之音，以致舞百兽。瞽叟乃拌五弦之瑟，作以为十五弦之瑟。命之曰《大章》，以祭上帝。舜立，命延乃拌瞽叟之所为瑟，益之八弦，以为二十三弦之瑟。帝舜乃命质修《九招》、《六列》、《六英》，以明帝德。禹立，勤劳天下，日夜不懈，通大川，决壅塞，凿龙门，降通漻水以导河，疏三江五湖，注之东海，以利黔首。于是命皋陶作为《夏籥》九成，以昭其功。殷汤即位，夏为无道，暴虐万民，侵削诸侯，不用轨度，天下患之。汤于是率六州以讨桀罪，功名大成，黔首安宁。汤乃命伊尹作为《大护》，歌《晨露》，修《九招》、《六列》，以见其善。周文王处岐，诸侯去殷三淫而翼文王。散宜生曰：殷可伐也。文王弗许。周公旦乃作诗曰：文王在上，于昭于天。周虽旧邦，其命维新。以绳文王之德。武王即位，以六师伐殷。六师未至，以锐兵克之于牧野。归，乃荐俘馘于京太室，乃命周公为作《大武》。成王立，殷民反，王命周公践伐之。商人服象，为虐于东夷，周公遂以师逐之，至于江南，乃为《三象》，以嘉其德。故乐之所由来者尚矣，非独为一世之所造也。《吕氏春秋·古乐》

按：孔子三百篇，据《大戴·投壶篇》仅传《关雎》、《卷耳》、《葛覃》、《鹊巢》、《驺虞》、《鹿鸣》、《白驹》、《伐檀》八篇。汉时《上之回》、《艾如张》等乐府，至六朝仅传二十四篇。六朝《子夜》、《清鸠》、《白纻》、《乌栖》等曲，至唐时仅传六十余曲。唐时诗皆入律，旗亭雏鬟皆歌诗人绝句，至宋时，见吴曾《能改斋漫录》，仅传"黄河远上"一诗之节拍。宋词及《九张机》、《滚拍》，其音节元时已亡。今乐府古音传于今者，只有明嘉靖时之魏良辅，若元时北曲之音节已亡矣。至于乐律，则隋时苏提婆之《龟兹》二十八调，宋时已亡。宋时十六调，至今已亡；笛孔中勾字一调，今亦亡矣。曲乐之音节要眇，宫商分析尤易舛错，苟失传人，即不可考。由此推之，乐无能传至五百年者。孔子于黄帝、顼、喾相去二千余年，唐、虞、夏、商亦千余岁，安能传至汉章帝时尚舞六代之乐？其为孔子所托无疑，故墨子敢非之也。

禹之法犹存，而夏不世王。《荀子·君道》

按：《论语》、《中庸》、《礼记·礼运》称夏礼能言，杞不足征。既不足征，则禹之法度典章今日安有存乎？此为儒托古无疑矣。

古者百王之一天下、臣诸侯也，未有过封内千里者也。《荀子·强国》

按：此与《孟子》所引"夏后、殷之盛，未有过千里"之说同。

古者汤以亳，武王以滈，皆以百里之地也。《荀子·议兵》

汤居亳，武王居鄗，皆百里之地也。《荀子·正论》

按：《孟子》：齐宣王谓文王之囿七十里，孟子谓于传有之。则当时事实也。囿既七十里，以百里大国计之，已占其七分，岂复成国哉？当时境地寥廓，随地皆可迁徙，随地皆可垦拓，非有如今日此疆彼界之严也，则非百里明矣。乃孟子谓文王以百里，荀子谓汤、武皆百里之地，可知百里为孔子之制，托古以明之耳。又贾子《新书》：欲天下之治安，莫若众建诸侯而少其力。所谓力少，则易使以义；国少，则无邪心。贾子发明孔子制者也。

凡礼，事生，饰欢也；送死，饰哀也；祭祀，饰敬也；师旅，饰威也。是百王之所同，古今之所一也，未有知其由来者也。《荀子·礼论》

故三年之丧，人道之至文者也。夫是之谓至隆，是百王之所同，古今之所一也。《荀子·礼论》

按：事生、送死、祭祀、师旅之礼，国家重典也。既为百王所同，则皇皇巨制，彪曜古今，岂有不知厥由来者哉？何以夏礼、殷礼，杞、宋皆不足征？且既为百王所同，何以墨子所称述者又不同也？至墨子丧制三月，孔子三年，故滕文欲行之，父兄百官皆不欲，援引先君以挠之。不然，是为百王所同，古今一致，滕文行之，百官敢诬先君以不孝者哉？可无疑于孔子托先王者矣。

古者什一而藉。古者曷为什一而藉？什一者，天下之中正也。多乎什一，大桀、小桀；寡乎什一，大貉、小貉。什一者，天下之中正也。什一行，而颂声作矣。《公羊》宣十五年传

按：《孟子》：貉稽言：吾欲二十而取一。孟子攻之，盖非孔子中正之制也。古无是制，孔子托之耳。

作三军。传曰：古者上卿、下卿，上士、下士。《公羊》襄十一年传

三代前无是制，孔子托之耳，与《管子·法法》之言“四士”说同。

子曰：大哉尧之为君也！巍巍乎！惟天为大，唯尧则之。荡荡乎，民无能名焉。《论语·泰伯》

民无能名，固见尧之大。然亦可考见尧无事实流传，凡孔、墨所称同为托古也。

夫学者载籍极博，犹考信于“六艺”。《诗》、《书》虽缺，然虞、夏之文可知也。《史记·伯夷列传》

按：三代以上茫昧无稽，《列子》所谓“若觉若梦若存若亡”也。“虞、夏之文”，舍“六经”无从考信，韩非言：尧、舜不复生，将谁使定儒、墨之诚？可见“六经”中先王之行事，皆孔子托之，以明其改作之义。《诗》、《书》虽缺句，疑刘歆伪窜。

孔子曰：殷路车为善，而色尚白。《史记·殷本纪》

董子《三代改制质文篇》详言之，孔子立三统之义。

子谓《韶》：尽美矣，又尽善也。谓《武》：尽美矣，未尽善也。《论语·八佾》

孔子最尊禅让，故特托尧、舜，已详《孔子特尊尧、舜篇》。《韶乐》即孔子所定之乐。《繁露·三代改制质文篇》：《春秋》应天作新王之事，时正黑统，王鲁，尚黑，绌夏，亲周，故宋，乐宜亲《韶》、《武》。故以虞录亲乐，非孔子之乐而何？

儒者称法古而言訾当世，贱所见而贵所闻。《盐铁论·论诽》

子路问于孔子曰：请释古之学而行由之意，可乎？孔子曰：不。《说苑·建本》

今世儒者之说人主①，不善今之所以为治，而语已治之功；不审官法之事，不察奸邪之情，而皆道上古之传，誉先王之成功。《韩非子·显学》

儒者"道上古"，"誉先王"，托古以易当世也。

据古文②以应当世，犹辰参之错，胶柱而调瑟，固而难合矣。孔子所以不用于世，而孟轲贱于诸侯也。《盐铁论·相刺》

文学守死溏滓之语，而终不移。夫往古之事，昔有之语，已可睹矣。《盐铁论·国疾③》

今以近世观之，自以目有所见，耳有所闻，世殊而事异。同上

此盖当时攻儒者之托古，然则托古之风沿袭已久，故人皆得知而攻之也。

孔子修成、康之道，述周公之训，以教七十子，使服其衣冠，修其篇籍，故儒者之学生焉。《淮南子·要略》

孔子先反，门人后，雨甚，至。孔子问焉，曰：尔来何迟也？曰："防墓崩。"孔子不应。三，孔子泫然流涕曰：吾闻之，古者不修墓。《礼记·檀弓》

---

① "人主"，原作"主人"，误，校改。
② "文"，原作"人"，误，校改。
③ "疾"，原作"病"，校改。

易墓，非古也。同上

葬义，孟子发之至详，不过备棺椁、蔽骸体而已。孔子重魂不重魄，故有庙祭而无墓祭，《记》所谓"送形而往，迎精而反"是也。门人厚葬颜子，犹非之。盖厚葬修墓，乃是旧制，孔子反言非古，正是托古。

孔子曰：五帝出受箓图。《尚书纬璇机钤》

帝喾以上，朴略难传；唐虞以来，焕炳可法。同上

自三皇以下，天命未去，飨善，使一姓不再命。《尚书纬帝命验》

河图曰：仓帝之治八百二十岁，立戊午蔀。《尚书纬运期授》

黄帝冠黄文，白帝冠白文，黑帝冠黑文。《春秋纬合诚图》

黄帝德冠帝位。

黄帝请[1]问太一长生之道，太一曰：齐戒六丁，道乃可成。

黄帝布迹，必稽功务法。

黄帝游元扈洛水上，与大司马容光、左右辅周昌等百二十二人临观。凤凰衔图置帝前。再拜受图。

伏羲龙身，牛首，渠肩，达掖，山准，日角，䶄目，珠衡，长九尺有一寸。望之广，视之专。并同上

尧时气充盛，上感皇天，景星出。《春秋纬感精符》

黄帝坐于扈阁，凤凰衔书至帝前，其中得五始之文。《春秋纬》卷三十五

黄帝、伏羲皆茫渺无可考，观于宰我问于孔子曰：昔者，予闻诸荣伊言，黄帝三百年，请问黄帝者人耶？抑非人耶？何以至于三百年乎？孔子曰：予，禹、汤、文、武、成王、周公可胜观耶？夫黄帝尚矣，女何以为？先生难言之。见《大戴礼·五帝德》然则三皇五帝之事，《列子》所谓"若存若亡若觉若梦"，安有上世之遗书，黄白之帝冠，黄帝观凤凰衔图，伏羲之龙身牛首，瑰璚诡琐，如此之实迹耶？其为称托何疑？

孔子对曰：生乎今之世，志古之道；居今之俗，服古之服。舍此而为非

[1] "请"，原作"德"，误，校改。

者，不亦鲜乎？哀公曰：然则今夫章甫、句屦、绅带而搢笏者，此皆贤乎？《大戴记·哀公》

章甫、句屦、绅带、搢笏，盖孔子所改定之儒服也。《孝经》所谓“非先王之法服不敢服”，《孟子》所谓“服尧之服”，此所谓“服古之服”，皆托也。

文学褒衣博带，窃周公之服。《盐铁论·利议》

儒服创自孔子，哀公见而惊问，而云“窃周公之服”，知必孔子之托周公也。

古者税什一，丰年补败，不外求者，上下皆足也。《谷梁》庄二十八年传

古者十一，籍而不税，初税亩，非正也。古者三百步为里，名曰井田。井田者，九百亩，公田居一。私田稼不善则非吏，公田稼不善则非民。初税亩者，非公之去公田，而履亩十取一也，以公之与民为已悉矣。古者，公田为居，井灶葱韭尽取焉。《谷梁》宣十五年传

古者，立国家百官，具农工，皆有职以事上。古者，有四民：有士民，有商民，有农民，有工民，夫甲，非人人之所能为也。作丘甲，非正也。《谷梁》成元年传

非先王之法服不敢服，非先王之法言不敢道，非先王之德行不敢行。《孝经·卿大夫章》

法服者，儒服也。儒服为孔子之服，鲁哀公之问孔子曰：夫子之服，其儒服与？此云先王盖孔子托也。

子曰：夫召我者，而岂徒哉？如有用我，吾其为东周乎？《论语·阳货》

平王东迁而周亡，故孔子作《春秋》，绌周，王鲁，直以春秋为继周之一代。托始于隐公，适当平世，何尚东周之可为乎？此言为东周，盖托也。

孔子改制考卷十二　孔子改制法尧舜文王考

孔子法尧、舜、文王总义

孔子法尧、舜（略）

孔子法文王（略）

孔子改制后弟子后学皆称尧、舜（略）

孔子改制后弟子后学皆称文王（略）

尧、舜为民主，为太平世，为人道之至，儒者举以为极者也。然吾读《书》，自《虞书》外未尝有言尧、舜者。《召诰》曰：我不可不监于有夏，亦不可不监于有殷。又曰：我不敢知曰有夏服天命，惟有历年；我不敢知曰有殷受天命，惟有历年。又曰：丕若有夏历年，式勿替有殷历年。《多方》曰：非天庸释有夏，非天庸释有殷。《立政》曰：古之人迪惟有夏，亦越成汤，戚丕厘上帝之耿命。皆夏、殷并举。无及唐、虞者。盖古者大朝，惟有夏、殷而已，故开口辄引以为鉴。尧、舜在洪水未治之前，中国未辟，故《周书》不称之。惟《周官》有"唐、虞稽古，建官惟百"之言，然是伪书，不足称也。《吕刑》有"三后"矣，"皇帝"清问下民，古人主无称皇帝者，盖上帝也，则亦无称尧、舜者。若《虞书》、《尧典》之盛，为孔子手作，观《论衡》所述，"钦明文思"以下，为孔子作。《皋陶》有"蛮夷猾夏"之辞，尧、舜时安得有夏？其为孔子所作至明矣。韩非谓：孔、墨同称尧、舜，而取舍相反。尧、舜不可复生，谁使定孔、墨之真？由斯以推，尧、舜自让位盛德，然太平之盛，盖孔子之七佛也。《孝经纬》所谓"托先王以明权"。孔子拨乱升平，托文王以行君主之仁政，尤注意太平，托尧、舜以行民主之太平。然其恶争夺而重仁让，昭有德，发文明，《易》曰："言不尽意"，其义一也。特施行有序，始于粗粝而后致精华。《诗》托始文王，《书》托始尧、舜，《春秋》始文王，终尧、舜。《易》曰：言不尽意。圣人之意，其犹可推见乎？后儒一孔之见，限于乱世之识。大鹏翔于寥廓，而罗者犹守其薮泽，悲夫！

孔子法尧、舜、文王总义

仲尼祖述尧、舜，宪章文、武。《礼记·中庸》

孔子改制，专托尧、舜、文、武。《公羊》既发大义，子思传之，与《公羊》合，可谓独提宗旨，发揭微言。孔子最尊文王之让德，志在文王。然墨子谓：孔子法周，而未法夏。荀子谓：孔子一家得周道举而用之。故亦并称文、武也。

昔者，三代圣王既没，天下失义。后世之君子，或以厚葬、久丧为仁也，义也，孝子之事也；或以厚葬、久丧以为非仁义，非孝子之事也。曰：二子者言则相非，行则相反，皆曰：吾上祖述尧、舜、禹、汤、文、武之道者也。《墨子·节葬》

孔子厚葬、久丧，墨子薄葬、短丧，相非相反，而皆自谓尧、舜、禹、汤、文、武之道。此与《韩非·显学篇》谓“孔子、墨翟俱道尧、舜，而取舍不同，皆自谓真尧、舜。尧、舜不可复生，谁使定尧、舜之真”全合。比两书观之，借仇家之口以明事实，可知“六经”中之尧、舜、文王，皆孔子民主、君主之所寄托，所谓尽君道，尽臣道，事君治民，止孝止慈，以为轨则，不必其为尧、舜、文王之事实也。若尧、舜、文王之为中国古圣之至，为中国人人所尊慕，孔、墨皆托以动众，不待言矣。

右孔子法尧、舜、文王总义。

（下略）

孔子改制考卷十三　孔子改制弟子时人据旧制问难考

孔子改制，弟子据旧制问难（略）

孔子改制，时人据旧制问难（略）

弟子仍旧制，孔子以所改之制定之（略）

时人仍旧制，弟子以孔子所改之制告之（略）

孔子改制后，弟子从之而舍旧制（略）

孔子改制后，时人从之而舍旧制（略）
时人惑旧制，后学以孔子所改之制辟之（略）
时人别创新制，后学以孔子所改之制折之（略）

孔子以布衣改周之制，本天伦，因人情，顺时变，裁自圣心，虽游、夏不能赞一辞。然人情多安旧习，难与图始，骤予更革，鲜不惊疑。虽以帝王之力，变法之初，固莫不衔撅惊蹷者，况以一士之力，依托古先，创立新法者哉？后世尊用孔子之制，视为固然。吾考其时，虽高弟子犹傍徨有惑言，况时人耶？今略考当时事实，以著改制之难焉。

（下略）

孔子改制考卷十四　诸子攻儒考

春秋时诸子攻儒（略）
战国时诸子攻儒（略）
秦时诸子攻儒（略）
两汉时诸子攻儒（略）

冒顿之寇汉，耶律之入宋，皆于大朝一统犯之。若夫称戈并起，荥阳、成皋之战，邯郸之走，鄱阳之攻，高、光、明祖所固然。当战国时，孔道未一，诸子并起，不揣德量力，咸欲篡统，其墨、老二家，骎骎乎！项羽、王郎、陈友谅，故相攻尤力哉！《易》曰：龙战于野，其血玄黄。阴疑于阳必战。诸子自张其教，阴疑于阳者也。然圣道至中，人所归往，偏蔽之道，入焉而败。今借诸子之相攻，明仲尼之不可毁也。然而儒为孔子所创，非先王所传益明矣。

（下略）

孔子改制考卷十五　墨老攻儒尤咸考（略）

孔子改制考卷十六　儒墨争教交攻考

昌黎谓孔子必用墨子，墨子必用孔子，二家相攻，非二师之道本然。瞽言哉！孔子开教在先，道无不包。墨子本其后学，乃自创新教，锐夺孔席以自立，所以攻难者无不至。所谓蠹生于木而自喙其木耶？挟坚苦之志，侠死之气，横厉无前。不数十年。遂与儒分领天下，真儒之劲敌也。攻儒者亦未有过墨者矣。王肃之攻康成，阳明之攻朱子，皆后起争胜之习，墨子真其类也。孟、荀之力辟，岂能已哉！岂能已哉！昌黎真瞽言也！今别著交攻之言，亦犹汉史存楚、汉大案云耳。

（下略）

孔子改制考卷十七　儒攻诸子考

儒攻诸子总义

儒攻管子、晏子（略）

儒攻子桑伯子（略）

儒攻原壤（略）

儒攻棘子成（略）

儒攻少正卯（略）

儒攻老子（略）

儒攻杨、墨（略）

儒攻法家（略）

儒攻名家（略）

儒攻纵横家（略）

儒攻兵家（略）

儒攻宋钘（略）

儒攻许子（略）

儒攻陈仲子（略）

儒攻驺子（略）

儒攻淳于髡（略）

儒攻子莫（略）

儒攻白圭（略）

不知名杂教荀子攻之与孟子同（略）

兴国者必平僭伪，任道者必攘异端。异说嵬琐怪伟，足以惑世诬民，充塞大道。为儒之宗子，为儒之将帅，张皇六师，无害寡命以推行大道，固守圣法，岂得已哉！《传》曰：执德下宏，信道不笃，焉能为有？焉能为无？当诸子之朋兴，天下之充塞，而摧陷廓清，道日光大。战国则遍行天下，后世则一统大教。孟、荀扬其镳，董子定其业。呜呼！儒家而编功臣传耶，其淮阴、中山哉！

儒攻诸子总义

假今之世，饰邪说，文奸言，以枭乱天下，欺惑愚众，矞宇嵬琐，使天下混然不知是非治乱之所存者有人矣。纵情性，安恣睢，禽兽之行，不足以合文通治，然而其持之有故，其言之成理，足以欺惑愚众，是它嚣、魏牟也。忍情性，綦溪利跂，苟以分异人为高，不足以合大众，明大分，然而其持之有故，其言之成理，足以欺惑愚众，是陈仲、史鳝也。不知一天下，建国家之权称，上功用、大俭约而僈差等，曾不足以容辨异，悬君臣，然而其持之有故，其言之成理，足以欺惑愚众，是墨翟、宋钘也。尚法而无法，下修而好作，上则取听于上，下则取从于俗，终日言成文典，及纠察之，则偶然无所归宿，不可以经国定分，然而其持之有故，其言之成理，足以欺惑愚众，是慎到、田骈也。不法先王，不是礼义，而好治怪说，玩琦辞，甚察而不惠，辩而无用，多事而寡功，不可以为治纲纪，然而其持之有故，其言之成理，足以欺惑愚众，是惠施、邓析也。《荀子·非十二子》

夫当世之愚，饰邪说，文奸言，以乱天下，欺惑愚众，使混然不知是非治乱之所存者，即是范雎、魏牟、田文、庄周、慎到、田骈、墨翟、宋钘、邓析、惠施之徒也。此十子者，皆顺非而泽，闻见杂博；然而不师上古，不法先王，按往旧造说，务而自功，道无所遇，二人相从。故曰：十子者之工说，说皆不足合大道，美风俗，治纪纲，然其持之各有故，言之皆有理，足以欺惑众愚。交乱扑鄙，则是十子之罪也。《韩诗外传》

《韩诗》无思、孟，但攻十子，宜得其确。则攻思、孟者，或荀氏后学傅益之欤？它嚣作范雎，或是名字之异，庄周添出。

万物为道一遍，一物为万物一遍。愚者为一物一遍，而自以为知道，无知也。慎子有见于后，无见于先；老子有见于诎，无见于信；墨子有见于齐，无见于畸；宋子有见于少，无见于多。有后而无先，则群众无门；有诎而无信，则贵贱不分；有齐而无畸，则政令不施；有少而无多，则群众不化。《荀子·天论》

孔子之道，六通四辟，无夫不在，诸子之学，悉受范围。然当时诸子改制纷如，竞标宗旨，守执一偏以自高异，天下学者靡然从风。荀子特揭其所短，指其所蔽，极力遍攻。儒教光大，荀子最有力焉。

礼之理，诚深矣，"坚白"、"同异"之察入焉而溺；其理诚大矣，擅作典制辟陋之说入焉而丧；其理诚高矣，暴慢恣睢轻俗之属入焉而队。《荀子·礼论》

擅作典制，当时诸子纷纷改作，以与儒教为难者。"坚白"、"同异"，则墨及公孙龙；暴慢恣睢，则杨、列、申、韩。荀子攻之，以昌儒学。

周、秦之际，诸子并作，皆论他事，不颂主上，无益于国，无补于化。《论衡·佚文》

百家异说，各有所出，若夫墨、杨、申、商之于治道，犹盖之无一橑，而轮之无一辐，有之可以备数，无之未有害于用也。已自以为独擅之，不通之于天地之情也。《淮南子·俶真训》

苏秦、吴起，以权势自杀；商鞅、李斯，以尊重自灭；皆贪禄慕荣以没

其身。从车日乘，曾不足以载其祸也。《盐铁论·毁学》

小人知浅而谋大，羸弱而任重，故中道而废，苏秦、商鞅是也。《盐铁论·遵道》

陶著书数十万言，又作《七曜论》，匡老子，反韩非，复孟轲。《后汉·刘陶传》

陶亦杨雄、昌黎之比，以其书不传，故后贤忘之。然陶生后汉时，孔学大明，攻诸子不足为功矣。惟独尊孟子，最为先河，其识之高，亦在昌黎、皮日休之前驱矣。

右儒攻诸子总义。

（下略）

孔子改制考卷十八　儒墨最盛并称考

孔子一统之后，如汉高、明太囊括四海，悉主悉臣。人不知孔子为创教诸子之一人，更不知与孔子同时争教之巨子。然在战国时，国既诸雄并立，而秦、楚为强，教亦诸子并争，而儒、墨最盛。其时传教各视其力，各竭其才，而“儒”、“墨”二字充满天下，实中分天下。孟子谓：杨朱、墨翟之言盈天下。又谓：天下之言，不归杨，则归墨。又谓：逃墨必归杨，逃杨必归儒。老、杨之学，似若为吴、蜀之鼎立。然墨学濡首救人，又多才艺，人多归之，当战国末，遂与儒并对立，若南北朝，于时老、杨之学，仅如萧詧一线之传，不足比于大国矣。夫原儒、墨所以最盛者，岂不以行仁、兼爱哉！人道莫不赖于仁，固非为我之私所可比矣。然墨道节用、非乐，薄父子之恩，失生人之性，其道枯槁[①]太觳，离天下之心，天下弗堪，咸归孔子，岂非圣人之道得中和哉？墨学微，而老学以为我之私阴行汉世，至今不废，则阴道隐缘之故。然汉人尚以墨翟与孔子并称。项羽虽败，汉人独立本纪，岂非兼爱、尚同之遗烈耶？凡教之光大于世者，未有不出于仁爱，谅哉！今考儒、墨大盛之条，及秦、汉人以儒、墨对举者附焉。

---

① “槁”，原作“稿”，误，校改。

儒墨最盛

孔、墨之弟子徒属充满天下，皆以仁义之术教导于天下。《吕氏春秋·有度》

孔、墨以仁立教，其“弟子徒属充满天下”，殆有由也。故诸子并出，孔、墨独盛，而墨卒败。大道之行，岂苟然哉？儒于战国虽未一统，而半分天下矣。

世之显学，儒、墨也。儒之所至，孔丘也。墨之所至，墨翟也。自孔子之死也，有子张之儒，有子思之儒，有颜氏之儒，有孟氏之儒，有漆雕氏之儒，有仲良氏之儒，有孙氏之儒，有乐正氏之儒。自墨子之死也，有相里氏之墨，有相夫氏之墨，有邓陵氏之墨。故孔、墨之后，儒分为八，墨离为三，取舍相反、不同，而皆自谓真孔、墨，孔、墨不可复生，将谁使定后世之学乎？孔子、墨子俱道尧、舜，而取舍不同，皆自谓真尧、舜，尧、舜不复生，将谁使定儒、墨之诚乎？殷、周七百余岁，虞、夏二千余岁，而不能定儒、墨之真，今乃欲审尧、舜之道于三千岁之前，意者其不可必乎！无参验而必之者，愚也；弗能必而据之者，诬也。故明据先王，必定尧、舜者，非愚则诬也。愚诬之学，杂反之行，明主弗爱也。墨者之葬也，冬日冬服，夏日夏服，桐棺三寸，服丧三月，世以为俭而礼之。儒者破家而葬，服丧三年，大毁扶杖，世主以为孝而礼之。夫是墨子之俭，将非孔子之侈也；是孔子之孝，将非墨子之戾也。今孝戾、侈俭俱在儒、墨，而上兼礼之。《韩非子·显学》

韩非与李斯同事始皇，去汉不远，为诸子之殿。于时犹孔、墨并称显学，盖宗派散布，徒属满天下。然孔学有八家，墨学仅三，比之南宋，朱子学徒胜于陆子，而朱学遂行，至于延祐遂立科举。孔子入汉，“六经”立于学宫，甲科射策，事正相同。鉴后可以推前，孔子大道之行，亦可考其端绪矣。

儒以文乱法，侠以武犯禁，而人主兼礼之。《韩非子·五蠹》

儒、侠毋军劳，显而荣者则民不使，与象人同事也。夫祸知磐石、象人，而不知祸商官儒侠为不垦之地、不使之民，不知事类者也。《韩非子·显学》

上称儒、墨，此称儒、侠，侠即墨也。孔、墨则举姓，儒、侠则举教名，其实一也。太史公云：儒以文乱法，侠以武犯禁。有《儒林传》，复有《游侠传》。时墨者尚盛，故二传并录，亦对举儒、墨也。《淮南子》喜武，非侠也；喜文，非儒也，亦然。太史公虽有儒、墨摈侠不载之说，疑侠为墨之别派乎？

孔、墨，布衣之士也，万乘之主，千乘之君，不能与之争士也。自此观之，尊贵富大，不足以来士矣。《吕氏春秋·不侵》

孔、墨徒属充满天下，不可数计，故万乘之主莫能与之争。以国主不能与争，其盛大流行可想。

孔子学于老聃、孟苏、夔靖叔。鲁惠公使宰让请郊庙之礼于天子，桓王使史角往。惠公止之。其后在于鲁，墨子学焉。此二士者，无爵位以显人，无赏禄以利人，举天子之显荣者，必称此二士也。皆死久矣，从属弥众，弟子弥丰，充满天下，王公大人从而显之，有爱子弟者随而学焉，无时乏绝。子贡、子夏、曾子学于孔子，田子方学于子贡，段干木学于子夏，吴起学于曾子；禽滑釐学于墨子，许犯学于禽滑釐，田系学于许犯。孔、墨之后学，显荣于天下者众矣，不可胜数，皆所染者得当也。《吕氏春秋·当染》

当时，孔、墨二家徒属弥满天下，故韩非以二家为显学，王公大人爱子弟皆从之学。盖吕氏时，两教之人中分天下矣。时孔子虽未一统，有墨梗之，亦已得半，传教亦极速哉！墨子后孔子数十年，而徒属半天下，则尤速矣！真儒教之劲敌也。盖墨子悍甚，故传极速。

惠盎见宋康王。康王蹀足謦欬，疾言曰：寡人之所说者，勇有力也，不说为仁义者也。客将何以教寡人？惠盎对曰：臣有道于此，使人虽勇，刺之不入；虽有力，击之弗中。大王独无意耶？宋王曰：善，此寡人之所欲闻也。惠盎曰：夫刺之不入，击之不中，此犹辱也。臣有道于此，使人虽有勇，弗敢刺；虽有力，弗敢击。夫弗敢，非无其志也。臣有道于此，使人本无其志也。夫无其志者，未有爱利之心也。臣有道于此，使天下丈夫、女子莫不欢然皆欲爱利之。此其贤于勇有力也，四累之上也。大王独无意邪？宋王曰：此寡人之所欲得也。惠盎对曰：孔、墨是已。孔丘、墨翟，无地而为君，无官而为长，天下丈夫、女子莫不延颈举踵而愿安利之。今大王，万乘之主也，诚有其

志，则四境之内皆得其利矣，其贤于孔、墨也远矣。《列子·黄帝》

天下丈夫、女子皆知孔、墨，皆“延颈举踵”，而思安利孔、墨，所谓天下归往谓之王，故曰“无地而为君”也。孔、墨当时大行于天下，下逮于妇孺，殊方绝域，莫不景从，非其徒属盛传之故哉！

惠盎见宋康成公。而谓足声速疾言曰：寡人之所说者勇有力，而无为仁义者，客将何以教寡人？惠盎对曰：臣有道于此，使人虽勇，刺之不入；虽有力，击之弗中；大王独无意耶？王曰：善，此寡人所欲闻也。惠盎曰：夫刺之不入，击之不中，此犹辱也。臣有道于此，使人虽有勇弗敢刺；虽有力不敢击，大王独无意耶？王曰：善，此寡人之所欲知也。惠盎曰：夫不刺不敢击，非无其志也。臣有道于此，使人本无其志也，大王独无意耶？王曰：善，此寡人之所愿也。惠盎曰：夫无其志也，未有爱利之心也。臣有道于此，使天下丈夫、女子莫不欢然皆欲爱利之，此其贤于勇有力也，居四累之上，大王独无意耶？王曰：此寡人之所欲得。惠盎对曰：孔、墨是也。孔丘、墨翟，无地为君，无官为长，天下丈夫、女子莫不延颈举踵而愿安利之。今大王，万乘之主也，诚有其志，则四境之内皆得其利，其贤于孔、墨也远矣。宋王无以应，惠盎趋而出。宋王谓左右曰：辨矣，客之以说服寡人也。《吕氏春秋·顺说》

丈夫、女子皆愿安利孔、墨，则当时服教者无所不遍矣。近世自诸生外不得入庙谒孔子，况女子乎？甚非古义也。

惠盎对曰：孟、墨是已。孔丘、墨翟，无地而为君，无官而为长，天下丈夫、女子莫不延颈举踵而愿安利之者。今大王，万乘之主，诚有其志，则四境之内皆得其利矣，此贤于孔、墨也远矣。《淮南子·道应训》

此与《列子·黄帝篇》、《吕氏春秋·顺说篇》引惠盎之说同。孔、墨之教盛传，具见左证。

故儒者将使人两得之者也，墨者将使人两丧之者也，是儒、墨之分也。《荀子·礼论》

荀子为孔门后学，传经大儒，其书攻墨子之教直过于孟子，而犹以儒、墨对举，则当时墨学与儒分道扬镳可知矣。

孔、墨、宁越，皆布衣之士也，虑于天下以为无若先王之术者，故日夜学之，有便于学者无不为也，有不便于学者无肯为也。盖闻孔丘、墨翟昼日讽诵习业，夜亲见文王、周公旦而问焉。《吕氏春秋·博志》

战国以还，称博闻勤学者，必以孔、墨为称首，而诸子不与焉，其并名如此。盖孔子、墨子皆以学问、制度胜人，诸子多空虚，非其比也。虽宜于时者，墨不如孔，而荀胜孟，朱胜陆，后人皆荀、孟并称，朱、陆对举，正与此同。观后以知前，最足胜据者矣。

今儒、墨皆称先王，兼爱天下，则视民如父母。《韩非子·五蠹》

儒、墨并称而谓之"皆称先王，兼爱天下"，可知儒、墨所以大行者，惟称先王，则于古有征，惟兼爱，则生民共慕，此所以万流向风，而诸子不能比之也。

子张曰：昔者桀、纣贵为天子，富有天下，今谓臧聚曰：汝行如桀、纣，则有怍色，有不服之心者，小人所贱也。仲尼、墨翟，穷为匹夫，今为宰相曰：子行如仲尼、墨翟，则变容易色称不足者，士诚贵也。故势为天子，未必贵也；穷为匹夫，未必贱也；贵贱之分，在行之美恶。《庄子·盗跖》

当时开口辄称孔、墨，人人敬服，自谓不如，其所以入人心者至矣。

是以天下大骇，儒、墨皆起。其作始有伦，而今乎妇女，何言哉！《庄子·天运》

昔者，舜欲服海外而不成，既足以成帝矣；禹欲帝而不成，既足以王海内矣；汤、武欲继禹而不成，既足以王通达矣；五伯欲继汤、武而不能成，既足以为诸侯长矣；孔、墨欲行大道于世而不成，既足以成显荣矣。夫大义之不成既有成已，故务事大。《吕氏春秋·务大》

以孔、墨继舜、禹、汤、武，盖以孔、墨皆为天子之事，所谓行大道于世也。

禹之裸国，裸入衣出，因也。墨子见荆王，锦衣吹笙，因也。孔子道弥子瑕见釐夫人，因也。汤、武遭乱世，临苦民，扬其义，成其功，因也。《吕氏春秋·贵因》

孔子道弥子瑕事虽谬，然当时人论事说理，或单举孔、墨，或以孔、墨与三代圣王同举，其尊之如此。

孔丘、墨翟修先圣之术，通“六艺”之论，口道其言，身行其志，慕义从风，而为之服役者不过数十人。使居天子之位，则天下遍为儒、墨矣。《淮南子·主术训》

以此言之，不独《诗》、《书》、《礼》、《乐》为三代旧名，《易》、《春秋》亦然。《坤》、《乾》之义，不修《春秋》，固墨子所同者也，惟删定不同耳。

孔子弟子七十，养徒三千人，皆入孝出悌，言为文章，行为仪表，教之所成也。墨子服役者百八十人，皆可使赴火蹈刃，死不还踵，化之所致也。《淮南子·泰族训》

孔、墨之弟子，皆以仁义之术教导于世。《淮南子·俶真训》

周室衰而王道废，儒、墨乃始列道而议，分徒而讼。同上

右儒、墨最盛。

（下略）

孔子改制考卷十九　鲁国全从儒教考

鲁人从儒通论（略）

孔子负圣人之誉，中外皆称之（略）

孔子为吏行道于鲁（略）

鲁人尽服孔子之教（略）

鲁尊敬孔子子孙弟子后学（略）

鲁儒生战国、秦、汉时尤盛（略）

光之行也最速，必自近而至远者，势也。将使日月所照，霜露所坠，大小远近若一，声教遍于大地，必先行于诸夏；将使楚、魏、齐、秦咸立博士，汉夷四表咸诵“六经”，必先行于鲁国。康成经学，朱、王理学，皆数十年而遍天下，彼瞿昙之于迦维卫，摩诃末之于麦加犹然。天山万里，东走碣石，渡海而起泰、岱，青青

未了，圣神崛兴，云滃雨滓，其居不远，其时甚近，举国而为儒，虽戎马生郊，而弦歌不绝，岂非圣人之大化哉！

（下略）

孔子改制考卷二十　儒教遍传天下战国秦汉时尤盛考

孔子弟子后学遍传儒教于天下（略）

天下皆尊慕孔子，服从儒教（略）

儒教盛行于战国（略）

儒教盛行于秦（略）

儒教盛行于汉初（略）

七雄争，刘、项战，如猘狗二蛇之斗，何关理道哉？古有斗马、斗鸡、斗人俗，大秦有斗牛，一闤之市若狂，迷于旌旗、金鼓，津津乐道之，以为是时也，儒术绌焉。夷考其时，服儒衣冠传教者充塞天下，弥满天下，得游行教导于天下，下知禄爵，不择人主，惟以行教为事，所至强聒其君相，诱导其士民，立博士，开黉舍，虽经焚坑不悔，此儒教所由光被哉！后生受其成，不知前哲传教之苦，仅以闭户洁身为事，其嗤孔子为佞也固宜。其不肖者困于禄位，知有国而不知有教，欲不微也得乎！窃用恐惧。著春秋、战国、秦、汉时孔子弟子、后学传教之故，著于篇，俾后儒知所法焉。

（下略）

孔子改制考卷二十一　汉武帝后儒教一统考

汉武帝罢黜百家专崇儒教

汉武后特尊孔子加崇异礼（略）

汉武后崇尚儒术盛行孔子学校之制（略）

汉武后崇尚儒术盛行孔子选举之制（略）

两汉帝者及诸侯王皆受经通儒术皇后附（略）

两汉帝者屡诏诸儒评定“五经”，以一学术（略）

两汉廷议多召儒生（略）

两汉学人皆从儒教（略）

两汉郡吏皆以儒术化民（略）

孔子之道，配神明，醇天地，育万物，本末精粗，六通四辟，无乎不在。诸子奋其螳斧，自取灭亡。自获麟至元狩三百年，削莠铲乱，芟墨夷老，天下归往，大道统一。非特郡国立学，乃至裔夷遣子，章缝遍于外域，“六经”揭于日月。《春秋》继周，范围百世，盛矣哉！

汉武帝罢黜百家专崇儒教

春秋大一统者，天地之常经，古今之通谊也。今师异道，人异论，百家殊方，指意不同，是以上亡以持一统。法制数变，下不知所守。臣愚以为诸不在“六艺”之科、孔子之术者，皆绝其道，勿使并进。邪辟之说灭息，然后统纪可一，而法度可明，民知所从矣。《汉书·董仲舒传》

自武帝初立，魏其、武安侯为相而隆儒矣。及仲舒对册，推明孔氏，抑黜百家。立学校之官，州郡举茂材、孝廉，皆自仲舒发之。同上

孝武初立，卓然罢黜百家，表章“六经”。遂畴咨海内，举其俊茂，与之立功，兴太学，修郊祀，改正朔，定历数，协音律，作诗乐，建封禧，礼百神，绍周后，号令文章，焕焉可述。后嗣得遵洪业，而有三代之风。《汉书·武帝本纪》

汉武帝材质高妙，有崇先广统之规，故即位而开发大志，考合古今，模范前圣故事，建正朔，定制度，招选俊杰，奋扬威怒，义四加，所征者服，兴起“六艺”，广进儒术。自开辟以来，惟汉家为最盛焉，故显为世宗，可谓卓尔绝世之主矣！《新论·识通》

孔子制度，至孝武乃谓大行，乃谓一统，佛法之阿育大天王也。自此至今，皆尊用孔子。

孝惠、吕后时，公卿皆武力有功之臣。孝文时颇征用，然孝文帝本好刑名之言。及至孝景，不任儒者，而窦太后又好黄、老之术，故诸博士具官待问，未有进者。及今上即位，赵绾、王臧之属明儒学，而上亦乡之，于是招方正贤良文学之士。自是之后，言《诗》，于鲁则申培公，于齐则辕固生，于燕则韩太傅。言《尚书》，自济南伏生。言《礼》，自鲁高堂生。言《易》，自菑川田生。言《春秋》，于齐、鲁自胡母[①]生，于赵自董仲舒。及窦太后崩，武安侯田蚡为丞相，绌黄老、刑名百家之言，延文学儒者数百人，而公孙弘以《春秋》白衣为天子三公，封以平津侯。天下之学士靡然乡风矣。《史记·儒林列传》

自武帝以后，崇尚儒学。《后汉·党锢传》

自武帝立“五经”博士，开弟子员，设科射策，劝以官禄，讫于元始，百有余年，传业者寖盛，支叶蕃滋，一经说至百余万言，大师众至千余人。《汉书·儒林传》

古无学校、选举，三桓七穆，只有世卿。虽颜、冉龙翰凤雏，曾、闵兰薰雪白，不登孝廉，岂有甲乙？自孔子讥世卿，立科举，田野之秀乃有登进。《春秋》虽改制而未行，至汉武乃始创行之，迄今二千年，虽少有更变，大端仍自汉武始。汉武之功亦大矣！

右汉武帝罢黜百家，专崇儒教。

（下略）

① “母”，《史记·儒林列传》作“毋”。下同。

《中庸注》叙

（1901年3月）

孔子生二千四百五十一年，康有为避地于槟榔屿英总督署之明夷阁。蒙难艰贞，俯地仰天，乃以其暇绎思，故记。瞯然念孔子之教论，莫精于子思《中庸》一篇。此书自《汉·艺文志》既别为篇，梁武帝曾为之注，而朱子注之，辑为《四书》。元、明至今，立于学官，益光大矣。恨大义未光，微言不著，予小子既推知孔子改制之盛德大仁，昔讲学广州，尝为之注。戊戌遭没，稿多散佚，吾既流亡，不知所届。逡巡退思，此篇系孔子之大道，关生民之大泽，而晦冥不发，遂虑掩先圣之隐光，而失后学之正路。不敢自隐，因润色夙昔所论思，写付于世，而序之曰：

郑康成曰：《中庸》者，孔子之孙子思作之，以昭明圣祖之德也。天下之为道术多矣，而折衷于孔子。孔子之道大矣，荡荡如天，民难名之，惟圣孙子思亲传文道，具知圣统。其云“昭明圣祖之德”，犹述作孔子之行状云尔。子思既趋庭捧手，兼传有子、子游之统，备知盛德至道之全体。原于天命，发为人道，本于至诚之性，发为大教之化，穷鬼神万物之微，著三世三统之变。其粗则在人伦言行、政治之迹，其精出于上天无声无臭之表。而所以行之后世，为人不可离者，则以其不高不卑，不偏不蔽，务因其宜，而得人道之中。不怪不空，不滞不固，务令可行，而为人道之用。尚恐法久生弊，又预为三重之道，因时举措，通变宜民。惟其错行代明，故可并行不悖，既曲成万物而不遗，又久历百世而寡过。因使孔子之教，广大配天地，光明并日月，仁育覆后世、充全球。嗟乎！传孔子之教者，如子思之亲贤，亦可尊信矣。天下欲求大道之归、至教之统者，亦可识所从事矣。

去圣久远，伪谬滋炽，如刘歆之派，既务攻今学，而乱改制之经，于是大义微言湮矣。宋、明以来，言者虽多，则又皆向壁虚造，仅知存诚明善之一旨，而遂割弃孔子大统之地，僻陋偏安于一隅。后进承流守旧，画地自甘，不知孔子三重之道通变因时、并行不悖之妙，气弊水浅，不足以容民畜众，则群生将困，而不得被其泽。耗矣哀哉！圣道不明，为害滋大，予因此惧。幸仲尼祖述尧、舜之旨，犹存大义。子思昭明祖德之说，尚有遗言。敢据兹义，推阐明之，庶几孔子之大道复明，而三重之圣德乃久。此区区之意，其诸后圣复起，亦不惑于予言乎？

光绪二十七年辛丑春二月，康有为叙。

《孟子微》序

（1901年）

一王之起，必有熊罴之士、不二心之臣为之先后疏附御侮，而后大业成。一教主之起，亦何独不然？必有魁垒雄迈、龙象蹴踏之元夫巨子为之发明布濩，而后大教盛。不惟其当时，而多得之于身后，若佛教之有龙树、基督教之有保罗是也。孔子改制创教，传于七十子，其后学散布天下，徒侣六万，于是儒分为八。而战国时，孟、荀尤以巨儒为二大宗。太史公编《孔子世家》、《弟子列传》，继以《孟子荀卿列传》，诚知学派之本末矣。

昔庄生称孔子之道，原天地，本神明，育万物，本末精粗，四通六辟，其运无乎不在。后学各得其一体，寡能见天地之容，故暗而不明，郁而不发，而大道遂为天下裂。嗟夫！盖颜子早殁，而孔子微言大义不能尽传矣！荀卿传《礼》，孟子传《诗》、《书》及《春秋》。《礼》者防检于外，行于当时，故仅有小康，据乱世之制，而大同以时未可，盖难言之。《春秋》本仁，上本天心，下该人事，故兼据乱、升平、太平三世之制。子游受孔子大同之道，传之子思。而孟子受业于子思之门，深得孔子《春秋》之学而神明之。故论人性则主善而本仁，始于孝弟，终于推民物。论修学则养气而知言，始于资深逢源，终于塞天地。论治法则本于不忍之仁，推心于亲亲、仁民、爱物，法乎尧、舜之平世。盖有本于内，专重廓充，恃源以往，浩然旁沛潏汗，若决江河，波涛澜汗，传平世大同之仁道，得孔子之本者也。其视礼制之末，防检之严，盖于大道稍轻，故寡言之。盖礼以防制为主，荀子传之，故礼经三百，威仪三千，事为之防，曲为之制。故荀子以人性为恶，而待檃括之，传小康、据乱之道，盖得孔子之粗末者也。以传学既殊，不能解蔽，故《非十二子篇》大攻孟子，所谓寡能见天地之容，而大道不能无裂也。

夫天下古今，远暨欧、亚之学，得本者攻末，语粗者忘精。印度哲学之宗，欧土物质之极，盖寡能相兼、鲜能相下者。吾国朱、陆之互攻，汉、宋之争辨，亦其例也。夫本末精粗，平世拨乱，小康大同，皆大道所兼有。若其行之，惟其时宜。故曰万物并育而不相背[①]，四时错行，日月并明，惟溥博渊泉而时出之。此天地所以为大，而孔子所以为神圣也。苟非其时而妄行之，享钟鼓于爰居，被冕绣于猿猱，则悲忧眩视，亦未见其可也。故诚当乱世，而以大同平世之道行之，亦徒致乱而已。举佛法之精微以语凡众，亦必眩视茫然，不解所谓也。故佛乘有大小，根器有上下。孔子则曰：中人以上，可以语上。中人以下，不可以语上也。夫制法之本，立义之原，不能告众。故曰：民可使由之，不可使知之也。然则精粗本末，皆不可缺，而亦不能相轻也。如东西墙之相反而相须[②]以成屋也，如水火、舟车、冰炭之相反而相资以成用也。故孟、荀并尊，已在战国时，而太史公并传，非谬论也。宋时心学大盛，于是独尊孟子，乃至以上配孔子，称孔孟焉。

夫孟子不传《易》，寡言天道之精微，于孔子天地之全，尚未几焉。虽然，孟子乎真得孔子大道之本者也！养气知言，故传孔子之道，霹雳而雷声者也。虽荀子非难之，亦齐之于圣孙子思，以为传仲尼、子游之道。今考之《中庸》而义合，本之《礼运》而道同，证之《春秋》、《公》、《谷》而说符。然则，孟子乎真传子游、子思之道者也。直指本来，条分脉缕，欲得孔子性道之原，平世大同之义，舍孟子乎莫之求矣。颜子之道不可得传，得见子游、子思之道，斯可矣！孟子乎，真孔门之龙树、保罗乎！若夫论者因孟子发民贵君轻之义，举子贡过于仲尼，则未知孟子所传道之本末也。孟子曰：乃所愿，则学孔子也。孟子之义，由子游、子思而传自孔子，非孟子所创也。民贵君轻，乃孔子升平之说耳。孔子尚有太平之道，群龙无首，以为天下至治，并君而无之，岂止轻哉？大医王药笼中何药不具？其开方也，但求病瘳，非其全体也。病变则方又变矣，无其病又不能授以药也。岂有传独步单方，而可为圣医乎？

---

① “故曰”至此，《不忍》本作“故曰万物并育而不相害，道并行而不相背”。

② “须”，《不忍》本作“需”。

未知孔子太平大同之道[1]，天地之全，而以一言为轻重去取，是犹入智井而遇灯，乃谓日月不明，不如灯也。其于观圣也，不亦远乎！

夫天地之大，测者难以骤明也。孔子之道之大，博深高远，当时弟子已难尽传，子贡已谓得见宫庙之美、百官之富者寡矣。数千年之后学，而欲知孔子之道，其益难窥万一，不待言也。虽然，天不可知，欲知天者，莫若假器于浑仪。孔子不可知，欲知孔子者，莫若假途于孟子。盖孟子之言孔道，如导水之有支派脉络也，如伐树之有干枝叶卉也，其本末至明，条理至详。通乎孟子，其于孔子之道得门而入，可次第升堂而入室矣。虽未登天囿而入地隧乎，亦庶几见百官之车服礼器焉，至易至简，未有过之。吾以信孟子者知孔子，惜乎数千年注者虽多，未有以发明之。不揣愚谬，探原分条，引而伸之，表其微言大义。不能循七篇之旧，盖以便学者之求道也，非敢乱经也。若有得于此，则七篇具在。学者熟读精思焉，不尤居安而资深乎？

孔子二千四百五十三年，光绪二十七年冬至日，南海康有为序。

附：《新民丛报》本序[2]

□□□曰：举中国之百亿万群书，莫如《孟子》矣。传孔子《春秋》之奥说，明太平大同之微言，发平等同民之公理，著隶天独立之伟义，以拯普天生民于卑下钳制之中，莫如孟子矣！探冥冥之本原于天生之性，许其为善而超擢之。著灵明之魂于万物皆备之身，信其诚有而自乐之。秩天爵于人人自有而贵显之，以普救生人神明于昏浊污蔽之中，莫如孟子矣！孟子哉，其道一于仁而已。孟子深造自得于孔子仁之至理，于是开阖操纵，浅深远近，抑扬进退，时有大声霹雳以震动大地、苏援生人者，终于仁而已矣。通于仁者，本末精粗，六通四辟，无之而不可矣。吾中国之独存此微言也，早行之乎，岂惟四万万神明之胄赖之，其兹大地生民赖之！吾其扬翔于太平大同之世久矣！

---

① “以为天下至治”至此，《不忍》本作“其全体也，病变则方又变矣，无其病，又不能授以药也，岂有传独步单方而可为圣医乎？未知孔子太平大同之道”。

② 本序录自《新民丛报》第十号。

□□□曰：嗟哉！吾中国幸有孟子言，吾何为犹遇兹浊乱世哉？吾民何为不能自立而遭兹压乱哉？孟子之义，其犹晦冥霾瘗哉！夫累千年之国教，立于学官，达于童孺，诵之服之，不为不尊。挟普通试士之力，举国百千万亿之衿缨，伏案咿唔，舐笔呻吟，思之沉沉，发之深深，不为不明。孟子之义，岂不殊尤显微哉！乃仅知其介介之义，而不知其肫肫之仁。仅知证其直指之心，而不知推其公同之理。不窥其门，不测其涯，士尽割地，国皆失日，冥沉黑暗，邈邈数千年。嗟哉！吾昔滋惧，窃不自量，发其微言，宣其大义。择其篇章，类而聚之，俾彰彻大明。庶几孔子大同之仁、太平之义光明于大地，利泽于生民，其兹孟子之志欤！

孔子二千四百五十二年，即光绪二十七年冬至日，□□□序。

《礼运注》叙

（约1901—1902年）

【按】《礼运注》康有为自署作于1884年，显系“倒填年月”。论者或谓撰于1897年，论据亦欠有力。查康氏1901年至1902年避居新加坡、印度期间，除遍注四书外，并系统演述《礼运》大同之义。是该书应作于这段时期内。《不忍》杂志第五、六册曾予选载。1916年由上海广智书局以《演孔丛书》名出版铅字排印本。今据此单行本逐录标点，引文参校以《十三经注疏》本。

大漠也，巨海也，泛之而无涯，行之而无途，杳杳茫茫，入之迷方，失路以悲，漂泊可伤者皆是也。浩乎孔子之道，荡荡则天，六通四辟，其运无乎不在。然以其旷博浩弥，举二千五百年之绵蒙，合四万万人民之繁众，并日本、高丽、安南之同文，立于学官，著为国教，诵之读之，尊之服之，而苍苍无正色，渺渺无终极，欲实为孔子之至道也，莫可得而指也。人好其私说，家修其旧习，以多互证，以久相蔽，以小自珍，始误于荀学之拘陋，中乱于刘歆之伪谬，末割于朱子之偏安，于是素王之大道暗而不明，郁而不发，令二千年之中国，安于小康，不得蒙大同之泽，耗矣哀哉！

予小子六岁而受经，十二岁而尽读周世孔氏之遗文，乃受经说及宋儒先之言，二十七岁而尽读汉、魏、六朝、唐、宋、明及国朝人传注考据义理之说，所以考求孔子之道者，既博而劬矣。始循宋人途辙，炯炯乎自以为得之矣。既悟孔子不如是之拘且隘也，继遵汉人之门径，纷纷乎自以为践之矣。既悟其不如是之碎且乱也，苟止于是乎？孔子其圣而不神矣。既乃离经之繁而求之史，凡数千年国家风俗治乱之故，若者与孔教相因而进退者，得之于战国、秦、汉之间，东汉为美矣，以为未足尽孔子之道也。既乃去古学之伪，而求之今文学，凡齐、鲁、韩之《诗》，欧阳、大小夏侯之《书》，孟、焦、京之

《易》，大小戴之《礼》，公羊、谷梁之《春秋》，而得《易》之阴阳之变、《春秋》三世之义，曰：孔子之道大，虽不可尽见，而庶几窥其藩矣。惜其弥深太漫，不得数言而赅大道之要也，乃尽舍传说而求之经文。读至《礼运》，乃浩然而叹曰：孔子三世之变、大道之真，在是矣。大同小康之道，发之明而别之精，古今进化之故，神圣悯世之深，在是矣。相时而推施，并行而不悖，时圣之变通尽利，在是矣。是书也，孔氏之微言真传，万国之无上宝典，而天下群生之起死神方哉！天爱群生，赖以不泯，列圣呵护，幸以流传。二千五百年至予小子而鸿宝发见，辟新地以殖人民，揭明月以照修夜，以仁济天下，将纳大地生人于大同之域，令孔子之道大放光明，岂不异哉！

康有为乃猎缨薅衽而正言曰：吾中国二千年来，凡汉、唐、宋、明，不别其治乱兴衰，总总皆小康之世也。凡中国二千年儒先所言，自荀卿、刘歆、朱子之说，所言不别其真伪、精粗、美恶，总总皆小康之道也。其故则以群经诸传所发明，皆三代之道，亦不离乎小康故也。夫孔子哀生民之艰，拯斯人之溺，深心厚望，私欲高怀，其注于大同也至矣。但以生当乱世，道难躐等，虽默想太平，世犹未升，乱犹未拨，不能不盈科乃进，循序而行。故此篇余论及它经所明，多为小康之论，而寡发大同之道，亦所谓知其不可而为之者耶！若其发礼意之本，极天人之故，抑可以推先圣制作之意焉。幼孩不能离襁褓，蒙学不能去严师。害饥渴者，当醉饱以济其虚，不能遽与八珍。病伤寒者，当涤荡以去其邪，不能遽投参术。乱次以济，无翼以飞，其害更甚矣。若子弟成人，尚必服以襁褓，寒邪尽去，尚不补以参苓。泥守旧方而不知变，永因旧历而不更新，非徒不适于时用，其害且足以死人。

今者，中国已小康矣，而不求进化，泥守旧方，是失孔子之意，而大悖其道也，甚非所以安天下乐群生也，甚非所以崇孔子同大地也。且孔子之神圣，为人道之进化，岂止大同而已哉！庄子建德之国，列子甀甗之山，凡至人之所思，固不可测矣，而况孔子乎？圣人之治，如大医然，但因病而发药耳，病无穷而方亦无穷，大同小康，不过神人之一二方哉。窃哀今世之病，搜得孔子旧方，不揣愚妄，窃用发明，公诸天下，庶几中国有瘳，而大地群生俱起乎！其诸好学高识之君子，有以正之。

孔子二千四百三十五年，即光绪十年甲申冬至日，康有为叙。

《春秋笔削大义微言考》自序

（1893年—1895年）

【按】《春秋笔削大义微言考》十一卷，附《发凡》一卷。撰者1901年8月《自序》云，旧稿为1893年至1895年在万木草堂及桂林讲学时所撰，后随《清议报》馆一齐被焚，后于1900年12月22日至1901年8月7日补成。但书中述及1904年“亲历”法国情形，及1911年袁世凯迫清帝退位之事，知全书写成后十余年中续有增补。是书作为“万木草堂丛书”之一种，以“南海康有为更生学”署名，于1917年刊行。序文先此发表于1913年4月《不忍》杂志第三期。兹据“万木草堂丛书”本迻录，引文参校以《十三经注疏》本，并酌出校记。序文与《不忍》本互校。

宅神州之中，绵二千年之邈暖，合万百亿兆之衿缨，咸奉孔子为国教。诵其遗书，尊之信之；垂为科举，习之传之。然言孔子之道，则若指天而谈空，苍苍不得其正色，浑浑不得其际极。或割大圆，得锐角以自珍；或游沙漠，迷方向而失道。所号称巨子元儒，皆不出是矣。

夫孔子之道广矣博矣，邃矣奥矣，其条理密矣繁矣，又多不言之教，无声无臭，宜无得而称焉。请撢其涯，求其门。子贡曰：我不欲人之加诸我，吾亦欲无加诸人。庄子者，得子贡太平之传；故善言孔子者，莫如庄子。曰：古之人其备乎，配神明，醇天地，育万物，和天下①，六通四辟，小大精粗，其运无乎不在。其传而在六艺者，邹鲁之士、搢绅先生能言之②。《诗》以道

---

① “和天下”下，《庄子·天下》原文有“泽及百姓，明于本数，系于末度”。

② “能言之”，《庄子·天下》原文作“多能明之”。

志，《书》以道事，《礼》以道行，《乐》以道和，《易》以道阴阳，《春秋》以道名分。

然则求孔子之道者，于六艺其可乎？子思曰：仲尼祖述尧、舜，宪章文、武，上律天时，下袭水土。譬如天地之无不持载、无不覆帱，如四时之错行，日月之代明。孟子者，得子思升平之传；故善言孔子者，莫如孟子。孟子言禹，则曰抑洪水；言周公，则曰兼夷狄、驱猛兽；言孔子，不举其他，但曰“知我罪我，其惟《春秋》”，又曰“其事则齐桓、晋文，其文则史，其义则丘窃取之”。然则[①]六艺之中，求孔子之道者，莫如《春秋》。

于《春秋》之中，有鲁《春秋》之史文，有齐桓、晋文之事，有孔子之义，惟义乃为孔子所制作。然则求孔子之道于《春秋》之义，其不误乎？董子，群儒首也。汉世去孔子不远，用《春秋》之义以拨乱改制，惟董子开之。凡汉世学官师师所传，惟公、谷二家，实皆孔门弟子、后学口说。然则求《春秋》之义于公、谷[②]、董、何及刘向之说，其不谬乎？《春秋经》多无传无说，凡无传者一千零八条，无说者七百零五条[③]，其遗落不闻者，盖已多矣。据今二家口说所存者，虽掇什一于千百，微言大义，粲然具在，浩然闳深，虽其指数千，不尽可窥。然综其指归，亦庶几得其门而入焉。

康有为乃言曰：孔子之道，其本在仁，其理在公，其法在平，其制在文，其体在各明名分，其用在与时进化。夫主乎太平，则人人有自立之权；主乎文明，则事事去野蛮之陋；主乎公，则人人有大同之乐；主乎仁，则物物有得所之安；主乎各明权限，则人人不相侵；主乎与时进化，则变通尽利。故其科指所明，在张三世。其三世所立，身行乎据乱，故条理较多；而心写乎太平，乃意思[④]所注。虽权实异法，实因时推迁，故曰孔子圣之时者也。若其广张万法，不持乎一德，不限乎一国，不成乎一世，盖泱乎天人矣！

汉世家行孔学，君臣士庶，劬躬从化，《春秋》之义，深入人心。拨乱之道既昌，若推行至于隋、唐，应进化至升平之世。至今千载，中国可先大地

---

① “则”下，《不忍》本有“于”。

② “二家”至此，《不忍》本无。

③ “七百零五条”，《不忍》本作“凡百十条”。

④ “意思”，《不忍》本作“神思”。

而太平矣。不幸当秦、汉时，外则老子、韩非所传刑名法术、君尊臣卑之说，既大行于历朝，民贼[1]得隐操其术以愚制吾民；内则新莽之时刘歆创造伪经，改《国语》为《左传》，以大攻《公》、《谷》，贾逵、郑玄赞之。自晋之后，伪古学大行，《公》、《谷》不得立学官，而大义乖；董、何无人传师说，而微言绝。甚且束阁三传，而抱究鲁史为遗经；废置于学，而嗤点《春秋》为"断烂朝报"。此又变中之变，而《春秋》扫地绝矣！于是三世之说不诵于人间，太平之种永绝于中国；公理不明，仁术不昌，文明不进。昧昧二千年，瞀焉惟笃守据乱世之法以治天下。病愈而仍服旧方，儿壮而仍衣襁褓。群盲相证，以为此名医所开之方，不敢不食；父母所遗之服，不敢不衣也。呜呼！使我大地先开化之中国，五万万神明之种族，蒙然茶然，耗矣衰落，守旧不进，等诮野蛮，岂不哀哉！

天未丧斯文，牖予小明[2]，得悟笔削微言大义于二千载之下。既著《伪经考》而别其真赝，又著《改制考》而发明圣作，因推公、谷、董、何之口说，而知微言大义之所存。又考不修《春秋》之原文，而知笔削改本之所托。先圣太平之大道，隐而复明，暗而复彰。撰始于广州之草堂，纂注于桂林之风洞；戊戌蒙难，遗稿略存，东走日本，抱以从事。己亥之春游欧、美，不能携焉，存于《清议报》中。九月渡太平洋而东归，二十二日过横滨，而《清议报》火，稿从焚焉。

孔子生二千四百五十年，岁在庚子，康有为避地槟屿，刺客载途，拳贼大乱，蒙难晦明，幽居深念。喟然曰：昔孔子厄陈、蔡，作《春秋》；今《春秋》灭于伪《左》，孔道晦于中国，太平绝于人望，岌岌殆哉！吾虽当厄，恐予身不存，先圣太平之大道不著。不揣孤陋，再写旧闻。因旧传凡得一十一卷[3]，岂有所明？亦庶几孔子太平之仁术、大同之公理不坠于地，中国得奉以进化，大地得增其文明。亦后之君子所不罪欤？其诸君子亦乐道之耶？孔子二千四百五十一年，即光绪二十七年辛丑夏六月二十三日[4]书成，康有为写于

① "民贼"，《不忍》本作"君"。
② "小明"，《不忍》本作"小子"。
③ "因旧传凡得一十一卷"，《不忍》本作"凡得二十二卷"。
④ "夏六月二十三日"，《不忍》本作"七月"。

槟榔屿英督署之大庇阁。

此书旧草于广州羊城之万木草堂及桂林之风洞。戊戌蒙难，东走日本，携以俱。后游欧、美，留于日本。己亥九月二十二日《清议报》被焚，此稿遂烬。今乃补成之，自庚子十一月朔冬至始，凡阅七月有二十三日，共一百九十七日书成。[①]

① “此书旧草于广州羊城之万木草堂”至此，《不忍》本无。

《大学注》序*

（1902年8月）

善乎庄生之善言孔子也。曰：内圣外王之道，暗而不明，郁而不发，而道术遂为天下裂。故推孔子为神明圣王，明乎本数，系于末度，内外精粗，其运无乎不在。若夫内圣外王，条理毕具，言简而意该者，求之孔氏之遗书，其惟《大学》乎？明德为始，则①先不欺以修身；新民为终，则絜矩以平天下②。精粹微远，深博切明，未有比焉③。是篇存于《戴记》，朱子以为曾子所作，误分经传。夫《诗》、《书》、《礼》、《乐》、《易》、《春秋》，孔子圣作，乃名为经，余虽《论语》只名为传，《礼记》则为记为义，况一篇中岂能自为经传乎？篇中仅一指曾子，亦无曾子所作之据。惟记皆孔门弟子后学传孔子之口说，孔子之微言大义实传焉。朱子特选《中庸》与此篇，诚为精要。惟朱子未明孔子三世之义，则于孔子太平之道，暗而未明，郁而不发④。方今大地棣通，据乱之义，尤非所以推行也。不量愚薄，更为笺注，其旧文错简，亦窃正焉。戊戌之难，旧注尽失，逋亡多暇，补写旧义。僻在绝国，文献无征，聊复发明，庶几孔子内圣外王之道，太平之理，复得光于天下云尔⑤。

光绪二十八年七月，康有为序于印度大吉岭。

［手稿，藏台湾“中央研究院”近代史所］

---

* 此文又载《不忍》杂志第六册（1913年7月出版），内容较手稿有增益。今据手稿点校，与《不忍》本互校。

① “则”下，《不忍》本有“灵魂不昧”。

② “新民为终，则絜矩以平天下”，《不忍》本作“而至善为止，推絜矩以平天下”。

③ “未有比焉”下，《不忍》本有“提大道之要，钩至德之元，群书传说未有比焉，诚孔门之宝书、学者之阶准也”。

④ “郁而不发”下，《不忍》本有“盖二千年矣”。

⑤ “云尔”，《不忍》本作“学者持循，以有宗庙百官之美富，亦庶几门阶之未失云尔”。

《论语注》序

（约1915年）

【按】《论语注》二十卷，撰者序谓“昔尝为注，经戊戌之难而微矣”。复于1902年避居印度期间补成。但此后屡有增订，全书撰毕当不早于1915年。是书作为《万木草堂丛书》之一种，于1917年初刊，序文先此发表于1913年5月《不忍》第四期。兹据初刻本标点，序文参校《不忍》本。注文多引朱熹《论语集注》原文而未明所自，今均出注说明。余就朱注而作概述、增削处则不另注。

《论语》二十篇，记孔门师弟之言行，而曾子后学辑之。郑玄以为仲弓、子游、子夏等撰定，则不然。夷考其书，称诸弟子，或字或名，惟曾子称子，且特叙曾子启手足事，盖出于曾子门人弟子后学所纂辑也。夫仲弓、游、夏，皆年长于曾子，而曾子最长寿，年九十余，安有仲弓、游、夏所辑，而子曾子，且代曾门记其启手足耶？

夫孔子之后，七十弟子各述所闻以为教，枝派繁多。以荀子、韩非子所记，儒家大宗，有颜氏之儒，有子思之儒，有孟氏之儒，有孙氏之儒，有仲弓之儒，有乐正氏之儒；其他澹台率弟子三百人渡江，田子方、庄周传子贡之学，商瞿传《易》，公孙龙传坚白。而儒家尚有宓子、景子、世硕、公孙尼子及难墨子之董无心等，皆为孔门之大宗。自颜子为孔子具体，子贡传孔子性与天道，子木传孔子阴阳，子游传孔子大同，子思传孔子中庸，公孙龙传孔子坚白。子张则高才奇伟，《大戴记[①]·将军文子篇》孔子以比颜子者，子弓则荀子以比仲尼者。自颜子学说无可考外，今以《庄子》考子贡之学，以《易》说

① “记”，《不忍》本作“礼”。

考子木、商瞿之学，以《礼运》考子游之学，以《中庸》考子思之学，以《春秋》考孟子之学，以正名考公孙龙之学，以荀子考子弓之学，其精深瑰博，穷极人物，本末、大小、精粗无乎不在，何其伟也！

《论语》既辑自曾门，而曾子之学，专主守约。观其临没郑重言君子之道，而乃仅在颜色、容貌、辞气之粗；乃启手足之时，亦不过战兢于守身免毁之戒。所辑曾子之言，凡十八章，皆约身笃谨之言，与《戴记·曾子》十篇相符合。宋叶水心以曾子未尝闻孔子之大道，殆非过也。曾子之学术如此，则其门弟子之宗旨意识可推矣。故于子张学派攻之不遗，其为一家之学说，而非孔门之全，亦可识矣。

夫以孔子之道之大，孔门高弟之学术之深博如此，曾门弟子之宗旨学识狭隘如彼，而乃操采择辑纂之权，是犹使僬侥量龙伯之体，令鄙人数朝庙之器也。其必谬陋粗略，不得其精尽，而遗其千万，不待言矣。假颜子、子贡、子木、子张、子思辑之，吾知其博大精深，必不止是也。又，假仲弓、子游、子夏辑之，吾知其微言大义之亦不止此也，佛典有迦叶、阿难之多闻总持[①]，故精微尽显，而佛学大光。然龙树以前，只传小乘，而大乘犹隐。盖朝夕雅言，率为中人以下而发，可人人语之，故易传焉。若性与天道，非常异义，则非其人不语，故其难传，则诸教一也。曾学既为当时大宗，《论语》只为曾门后学辑纂，但传守约之绪言，少掩圣仁之大道，而孔教未宏矣。故夫《论语》之学，实曾学也，不足以尽孔子之学也。

盖当其时，六经之口说犹传，《论语》不过附传记之末，不足大彰孔道也。然而孔门之圣师若弟之言论行事，藉以考其大略。司马迁撰述《仲尼弟子列传》，其所据引不能外《论语》。凡人道所以修身待人，天下国家之义，择精语详，他传记无能比焉。其流传自西汉，天下世讽之，甚久远，多孔子雅言，为六经附庸，亦相辅助焉。不幸而刘歆篡圣，作伪经以夺真经。公、谷《春秋》，焦、京《易》说既亡，而今学遂尽，诸家遂掩灭，太平、大同、阴阳之说皆没，于是孔子之大道扫地尽矣。宋贤复出求道，推求遗经，而大义微

① “佛典有迦叶、阿难之多闻总持”，《不忍》本作“嗟夫！佛典有迦叶、阿难之总闻”。

言无所得，仅获《论语》为孔子言行所在，遂以为孔学之全。乃大发明之，翼以《大学》、《中庸》、《孟子》，号为四子书，拔在六经之上，立于学官，日以试士。盖千年来，自学子束发诵读，至于天下推施奉行，皆奉《论语》为孔教大宗正统，以代六经，而曾子守约之儒学，于是极盛矣。

圣道不泯，天既诱予小子发明《易》、《春秋》阴阳、灵魂、太平、大同之说。而《论语》本出今学，实多微言，所发大同神明之道，有极精奥者，又于孔子行事甚详。想见肫肫之大仁，于人道之则、学道之门，中正无邪，甚周甚备，可为世世之法。自六经微绝，微而显，典而则，无有比者；于大道式微之后，得此遗书，别择而发明之，亦足为宗守焉。其或语上语下，因人施教，有所为言之，故问孝问仁，人人异告。深知其意而勿泥其词，是在好学深思者矣。

曾子垂教于鲁，其传当以鲁[①]为宗，凡二十篇。汉时常山都尉龚奋、长信少府夏侯胜、丞相韦贤及子玄成、鲁扶卿太子太傅夏侯建、前将军萧望之并传之，各自名家。齐《论》者，齐人所传，多《问王》、《知道》二篇，凡二十二篇，异于鲁《论》；昌邑中尉王吉、少府宋畸、琅邪王卿、御史大夫贡禹、尚书令五鹿充宗、胶东庸生并传之，惟王吉名家。《汉·艺文志》有《鲁传[②]》二十篇、《传》十九篇，《鲁夏侯说》二十一篇，《鲁安昌侯说》二十一篇，《鲁王骏说》二十一篇，《齐说》二十九篇，说《论语》者止此而已。安昌侯张禹受鲁《论》于夏侯建，又从庸生、王吉受齐《论》，择善而从，以教成帝，最后行于汉世。然鲁、齐之乱，自张禹始矣。刘歆伪古文《论语》，托称出孔子壁中，又为传托之孔安国，而马融传而注之，云多有两《子张》篇，分《尧曰》以下子张问政为《从政》篇，凡二十一篇，篇次不与齐、鲁同。桓谭《新论》谓文异者四百余字，然则篇次文字多异，其伪托窜乱，当不止此矣。自郑玄以鲁、齐《论》与古《论》合而为书，择其善者而从之，则真伪混淆，至今已不可复识。于是曾门之真书亦为刘歆之伪学所乱，而孔子之道益杂羼矣。晋何晏并采九家，古今杂沓，益无取焉。有宋朱子，后千载而发

① “鲁”，《不忍》本作“鲁论”。
② “鲁传”，《不忍》本作“鲁论”。

明之，其为意至精勤，其诵于学官至久远，盖千年以来，实为曾、朱二圣之范围焉。惜口说既去，无所凭藉，上蔽于守约之曾学，下蔽于杂伪之刘说，于大同神明仁命之微义，皆未有发焉。

昔尝为注，经戊戌之难而微矣。避地多暇，不揣愚昧，谬复修之。僻陋在夷，无从博征，以包、周为今学，多采录之，以存其旧。朱子循文衍说，无须改作者，亦复录之。郑玄本有今学，其合者亦多节取①。后儒雅正精确者，亦皆采焉。其经文以鲁《论》为正，其引证以今学为主②，正伪古③之谬，发大同之渐。其诸本文字不同，折衷于石经，其众石经不同者依汉，无则从唐，或从多数④。虽不敢谓尽得其真，然于孔学之大、人道之切，亦庶有小补云尔。

孔子生二千四百五十三年，即光绪二十八年癸卯⑤春三月十七日，康有为序于哲孟雄国之大吉岭大吉山馆。

① “取”下，《不忍》本有“焉”。
② “后儒雅正精确者”至此，《不忍》本无。
③ “伪古”，《不忍》本作“伪古文”。
④ “其诸本文字不同”至此，《不忍》本无。
⑤ 光绪二十八年为“壬寅”，此处“癸卯”当康氏误记。

论中国文化

戒缠足会启*

（1883年）

缠足之风，俞正燮谓始于赵之跕利屣，殆不然也。唐人尚无是俗。李白诗所谓"一双金齿屐，两足白如霜，不着鸦头袜"；韩致光诗所谓"六寸肤圆光致致"，不缠足之证也。作俑者，其南唐之宫嫔窅娘乎？宋时唯程子之家不缠足，则是其风亦行。降宋迄明，僻奥之壤皆遍，遂至于今。

夫天之生人，指趺完美，其长以咫。屈而纤之，拳曲臃肿，是古之刖刑也。女子何罪而加刖之？且刖者不出于他人，而出于父母。专伤生人之肌，坏骨肉之恩，损天性之亲，天下之悖理伤道，莫此为甚。每见寡儿弱女，年未龀龆，骨未坚强，辄以三尺之布、寻丈之带横加裹束，若缚盗贼。号哭之声腾溢户外，见者未有不怜其无辜而以为当然也。及其缚束已成，弓鞋盈寸，其富贵之家，婢扶媪拥，尚有扶壁愁眉者焉；若贫贱者，十之八九亲井臼、躬烹炊，上事舅姑，下抚子女，跛来报往，应接靡息，吞声饮泣，竭力强承，然犹姑责其慢、夫恶其秽焉。其苦至矣！若猝然遭非常之变、践不测之故，委顿蹩躄，一步不行，以至毁筋绝骨、失身丧命者，不可胜数。其他尚不忍言也。岂不痛哉！

世之为此者，其伤理勿论；以为得夫之欢乎？则又不尽然也。故世祖深恶恶俗，思欲变之。顺治十七年，命禁裹足，有犯此者，罪其父与夫，杖八十，流三千里，徒三年。法至严也，然则何乐伤天理、违国禁而为之？推其由来，盖风俗之敝，以为妻妾之辨在此也；亦有志士思矫之，又以婚姻之难在此也。是以流俗而靡变也。

---

* 本文原题"南海康工部旧稿"，系康氏1883年与区谔良共创不裹足会时所作序文。

近世士大夫邓鸿胪铁香、李方伯山农、区部郎海峰，其女子咸不裹足。诚愿与有志之士顺天理、奉王制，全生人之体、完父子之恩，使千年之恶俗一旦涤荡，岂不善欤？若谓出千万女子于残伤中而补完之，推从善降祥之说，其功德之无量，抑不待言也。凡我同人，书姓名、籍贯、里居、科第、官爵、三代、子女年岁于左，以备婚姻之采择焉。

［录自《戒缠足文》一册，光绪丁酉年刻］

与黄仲弢编修书

（1888年）

顷颇能自遣不？亡篆之余，读何书也？庄生所谓“人之生也，与忧俱来”，中年惕哀，正复不免。若未能自解，以内典、《传灯录》等书破之亦佳，不能遽斥为淫声美色也。

仆尝谓词章如酒能醉人，汉学如饾饤能饱人，宋学如饭能养人，佛学如药能医人。此论公以为然不耶？兄天性笃挚，好善如不及，诚忠臣、孝子之基也。然牵于世网太深，亦少刚拔坚毅之气，务于近时学问议论，名誉太熟而少破弃。凡近养心养气之功，我辈皆然，率由鞭策不紧之故也。

朱子曰：老僧隐深山，草衣、木食数十年，故其出也，俊伟光明。詹詹小儒，那得不出其肘下！盖佛以戒为第一功德，住处能持净戒，则能生诸禅，定寂灭。若智慧人能从其戒，是先有坚定金刚志矣。由是加教，岂不大易？故多负荷之人。若儒教，欲涵濡以《诗》、《书》，陶融以《礼》、《乐》，靡广以学问，不知托身于名誉、富贵、宫室、妻妾之中，嗜欲繁生，谈何容易？拔而出之，其难成也固矣。所以然者，儒之敷五教在宽，佛之持八戒尚严。今若不由戒定人，而欲剪除荆棘，荡决薮泽，其亦难矣。刘元城、陈了翁诸公于此道颇有得，故能卓卓有立。朱子于此道所得实不浅，不过五十后弃之耳。

公学纯乎儒，仆敢以此说进者，亦所为药笼中之物。非欲公常服之，但借大黄消泻其积滞。亦一谓仆若迟出山数年，修炼精悍，当更有成。今失良友，将来入山，未审若何，故于足下不能无眷眷也。

吾子亦精神未紧，骨髓未坚，由世故太深，无人摩厉之故。抑吾子智者也，不能以常理测之，愿稍破常格，无为含蓄虚隐，而后彼此得尽无隔阂之虑。大约世变不同，今非以出世心行入世事不得。虽禅者说，正不得以异教论，不然，终为依阿世故之人，非可置于铁轮顶上旋者。非足下达识，不敢竭也。

［抄件，藏上海博物馆］

笔记·官制科举*

（1888年前后）

中国之俗，绅士入局及集明伦堂，已有下采民言之意，近欧洲议院矣。其在朝廷，每有大事，下王公九卿、翰詹科道议，此则欧洲所谓上议院者也。夫今之不设议院者，谓以中国而下仿西法，是用夏变夷也。不知昔无总督，今何有之？昔无海军，今何有之？昔无电线、铁路、轮车、火船，今何有之？穷则变通，势固有无可如何者也。诸法皆立议院之美，何为不设乎？虽然，设亦有酌也。中朝素尚国体，若朝廷设议院，则国体不尊；中朝素壅民情，若郡县不设议院，则民情不达，此中国之所宜也。今令州县设二议院，其上院以待贵人，内自京朝七品官，外至州县者得入焉。其下院则今各选举人公举之，以性术公和、行谊任睦、学问明通者为中式，凡丁口万人者举一人焉，其禄由选举人公举之。凡取选举人，以其身家不清及恶迹素著者不许举，家富巨万者为中式。田园产业生意呈官注册，注册者金三百。其及格而不报者，罚注册之金数，仍不准中式。其取中式者，榜之于县，匾之于其家，赐登仕郎阶，有司饮之酒而令举之，其富加万者，又加阶，册金亦倍之。如此比捐纳之途远矣，人慕其荣略其罚，安有不趋者哉？其省之上议院，则以京朝官五品，及翰詹科道、外官道府以上入焉。其选举人以家富十万者为中式，册金二千，赐七品阶，巡按饮之

---

* 本文选自《万木草堂遗稿》油印本卷六“笔记”。该类收文共四十六篇，编署“皆戊戌前作”。经复核，这些笔记多以按语形式录入1898年春刊刻的《日本书目志》一书，但收入时内容已有增删，当系康氏阅读日译西书目时陆续写下的笔记。原文无写作年月，查康氏《日本书目志自序》及《进呈〈日本变政考〉序》皆提及1888年“欲结会以译日书”、“告长吏开局译日本书”，姑系于是年前后。此篇与下文第三部分《论文学现象》中的《文章》、《修词》、《词赋》三篇，均录自《万木草堂遗稿》卷六，油印本，藏全国政协文史资料委员会及上海博物馆。

酒，榜之巡抚之署，匾之其家。凡丁口十万举一人焉，其科以性行公忠、才略明达、学问通博者为中式，府不设可也。若立法院，则选家富五万者，注册千金，凡五万丁口举一人焉。蕃臬既除，巡抚专千里而居，岂不患其专权哉？既有议院，则上议院巨绅遇有大事，准其据下院之情，递都察院代奏朝廷。遇有大事，令巡抚下议院，或将诏询议院，令交巡抚转奏。如此则民情不致下壅，而巡抚不致专权，利可旋兴而害可立革矣。天下之有权力者，贵也贤也富也；三者用，则天下可运诸掌。举人以富者为之，则天下之富者为我用矣，富者用则捐需无不获意矣；被举人用贤者，则才能无不为我谋矣；上院用贵者，则士夫气得伸矣。故曰三者用，天下可运诸掌。或曰议院于今诚宜行矣，如于古无征何？诘之曰：《洪范》言“谋及卿士”者，上议院也，“谋及庶人”者，下议院也。盘庚进众于庭、吕郤宁武入民而誓、大司徒之询国危询国安询国迁是也。且今之衣冠礼乐、饮食宫室，岂皆古者所有哉？何以反古而行之，谓其便于己也。何独于议院而疑之？凡举不称者，罚其选举人，有司得革退之。凡选举人、被举人，皆得挂名于乡。凡已举充议员者，一年退出，不得再举，三年之后乃得再举也。

诸国并立，则交邻之道宜讲矣。交涉之经，在文辞、律例、礼俗，非游历不能知之。朝廷出重禄以待游历之士，不独费财，途亦隘矣。宜降一谕旨，令天下之士欲游历外国者，准其到总署注册领票；其已仕者作为游历官，未仕者作为总署游历生员，令所过使臣领事保护之。注册之日面试论策，文字明通者乃许注册给票。俟其归国之日赴总署挂号，总署大臣传见，考言询事，察看其人才，假之爵级，以备公使、领事、各学师之任。如此则不费国帑，而人才可不胜用矣。近者洪钧出使德国，风声稍布，递条求为随员者一日数百人，其趋之如此。然皆未尝讲求之也，欲务荣进、图保举而已。言语文字通之已少，又况外国之文辞、律例、礼政、教俗哉？不养而求之，不教而用之，求其有补于国事，不辱于君命，寡矣。若遣官游历，则国帑有限，安能供无限之游人哉？中国欲举诸学校，亦宜明下诏书，由总督榜示，许天下不论已仕未仕人，自行游学外国。至总署注册，面试策论，明通者给票，令所在使臣领事照护。其已仕者作为游学官员，未仕者作为游学生员，来国时谓总署大臣派员面试学业，然后赐之出身，派充诸学师长。今遣学童，彼年既少，性质见识未定，易为西学所染，学即有成，徒为西人添奴隶耳。又费帑不赀而学不成，非策也。或曰西人者尚豪奢，安得人士输其财为游历游学之事哉？夫中国人士之慕荣利也至矣，乡里富人费千万之金，以营科举诸生者，不胜数也。其费重赀而不惜者，何哉？下为荣于乡，上望进于朝也。今天下之讲洋学者盖亟矣，而人心尚未极趋者，以无科举之荣也。若姑以荣利诱之，近日洋学之盛而出使之荣，人情慕之甚矣，中国滨海沿江富民及官子何限？其争趋之若鹜可决也。其游历人改作游学人，准其向该国使臣呈改。若用此策，十年之内使才辈出，杂学之才盖亦不胜用矣。其游历人至总署注册者，先觅同乡官出保“身家精白、文字清通、品行不劣”字样呈递，然后面试注册。其论以《孝经》、四书、《诗》、《书》、《易》、三《礼》、三《传》、宋儒五子书为题，专以讲明义理、激励忠孝、发晖孔子之道为主；其策以中国相传治法，及外国礼俗教治为问。其上等者曰优生，次曰增生，次曰坿生。来国试而摈斥者，准以游历生员，照郡县生员例荣其终身。总署专设一游历司，派章京四人管之，其来注册者面问而亲试之，其题不知出处，许给本书示之，务以文字明通为主。

泰西女学与男学等，自乡学、郡学院、师道院皆同，其富而多才者且入仕学院、太学院者。故其妇人皆有礼貌，才艺足以自立。故其书馆有以妇人为师，市以妇人为贾，而书馆抄写、翻译、绘事皆以妇人为之。

与沈刑部子培书*

（1889年9月前）

子培贤兄：

昨得书，并审仆气质之偏，而启之以中和，所以爱牖之者甚至。横渠谓朋友讲论一日，则一日间意思差别，此孔子所以忧学之不讲也。

吾子之学，体则博大兼学，论则研析入微，往往以一二语下判词便中款窍，却非识抱奇特，好学深思，不能及此。生平所见人士，自亡友陈庆笙外，未之睹闻，诚一时寡俦也。但文理密察多而发强刚毅少，论说多而负荷少。积之既习，便成老氏之学，不为人先，因物自然，随而不倡，见事太智，藏身甚巧，在己亦忘之矣。得无禀气近是耶？

质气如是，则读书所得亦如是。朱子曰：《仲山甫》一诗，苏子由取“既明且哲，以保其身”，伯恭取“柔嘉惟则”。某则取“柔亦不茹，刚亦不吐”，皆自各人气质来。公盖苏、吕之近也。昔尝念曾子之言：士不可不弘毅。仁以为己任，不亦重乎？又以仁义较晋、楚之富；子思标使者于大门之外，以德与位较。至孟子发不动心之说，附韩、魏则欿然，说大人则藐之；皆至粗之论，气质亦未和平，而崛强气象，师传一脉，遂为圣门道统之任。石徂徕、陆子静、方正学、顾亭林，义理更粗浅，亦开一时之学。朱子气质亦复褊隘刚果，而以陆子静不怕天，不怕地，乃谓南渡来八字着脚者，惟某与子静。南宋大儒林立，而朱子所隐若敌国者，惟陆子，得无以其坚卓能立耶？故禅者最贵勇猛直截，赵州、黄蘖、德山一辈皆然。而谢上蔡犹有取于释氏，称讥苦乐毁誉八风不动也。

---

* 此书《万木草堂遗稿》署1891年。查文中有云“去冬不揣猥贱，妄上封事”，盖指1888年冬上清帝第一书事，则此书应写于1889年9月离京前。

今天下博闻强识之士不少，患无知道者，尤患无任道者。惟汉学之破碎，见闻之杂博，有以累其心；风节之披靡，众口之排挤，有以挫其气；自非金刚不坏身，未有不化作绕指柔者。故今之中国，圆颅方趾四万万，《四子书》遍域中诵之，而卓然以先圣之道自任，以待后学，不为毁誉、排挤、非笑所夺者，未有人焉。此所以学术榛塞，风气披靡也。

兄研诸儒之学，洞大道之精，总乡先生东莱、永嘉、余姚之长，既以本末兼该矣。今但当养直方刚大之气，毅然自任，如禅者所谓一大事，日夜与有志讲求激发之，以待复生。培风既厚，自有从容于死生毁誉之外，而不为称讥非笑挤排所动者。天下未尝无志士也，必有闻风兴起者，推之渐远，风气渐移。人才所由出，国事所由赖，大道所由托，必在此也。诚无意于横目之民则已，若此心肫肫有不忍于先王之道，斯人之徒，岂不思所以负荷之乎？

仆受质甚热，得痴黠之半。十一龄知属文，读《会典》、《通鉴》、《明史》。十五后涉说部、兵家书，于时瞢不知学，而时有奇特之想。将近冠年，从九江朱先生游，乃知学术之大，于是约己肄学，始研经穷史，及为骈散文词，博采纵涉，渔猎不休，如是者六七年。二十四、五乃翻然于记诵之学，近于谀闻，乃弃小学、考据、诗词、骈体不为。于是内返之躬行心得，外求之经纬业务，研辨宋、元以来诸儒义理之说，及古今掌故之得失，以及外夷政事、学术之异，乐律、天文、算术之琐，深思造化之故，而悟天地人物生生之理，及治教之宜，阴阖阳辟，变化错综，独立远游，至乙酉之年而学大定，不复有进矣。

仆生于穷乡，坐睹族人、乡人困苦，年丰而无米麦，暖岁而无襦裤，心焉哀之。且受质近厚，仁心太盛，自弱少已好任侠之举，虽失己为之不恤。加十年讲求经世救民之学，而日日睹小民之难，无以济之，则不得不假有国者之力。盖不忍人之心，凝聚弥满，融于血气，染于性情，不可复抑矣。马端临曰：古者户口少，而才智之民多；今户口多，而才智之民少。所经之地，所阅之民，穷困颛愚，几若牛马，慨然遂有召师之责，以为四海困穷，不能复洁己拱手而谈性命矣。

尝爱顾亭林之言曰：过蒲而称子路，之平陆而责距心。嗟乎！梦中之心，醒时之心也；匹夫之心，天下万世之心也。又爱张江陵之言曰：吾平生学在师心，不但一时之毁誉有所不顾，虽万世之是非，有所不计也。又曰：余有一宏愿，愿以其身为蓐荐，使人寝处其上，溲溺垢秽之，吾无间焉，期有济于世而已。仆窃愿有然。自顾其身，不甚可爱，多生数十年而无大补于世，虽德行高妙，著述繁富，亦觉无谓。孔子曰：吾非斯人之徒与，而谁与？天下有道，某不与易。故于九十六君，而不惮劳，不以为辱。伊尹有内沟之愿，故治亦进，乱亦进。后世王仲淹上《太平》十二策，程伊川上万言书，凡前圣哲未有不悲天命悯人穷者。

仆愚不自量，窃慕先圣往贤之义，外度之天时人事，而有迟不及待之势；内求之精神年力，而有时不我与之伤。又有为异教横流，挟强敌之势而行之，其患可骇；脱有非常之变，退处无所，虽欲为管宁、田畴、刘因、顾亭林，何可得哉？去冬不揣猥贱，妄上封事，冀幸一悟尧、舜之主，及今为之，犹可及也。既格莫能达，又察时事，谂风俗，宷人才，无可与有为者。既知时命大谬，知无可用，即欲东入海，逝将西去秦矣。太夫人在堂，未能舍科第，或复隐于仕，以具裘葛，养诸孤，虽一时未能买山，亦非复行吾道也。或一念决去，万里浩荡，不复可知矣。

夫仆不忍人之欲，岂有奇特勉为者哉？犹人有声色之欲耳。仆未忘声色之欲，以为不应于义，则抑而制之。若毒蛇猛虎、大火怨贼，不使其纵焉。有不忍人之欲，以为合于义矣，则因而纵之。近知此欲万无可纵之日，于是引万物刍狗之说，坐视其颠连困苦而不顾视。不忍人之欲，亦如毒蛇猛虎、大火怨贼，抑而制之。还山三数年，不知能断割否也。然吾老母、妻子、兄弟、朋友，安忍舍之哉？则此欲亦时时决裂触发，而必有不能尽制者。如援是亦为政以自解，恐未能也。夫纵声色者，粉黛列侍，二八弋递，必力不能继，则惟有长斋入山而已。若与之折额龋齿之无盐、嫫母，令慰情胜无，必不可矣。故仆虽制之，而不能保其不发矣。

今者仆将归耕，将欲忘斯世而寄其情，则无可用心者。为文词，则巧言以夺志；为考据，则琐碎而破道；为天文，则无三十五万金所筑之高台，二十五万金所购之千里镜，无一时精敏之士相与各考一星，则天学必不成；为地舆，则足迹不能遍行地球以测绘之，财力不能遍购地图以参核之，则地学必不精。至于耕而讲农学，则未通土化之法，不能辨诸土所含物质之异同轻重，草木所含物质之多少清浓以调剂之。泰西农学书院、公会四百余，农具机器三千余，农书万余种矣，彼合十数国相与谋之，一日之耕能三百余亩，撒种刈禾能百余亩矣。吾与君即欲讲求，是不过取《农政全书》考求之，以餬余口，尚虑不足，岂复成学，以销磨其壮心，如老僧之念佛而已？然不能为佛氏之降伏其心，老氏之弱其志，不忍人之心横决骤发，我无土地，无人民，无统绪，无事权，为之奈何？或者其托于教乎？

伊尹曰：先知觉后知。孔子曰：诲人不倦。凡比吾先而生，后吾而出者，皆吾人民也。声气所通，舟车所及，皆吾土地也。二帝、三王、先圣、诸儒，皆吾统绪也。立义树说，皆吾事权也。虽明知无朱子之时，此学亦终不能立。然吾心所发，尚无大挫吾者，虽不久磨灭，姑纵吾心之所安也。

若夫教，何以为教哉？有高有下，有浅有深，因人而发，要足以救今之弊，兴起人心，成就人才而已。虽然，先儒之开义至广，各有流弊，其纲领条目，层累曲折，施之有本末，推之有先后，不能无商榷焉，而可言此者，寡矣。惟吾子究古今之本末，析大道之隐微，舍兄不言，孰与言哉？

近代大宗师，莫如朱、王，然朱学穷物理，而问学太多，流为记诵；王学指本心，而节行易耸，流于独狂，或专尚经制则少涵养，专重践履则少振拓。仆先师朱先生鉴明末、乾、嘉之弊，恶王学之猖狂，汉学之琐碎，专尚践履，兼讲世用，可谓深切矣。而从游之士，忠信愿朴者多，而发明光大者少，亦此之故。庄生所谓“其作始也简，其将毕也巨”，信矣。

仆谓教者犹医者然，因其病而已。今之学者，利禄之卑鄙为内伤，深入膏肓，而考据、词章则其痈疽痔赘也。必在明其本心，使从死生利害打破，令其缁轩冕而泥金玉，蹈厉发扬，人人有天人之思，而后浸以“六经”诸儒之大义，通以“九通”、“全史”之掌故，深以造化物理之消息，其或有所补已。仆最爱佛氏入门有发誓坚信之说，峭耸精紧，世变大，则教亦异，不复能拘常守旧，惟是正之。

兄谓仆冬夏气多，春秋气少，是良然。从今力求盎润和乐之气。但流易而不峻巇，则嗜欲又将中之。朱子谓教学者如扶醉人，扶得东则西倒。不独学者，克己亦然。昔皋陶论九德，后夔教胄，箕子论三德，皆知变化气质。三代之学不教人博闻强识，而惟以戈戕[①]、诗书、琴瑟、干羽和习之，有旨哉。后世礼乐既亡，嗜欲群攻之，所余毫厘义理，又为训诂、词章所蠹，纵论及此，不能不慨然而追思三代也。今西人礼拜堂犹有琴弦乐歌以应讲经之节，听讲者又舞蹈赴之，其学亦于每日中以一时学乐习舞。释氏诵经，亦有钟磬以为之节，绕行膜拜以习其礼，盖有三代之遗意焉。惟吾中国吾儒家独无之。嗟夫！周之国子属于乐正，意深矣。令吾生于三代时，吾气质岂若是哉？于是益念先王之教治不容已也。

孔子曰：不可与言，失言；可与言而不与言，失人。为吾子宏中通理，广大精微，仆岂可复隐？所著《内外篇》，说天人之故，行且次之呈览。今略举平生之志学相告，惟琢之磨之，稍省吏事，相与往复。仆八月行矣，以后南山之南，北海之北，相聚无几，合并难知，不尽拳拳之意。幸勿示人，不妨一示中弢耳。

［抄件，藏上海博物馆］

① “戕”，疑作“戟”。

卢怀慎论

（1891年前）

夫宰臣，非才之难，不忮才之难，以人之才为其才之难。德器不大，则沾沾自喜；度量不宏，则政必己出；心术不忠纯，则视国事若视秦越人之肥瘠，必不能公尔忘私可知也。唐名相以公忠清望著者，莫若卢怀慎、杨绾，而怀慎以才不及姚崇，每事推而不专，当时无识者，以伴食讥之，后世遂为笑柄，此不可不辨者也。

且人各有能有不能，以皋陶、伯益治礼乐，必不能如夷夔；以稷、契治工虞，必不能如倕庵。短长各效，无以不能为愧，亦无以失欢为嫌。夫天下百司，万务交责而并负，虽有周公之才，非一人所能为也。《秦誓》曰：若有一个臣，无他技，其心休休焉。其如有容，人之有技，若己有之，不啻若自其口出，实能容之。夫“无他技”者，才不必及人之谓也，“休休焉”、“其如有容”焉者，不忮才而乐用人才之谓也。“人之有技，若己有之”者，则不知人之才为人之才耶，为己之才耶，要于国事有济焉尔。其心不知有技有能也，亦非故为闳量大度也，有忠诚之心而已。呜呼！此真善言宰相者耶。

且夫才能者，百司之器耳。昔韩魏公在中书，有言政事者，以归曾公亮，有言文学者，以归欧阳修。其言曰：功成润万物，敛质归太虚。甚矣，韩公之知体哉！

且夫知郑之治者，不在孙侨而在□□[①]；知睢阳之守者，不在张巡而在许远；知江阴之守者，不在阎典史而在陈知县。然则论开元之治，不在姚崇而在卢怀慎矣。古人之所以善用短长，交相辉美者，此也。

---

① “□□”，疑作“然明”。

唐之牛、李，明之夏言、徐阶、高拱、张居正，皆才臣也，使其皆师怀慎容人之才，已无倾轧争权之失，国有才贤并立之美，其致治当何如哉？而乃以争位忮才□惜也。

且人好以技能争，何不至耶！如傅亮恶谢灵运文出己上，宋孝武忮王伉棋第一，隋炀帝妒薛道衡诗美于己，并构杀之。江淹畏祸，则云晚岁才尽；孝绰数典，遂至终身不迁。曹操之杀华佗、操叔之杀赵达、吴范，岂有他哉，才艺之相忮云耳。以君相之尊，乃至争才艺之小技，怀慎之以伴食相目，宜哉！后世乃以为鉴。以刚愎专政为才，以挠轧同僚为术，以忌忮才贤为心，败坏家国，流祸后世，可胜叹耶！

嗟夫，女无美恶，入宫见妒；士无贤不肖，入朝见嫉。岂不然哉！《诗》曰：不忮不求。说者曰：不求不难，不忮为难。有旨哉其言！如怀慎者，虽为执鞭所忻慕，不尔，则称张巡而不称许远，可也。

［录自《万木草堂遗稿》］

请照经济科例推行生童岁科试片*

（1898年4月10日）

一

再：顷伏读上谕举行经济之科，海内人士，咸肆力专门，讲求经济，诚变法之要图也。而岁科试尚未推行，臣窃有请焉。

方今国势弱蹙，由于民贫兵弱。泰西以民为兵，民皆入学，故其兵皆识字通图算。我无论若何练兵，而兵不知学，终非其比。若农、工、商皆有新学，尤为富国要图。夫农、工、商、兵之学，皆不出于举人、进士，而皆出于童生。故以经济六科试童生，窃谓今日救贫弱之首务，其效尤急于特科常举也。而今生童岁科试，仍以八股，近以考试，数百年文题皆有蓝本，务为割截枯困之题，侮圣言以难士人。士人以急于科第，亦争钩心斗角、便词巧说以应之。臣广东南海、顺德、新会童试五六千人，四川城都、湖南长沙亦数千人，学额仅三四十；即皆精工，常有数千人不得采取者。以直省通计之，童生凡数百万，是使数百万士人穷老尽气，白首黄馘，日夜孜孜，仍从事于割截枯窘之八股，其为弃材莫甚焉！今人才匮乏，士大夫类多不通古今、不知中外者。不学无术，皆非其罪，由少年急于科第、困于帖括之故。均是数百万人也，从事于经济掌故、天文地理、化光重电、图算矿律者十年，日发其聪明，日博其学识，其为人才，何可量焉！与使从事于枯困割截之题文十年，颛愚无知，轻佻无耻，败人才而坏风气，岂可言哉！

皇上有士数百万，有民数万万，而坐愚之，以致无才可用，民贫兵弱，以自蹙其国，甚非计也。今生童岁科试正场外，皆先试经古一场，又有复试一场。请推行经济科之例，以经古场为正场，试专门一艺，时务策一艺，其专门

---

* 此系《进呈〈日本变政考〉等书乞采鉴变法以御侮图存折》之附片。

若天文、地舆、化、光、电、重、图、算、矿、律各占一门，取倍本额；而复试以五经题一艺、四书题一艺，取入如额。又略如论体以发明圣经大义为主，罢去割截枯困、侮圣言之题，破承开讲八股之式，及连上犯下钓渡挽悖谬之法。其考官仍出割截题者，以违制论。县府试同，亦限二场，首场试专门时务，二场试经艺，不得为七八场，以致文童守候，坐废时日。其备取在倍额者，用旧制礼部儒士例，准与乡试。则天下生童皆讲求经济，进之应经济科，举人、进士，人才益茂；退之教授于乡，农、工、商、兵，学识大开。岂惟正人心、明圣道、广人才、成风化！皇上抚有数百万有用之人才、四万万有用之人民，一转移间，人才大盛，以为政地球不难矣。伏愿皇上饬下总理衙门，会同礼部，照经济科之例推行生童岁科试，立令直省学政考试照新章举行。谨附片具陈，伏乞圣鉴。谨奏。

［录自《杰士上书汇录》卷一］

请正定四书文体以励实学而取真才折*代杨深秀作

（1898年6月1日）

奏为请斟酌列代旧制，正定四书文体，以励实学而取真才，恭折仰祈圣鉴事：

窃自取士之法未善，用非所学，学非所用，制艺帖括，消磨人才，因有建议欲变科举、废四书文者。臣窃惟制艺之科，行之已数百年，沿袭至今，适承其弊。若不思变计，固无以得人才；若骤更成法，亦复猝无善策。尝统筹利弊，熟计重轻，以为非立法不善之为害，而实文体不正之为害也。故欲求真才，必自厘订文体始。

查经义之体，肇自宋代，因文见道，意美法良。宋人之文传于今日者，如王安石、苏洵、苏辙、陆九渊、陈傅良、文天祥诸大家，类皆发明经意，自抒伟论，初无代古人语气之谬说，无一定格式之陋习。故观其说理，可以知其行谊；观其发论，可以知其经济；有本有文，体最善矣。明世沿习既久，防弊日周，于是创为代圣立言之说，谓不得用秦汉以后之书，述当世之事。夺微言大义之统，为衣冠优孟之容，诬己说为古言，侮圣人而不顾。于是史书不观，争为谬陋文体，风俗之坏，实自兹始。

明中叶以后，始盛行四股、六股、八股破承起讲之格，虽名为说经之文，实则本唐代诗赋，专讲排偶声调；如宋元词曲，但求按谱填词，而肤词谰言，骈拇枝指，又加甚焉。以经意论则无所发明，以文体论则毫无取义。格式既定，务使千篇一律，稍有出入，既谓之不如格。是以习举业者，陈陈相因，涂涂递附，黄茅白苇，一望皆同。限以三百、七百之字数，拘以连上犯下之手法。虽胸有万卷，学贯三才者，亦必俯就格式，不许以一字入文。其未尝学问者，亦能揣摹声调，敷衍讲章，弋获巍科，坐致高位。是使天下之人，相率于不学也。

今夫国家设科之意有二：一以鼓天下之人，使之向学，以成其才也；一以试学者之才不才，择而用之也。今用此种庸滥文体，既使天下相率于不学，而人才之消磨，已十之八九矣。苟有一二自拔流俗者，则其才华学识，不能发见于场屋文字之中，偶或发见，则以不合格黜之。然则使衡文者，究何所凭藉，以别择其才不才哉？

故用今日之文体，其弊亦有二：能使天下无人才，一也；即有人才而皇上无从知之、无从用之，二也。更有甚者，如岁科童试、县考、府考、院考，出截上截下、无情巧搭等题，割裂经文，渎侮圣言，律以祖制，咎有应得，而各省沿用，毫不为怪。此种文体，惟讲手法，不顾经意，起承转收，擒钩渡挽，其法视文网为尤密，其例视刑律为尤严。遂使天下百千万亿之生童，日消磨精力于此等手法之中，舍纤仄机械之外，无所用其心，恐有旁骛而法因以疏也；舍串珠类腋之外，无所用其学，恐有博涉而文体因以杂也。夫天下之士子，莫多于生童也；盈廷之公卿，皆起自生童也，而其用心及其所学如此。驱天下有用之才，而入于无用之地，一旦而欲举以任天下之事，当万国之冲，其可得乎？

今夫四书文之所以足贵者，将使人读书以明理、穷经以尊圣也。今截搭枯窘、割裂破碎之题，非以通经，乃以蠹经；代古立言，优孟傀儡之体，非以尊圣，乃以侮圣。故臣谓非立法不善之为害，而文体不正之为害也。请特下明诏，斟酌宋、元、明旧制，厘正四书文体。凡各试官命题，必须一章一节一句，语气完足者；其制艺体裁，一仿宋人经义、明人大结之意，先疏证传记以释经旨，次博引子、史以征蕴蓄，次发挥时事以觇学识；不拘格式，不限字数。其有仍用八股庸滥之格、讲章陈腐之言者，摈勿录；其有仍用八股口气，为代圣立言之谬说者，以僭妄诬罔、非圣无法论，轻则停廪罚科，重则或予斥黜。如此则观听一新，人务实学，有经义取士之效而无其弊矣。

夫因文体之极弊，而欲废四书文者，过激之说也；因四书之足贵，而并袒护今日之文体者，不通之论也。厘正文体乃以尊四书，变通流弊乃以符旧制，其为事至顺，其图变至易，其所关至大，其收效至神。伏乞断自圣衷，即降谕旨，布告天下，咸使闻知，似于维持正学、培育真材，必有大裨。臣愚一得之见，是否有当，伏乞皇上圣鉴训示。谨奏。

[录自《知新报》第五十九册]

请废八股试帖楷法试士改用策论折*

（1898年6月17日）

奏为恭谢天恩，特许专折奏事，请罢弃八股试帖楷法取士，复用策论，冀养人才，以为国用，恭折仰祈圣鉴事：

窃臣以疏贱，荷蒙召对，询臣以中外之事、救国之谟，对逾二时，皆承嘉纳。天颜有喜，并问取所著各书，咸令写进，又令随时上陈，特许专折奏事。殊恩异数，非臣之贱所当被蒙；粉骨碎身，非臣之愚所能上报。臣窃惟今变法之道万千，而莫急于得人才；得才之道多端，而莫先于改科举。今学校未成，科举之法未能骤废，则莫先于废弃八股矣。夫八股之无用，臣即业八股以窃科第者也，从其业之既久，知其害之尤深。面对未详，敢为我皇上先陈之。

夫自《春秋》讥世卿而选郊野，汉世举孝秀而考经行；六朝至唐、宋，词章与帖括并用，元、明及国朝，经义与试帖俱行。自周与宋，曾取士于学校；经汉迄今，多试士以策论。虽立法各殊科，要较之万国，比之欧土，皆用贵族，尤为非才，则取秀于郊，吾为美矣。任官先试，我莫先焉。美国行之，实师于我。夫若汉之光禄四行，宋臣司马光之十科试士，朱子之学校贡举法，皆为良法，惜不见行。且凡法虽美，经久必弊；及其弊已著，时会大非，而不与时消息，改弦更张，则陷溺人才，不周时用，更非立法求才之初意矣。推宋王安石之以经义试士也，盖鉴于诗赋之浮华寡实，帖括之迂腐

---

* 此折原仅署“四月”，据折称“即日面奏，荷蒙圣训”，知作于光绪二十四年四月二十八日（1898年6月16日）召见后不久。又《戊戌政变记》云：“于是康退朝告宋伯鲁，使抗疏再言之，康亦自上一书。”查宋氏《请变通科举改八股为策论折》上于四月二十九日（6月17日），故此折亦当递于是日。

无用，故欲借先圣深博之经文，令学者发精微之大义，以为诸经包括人天，兼该治教，经世宰物，利用前民。苟能发明其大义微言，自可深信其通经致用。立法之始，意美法良。迨至明与国初，人士渐陋。然抉经心而明义理，扶人伦而阐心性，当闭关之世，虽未尽足以育才兴学，犹幸以正世道人心焉。

惟垂为科举，立法过严，以为代圣立言，体裁宜正，不能旁称诸子而杂其说，不能述引后世而谬其时，故非三代之书不得读，非诸经之说不得览。于是汉后群书，禁不得用；乃至先秦诸子，戒不得观。其博学方闻之士，文章尔雅，援引今故，间征子纬，旁及异域，则以为犯功令而黜落之。若章句瞀儒，学问止于《论语》，经义未闻《汉书》，读《礼记》则严删国恤，学《春秋》则束阁三传。若夫《周礼》以经国家，《仪礼》以范人伦，以试题不及，无人读诵。乃至《诗》、《书》、《易》、《礼》之本经，亦复束汉注唐疏而不观；甚乃《学》、《庸》、《论》、《孟》之微言，亦只守兔园坊本之陋说。盖以功令所垂，解义只尊朱子；而有司苟简，三场只重首场。故令诸生荒弃群经，惟读四书；谢绝学问，惟事八股。于是二千年之文学，扫地无用，束阁不读矣。渐乃忘为经义，惟以声调为高歌；岂知圣言，几类俳优之曲本。东涂西抹，自童年而咿唔摹仿；妃青俪白，迄白首而按节吟哦。既因陋而就简，咸闭聪而黜明。试官妄取，谬种展转以相传；学子循声，没字空疏而登第。虽有经文五义，皆以短篇虚衍；虽有问策五道，皆依题字空对。但八股清通，楷法圆美，即可为巍科进士、翰苑清才，而竟有不道司马迁、范仲淹为何代人，汉祖、唐宗为何朝帝者！若问以亚非之舆地、欧美之政学，张口瞪目，不知何语矣。既流为笑语，复秉文衡，则其展转引收，为若何才俊乎？

然凡此所讥，尚属进士、举、贡、生员以上者也。若夫童试，恶习尤苛。断剪经文，割截圣语，其小题有枯困缩脚之异，其搭题有截上截下之奇，其行文有钓伏渡挽之法。譬如《中庸》“及其广大，草木生之”，则上去“及其广”三字，下去“木生之”三字，但以“大草”二字为题。如此之例，不可殚书。无理无情，以难学者。不止上侮圣言，试问工之何益？而上自嘉、道，下迄同、光，举国人士，伏案揣摩，皆不出此“大草”之文法也。

夫人士之才否，国命之所寄托也。举贡诸生，为数无几；若童生者，士之初基。吾国凡为县千五百，大县童生数千，小县亦复数百，但每县通以七百计之，几近百万人矣。夫各国试皆无额，惟通是求；而吾国学额寡少，率百数十额乃录一人。故录取者百之一，而新试者不止百之一。故多有总角应试，耄耋犹未青其衿者；或十年就试，已乃易业。假三十年之通，则为三百万人矣。故有人士终身，未及作一大题，以发圣经大义者。夫以总角至壮至老，实为最有用之年华、最有用之精力，假以从事科学，讲求政艺，则三百万之人才，足以当荷兰、瑞典、丹墨、瑞士之民数矣。以为国用，何求不得？何欲不成？乃以三百万可用之精力、人才、月日，钩心斗角，敝精费神，举而投之枯困搭截文法之中。以言圣经之大义，皆不与之以发明也。徒令其不识不知，无才无用，盲聋老死，是比白起之坑长平赵卒四十万，尚十倍之。其立法之谬异、流弊之奇骇，诚古今所未闻，而外人所尤怪诧者矣。即以臣论，丱角学文，于小题搭截，尤畏苦之。其文法严苛，过于钳网，触处皆犯。束书不读，稍能习熟，若复涉群书，置而不事，即复犯文法。故六应童试，见摈以此。知事于学问最相阻相反也。

且童生者，全国人之蒙师也。师之愚陋盲瞽既极，则全国人之闭塞愚盲益甚。是投全国人于盲瞽也，何以为国？昔在一统闭关之世，前朝以之愚民则可矣。若夫今者，万国交通，以文学政艺相竞，少不若人，败亡随之。当此绸缪未雨之时，为兴学育才之事，若追亡救火之急，犹恐其不能以立国也。而乃以八股试多士，以小题枯困截搭缚人才，投举国才智于盲瞽，惟恐其稍为有用之学，以为救时之才也，不亦反乎？

然则中国之割地败兵也，非他为之，而八股致之也。故臣生平论政，尤痛恨之。即日面奏，荷蒙圣训，以八股为学非所用。仰见圣明，洞见积弊。夫皇上既深知其无用矣，何不立行废弃之乎？此在明诏一转移间耳。而举国数百万人士，立可扫云雾而见青天矣。从此内讲中国文学，以研经义、国闻、掌故、名物，则为有用之才；外求各国科学，以研工艺、物理、政教、法律，则为通方之学。以中国之大，求人才之多，在反掌间耳。

尚虑群臣守旧，或有阻挠。皇上睿虑，内断于心，请勿下部议，特发明诏，立废八股。其今乡会童试，请改试策论。以其体裁，能通古证今，会文切理。本经原史，明中通外，犹可救空疏之宿弊，事有用之问学。然后宏开校舍，教以科学。俟学校尽开，徐废科举。其试帖风云月露之词，亦皆无用；其楷法方光乌之尚，尤为费时。昔在闭关之世，或以粉饰夫承平；今当多难之秋，不必敝精于无用。应请定例，并罢试帖，严戒考官，勿尚楷法。庶几人士专研有用之学，其于立国育才，所关至大。臣愚颛颛，首以是请。恭折叩谢天恩，伏惟皇上圣鉴。谨奏。

［录自《戊戌奏稿》］

请变通科举改八股为策论折* 代宋伯鲁作

（1898年6月17日）

掌山东道监察御史臣宋伯鲁跪奏，为请变通科举，上法祖制，特下明诏，改八股为策论，以作有才而济时艰，恭折仰祈圣鉴事：

窃臣伏读康熙二年圣祖仁皇帝诏曰："八股文章，实于政事无涉。自今以后，将浮饰八股文章永行停止，惟于为国为民之策论中出题考试。钦此。"大哉圣训，何其虑患之深而去弊之勇也。方今国事艰危，人才乏绝，推原其由，皆因科举仅试八股之故。盖今之八股，例不许用后世书、后世事，美其名为清高雅正，实以文其空疏谫陋。夫激厉士人以学，犹虑其不能相从，况禁其用后世书、后世事乎？是恐稍有知识而故新靳之也。督人以圣贤义理之学，犹惧不能，况束以连上犯下、偏全枯窘、缩脚搭截之法，而欲其游刃有余、善言德行，乌可得哉？又以入口气为代圣立言，夫以圣人之言，游、夏莫赞；扬雄太元拟《易》，刘向讥其僭妄；王通七制拟《书》，朱子笑其儿戏；以彼二贤，犹尚如是，生童何人，乃能上代圣言哉？以选举之大典，为优孟之衣冠，侮圣戏经，莫此为甚！夫公卿大夫，皆从八股出身；农商工贾，皆为生童所教。故士子读书数十年，尚不知汉、唐为何代，郡、县为何名，况能通万国之情形、考中外之治法哉？

---

* 《康南海自编年谱》有代草此折记录。《梁启超年谱长编》则谓康氏"令作请废八股折，宋侍御言之"，是此折为梁氏根据康氏授意而拟。此折与康氏《请废八股试帖楷法试士改用策论折》均于同日递上，两折多有雷同之处，又胡思敬《戊戌履霜录》亦谓"康有为代宋伯鲁草一疏，请废制艺"，是宋折应为康氏代拟。

夫西人之于民，皆思教之而得其用。故自童幼至冠，教之以算数图史、天文地理、化光电重、内政外交之学，惟恐其民之不智。而吾之教民，自丱角以至壮岁，束缚于八股帖括之中，若惟恐其民之不愚也者。是与自缚倒戈，何以异哉？故谓其发明义理，则论说之体发明更易；谓其可得有用之才，则不读后世书、不知当世事，空疏迂谬之人，皇上何赖焉？夫圣祖当明世八股腐烂之时，鉴人士空疏之弊，已思决意罢黜。惜有司奉行不力，卒蹈故辙，今又积三百年矣。腐烂之余，变为俳曲戏侮之具，即无强敌相攻，已当酌量变通；况以流极下衰之时，仅此形见势绌之际，安得不废然思返乎？

伏读本月二十三日上谕，令士庶以圣贤义理之学为根本，又博采西学之切于时务者实力讲求，以空疏迂谬之弊，以成通经济变之才，尚虑风气不开，特加诫谕。煌煌圣言，明并日月，勇过雷霆矣。臣愚以为科举利禄之途，于今千年，深入人心，得之则荣，失之则辱，为空疏迂谬之人所共托久矣。科举不变，则虽设有经济常科，天下士人谁肯舍素习之考卷墨卷，别求所谓经济哉？是欲南辕而北其辙也。

伏冀皇上上法圣祖，特下明诏，永远停止八股，悉如圣祖仁皇帝故事，自乡会试以及生童科岁一切考试，均改试策论，除去一切禁忌，义理以觇其本源，时务以观其经济。其详细章程，应请饬部妥议，自庚子科为始，一律更改。夫武科已改试枪炮矣，况文科关系尤巨乎？伏愿立予乾断，饬部议行，天下万世幸甚。臣愚昧之见，是否有当，伏乞皇上圣鉴，训示施行。谨奏。

［录自《戊戌变法档案史料》第二一五至二一六页］

请废八股以育人才折* 代徐致靖作

（1898年6月22日）

翰林院侍读学士徐致靖跪奏，为请特颁明诏，废八股以育人才，易风气而救危局，恭折仰祈圣鉴事：

窃顷以时事艰难，国势危急，人才乏绝，廷臣条陈纷纷，多有请变科举、废八股者，而礼臣守旧拘牵议驳，致皇上依违不决。臣窃思维中国人民四万万，倍于欧洲十六国，此地球未有之国势也；而愚暗无才，虽使区区小国，亦得凭陵而割削之。中国神皋奥区，地当温带，人民智慧；而愚暗无才至此者，推原其故，皆八股累之。

泰西人民自童至冠，精力至充之时，皆教之图算、古今万国历史、天文、地理及化、光、电、重、格致、法律、政治、公法之学；其农工、商贾，亦皆有专门之学。故人人有学，人人有才，即其兵亦皆由学出，识字、绘图、测量、阅表略通，天文、地理、格致、医学始能充当。而我自童时至壮年，困之以八股之文，禁其用后世书，以使之不读史书、掌故及当今之务；锢之以搭截枯窘虚缩之题、钩渡挽入口气破承开讲八比之格，使之侮圣而不言义理，填词而等于俳优。束之极隘，驱天下出于一途，标之甚高，使清班必由此出。得之累资格，则可任台司封疆；失之为举贡，亦分任守令教佐。上之为师傅，则宗室、亲藩之学识锢焉；下之为蒙师，则农、工、商、兵之学识锢焉。故自皇上聪明天纵之外，使举天下无人不受不学侮圣之传，以成其至陋极愚之蔽，目不通古今，耳不知中外。故至理财无才，治兵无才，守令无才，将相无才，乃至市井无才商，田亩无才农，列肆无才工，晦盲迂谬。西人乃贱吾为无教，

---

* 据清档记载，此折递于光绪二十四年五月初四日（1898年6月22日），次日光绪即下废科举改策论之诏。

藐吾为野蛮，纷纭胁割，予取予求，而莫敢谁何。皆八股之迷误人才有以致之也。

夫八股取士，非我祖宗之制，实前明敝陋之法也。我圣祖仁皇帝即位伊始，深知其敝，特诏废之，此真大圣人之盛谟也。后虽复行，而海禁未开，天下无事，尚不觉其为害。今又二百年，法敝更甚，出题既多重复，文艺尤多陈因，侮圣填曲，捐书绝学；而当万国极智之民，是犹两军相交，吾兵有耳目、手足、枪炮而掩蔽、束缚、捐弃之，而以拒强敌也。故言科举不可变、八股不可废者，与为敌国作反间者无以异也。愿皇上深思明辨而勇断之也。彼礼官所守者旧例，无论如何条奏必据例议驳。以皇上之明，岂能曲从一二人硁硁拘执之见，而误天下大计哉？

伏望皇上上法圣祖，特旨明谕天下，罢废八股，自岁科试以至乡会试及各项考试，一律改用策论，以发明圣道，讲求时务。则天下数百万童生、数十万生员、万数举人，皆改而致力于先圣之义理，以考究古今中外之故，务为有用之学。风气大开，真才自奋，皇上亦何惮而不为哉！臣愚以为新政之最要而成效最速者，莫过于此。谨恭折渎陈，伏乞皇上圣鉴训示。谨奏。

光绪二十四年五月初四日。

［录自故宫博物院明清档案部藏原折］

大同书（节选）

（1902年后）

【按】《大同书》系康有为主要著作之一。撰者《题词》称"吾年二十七，当光绪甲申（1884年）……著《大同书》"。印本甲部《入世界观众苦·绪言》及乙部《去国界合大地》注文亦均提及。20世纪50年代末以来，又有1901—1902年游居印度成书一说。或又据手稿本附犬养毅跋文，谓1898年9月流亡日本时已成稿廿余篇。查现存手写书稿，各卷皆有撰者1901年后游历印度、南洋、欧美见闻记载，是知该书定稿当在1902年以后。迄晚年定居上海时仍有续补。

是书甲、乙二部初由《不忍》杂志于1913年刊布，1919年上海长兴书局将此二部单印出版。全书十部，经其弟子钱定安整理，于1935年由上海中华书局梓行。1956年，古籍出版社（北京）据康氏家族藏抄本，并参照已刊本校订重印。另有1958年伦敦英译本。近年发现的手稿八卷，分藏于上海博物馆和天津图书馆，与印本次序、内容出入颇多，1985年江苏古籍出版社以宣纸珂罗版影印出版。今据手稿本逐录标点，与上海中华书局本互校，第一、第五并参校以《不忍》杂志本。

大同书第一

［绪言］①

康有为生于大地之上②，传少农知县府君讳达初③及劳太夫人名莲枝之种体

① "［绪言］"，中华本题作"甲部　入世界观众苦　绪言　人有不忍之心"。《不忍》本无"甲部"，"绪言"作"第一章"。

② "上"下，《不忍》本、中华本有"为英帝印度之岁"。

③ "初"下，《不忍》本、中华本有"字植谋"。

者，吾地二十六周于日有余矣[1]。当[2]大地凝结百数十万年之后，幸远过大鸟大兽之期，际开辟文明之运[3]，居于赤道北温带之地[4]，国于崑仑西南、带江河、临太平海之中华，游学于南海滨之百粤都会曰羊城，乡于西樵山之北曰银塘，得氏于周文王之子曰康叔[5]。盖积中国羲、农、黄帝、尧、舜、禹、汤、文王、周公、孔子及汉、唐、宋、明五千年之文明而尽吸饮之；又当大地之交通，万国之并会，荟东西诸哲之心肝精英而酣饫之。神游于诸天之外，深[6]入于血轮之中，于时登白云山摩星[7]之颠，荡荡乎其骛于八极也。已而强国有法者吞据安南，中国救之，船沉于马江，血蹀于谅山；风鹤之警[8]误流羊城，一夕大惊，将军登陴，城民走迁，空[9]巷无人。康子避兵，归于其乡。延香老屋，吾祖是传，隔塘有七松[10]园，楼曰澹如，俯临三塘。吾朝夕拥书于是，俯读仰思，澄神离形，归对妻儿，慹[11]然若非人。

虽然乡人之酬酢，里妇之应接，儿童之抚弄，宗姓之亲昵，耳闻皆勃豀之声，目睹皆困苦之形。或寡妇思夫之夜哭；或孤子穷饿之长啼；或老夫无衣，扶杖于树底；或病妪无被，卧于灶眉[12]；或废疾窿笃持钵行乞，呼号而无归。其贵乎富乎，则兄弟子姓之阋墙[13]，妇姑娣姒[14]叔嫂之勃豀，与接为构，忧痛惨凄[15]。号[16]为承平，其实普天之家室，皆怨气之冲盈，争心之触射，毒

① “余矣”，原缺，据《不忍》本、中华本补。
② “当”，原缺，据《不忍》本、中华本补。
③ “运”，原缺，据《不忍》本、中华本补。
④ “居”、“赤道”，原缺，据《不忍》本、中华本补。
⑤ “叔”下，《不忍》本、中华本有“为士人者十三世”。
⑥ “深”，《不忍》本、中华本作“想”。
⑦ “星”下，《不忍》本、中华本有“岭”。
⑧ “警”，《不忍》本、中华本作“惊”。
⑨ “空”，《不忍》本、中华本作“穷”。
⑩ “松”，《不忍》本、中华本作“桧”。
⑪ “慹”，原作“垫”，误，据《不忍》本、中华本改。
⑫ “卧于灶眉”上，《不忍》本、中华本有“夕”。“眉”，原缺，据二本补。
⑬ “兄弟”，原缺，据《不忍》本、中华本补。“姓”，二本作“侄”。
⑭ “娣姒”，《不忍》本、中华本无。
⑮ “惨凄”，原缺，据《不忍》本、中华本补。
⑯ “号”，原缺，据《不忍》本、中华本补。

于黄雾而塞于寰瀛也。呜呼！人患无家，有家之害如此哉[①]！若夫民贼国争，杀人盈城，流血塞河，鸣[②]万斯年，大剧惨瘥。呜呼痛哉！生民之祸烈而救之[③]无术也，人患无国而有国之害如此哉！若夫烹羊宰牛，杀鸡屠豕，众生熙熙，与我同气，刳肠食肉，以寝以处。盖全世界皆忧患之世而已，普天下人皆忧患之人而已，普天下众生皆戕杀之生[④]而已。苍苍者天，厚厚[⑤]者地，不过一大杀场、大牢狱而已。诸圣依依，入病室牢狱中，画烛以照之，煮糜而食之，裹药而医之，号为仁人，少救须臾，而何补于苦悲？康子凄楚伤怀，日月噫欷，不绝于心。何为感[⑥]我如是哉？是何朕欤？吾自为身，彼自为身[⑦]，彼身自困苦，与我无关，而恻恻沉详，行忧坐念，若是者何哉？是其为觉耶，非欤？使我无觉无知，则草木夭夭，杀斩不知，而何有于他物为？我果有觉耶？则今诸星人种之争国，其百千万亿于白起之坑长平卒四十万、项羽之坑新安卒二十万者，不可胜数也，而我何为不感怆于予心哉？且俾士麦之大[⑧]烧法师丹也，我年已十余，未有所哀感也。及观影戏，则尸横草木，火焚室屋，而怵然动矣。非我无觉，患我不见也。夫是见见觉觉者[⑨]，形声于彼，传送于目耳，冲触于魂气，凄凄怆怆，袭我之阳[⑩]，冥冥岑岑，入我之阴，犹犹然而不能自已者，其何朕耶？其欧人所谓以太耶？其古所谓不忍之心耶？其人人皆有此不忍之心耶？宁我独有耶，而我何为深深感朕？

康子乃自反[⑪]：若吾无身耶，吾何有知而何有亲？吾既有身，则与并身之所通气于天、通质于地、通接[⑫]于人者，其能绝乎？其不能绝乎？其能绝也，

① “呜呼”至此，《不忍》本、中华本无。
② “鸣”，《不忍》本、中华本作“于”。
③ “之”下，《不忍》本、中华本有“之”。
④ “生”上，《不忍》本、中华本有“众”。
⑤ “厚厚”，《不忍》本、中华本作“搏搏”。
⑥ “感”，原稿字迹不清，据《不忍》本、中华本定。
⑦ “彼自为身”，《不忍》本、中华本无。
⑧ “大”，《不忍》本、中华本作“火”。
⑨ “是”，《不忍》本、中华本无。“觉”，原缺，据二本补。
⑩ “之”，原缺，据《不忍》本、中华本补。
⑪ “自反”，《不忍》本、中华本作“曰”。
⑫ “接”，中华本作“息”。

则抽刀可断水也。其不能绝也，则如气之塞于空而无不有也，如电之行于气而无不通也，如水之周于地而无不贯也，如脉之周于身而无不彻[①]也。山绝气则崩，身绝脉则死，地绝气则散。然则人绝其不忍之爱质乎？人道将灭绝矣。灭绝者，断其文明而还于野蛮，断其野蛮而还于禽兽之原质，也夫！

夫浩浩元气，造起天地。天者，一物之魂质也；人者，亦一物之魂质也。虽形有大小，而其分浩气于太元，挹涓滴于大海，无以异也。孔子曰：地载神气，神气风霆，风霆流形，庶物露生。光[②]电能无所不传，神气能无所不感。神鬼神帝，生天生地，全神分神，惟元惟人。微乎妙哉，其神之有触哉！夫[③]神者，知气也，魂知也，精爽也，灵明也，明德也，数者异名而同实。有觉知则有吸摄，磁石犹然，何况于人？不忍者，吸摄之力也。故仁智同藏而智为先，仁智同用而仁为贵矣。

康子曰：吾既为人，吾将忍心而逃人，不共其忧患焉？生于一家，受人之鞠育而后有其生，则有家人之荷担。若逃之而出其家，其自为则巧矣，其负恩则何忍矣！生[④]于一国，受一国之文明而后有其知，则有国民之责任。若逃之而弃其国，其国亡种灭而文明随之隳坏，其负责亦太甚矣。生于大地，则大地万国之人类皆吾同胞之异体者也。既与有知，则与有亲。凡印度、希腊、波斯、罗马及近世英、法、德、美之先哲之精英，吾已嚗之饮之，胙之枕之，魂梦通之；于今[⑤]万国之元老、硕儒、名士、美人，亦多握[⑥]手接茵、联袂分羹而致其亲爱矣。凡大地万国之宫室、服食、舟车、什器、政教、艺乐之飞奇伟丽者，日受而用之，以刺触其心目，感荡其魂气。其进化耶则相与共进，退化耶则相与共退，其乐耶相与共其乐，其苦耶相与共其苦，诚如电之无不相通矣，如气之无不相周矣。乃至大地之生番、野人、草木、介鱼、昆虫、鸟兽，凡胎生、湿生、卵生、化生之万形千汇，亦皆与我耳目相接，魂知相通，爱磁

① “彻”，《不忍》本、中华本作“澈”。

② “光”上，中华本有“神者有知之电也”。

③ “夫”上，《不忍》本、中华本有“无物无电，无物无神”。

④ “生”上，《不忍》本、中华本有“譬贷人金，必思偿之。若负债而匿逃，众执而刑，不刑其身，则刑其名。其负一家之债，及一国天下之公债者，亦何不然”。

⑤ “今”，《不忍》本、中华本无。

⑥ “握”，《不忍》本、中华本作“执”。

相摄，而吾何能恝然！彼其色相好，吾乐之；生趣盎，吾怡之；其色相憔悴，生趣惨凄，吾亦有憔悴惨凄动于中焉。莽莽大地，吾又将焉逃于其外？将为婆罗门之舍身雪窟中以炼精魂，然人人弃家舍身，则全地文明不数十年而复为狉榛草木鸟兽之世界，吾更何忍出此也！火星、土星、木星、天王、海王诸星之生物耶，莽不与接，杳冥为期，吾欲仁之，远无所施。恒星之大，星团、星云、星气之多，诸天之表，目本相见，神尝[①]与游。其国土[②]士女、礼乐、文章之乐与兵戎战伐之争，浩浩无涯。为天为人，虽吾所未能觏，而苟有物类有知识者，即与吾地吾人无异情焉。吾为天游，想像一极乐之世界，想像一极苦之世界，乐者吾乐之，苦者吾救之。吾为诸天之一[③]物，吾宁能舍世界天界、绝类逃伦而独乐哉！其觉知少者，其爱心亦少；其觉知大者，其仁心亦大。其爱无涯与觉为涯[④]，爱与觉之大小多少为比例焉[⑤]。

康子不生于他天而生于此天，不生于他地而生于此地，则与此地之人物触处为缘、相遇为亲矣。不生为毛羽鳞介之物而为人，则与圆首方趾、形貌相同、性情相通者尤亲矣。不为边僻洞穴生番獠蛮之人，而为数千年文明国土之人。不为牧竖爨婢耕奴不识文字之人，而为[⑥]文学传家之士人。日读数千年古人之书，则与古人亲；周览大地数十国之故，则与全地之人亲；能深思，能远虑，则与将来无量世之人亲。凡其觉识之所及，即其亲之所及[⑦]，不能闭目而御之，掩耳而塞之矣。

康子于是起而上览古昔，下考当今，近观中国，远揽全地。尊极帝主，贱及隶庶，寿至篯彭，夭若殇子，逸若僧道，繁若毛羽，盖普天之下，全地之上，人人之中，物物之庶，无非忧患苦恼者矣。虽所有浅深大小，而忧患苦恼之交迫而并至，浓深而厚重，繁赜而恶剧，未有能少免之者矣。

---

① “尝”，中华本作“常”。
② “土”，中华本作“之”。
③ “一”，《不忍》本、中华本无。
④ “爱”、“觉”下，《不忍》本、中华本各有“之”。
⑤ “焉”下，《不忍》本、中华本有夹注“吾别有书，名《诸天》”。
⑥ “为”下，《不忍》本、中华本有“十三世”。
⑦ “即其亲之所及”，《不忍》本、中华本无。

诸圣群哲乃[①]惄然焦然，思有以拯救之、普渡之，各竭其心思、出其方术施济之，而横览胥溺之滔滔，终无能起沉痼也。略能小瘳，无有全愈者，或扶东而倒西，扶头而病足。岂医理之未精欤？抑医术之未至耶？蒙有憾焉。或者时有未至耶？

夫生物之有知者，脑筋含灵，其与外物[②]之触遇也，即有宜有不宜焉[③]，有适有不适焉[④]。其于脑筋适且宜者，则神魂为之乐；其于脑筋不适不宜者，则神魂为之苦。况于人乎，脑筋尤灵，神魂尤清，明其外物[⑤]之感入于身者尤繁夥、精微、急捷，而适不适尤著明焉。适宜者受之，不适宜者拒之。故夫人道只有宜不宜，不宜者苦也，宜之又宜者乐也，故夫人道者依人以为道。依人之道，苦乐而已，为人谋者，去苦以求乐而已[⑥]。

夫[⑦]印度自摩笃立法，严阶级，别男女。人生而为寒门下户[⑧]，则为农，为贾，为百工，为猎夫，为妇隶，百世不得列于吏士焉。若生而为女，以布掩面，终身无睹，既嫁从夫，夫亡烧死，或闭高楼，永不履地。其为礼法也如此，故男若奴而女若囚焉。苟非藉出世之法，从何脱其烦恼耶[⑨]？盖原世法之立，创于强者，强者无有不自便而凌弱者也。国法也，因军法而移焉，以其尊将令而威士卒之法行之于国，则有尊君卑臣而奴民者矣。家法也，因族制而生焉，以其尊族长而统卑幼之法行之于家，则有尊男卑女而隶子弟者焉，虽有圣人，立法不能不因其时势风俗之旧而定之，曰君为臣纲，夫为妻纲。于是君日尊而日骄，臣民日卑而日苦。夫日尊而日肆，妇日卑而日苦[⑩]。大势既成，压

① “诸圣群哲乃”，《不忍》本、中华本作“诸先群哲”。

② “外物”，《不忍》本、中华本作“物非物”。

③ “焉”，《不忍》本、中华本无。

④ “焉”，《不忍》本、中华本无。

⑤ “外物”，《不忍》本、中华本作“物非物”。

⑥ “而已”下，《不忍》本、中华本有“无他道矣”。

⑦ “夫印度……无以加此矣”两段，《不忍》本、中华本在本绪言末段“故普天之下……此圣人所生世之不幸也耶”之下。

⑧ “户”下，《不忍》本、中华本有“之首陀也”。

⑨ “耶”下，《不忍》本、中华本有“婆罗门诸哲九十七道，思为人脱烦恼，其不得已而鸣出家禁杀生者耶”。

⑩ “曰君为臣纲”至此，《不忍》本、中华本无。

制既久，遂为道义焉。于是始为相扶植保护之善法者，终为至抑压、至不平之苦趣。至[①]是乎，则与求乐免苦之本意相反矣。印度如是，中国亦不能免焉。欧美略近升平，而妇女为人私属，其去公理远矣，其于求乐之道亦未至焉。神明圣王孔子早虑之忧之，故立三统三世之法，据乱之后，易以升平、太平，小康之后，进以大同；曰“穷则变”，曰“观其会通以行其典礼”，盖深虑守道者不知变而永从苦道也。

吾既生乱世，目击苦道，而思有以救之，昧昧我思，其惟行大同之道、行[②]太平之道哉！遍观世法，舍大同之道而欲救生人之苦，致[③]其大乐，殆无由也。大同之道，至平也，至公也，至仁也，治之至也。虽有善道，无以加此矣[④]。

夫喜群而恶独，相扶而相殖[⑤]者，人情之所乐也。故有父子、夫妇、兄弟之相亲、相爱、相收、相恤，不以利害患难而变易者，此[⑥]人之所乐也。其无父子、夫妇、兄弟之人，则无人亲之、爱之、收之、恤之；时有友朋，则以利害患难而易心，不可凭藉；号之曰孤寡鳏独，名之曰穷民，怜之曰无告，此人之至苦者也。圣人者因人情之所乐，顺人事之自然，乃为家法以纲纪之，曰“父慈，子孝，兄友，弟敬，夫义，妇顺”。此亦人道之至顺，人情之至愿矣，其术不过为人增益其乐而已。

结党而争胜，从强而自保者，人情之所不能免也。故有部落、国种之分，有君臣、政治之法，所以保全人家室财产之乐也。其部落已亡，国土无托，无君臣，无政法[⑦]，荡然如野鹿，则为人所捕虏隶奴，不能保其家室财产，则陷苦无量而求乐无所。圣人者因人情所不能免，顺人事时势之自然，而为之立国土、部落、君臣、政治之法，其术不过为人免其苦而已。

---

① “至”，中华本作“于”。

② “之道、行”，《不忍》本、中华本无。

③ “致”，中华本作“求”。

④ “矣”下，《不忍》本、中华本有“人道之苦，无量数不可思议，因时因地，苦恼变矣。不可穷纪之，粗举其易见之大者焉”。

⑤ “殖”，中华本作“植”。

⑥ “此”，《不忍》本、中华本无。

⑦ “政法”，《不忍》本、中华本作“政治”。

人者智多而思深，虑远而计久，既受乐于生前，更求永乐于死后；既受乐于体魄，更求永乐于神魂。圣[①]者因人情之所乐而乐之，则为创出世之法，炼神养魂之道，长生不死之术，以求生天证圣之果，轮回不受，世界无边，其乐浩大深长，有迥过于人生之数十年者。于是人遂愿行苦行焉，弃亲爱之室家，绝人间之荣华，入山面壁，裸跣乞食，或一日一食，或三旬九食，编草，尝粪，卧雪，视日，喂虎，饲鹰。彼非履至苦也，盖权苦乐之长短大小，故甘行其小苦短苦以求其长乐大乐也。彼以生老病死为苦，故将求其不苦而至乐者焉，是尤求乐求免苦之至者也。

孝子、忠臣、义夫、节妇、猛将、修士，履危难，蹈险艰，茹苦如饴，舍命不渝，守死善道，名节懔然。文天祥、史可法以忠君国死；杨继盛以谏亡；于成龙为令而自炊；陈瑸为巡抚，厨仅瓜菜。吾家从伯母陈自刎而不嫁；吾伯姊逸红守贞而抚子[②]；其苦至矣。然廉耻养之于风俗，节义本之于道学，《庄子》谓曾参、伍胥也，不修则名亦不成也。则虽苦行耶，而荣誉在焉，敬礼在焉。所乐有在，于[③]是故不以其所苦易其所乐也。

故普天之下，有生之徒，皆以求乐免苦而已，无它道矣。其有迂其途，假其道，曲折以赴，行苦而不厌者，亦以求乐。而虽人之性万有不同乎[④]，而可断断言之，曰人道无求苦去乐者也。立法创教，能[⑤]令人有乐而无苦，善之善者也；能令人乐多苦少，善而未尽善者也；令人苦多乐少，不善者也。昔者有墨子者，大教主也。其为教也，尚同，兼爱，善矣；而其为术，非乐，节用，“生不歌，死无服”，裘葛以为衣。《庄子》以为“其道太觳”，乱之上也，治之下也[⑥]，离天下人之心，天下不堪；离于天下，其去王也远。故墨子之为道苦，故人不从之。婆罗门道亦然。是皆不幸生于乱世，五浊烦恼，礼法、纲纪太严太苦，无可解除，故籍出家绝世以超脱之也。其法之不善，此圣

① “圣”，《不忍》本、中华本作“圣人”。

② “红”下，《不忍》本有“仲妹琼”，中华本有“仲妹琼琚”。“抚子”下，中华本有“琼琚至于忧死”。

③ “于”，《不忍》本、中华本无。

④ “而”下，中华本有“已”。“万”，中华本无。

⑤ “能”，中华本无。

⑥ “乱之上也，治之下也”，《不忍》本、中华本无。

人所生世之不幸也耶。①

卷 八②

大同之世人民极乐③

大同之人宫室皆建于公，私人几无宫室矣，盖无家则不须有室也。然智士累创新器，得赏甚多④。

当生民之初，以饥为苦，则求草木之实、鸟兽之肉以果腹焉，不得肉实

---

① “故墨子之为道苦”至此，《不忍》本、中华本作“印度九十七道出家苦行，一日一食，过午不食，或一旬一食，或不食，或食粪草，衣坏色之衣，跣足而行，或不衣不履，视赤日，卧大雪，尝粪，其苦行大地无比之者矣。彼以炼魂故弃身，然施于全群人道，则不可行。犹太、罗马及穆护教之抑女，亦犹然也。基督乐在天国，故亦土木其身。其清教徒苦行不食，栖山闭处，亦犹佛教焉。今在西班牙之可度犹见之也。基督不娶，绝其后嗣，神父皆不能娶，道觳不行。于是路德新教出焉，顷刻而易天下，则以其道近于人而易行故也”。

“此圣人所生世之不幸也耶”下，《不忍》本、中华本有：

“人生之苦七（‘苦’下，中华本有‘凡’，下同）：

一投胎　二夭折　三废疾　四蛮野　五边地　六奴婢　七妇女（别为篇）

天灾之苦八（室屋舟船亦有关人事，亦有关天灾者，故附焉）：

一水旱饥荒　二蝗虫　三火焚　四水灾　五火山（地震山崩附）　六屋坏　七船沉（中华本下有夹注‘汽车碰撞附’）　八蝗虫（中华本作‘疫疠’）

人道之苦五：

一鳏寡　二孤独　三疾病无医　四贫穷　五卑贱

人治之苦七（中华本‘七’作‘五’）：

一刑狱　二苛税　三兵役　四阶级　五压制（中华本无四、五两项）　六有国（别为篇）　七有家（别为篇）

人情之苦六（中华本‘六’作‘八’）：

一愚蠢　二雠怨　三劳苦（中华本列于第五）　四爱恋　五牵累　六愿欲（中华本下有‘七压制’、‘八阶级’）

人所尊羡之苦五：

一富人　二贵者　三老寿　四帝王　五神圣仙佛。”

② “卷八”，中华本题为“癸部　去苦界至极乐”。

③ “大同之世人民极乐”，中华本无。

④ “大同之人”至此，中华本无。

则忧，得而食之、饱之、饫之则乐。以风雨雾露之犯肌体为苦，则披草树、织麻葛以蔽体焉，不得则忧，得而服之则乐。以虫蛇猛兽为苦，则橧巢土窟以避之，不得则忧，得而居之则乐[①]。以不得人欲为苦，则求妃匹，拥男女，不得则忧，得之则乐。后有智者踵事增华，食则为之烹饪、炮炙、调和，则益乐；服则为之衣丝、加采、五色、六章、衣裳、冠屦，则益乐；居则为之堂室、楼阁、园囿、亭沼、雕墙、画栋，杂以花鸟，则益乐；欲则为之美男、妙女、粉白、黛绿、熏香、刮鬓、霓裳、羽衣、清歌、妙舞，则益乐。益乐者，与人之神魂体魄尤适尤宜，发扬、开解、欢欣、快畅者也。其不得是乐者则以为苦，神结体伤，郁郁不扬者矣。其乐之益进无量，其苦之益觉亦无量，二者交觉而日益思为求乐免苦之计，是为进化。

圣人者，制器尚象，开物成务，利用前民，裁成天地之道，辅相天地之宜以左右民，竭其耳目心思焉，制为礼乐政教焉。尽诸圣之千方万术，皆以为人谋免苦求乐之具而已矣，无他道矣。能令生人乐益加乐、苦益少苦者，是进化者也，其道善。其于生人乐无所加而苦尤甚者，是退化者也，其道不善。尽诸圣之才智方术，可以二者断之。虽然，圣法之为苦乐也，循环而相生，则视其分数以为进退焉。圣法之为苦乐也，因时而异境，则权其轻重以为去留焉。

大同之世，人人皆居于公所，不须建室，其工室外则有大旅店焉。当时旅店之大，有百千万之室，备作数等，以待客之有贫富者。其下室亦复珠玑金碧，光采陆离，花草虫鱼点缀幽雅。若其上室，则腾天架空，吞云吸气，五色晶璃，云窗雾槛，贝阙珠宫，玉楼瑶殿，诡形殊式，不可形容。而行室、飞室、海舶、飞船，四者为上矣。

行室者，道路皆造大轨，足行大车。车之广大可数丈，长可百数十丈，高可数丈，如今之大厦精室，然以电气驶之，处处可通。盖遍地皆于长驱铁路外造此行屋之大轨，以听行屋之迁游也。盖室屋之滞碍，在凝而不动，既无以吸天空之清气，又无以就山水之佳景，偶能择得，亦难遍纳清佳，此数千年来之所苦也。惟屋可游行，则惟意所适，或驱就海滨而挹海气，则岛屿沧茫；或驶向湖边江湄而饫波光，则天云漭瀁；或就山中而听瀑，则岩谷幽奇；或就林

① “以虫蛇猛兽为苦”至此，中华本无。

野而栖迟，则草木清瑟。一屋之小，享用无穷，泛宅浮家，于焉娱志。盖太古游牧，中世室居，太平世则复为游国，如循环焉。若夫为大舟以娱游，泛海舶以跌荡，此则易见矣。

飞屋、飞船者，汽球之制既精，则日推日大，可为小室、小船十数丈者，再推广则为百数十丈。游行空中，备携食品，从容眺咏，俯视下界，都会如垤，人民如蚁，山岭如涌波，江海若凝膏，飘飘乎不羽化而登仙焉。然是但供游行，不能常住者也。凡兹行屋、飞船，一切大旅店咸备，其余五步一楼，十步一阁，蜂房水涡，几千万落，大小高下，拱交绣错而听人之租之。故太平之世，人无建私宅者，虽大富贵逸老，皆居旅店而已。

间或智士创新领赏，财富巨盛，亦只自创行屋，放浪于山巅水涯，而无有为坐屋者矣。盖太平之世，人好行游，不乐常住，其与古世百里鸡狗相闻而老死不相往来，最有智愚之反也。夫草木至愚者，故系而不动。羊豕之愚胜于草木，能动而不致远者也。若夫大鹏黄鹄，一举千里。古世老死不出乡者如草木，中世游行如羊豕，太平世则如大鹏黄鹄矣。

凡公所、客店、私屋制造形式，皆以合于卫生为宜，必经医生许可。

凡公所、旅店，夏时皆置机器，激水生风，凉气砭骨，冬时皆通热电，不置火炉，暖气袭人，令气候皆得养生之宜焉。

其四壁及天盖地板，绮交绣错，花卉人物，日月能变，皆如生者，中皆藏乐，抚机即作，以怡神魂而畅心灵焉。

大同之世，水有自行之舟，陆有自行之车。今自行之车已盛矣，异日必有坐卧从容，携挟品物不须费力，大加速率之妙。其速率比于今者或伯千倍焉，其可增坐人数者或十百焉，或借电力，或炼新质，飘飘如御[①]风焉。人人挟一自行车，几可无远不届，瞬息百数十里。自非远途，铁道或只以载重焉。其牛马之车，但资近地载物之用，且新电车以载物，并牛马亦无所用之。

大小舟皆电运，不假水火，一人司之，破浪千里，其疾捷亦有千百倍于今者。其铺设伟丽，其大舟上并设林亭、鱼鸟、花木、歌舞、图书，备极娱乐，故人亦多舟居以泛宅浮家焉。

① “御”，中华本作“遇”。

故大同之始居山顶，其中居水中，其后居空中。

大同之世，只有公所、旅店，更无私室。故其饮食列座万千，日日皆如无遮大会，亦有机器递人私室，听人所乐。其食品听人择取而给其费。大同之世无奴仆，一切皆以机器代之，以机器为鸟兽之形而传递饮食之器。私室则各有电话，传之公厨，即可飞递。或于食桌下为机，自厨输运至于桌中，穹窿忽上，安于桌面，则机复合，抚桌之机，即复开合运送去来。食堂四壁皆置突画，人物如生，音乐交作则人物歌舞，用以侑食，其歌舞皆吉祥善事，以导迎善气。

大同之世，饮食日精，渐取精华而弃糟粕，当有新制，令食品皆作精汁，如药水焉。取精汁之时，凡血精皆不走漏，以备养生，以其流质锁流至易，故食日多而体日健。其水皆用蒸气者，其精汁多和以乐魂之品，似印度麻及酒，而于人体无损，惟加醉乐。故其时食品只用各种[①]精汁汽水生果而已，故人愈寿。

大同之世，新制日出，则有能代肉品之精华而大益相同者，至是，则可不食鸟兽之肉而至仁成矣。兽与人同本而至亲，首戒食之，次渐戒食鸟，次渐戒食鱼焉。虫鱼与人最疏，又最愚，故在可食之列，然以有知而痛苦也，故终戒之。盖天之生物，人物皆为同气，故众生皆为平等。人以其狡智，以强凌弱，乃以食鸟兽之肉为宜然。徒以太古之始，自营为先，故保同类而戕异类乃不得已，然实背天理也。婆罗门及佛法首创戒杀，实为至仁，但国争未了，人犹相食，何能逾级而爱及鸟兽？实未能行也。若大同之世，次第渐平，制作日新，当有代者，到此时岂可复以强凌弱、食我同气哉！是时则全世界当戒杀，乃为大平等。故食兽肉之时，太平之据乱世也；戒食鸟兽肉之时，太平之升平世也；戒食虫鱼之时，则卵生、胎生、湿生皆熙熙矣，众生平等，太平世之太平世也。始于男女平等，终于众生平等，必至是而吾爱愿始毕。

草木亦有血者也，其白浆即是。然则戒食之乎？则不可也。夫吾人之仁也，皆由其智出也，若吾无知，吾亦不仁，故手足麻木者谓之不仁，实不知也。故仁之所推，以知为断。鸟兽有知之物也，其杀之知痛苦也，故用吾之

① “各种”，中华本无。

仁，哀怜而不杀之。草木无知之物也，杀之而不知痛苦也[①]，彼既无知，吾亦无所用其仁，无所哀怜也，故不必戒杀。且若并草木而戒杀，则人将立死，可三日而成为狉榛之世界，野兽磨牙吮血，遍于全地，又须经数千百年变化惨苦而后成文明，岂可殉无知之草木而断吾大同文明之人种哉？故草木可食。

大同之世，衣服无别，不异贵贱，不殊男女，但为[②]人也，无不从同，惟仁智异章，以厉进化耳。衣之从同者，裹身适体，得寒暑之宜，藏热反光，得养生之要。帽之前簷必蔽目，履之仰革以便走，贴身而裁以作工，戴章而荣以行礼。其时虽祁[③]寒盛暑，必有一新制足以一衣而却寒召[④]凉者。自此之外，燕居游乐，裙屐蹁跹，五采杂沓，诡形异制[⑤]，各出新意[⑥]，以异为尚。其时雾縠珠衣，自有新物，非人所能拟议矣。

大同之世，什器精奇，机轮飞动，不可思议。床几案榻，莫不藏乐，屈伸跃动，乐声铿然，长短大小皆惟其意。夕而卧息，皆有轻微精妙之乐以养梦魂。若夫男女交合，则有房中之乐在其床焉，皆仁智吉祥之善事，神仙天人之欢喜者也。男女构精，万物化生，实为全地人道之本始，宜皆有节奏廉肉[⑦]，清浊高下，以应节合拍，蹈中履和，庶几外以极人欲之乐，而内以正生人之本，则生人之传种庶皆中和明妙焉。其他舟车之奇妙敏急，用器之便巧省事，日有所进，千百万倍，以省人之日力、目力、心力，记数者殆不可量也。用器进，故人之明智亦日以进焉，交相为用，其益莫大。用器精，可以诇[⑧]察人之行事，令人难惰、难偷、难诡，令人惊犹鬼神之在左右，使人不敢为恶，则善行自进。盖观于铁路所通，即文明骤进，用器之关于进化如此。

大同之世，自发至须眉皆尽剃除，五阴之毛皆当剃落，惟鼻毛以御尘埃秽汽，则略剪而留之。盖人之有身，以洁为主，毛皆无用者也。凡鸟兽则纯

① “故用吾之仁”至此，中华本无。
② “为”，中华本作“是”。
③ “祁”，中华本作“严”。
④ “召”，中华本作“纳”。
⑤ “诡形异制”，中华本作“诡异形制”。
⑥ “意”，中华本作“器”。
⑦ “肉”，中华本作“均”。
⑧ “诇”，中华本作“调”。

毛，野蛮之人体亦多毛，文明之人剪发。太平之人，文明之至也，故一毛尽拔，六根清净。是故多毛者，去兽不远者也；少毛者，去兽远而不离，近于兽者也；惟无毛者，超然为最高明之人矣。

今欧美少女披发数尺，尚为野蛮之旧俗也，惟其剪发先于中国矣。印度最先者，以其在热带也。或谓剪发而少留寸许，可以护脑，此为欧美免冠之俗言之也。夫行礼而不用本身之肢体，而假于外冠，实不便之尤也。中国古者刑人有罪亦免冠，盖自处卑辱之意，而因以为退让致敬之礼。然于近冰海寒地实不可行，行之必伤人，此非可为通行之礼也。既不须免冠，则不须护脑矣。惟须发日出日剃殊劳，必待有新药制，一涂而发不复生，又不损人，乃可全无，否则，剃之劳不如剪之逸也。太平之文明，必有妙药，一毛不留矣。须眉亦殊污乱，皆当去之。于是男女皆熏香含泽，日浴数次，体气香洁，清净妙美，传种既久，自然香洁。今乱世之人，以香泽为妇女之事，此以玩具视妇女，而不以文明之高物自待也。夫兽豕最污者无论也，野蛮又最污者也，垢面臭口，卧地便旋，余秽迫人。知野蛮污垢之近于兽，则知清香华洁而远出于兽矣。所谓恶乱者，污也。所谓文明者，华洁也。故太平之世，人人皆色相端好，洁白如玉，香妙如兰，红润如桃，华美如花，光泽如镜。今世之美人，尚不及太平世之丑人也。

太平世之浴池，纯用白石，皆略如人形，而广大数倍，滑泽可鉴，可盘曲坐卧，刻镂花草云物以喷水，冷热惟意。水皆有妙药制之，一浴而酣畅欢欣，如饮醇酒，垢腻立尽。浴衣亦然，且带香气，不须别置熏笼也。其日浴次数及其时，则医生随时定之。

其溷厕，悉以机激水，淘荡秽气，花露喷射，薰香扑鼻。有图画神仙之迹，以令人超观思玄；有音乐微妙之音，以令人和平清净。盖人就溷时，乃最静逸、去嚣哗之一时，有以动其出世之思，弃形之想，则魂神自远也。

大同之世，每人日有医生来视一次，若有疾则入医院。故所有农牧渔场、矿工作厂、商店旅馆，处处皆有医生主焉，以其人数多寡为医生之数。凡饮食之品，皆经医生验视而后出。及夫宫室之式，衣服之度，道路、林野、溷厕、庖浴之宜，工作之事，一切人事皆经医生考核许可，而后得为之。其有疫疸熏传之症，则各地早防之，亦必有妙药扫除之。盖必全地洁净，而后疫无从起，有一地不治则疫可生焉，故太平之世无疫。太平之世，人皆乐游，无有忧虑，体极强壮，医视详密，故太平世无疾。其有疾也，则外感者耳，必无内伤内因肺痨传种之疾矣。其所居择地，胎教精详，恶种则淘汰之，并无盲哑跛躃废疾人痾者矣。其外感者，则可一药而愈。故太平之世，虽有病院而几无人，其病者则将死者也，然皆气尽而尽，莫不考终焉。若其气尽，呻吟太苦，众医脉之，上医脉之，知其无救，则以电气尽之，俾其免临死呻吟之奇苦焉。故大同之时，人无有权，惟医权最大。盖乱世以杀人为主，故兵权最大；平①世以生人为主，故医权最大，时义然也。医权最大，医士亦最多，医学亦最精，加有新器助之，又鼓厉之，故其时医术神明，不可思议。养生日精，服食日妙，人寿日长，不可思议，盖可由一二百岁而渐至千数百岁焉。

大同之世，人无所思，安乐既极，惟思长生，而服食既精，忧虑绝无，盖人人皆为自然之出家，自然之学道者也。

于时人皆为长生之论，神仙之学大盛，于是中国抱朴、贞白、丹丸之事，炼煞、制气、养精、出神、尸解、胎变之旧学，乃大光于天下。人至垂老，无不讲求，于是隐形、辟谷、飞升、游戏亦必有人焉。若是者，可当大同之全运，或亦数千年而不绝益精也。惟人受公政府之教养二十年，报之作工亦须二十年，如乱世人之当报父母也。其有入山屏处者，必须四十岁之后，乃许辞工专学道也。盖神仙者，大同之归宿也。

养形之极，则又有好新奇者，专养神魂，以去轮回而游无极，至于不生不灭、不增不减焉。神仙之后，佛学又兴。其极也，则有乘光、骑电、御气而出吾地而入他星者，此又为大同之极致而人智之一新也。然有专精修道、入山屏人、谢绝世事者，只许于四十岁后为之。以人为公政府所教养二十年，非己所得私有，须作工二十年报之，乃听自由，亦以虑人皆学仙佛，则无人执事作工，而文明之事业将退化也。

耶教以尊天爱人为诲善，以悔罪末断为悚恶。太平之世，自能爱人，自能无罪。知天演之自然，则天不尊；知无量众魂之难立待于空虚，则不信末日之断。耶苏之教，至大同则灭矣。回教言国，言君臣、夫妇之纲统，一入大同

① “平”上，中华本有“太”。

即灭。虽有魂学，皆称天而行，粗浅不足征信，其灭更先。大同太平，则孔子之志也，至于是时，孔子三世之说已尽行，惟《易》言阴阳消息，可传而不显矣。盖病已除矣，无所用药，岸已登矣，筏亦当舍。故大同之世，惟神仙与佛学二者大行。盖大同者，世间法之极，而仙学者长生不死，尤世间法之极也。佛学者不生不灭，不离乎世而出乎世间，尤出乎大同之外也。至是则去乎人境而入乎仙佛之境，于是仙佛之学方始矣。仙学太粗，其微言奥理无多，令人醉心者有限。若佛学之博大精微，至于言语道断，心行路绝，虽有圣哲无所措手，其所包容尤为深远。况又有五胜三明之妙术，神通运用，更为灵奇。故大同之后，始为仙学，后为佛学；下智为仙学，上智为佛学。仙、佛之后，则为天游之学矣，吾别有书。

保存中国名迹古器说

（1913年4月）

驱车埃及录士京，嵂崒崷峭于尼罗河边者，非六千年之宫庙耶？华表峥嵘，壁柱楣楹，抱以十围，文字画像，完好可惊，柱像数丈，精妙肖形。其他石之盘匜椅桌，金之钗钏印贝，纸之文书绘画，越世六千年，光彩炫烂纷如也。夫六千年间，埃及之变乱多矣，乱础颓垣，其碍地甚矣。使在吾国，地址则开之以为街，文石则移之以为用，可以资众而获利，何事留此断础残垣于夕阳残照中也。甚矣！埃及人之愚也。

过希腊、雅典之墟，登厄岌坡利冈而四望，崇构杰柱，白石嵯峨。若者坐四万人之戏园也，若者破波斯之纪功观也，若者祭天扒地嫩之大庙也，若者议院也，若者熊碑也，若者封神之庙也，若者赏歌伶品物之华表也。其他佳石之像，精妙文美，千百相望，与断础颓垣纵横于城市夕阳残照中。其歌林之古墟，斯巴达之遗址犹是也。夫雅典至今二千余年，其经变乱多矣！使在吾国，地址则开封以增民居，文石则移之以为壁础，金则融之以为钱饰，纸则烧之以为炊爨，可以资众而获利焉。何希腊人大愚而不知之。

登罗马城之七冈，弥望十里，奥古斯敦之遗殿，尼罗之故宫，君士但丁之遗宇，第度大哈练之坊表，断础颓垣，纵横于斜阳夕照之中。精妙之像，文美之器，百千万亿，枕藉于荒烟蔓草间。过者流连抚摩，徘徊而悼叹之。夫罗马至今二千年矣，其经变乱多矣。罗马大都会中，尺土寸金，岂容断垣颓础之占地十里也。使在吾国，地址则开街以增民居，文石则移之以为壁础，金则融之以为钱饰，纸则烧之以为炊爨，可以资众而获利焉。何罗马人大愚而不知之。

乃至印度佛之讲堂，婆罗门之塔庙，蒙古帝沙之刊之宫陵，及夫印度故王之宫室器用，阅今数千百年，岿然凌触云表。乃至波斯六纪时衣士花间及波士淡之陵寝，大亚罢土王之故宫，及苑圃与壁瓦．千年矣。及亚谟寺，刊尼亚寺，卡善之玛善迭寺，亚爹悲路寺，皆七八百年，崇峻华诡，今犹存也。夫印度、波斯古物，至今数千年，变乱多矣。使在吾国，地址则开街以增民居，文石则移之以为壁础，金则融之以为钱饰，纸则烧之以为炊爨，可以资众而获利焉。何印度、波斯人大愚而不知之。

过欧洲英、德、法、奥、意诸邦，虽小都邑，皆有博物院焉。收集其乡邑之古物，前贤之遗器，其功臣、名士、诗人之片纸只字，遗衣残物。以吾所游，如英华忒、达尔文之所居小室，必保存而郑重之。格兰斯顿少时学堂读书之室，黑黝粗暗，租价数倍，昔士卑亚之室，则留为图画矣。其在德国，往古英雄贤达之宫室器物尤盛。刊士但士之珍，呼士克斯之室狱器物，埃士拿之宝，马丁路德之屋庐器物，乃若诗人梯鸩之故宅，空空无物，亦保存之。揩鲁壁大学，尚有十三四纪之墙壁板扉，朽旧污败，有古旧学生之涂鸦恶画，及俾士麦刀划之桌，剪剩之须发，莫不存焉。法国于拿破仑、窝多、卢骚之流遗器物，珍藏极盛。意大利于画师拉非尔藏柩古宫，与今意大利始王伊曼奴核并列焉，其遗图游踪，无在不有纪念。其于西班牙也，科仑布纪念尤尊，以四锦衣人杠其棺。他若某名人所用之笔，所坐之几，所游之境，一一皆纪念焉。德之暖壁十二纪之室屋，卑污荒矮，颇类吾国，环其半城，至今保存之，不居不拆也。凡此朽旧霉烂之宫室，残缺刓委之器物，果何用哉？以言闹市之地，则尺寸千金，何必存此古旧断烂之宫室，空占要冲之地乎？拉飞一画，价值百万，其他名人遗笔，动值万千。以言观则不美，以言用则无所，何事竭不赀之费，以为此无用之事乎？彼欧人岂皆大愚耶？乃至彼埃及、希腊、罗马、印度、波斯，不知毁大宫室以开街，筑屋售石以移用，岂非皆大愚哉？然而彼欧人保留断垣遗础之地，珍重古器旧迹之遗，甘置无用，甘费不赀，乃至特设有司经纪之，特立专会讲求之，特拨租税之公款，日搜求而保存之。

此犹言远者。近征日本都邑村社、古寺旧庙，莫不珍存古迹，保藏古物，零缣断简，败器坏瓦，所在皆官保存之，收钱数枚，而看护者带观焉。在社寺保存会，隶于内务省，古物保存会，任之士大夫公共保之。其号称国宝者，特归国有，不许流于外焉。比灭高丽，则已设专馆，搜其图书名器，别为国宝而保存之矣。今意大利之名画，希腊之古物，亦皆类是。吾购希腊之古尊罍，既购得矣，令之裹封，欲携归，售者告曰：必告我外务大臣。为此特留数日，以将开博物院告，待外务大臣之许可，乃得携焉，否则不能购也。

以上所云云，犹为文明国也。乃若墨西哥之陋，其文部犹专设搜辑古物之司，岁拨百万巨帑，为搜剔古物之用。吾游其古日坛月坛，去京千里，掘地百人，搜求遗器，印之图之。墨之文部，以总统爹亚士命，赠我十册。甚矣墨之僻陋，而文明乃若此也。今埃及、希腊之人，盖设有司日以发地古藏为事，各国多特派博士从事焉。金字陵前之星士人首兽身者，长十五丈，首高六丈。昨日发开之中，为大殿日月石数百，及他异宝存焉，万国传电而相警告。以吾国人见之，岂不大可笑哉？

盖凡物之理多矣，有以有用为用，亦有以无用为用者。夫保存英雄贤哲之宫室器物，则必于英雄贤哲之行事讲求之，其雄伟超迈之概，其特达英多之象，如戏剧然，感现于人目，而往来于人心。夫人之性，不感不发，不触不动，故读书之所得，不如戏剧之所感。盖其兴会淋漓，气象真切，有以鼓动激发，优游浸渍，感动转移人于不自知者也。而后之人，感慕往迹，流连摩掌，车马之徘徊，诗歌之咏叹，其趣味倍深，而兴起倍易焉。岂不曰：彼丈夫也，我丈夫也。稍有志者，辄作是思。故人材辈兴，风厉踔发，则所得多矣。故凿户牖以为室，当其无有室之用；埏埴以为器，当其无有器之用。若宫成而无户，则何以出入？衣成而无衽，则何以展行？嗟乎！无用之为用大矣。故夫立法者，识见周博，不泥于偏曲，不囿于闻见，而后不败也，难矣哉！

还观吾国，固以礼义文明自夸为中国，而鄙人为夷狄者也。然自长城、邗沟外，数百年之建筑罕睹焉，遗器大宝，惟周十石鼓耳。九鼎既沉于泗水，雅乐复毁于契丹，太公钱、孔子履又焚于晋库，亦罕觏矣。盖自项羽焚秦阿房之宫，而汉武之筑建章而增未央，井干楼、通天台高五十丈，金铜仙人掌几巨丽焉，乃皆焚弃矣。曹操铜雀，石氏金虎，皆夷毁于北齐。而齐高洋宫室之诡伟，皆为周武帝所移毁。南朝梁、陈之宫，后主临春结绮之丽，经隋灭后亦毁之。而隋炀穷奢，尤多奇制，其图书馆设机，立以金人，践机则自开阖门户；而宇文恺之制行城，尤为奇伟之器；然经乱尽毁，及唐而不见之矣。然周公指南针之用，先行之于罗马，以为征灭海国。墨子之飞鸢，游天三日，偃师之木人，演剧如生。张衡地动仪图，犹存于日本大学之博物院。葛亮手创之木牛流马，祖暅之手创之轮船，吾国早已无存矣。如使奇物犹存，则物质机器之学，横行地球，前民利用者，不在欧洲而在中国矣。

试游生番之室，或凿石穴居，或团木支柱。其稍进者，则葺茅为庐，伐木为屋，衣皮蔽布，猎狩取鱼，斯极厥初生民之乐事矣。又进而重墙练瓦，披衣铺席，釜甑为烹，刀匕为食，衣以绣彩，坐以床几，斯则各国文明进化者矣。其在吾国，农工商贾，衣食是求，负耒执斧，握算持筹，仰事俯畜，饱暖无忧；故观于其室，惟有用器而无玩器焉。至学士大夫，则书橱画室，名书古器，宋磁明漆，商、周鼎彝，汉、唐金石，纵横于高斋，合集于斗室矣。此皆清娱之具，玩好之事，非为米盐酱醋，布帛绢匹，可食可饱，可衣可暖者也。然米南宫抱画而欲溺死，唐太宗挟兰亭以殉葬，其他名士，家无担石，妻子饥寒，然售田典衣以购古董。若是者，其为不适于用至矣；然凡此其人必风流文采，有声于时，有闻于后者也。其与大农富商室中皆为用器，仓廪堆粟，金钱满家，何其远也！欧人则中人以下，农工商贾之家，其厅事皆陈古器，其游踪必携远物，以夸于宾客，以传于子孙，或捐之公众焉。其意识不为用物是宝，兹可怪也。然人道之文野，程度之高下，于此判然矣。吾国宋、明以前之宫室，既绝无留存，六朝、唐之器物，遗留尤绝少矣。若周、汉以上．更不待言。以吾四万万人，倍于欧洲二十国之民数，而古迹古器，若兹其少也。其欲以感动兴起后人之心，增加文美，浚发智巧，抑亦难矣！然乃以举国之大，无一博物院，即图书馆亦寥寥也，不能比于欧美之一乡一邑，乃自称文明，其为惭耻孰大焉！

盖中国古器，自周秦至今，大厄凡七，小厄不可数焉。《史记》曰：始皇铸天下兵器，为十二金人。见章怀《后汉书注》，较今本多一器字。兵者戈戟之属，器者鼎彝之属，秦政意在尽天下之铜，必尽括诸器可知，此一厄也。后汉董卓更铸小钱，悉取洛阳及长安钟虡飞廉铜马之属，以充铸焉，此二厄也。《后汉书》。隋开皇九年四月，毁平陈所得秦汉三大钟，越三大鼓；十一年正月丁西，以平陈所得古器多为祸变，悉命毁之，此三厄也。《隋书》。周显德二年九月一日，敕除朝廷法物军器官物及镜，并寺观内钟磬钹相轮火珠铃铎外，应两京诸道州府铜众器物诸色，限五十日内，并须毁废送官，此四厄也。《五代会要》。金海陵正隆三年，诏毁平辽、宋所得古器，此五厄也。《大金国志》。宋绍兴六年，敛民间铜器；二十八年，出御府铜器千五百事付泉司，大索民间铜器，得铜三百余万斤，此六厄也。靖康北徙，器亦并迁，金汴季年，钟鼎为祟，宫殿之玩，毁弃无余，此七厄也。宋冯子振序杨钩《增广钟鼎篆韵》。凡此皆朝廷作贼，邻国为灾，破坏文明，不知宝惜，令我恨绝，与杨琏僧伽何异，真惭见欧人者也。而二千年人民之盗铸，樵牧之摧残，则不足计矣。吾游荷兰海滨，有疍民，皆操舟而业渔者，自彼十二纪居至今，千余人矣，不宦不士，不农不商，不婚于外，今犹衣古服，不入城市，其室如船，极长而低，盖牵船岸上住，而今仿其形焉，亦可谓至僻愚陋之野人矣。而室中自厅事卧内，厨具用器杂沓，惟周四壁，独遍悬古磁碗碟，累累横竖列，家家以数百计，皆数百年物，花样色相，奇变华妙，濯洁无纤尘。吾出重赀欲购之，不售也。后托旅店展转求之，乃得十五纪一碗以归。彼疍户，渔世家也，而所好尚宝存古磁，乃若此其高逸也，吾国人真愧欲死。

以吾所见闻粤东近事，长寿寺之伟丽，筑于前明，其后园半帆亭之石，移自太湖，久为名迹，若此土木，虽今以百万金为之，不可得也；乃竟毁之而开街也，铜佛大丈余，则熔之而卖铜也。梧州之冰井寺，开自有唐，梵宇无多，而山水清瑟，此亦名迹，宜保全者也；乃假缘开学，无端毁之。夫佛教为一大教，虽有盛衰，然岂长吏一时爱恶所能毁也。突厥即无道，亦不过取他教之庙，改奉其教，未尝取而毁之。借曰攻异端也，则天主之堂，巍峨参云，谁敢过问之耶？以佛教而毁之，是欺弱也。吾国山水佳趣，多赖僧寺，岂徒宗教有关，实于风景有补，又多古迹，足资考求。英人灭印度，于其教宗古迹，犹派官吏发特金以保全之，何况吾国乎？

即故家旧物，实关一国之美术。日本之于日光德川庙也，郑重守之，游者人一元，岁收数十万金，益以饰其公园之台榭花木；欧美人游者日夥，乃筑大旅馆于山中，益增名胜矣。日人于一切名胜古迹，虽至小不足观者，亦多为影画以发明之，设为向导以便览者。于是日人之文明，啧啧于欧美人之口。

其有温泉，则大表彰之，点以园林，增以旅馆，而欧美人之游者日多，既增文明，又添游屐，所得金钱以资国民，亦不少矣。法国于外人游巴黎者，岁十万万，即日本岁计外人游资，亦二三千万。盖今之新法，以饰名迹，盛游历，亦为国民生计之一道焉。而我有名迹古器，乃不知修美之，又从而毁弃之，何其愚智相去之远也？日本于日光德川庙一猫之刻画，于奈良春社一鸟之精雕，摹绘图写，炫其美术。欧人之保全古美术，尤甚矣。

以吾所见，十八甫伍紫垣旧屋，其子伍子昇，尝一一与我观焉。其屋深十八层，广十一座，其门窗栏槛屏隔，刻花鸟人物，及方圆曲折之形式，无一同者，皆以檀楠美木，木亦无一同者。徒指一圆窗隔告我曰：此费千金，又皆乾、嘉间之名工也。吾细视之，精致见毫发，飞动若鬼神，若在今日，虽万金不可得也。全屋皆若是。吾意全中国之宫室，雕刻之精美，未必有能比之者。其后园石山十余亩，奇秀，皆太湖石为之，乃毁弃之而开街。其伍氏别墅，在河南海幢寺旁，水木清瑟，堂榭华严，昔张之洞饮酒于是，叹为未尝见者，今亦毁之而开街矣。吾粤百年前千万之巨富，号潘、卢、伍、叶，其祠室园林，皆精绝冠一时。以吾少年，犹见叶氏之祠，潘氏之园曰海山仙馆，今叶祠改为十二甫之街，而海山仙馆化为平田。若广东巡抚署，则平南王尚可喜所筑，规模宏敞，将三百年矣，而亦闻以百万出售，亦有议开街者焉。故以广东开辟二千年，除光孝寺之铁塔，布政司署之乾德殿铁柱，及大钟楼五层楼外，无可数焉。若问昌华苑故址，则为每每原田，不知几何世矣。

回之文明，非比欧人也。吾游西班牙之迦怜拿大，彼八纪之回王故苑于今犹在，亭池门径一一犹存，千二百年之故物也。指某楼曰：某某某太子于是也。某楼，昔某某公主居处也。某堂，昔召见外使处也。某石牌有血迹，曰：昔杀某大臣所染也。即波斯尚存其六纪之宫苑，而埃及、印度无论矣。若我中国乎，则沈炯所谓：凌云故基，共原田而朊朊；别风余址，带陵阜而茫茫。羁旅劳臣，能不落泪。真可落泪矣！试问至近南京之明故宫，其尚有荒台遗殿否乎？盖已灭迹扫尘，一无所有矣。又何慨乎刘枨之遗宫苑哉？过西湖而访宋人之宫室园囿，若《武林旧事》之所铺排，《癸辛杂志》之所详录，岂有片瓦遗址之尚存者乎？秦中自古帝王州，益无可问矣。欧人之贼，能爱惜名迹古器，而吾中国帝王士夫，乃不能保全名迹古器，岂不大耻哉！吾往游庐山，问古者九十九寺之遗迹，则焚余无几矣。哀哉！吾中国之人，有残贼之性，岂徒不如欧人，其愧于波斯、印度人远矣。

天命推迁，前朝已矣，帝王之仪，不复再见，而帝者之遗物，尤为难得。以今之土木论，则燕京之宫殿、坛庙、园囿，皆金、元、明初之遗物，皆经五六七百年之风霜矣。宫殿之雕镂虽不精，其广大宏巨，以吾遍游大地，实万国之所无，其坛庙实为吾国数千年之大典，其苑囿窈窕亦冠绝东亚，而为大地之特色焉。其他彝鼎图书，网罗三代之珍，收拾汉、唐之美，中国之精华，多在内府焉。其历年久，其财力厚故也。闻奉天宫殿所藏古磁玉图书，外人叹羡，康熙、乾隆之磁，得一可为珍宝者，而每朝以数万计。此皆吾国之瑰贵，数千年之精华，可以兴起后人之志，可以观感后人之美，可以著耀中国之文明，而发扬光美之，所以异于野蛮者此也。可以招外人之游屐，而徘徊感动之，所以为理财之计者在此也。法之革命后，今栌华宫以为博物院，徽赊喇宫、方甸都罗宫及一切故宫遗苑，皆供国民游赏。英灭士葛伦后，今其故宫，亦供人游焉。今吾遗宫殿坛庙，正宜修饰而保护之，以著吾国之文明，以供国人之游赏。择一二处以为博物院，虽未能广罗大地之奇珍，而先收吾国之图书宝器，山巅水涯之所出，岩穴丘陇之所藏，故家旧族之所珍，皆可合成此院以光大之。中国之珍，尤在内府，万方贡献，前明遗储，皆集焉，前所谓中国数千年之精华在是也。

夫一国之图书宝器，足以启发国人之聪明，感动国人之心志，动怀旧之念，发思古之情，明审美之学，增致精之道，所关至巨。夫欧美各国，勤勤于博物院，不惜巨费罗而致之，良为此也。凡人讽咏遗言，不如亲瞻遗器，盖十年穷乡之读书，不及一日之游博物院，感动尤深也。若图书宝器之皆无，文物精华之竭尽，在全国既枯槁而无色，在人民尤盲瞽而无知，所谓水烦则鱼鳖不长，土敝则鸟兽不大，童山无木，百虫不生，沙漠渺茫，草木不茁，精华既竭，褰裳去之，气象枯竭，亦亡国之兆也。乃者《永乐大典》之古册，敦煌石室之奇珍，郭守敬浑天之仪器，以及累朝玉玺，历代宝书，辇归异域．中国之枯槁至矣，后生之师法少矣。今者所余，益复无几。乃闻奉天宫殿之所藏，竟有议售为国用者。此之不能保全，实与卖国无异，我国人当以公愤而公保之，有售卖者当视为公敌可也。

若夫翰林院、国子监，今不知废弃若何。吴梅村诗曰：学舍有人锄菜圃。又曰：废圃谁知博士斋，六堂弦管听销沉，极目萧条泪满襟。今复见之。五百年文学之旧址，所以兴起后人文学之心，所关至巨。乃闻有工商部交争之狱，而举国公卿士夫无过问者。此非洲野蛮人不屑为之，而中国为之，其奇耻大辱，真普天下万国所未有也。若争翰林院诸君而欲尚为中国人也，则可以止矣，否则鄙人几不欲与同为中国人矣。欧人于数百年之小校，遗瓦败壁，黝黑朽坏，更珍保之。诸君试游德之揩鲁壁、干士但士．又近之游英伦恶士佛、检布列住诸大学可见也。吾国子监、翰林院，起于元、明之间，与彼诸校时相同矣，而德、英人珍宝之若此，我乃遗弃之若彼。此英、德之所以强盛，而吾国之所以危弱也。

欧美人于古迹名胜宫室，非必用之也，但留其空室败墙之迹，使人守之，令游人徘徊焉、踯躅焉、感动焉、兴起焉而已，此所谓无用之用也。欧人岂不知毁其室、改其用哉，诚以无用之用，其用更大也。我国人徒知眼前之用，毁弃名迹，浸假而为马厩，浸假而为粪壤，令后人无可踯躅焉、徘徊焉、感动焉、兴起焉，其为暴殄之祸，岂有过哉！革命以来，各省大变，我耳无闻，吾目无见，各省焚琴煮鹤之风，类于国子监、翰林院者，不知凡几也，其不沦为马厩粪壤者，不知得几何也。吾愿吾国人珍重保存之，勿为印度、波斯人所笑，谓甚于非洲野蛮也。窃以为若翰林院、国子监之类者，宜以为图书馆，广植花木，修饰亭榭，珍而存之。次之亦为公众游赏之地，再次之亦如欧人焉，仅存空屋败墙，不卖不拆，不改用，不租人，尚特费派人看守之资，以俾后生踯躅焉、徘徊焉、感动焉、兴起焉，为无用之用焉。如是乃为文明人，而非野蛮人，否则为野蛮人，宜供文明人之奴隶宰割而已。

欧美之图书馆、博物院有二焉，其珍重之品，有介绍者乃观之，其通行品，则听人人流览之。岂惟京师哉，凡吾国省府县镇，皆宜设博物院、图书馆，皆宜设保全古迹古器会。都邑人士，相与竭力焉、郑重焉、请求焉，视为文明、野蛮之别焉，以为后生之感动兴起焉。多为绘画、拓影、图记以彰之，严为守护以保之，设向导人以发明之，广招外之人游屐，以使吾之精华，保千百于什一，其亦庶乎其可也。否则碧眼高鼻者，富而好古，日以收吾古物为事，恐不十数年，而吾精华尽去也。后日若文明大启，举国枯槁，无能救也。

愿吾同胞，勿视为不急之务、不切之事而置之也。

此文成久未发，乃顷闻内务部行文各省，收文庙祀田，以为小学校经费。其发狂妄行，殆野蛮所不为，暴贼所不屑，而吾政府公然行之，乃如之人，我以为政府。呜呼！中国欲不为洪水猛兽得乎？孔子大圣，尚不能保之以兴起观感于后士，而区区之古迹名器，何保之为？吾之为此文也，甚矣吾之愚，乃享爰居以钟鼓、被猿猱以冠裳也。

［录自《不忍》杂志第三册］

致齐照岩总长书

（1921年10月30日）

照岩总长兄同年执事：

徐生还，知万福为慰！江西庐山白鹿洞，为唐贤李渤读书之所，而宋朱子于此讲学，贻今千年，为中国四大书院之一。其地山水妙丽浓深，以仆久览全球，年代之古，文明之盛，几无其比。己丑曾游之。戊午再游，则校舍改为农场，然亦无农生肄业其中，鞠为茂草，怒焉有惕！曾告陈秀峰督军、戚升淮省长及傅春官道尹与齐知事勖其保全，望其增廓，谓如筹过万金，吾来补助书藏，成一大学。惜捐助者仅得二千，只令少修殿宇而已。夫以白鹿洞之名迹胜境，若在欧人不知如何发扬光大之。以吾所游西班牙之陀厘度十六纪大学，德国滑壁垒之十三纪大学，次如英之牛津大学、剑桥大学尤后，所居成市，保护学地，有如神圣。安有改作农场而鞠为茂草之理？又安有三数司理人而可以盗卖藏书、敢于焚烧之理？如此异闻，欧美所笑。吾国百政不立，已不成国，何至并修学好古之美俗亦尽弃之？俗败至此，觇国者实惊且忧，不亡何待？夫以今古书之少，而日本好古，搜罗无所不至，吾国人困穷日甚，贪利无所不至，盗卖国宝于异国，殆必然之事也。然此风既开，国宝无可保全者，可不忧乎！精华既竭，褰裳去之。中国复何有后生何所览观焉？若任其所为，不加严办，则各省名迹藏书胜地，纷纷效尤，岂不同归于尽乎？宵小恣其盗卖焚烧无所惩，将何所不至？恐不数年，全中国再付秦火矣。故不止白鹿洞一书藏之忧，而中国文明之惧，鄙人忧之。顷得星都人士飞书力诉，而公适主内务，实任其责，想大君子尚文好古，必有以惩无赖而保文章。惟幸留意，敬问兴居，不尽缕缕。康有为谨启。九月三十日。

江西星都永安四县同乡会诉文附呈，伏望饬江西长吏严办。

［录自《万木草堂遗稿外编》下册］

论文学现象

笔记·文章

（1888年前后）

文章家断不能兼有众长，虽以六经，亦不能兼包众体，《易》奇而法，《诗》正而葩。六艺且然，况后学乎？故入手工夫，先就所长专于一家，力求其至，古人所谓主人翁也。昔朱子少时见汪尚书，尚书问曰：文章家有主人翁，子之主人翁是谁？朱子曰：仆学曾子固。汪尚书喜曰：子之主人翁固甚体面。

文章家有难易之分，有文从字顺者，有佶屈聱牙者，在古人原无所不有。《诗》云"彼采艾兮，一日不见，如三秋兮"一篇，老妪能解。"菀彼桑柔，其下侯旬，将采其刘"，同一意，而无一字不用解。昌黎文亦然，固无有难易之分。若论入手，则以意为先，不必以艰深。文浅陋，若专觅字典书所无之字，则览不终篇，人已厌矣。明七子论文，不言秦汉以下，而其所讲求秦汉者，不过取其奇字奥句；虽得盛名，存终不久，钩唇棘吻，有乖辞达之意。《文选》多奇字，读《文选》亦取其文意高古，篇法顿挫。文章家有奇、正，宜从奇乎？宜从正乎？夫文法犹兵法也，变化不测，程不识、广①，均是名将，因时制宜，相机应变，奇正相生而已。

古文之道虽宽，要自有典则。宋儒之语录为文，"怎地"、"这个"等字，巷谈市语，皆以入文，所谓龙蛇杂蚯蚓，鄙俗之极。本朝崇尚考据，又以考据为文，繁征博引，芜秽蔓延，不得谓文。至时文家庸句弱调，一切常字皆不得用，所谓画今之界不严、学古之辞不类也。即四六、诗赋之纤辞丽句，皆不可入；《文选》赋家之涩字，皆不可入。取裁贵严，非六经中所有之字，亦

① "广"前，疑脱"李"。

不必同也。

始学作文，先洁其体，无取冗长。古人论文，云古人作文，与其过长，宁说不尽。夫一泻无余，纵能辞达，已无余味。东坡曰：辞尽而意无穷者，天下之至文也。古人所谓弦外之音，至矣！朱子曰：作文无取乎长，且长亦难照顾。然哉！

作文宜苦心孤诣乎？抑纵笔直书乎？夫程功进序之时，贵极力追摹，恶得以易言之。其始积辞积理，冥神独往，则文为苦事乎？不然。夫文章天倪也，取于心，注于手，积之既久，自有汩汩其来之候。东坡云：为文非独能为之为功，能为而不为之为功。谓古人非有意为文，如山川之有灵，草木之有花实，特郁勃不得不发耳。然古人为文，如欧阳文忠，为一时之文宗。而宋人谓其作《昼锦堂记》一月得社官，至卿相富贵归故乡二湖，又自疑惑，迟之一月，尚不能改，仅加二“而”字；作《醉翁亭记》，起处有数十字叙山川之形势，后改作“环滁皆山也”五字。可见删削之功。本朝朱梅崖先生为古文大家，闻其为文不轻示人，常粘墙一月，每日视之，或改数字，或累改无一字存。可见湔削之深。然此文术也，文章家有器识在先。

立言之重，与立德并。顾宁人所谓非明道德、纪国政、察民事、道人善，一切谀美之文不作，则一篇受一篇之益；若为谀佞淫乱之文，则为一篇受一篇之损。《抱朴子》所谓古诗多规谏，故有益而贵；今诗多谀美，故有损而贱。士先器识，而后文艺。非徒读书立品，作文亦具绝大眼光。若文人有文无行，徒留此不肖之名，何益矣。马融之附梁冀，上《平西颂》，并为梁冀草奏劾李固，天下薄之。若刘歆之附王莽，抑不足责。又若宋之问、陈子昂之仕牝朝，子昂又上《大周受命颂》，此等更不足责。若扬雄者，粹然儒者，以孟、荀自比，作《太玄》以法《易》，作《法言》以比《论语》。即在孔门，亦以渊骞自期；且性甘静澹，非贪富贵者。乃为莽大夫，且作剧秦美新之论颂之。蔡邕受牵于董卓，阮籍劝进于晋武，胡安国之荐秦桧，陆放翁之作《南园记》，湛甘泉之为严嵩作《钤山堂诗集》，至以谢安、王导、姚宋□之虽无阿附之迹，而已为所羁縻矣。即朱子为张敬夫父魏公作行状，于符离之败不无少略，晚年亦悔曰，当时作行状，系据其家之节略为之云。虽以吐辞为经、举足为法之大儒，尚贻后悔，况余人乎？故艾千子谓陈大士曰：君易于为文，吾愿君予人一文，犹予人以女。甚矣！文之重也。

元微之作《长庆集》有《路出当阳，奉命录取县囚，牵于行不暇详究》诗，中有“只因稽首他方佛，未暇留心满县囚”。此何哉？不恭君命，不恤民生，无一毫恻隐之心可知，而能觍然面目，存之诗集，何其太无识也！考微之始非不欲以名节自立，后乃以寺人进，致位宰相，而与裴晋公为难，抑不足数，虽与白香山至友，相去天渊，乃一龙一猪矣。至明徐文长晚年入胡宗宪幕，为上严嵩书，有“知我等于生我，信知古语之非虚，感恩恩以报恩，只觉昊天之罔极”。谀媚至此，真不耻不仁、不畏不义者矣。夫文长一名士，亦又何求？卒贻后悔，锥耳流血而死。至钟伯敬由京奔母丧，迂道游武夷山，且作记。谭元春为作墓志铭，亦不之讳，真是奇事。昔苏子瞻兄弟，风流士也，而居三年丧，不与笔墨。奔丧何事而暇游山作记乎？又张说为唐名相，称燕许大手笔，其为息国长公主碑文，备极谀扬。按息国长公主，始嫁薛景，景死改嫁郑孝义，后死，玄宗命张说为碑文，以息国公主改嫁，人是何如人，碑文云：息国长公主者，睿宗之第七女也。适于薛氏，有男子四、女子五。其后君主昼歌，夫人暮哭，未亡为称生意尽矣。有诏断恩，改降郑氏。陵谷改移，隋和之宝不陨；寒暑变迁，松筠之诚如一。鳲均养七子，分荫二宗。汾阴之家忘亡，谋阳之宗相庆。此何等人而谀之以松筠，真不解也。至吴康斋以大儒受天子聘，乃以石亨荐为作族谱序，末署“门下生吴与弼顿首拜”。此所谓一失足成千古恨哉！

学古文宜读何书？《文选》为先。学者之治《文选》，并要读李善注。谢舍基教谕语云：文有三善：善言德行，义理足也；善政事，事理足也；文笔变化，文理足也。退谷是理学人，误以《文选》为秾艳之体，不但不知《文选》，并未观过《文选》也。古人自六朝后，治《文选》与治经等。李、杜、韩、柳，其浸淫秾郁，皆得自《文选》。杜不云乎：熟精《文选》理，翕受广敷施。又曰：呼儿读《文选》。其重《文选》可知。夫昭明之为《文选》，其别裁最精。梁武帝三度舍身同泰寺，于时佛教最重，而《文选》不登佛碑一字，惟登一弥勒寺碑，止取其人最微而轻者，以示佛教之不足重，其识高矣。《文选》之后《文苑英华》，然一千卷虽博而繁，止可备考，以揣摩则太繁矣。集唐人之文，莫若《唐文粹》，姚铉作，一百卷。唐人文章至盛，体裁至杂，独能删裁芜秽，采取精英，诗取古体，不知近体，选择最精。惟《淮西碑》不登昌黎，而登段文昌之补作，未知有意无意，所贻后世口实者惟此耳。东坡诗曰：淮西勋业冠全唐，李杜文章日月光。千古断碑人脍炙，不知世有段文昌。此亦不解事也。

宋人文章，备于吕东莱《宋文鉴》百五十卷。朱子称为篇篇有意，并登近体。或谓近体不与汉魏同风，不知汉魏亦不与风骚同派可也。文章之选，可与文鉴列者惟此，后莫及也。伯恭又为《文章关键》，篇篇批评，细心抉剔，门径入手，大有裨益，实足引导后学。真西山之《文章正宗》，全以理学论文，讲道论德固然，以尽文之全则未也。谢叠山之《文章执范》亦好。元有苏天爵《文类》七十卷。天爵为文士之魁，最深于此事，足与《唐文粹》、《宋文鉴》并峙。明文有程敏政《明史衡》，但此书成于正德，仅得半朝。迄黄太冲为《明文海》五百卷，搜罗浩博、辨别源流，其意盖别分一代之君子小人，崇正黜邪主持风教，与朱竹垞所选之《诗综》同意。至选家茅鹿门之八家文，因《归熙甫文编》而选；本朝储欣增孙樵、李习之为十家，或有讥其文法近时文者。乾隆间命词臣为《唐宋文醇》，转不如储选为善也。姚姬传所选《古文辞类纂》于宋以前取裁最备，自汉后名篇无不登入；惟宋后数朝，于明仅选归熙甫一人，于本朝仅选刘大櫆、方望溪，尚烬太疏。明初朱佑八先生集不传。蔡世远《古文雅正》绍真西山正宗之选，然其论文，非专持于理学者。

文章之道难言，涉笔甚易，成家甚难。诗道本心声，歌有诗，哭有怀，以故东西南朔莫不有诗。粤东自曲江后掉鞅文坛者，明则有南园前五子、后五子，明末黎美周、邝海雪亦具清方。本朝程嘉量与王渔洋、宋荔裳结盟日下，号国初四大家，为之先声；而梁、屈、陈之先后继起，皆掉鞅文坛，不知鹿死谁手。中叶鱼山之浩瀚，二樵之深逸，以至芷湾秋槎，代不乏人。二樵偏至之音，论者以为乾隆之冠。若论文即曲江，尚局当时之体。长庙堂之作为燕许亚，当时号文场元帅者，然其高不过涉魏晋藩篱。全集第一为徐稺碑，亦颇近东汉体裁耳，卒无人成家者。有志之士，勉为其难，抗怀希古，毋迷其途，毋绝其源，终其身而已。斯文未绝，必有英俊领袖之者。

笔记·修词

（1888年前后）

修词之家，禀经制式，酌雅制言，而亲切之至，莫若神色气味。若徒抚其声调格数，即造其至，何取重台也。故抚古之词，贵神理与之相合，而其迹不可得而寻也。故抚古莫若韩昌黎，以其师其意而不师其形也。扬子云、柳子厚二家，抚古最工。子云作《太玄》以拟《易》，《法言》拟《论语》，《九洲箴》拟《虞箴》。柳子厚《平淮夷》雅与二雅逼真，《晋问》拟《七发》。俱是追配古人，与之并驾齐驱，不复相让。惟昌黎学古，师其神味，必改其面目。若《平淮西碑》，论者虽谓为点窜《尧典》、《舜典》，涂改《清庙生民诗》，而何尝有袭诗书之词？岂彼效柳子厚之拟雅遂不能耶？其诗曰“惟古之词必己出”，故《元和圣德诗》虽效雅、颂，而杂以秦碑肃杀之气。东方朔以汉武帝不能柄用，作《客难》为他人语，道其不得意之衷，以安分守己自道，盖主文谲谏之流。自开此体，自后扬子云作《解嘲》，班固作《宾戏》，范驷《达旨》，蔡邕《释海》，如出一辙。惟昌黎《进学解》曰：子来前，夫大木为杗，细木为桷，即入己口气。是其意师《客难》而面目又变。《送穷文》亦然。太史公文俯仰雍容，最善往复；欧阳文忠得之，遂独有千古。昌黎龙嘘气成云章，《与孟当书》等，或以浑浩流转胜，或以一思百折胜，何尝不往复，而绝不套史公调。昌黎曰：缭而曲，如往而复。谓宋以前之文曲，宋以后之文直。故文章之妙，全在说而不说，说而又说。孟子自鬻于齐末节，所谓说而又说也。又为以大夫之招招虞人，虞人不敢往；以士人之招招庶人，庶人岂敢往哉？况乎以不贤人之招招贤人乎？孟子非有意文者，而文至处波折自生。

人问欧阳公为文法，欧阳公曰：为文之妙不过熟，熟则波澜态度自此而生也。然此论其大成乎，若入手之处则不然。太白、少陵早年皆入选理斗，后始变。昌黎《上宰相书》，皆力摹刘向、匡衡之作，如由《汉书》出者，人皆服其经术之深。故学者欲作古文，须置身二千年上，与先秦、两汉决战一番，必须色泽丰神与之为一，始得昌黎《上宰相书》之文。论其事则未必嫌其躁急，论其文则千古犹当俯首置地矣。自古学人，未有成之早若此者，考昌黎上书时，年二十七岁耳。

文章家犹兵法家，运用之妙，存乎一心，固不为法度所困。时至事起，间不容发，日月风云，合沓变化，令人心惊目眩，瞬息万变，及止息之后，士马无声。文章之道至大，精骛八极，心游万仞，笼天地于形内，挫万物于毫端。文有时尽情敷衍，必畅其意而后止，有时极简括，一宽一紧，一收一敛，一纵一横，精神团结，使读者眉飞色舞。如《项羽本纪》八千余字，《赵世家》万余字，不厌多；《颜渊传》八十余字，《仲弓传》六十余字，不嫌其短。

骈体之文，原无骈散之分；天地之道，画一生二，阴阳既分，奇耦成焉。《易》“飞龙在天”、“见龙在田”，《诗》“以亲九族。九族既睦，平章百姓。百姓昭明，分命申命”，四节剪裁整齐，至“旸谷出都，明都昧谷”，可谓整极。《诗·关雎》首章单起次三章皆对。则自经已然。迄周末文胜，传策皆极整丽。如淳于髡对威王，李斯谏逐客，屈原渔父卜居，皆一片铿锵整齐。至汉开此一体，若枚叔、邹阳、长卿、王褒，动必引古，甚少自言，沉博绝丽，于经解论辨外别开此体，皆是也。如枚叔之引谏吴王《七发》，邹阳之在狱上书谏吴王，司马长卿之难蜀父老、谏封禅书、谏射猎书。然后知古人骈体之作，盖有自来。沿至后汉，源流益繁。若崔亭伯、蔡伯喈、孔文举，其文皆□丽日月。迨曹氏父子邺下七贤，皆尚对偶，然尚有风骨。及晋陆士衡、颜光禄、潘安仁以及六朝，浸淫于徐、庾，此道最昌。五色相宣，八音协畅，既尚排偶于先，复尚音节于后，势必开骈体一路。然中唐以前无所分，故昭明太子《文选》均谓之文。刘彦和《文心雕龙》人有恒言，无韵者谓之笔，有韵者谓之文。故《文选》序云：周公之籍，孔父之书，不可谓文；孟、荀之说，庄、老之论，以立意为宗，不以能文为本，事归于翰藻论似近偏。然《易》曰：物相离谓之文。又曰：分阴分阳，迭用柔刚。故《易》六画而成章。又曰：青与白谓之文，赤与白谓之章。故仓颉制字，文形从交，其意可知。然骈体文至中唐而极靡，故昌黎子力起而振之，而骈散分焉。

江河日河之说，上世至工，中间渐弱，及其末，气不能举其词。则气之厚薄，天为之也。人之习也，由义理而及于夸饰，不求根柢而求枝叶，则人为之也。要之文家以理为主，世运之变迁，天也；然人必以理为尚，明乎世变及厚薄纯驳、天人之分，然后可以论文。今人左袒秦汉，尊韩、欧，然古文而肤，不如骈体。骈体有气，即是古文，但能得其本原，知其运意，同以义理为宗，一气相生，变化开阖，起伏照应，提跌顿生，与古文同源，亦与古文同法，则得矣。以单行之气运排偶之体。四六之一体，用之于婚启、谢启、铭诔、赞述，不可用之于书启、论辨、传志。骈体以引古记今，无论张冠李戴近于泛，即引得确切，亦嫌隔膜。带眼镜而见，终不如不带为佳。古人无分骈散，故凡文皆可；今人既分骈散，则不可混用。古文可以自撰，若《孟》、《荀》、《庄》、《列》、《吕氏春秋》、《韩非》等类，以辨论胜。学作古文者，可杜撰，亦成一子。至骈体，非多读仕、沈，沉酣徐、庾，变其面目不能。苟非古调，即是俗调。孔瞿轩与外甥朱维轮书马射赋“落花与芝盖同飞，杨柳共春旗一色”，口颊皆香。然去“与、共”二字，便是俗调，故王子安套调亦不敢去。又唐人“四围皆王母灵禽，一望皆嫦娥宝树”。若是古人必改“灵、宝”字为“之”字，“灵、宝”字俗不可耐。

梁简文《马宝》、《大法》等、薛道衡《老子碑》全引古事数行，尚不知命意所在，以词掩意，大不可也。

刘越石《劝进表》，干宝《晋志论》，范蔚宗《王茂传序》、《竹林传序》、《党锢传序》、《独行传序》，其沉郁顿挫，一气挥出。庾子山《哀江南赋序》，庾子山《吴明彻墓志铭》，《哀江南》云：岂非江表王气终[1]于三百年乎？天意人事，可以□感□□者。此犹单行在也。

征引古事，必求其至切，写古人即是写今人。抚古□今，血泪俱迸，徐陵《上杨仆射书》皆哀感顽艳也。

骈体宜学何家？夫古文当截自宋后，宋时欧、曾、王、苏，皆足成家；若骈体则自徐、庾后，皆宜割断，即六朝文亦非可全学。昔庾子山入北朝，

① “终”，原缺，校补。

人问之，子山曰：惟有韩陵一片石可与共语。韩陵碑者，温子升作也，则其余已等自侩无讥矣。故学骈体，宜以任、沈、徐、庾为宗，溯而上之，东汉崔、蔡及建安七子、《文选》所集韵谢、潘、陆更佳。骈体一道，至本朝而中兴，而可学者亦不过两三家。若洪稚存，专学魏晋者也。何以言之？人知骈文、古文分为二，或不知骈体亦分为三家。魏晋、六朝之作，照耀古今；一变而为唐四杰，止于闳丽，唐末温飞卿、李义山诸家，不过得谐丽二字，义山为骈体大家，不过如此；又一变而入宋，专讲剪截裁对，穷工极巧。若二十四孝中书令万四千户冠军侯等类，但裁取经史作对，小巧而已体益薄，气益嚣，求篇章完善而不得，不讲开合顿挫，不讲情韵俱至、哀感顽艳。迄元、明，而此道几绝矣。

本朝诗章、书法、古文无一如古人，惟骈体独称中兴，于浑灏流转中不失巨丽堂皇之作，为宋、明数百年所无。其庙堂大手笔，若毛西河《平滇颂》，袁子才《为尹望山贺平伊里表》，杭州西湖《于忠肃庙碑》，鄂容安祭文，尹制府《去思碑》，蒋文肃《神道碑》、《武侯庙碑》，毛西河《烈女沈云英墓志碑》，洪稚存《唐太宗庙记》，邵荀慈《恭谒祖陵颂》，王笠航《东莞袁督师庙碑》，曾燠《曾公庙碑》，刘嗣绾《阊门吴太伯庙碑》，皆一代大作也。其余写情感事，均多雅作，即流连光景，而要眇之音入古甚深，即唐以前亦少此音节也。

陈检讨四六，亦是一代正宗，体裁宏博，由唐、宋、元、明之后崛起，亦为豪杰。然大约有文字乃有题目，逐联作起，故按切少，总未能细筋入骨，如秋鹰变古出新意。至吴园次、章定绩，皆陈检讨之亚，然风骨已靡。欲观国朝体之兴，将骈体正宗及国朝四六，较之六朝诸作便见。夫以古文较骈体，骈体为近德，然欲骈体成家，位置于本朝中，亦不容易。能古文而兼骈体固佳，即不能古文，而能骈文词章一道，亦有不废也。

孔广森四六，不高不下，亦学徐、庾正宗者。杨炯《少仪庙碑》，看似寻常，然有云“蒋家之妹，清溪之轨迹可寻；虞帝之妃，湘水之波澜未歇”。即“未歇”二字，非古人不能用。

论辨之文，非单行不畅；志状之文，非单行不明。

词章之学，比经史似略缓。宋蔡公襄及欧阳公修皆能文章。韩魏公为相，或谓公德业备矣，惜少文章。公笑曰：其为宰相，永叔掌翰林，天下文章孰大于是？然君谟与人言多文章，永叔与人言多政事，曰文章只可润身，政事可以及事物。史称周勃厚重少文，未尝为叹美之辞。然伊传周召，何尝无文章？子曰：近文章砥砺，隅郑入曹，非文词不为功。言之无文，行之不远。郑为命，有润色修饰之功。大夫出疆，受命不受辞。《易》曰：修词立诚，情欲顺，词欲巧。《典论》云：文章者经国之大事，不朽之盛业。立言比之立德立功，如精金美璧埋粪壤而不消，其不朽于天地之间，必有由矣。顾亭林云：文以纪政事也，以明道察民隐也，乐道人之善也；有益于当世，垂训于将来。

救人以事达，而在上者之责也；救人以言穷，而在下者之责也。《西铭》云：民吾同胞，物吾同与。仁人之言，其利溥哉！是石明其郑重然后落笔。

学问有利钝，文章有巧拙。钝学累功，不妨精熟；拙笔言思，终归嗤鄙。但成学士自足，为人必乏天才，勿强操笔。《颜氏家训》

自开天明道，垂之简册，诗书六籍，经世宰物，皆谓之文。《易》曰：观天文以察时变，观人文以化成天下。孔子曰：文王既没，文不在兹乎？故观其会通。吕黎谓，经史子集皆为古文。汉命礼官考文章，皆讲词赋。至魏晋、六朝，分文与笔为二。《雕龙》所云：有韵者为文，无韵者为笔。《颜延之传》云：峻得臣笔，□得臣文。《温子昇传》曰：官中有大文笔，皆子昇所为是也。韵非韵脚之谓，周颙、沈约创为四声，专讲音节。沈约《谢灵运传》云：文全讲音节，五色相宣，八音协畅，犹元黄宫羽，各适物宜。若宫商换奏，低昂舛节，则前有浮声，后难切呐。一简之内，音韵顿殊；两句之中，轻重适异。妙达此旨，始可言文。梁元帝《金缕子》云：扬确前贤，抵掌□智，谓之笔；咏叹歌谣，俯仰哀思，谓之文。至于文者，必须官征相宣，倚縠靡曼。六朝分文与笔，此一义也。唐昌黎约六经之旨以成文，一人倡于前，李习之等和于后，谓之古文，别乎时文而言。昌黎后而其道大行，学者仰之如泰山北斗。中唐之世，文运不行。至北宋及国朝，遂分两体。任、沈、徐、庾谓之俪体，又曰四六；昌黎派谓之散体，又曰古文。在古人言，古文谓字也。鲁共王壤孔子宅，得蝌蚪古文；伏生以隶书易之，为今文。古文仓颉作，大篆史籀作，小篆李斯作，隶程邈作，八分书王次仲作。然经世宰物，著之简册，皆可言文。昌黎以为文体，故遂有古文之名。文者，心声之精粹者也，然必治过文笔，乃如心之所欲出。有文，然后能达胸中之意；有文，然后能通意外之言。否则一物不见，一步不行矣。魏冰叔曰：吾本毋意为文，但不学文章，则吾之议论必不畅；吾之学文，不过欲不废吾胸中一段议论而已。

古人论文书汗牛充栋，更仆不能数也，然有道焉。问途于已经，即昌黎集中论文之书，其圭臬也。后诸家论文书皆可览，然非的实。韩子曰：文毋难易，惟其是耳。人之有文，犹人之有四体；体不备不定为人，词不备不足成文。师古人之意，不师其词，会通之，知其握要矣。所谓为其是者在积理，次积词。无论发挥性理，指陈经济，按之古人，宜有是言；传之今世，宜行是事，则理掺至胜也。至多寡之间，折衷至当，是辞气远鄙，信皆古人典则。无论用一字眼，下一字面，训辞尔雅，是谓积词。此道非易，在多读书；读书既多，足备参考，亦积理之一也。

文贵适用，又宜阅世。若不合时宜，纵与上世同风，不过图书彝鼎。故孔子多闻于古，多见于今，然后无泥古之弊。故积理有二：一读书，通古义；一阅世，达今情。若积词者，凡读古人之文，记其词采，记其事样，撇画时文之调，以古言为言，积词之谓也。

积词后贵修词。六朝之溽，秦汉之僻，考据家之冗，最讨厌。情欲信，词欲巧，信者实也，先有实理主宰其中。《易》言中有物，无非言有序也。不先不后，不华不质，不多不少，所谓修词立其诚也。理犹根本，词犹枝叶，积词多见古书，觅替身之法章，寻蹊径之殊于今者、音节之别于今者。

积词修词而外，尚有要义，言似高论惊人，然不可不知。横览古今，不能无江河日下之感，世运为之也。夫《六经》降而《史》、《汉》，《史》、《汉》降而韩、柳，韩、柳而降，一代不如一代，盖气运使然。醇醨厚薄出乎气，人心日浇出乎习。然有志之士，虽无文王犹兴，曰在昔日，先民不随世运为转移。宋明诸儒，高谈性命则空；国朝专尚考据，则冗曼拖沓。即称一代宗工者，亦是末师而非往古。茅鹿门猎取皮毛，汪尧峰、方望溪、刘海峰、朱竹坨、姚姬传自高声价，虽云学《史》、《汉》，实奉震川为广人教化主耳。且标“纯洁”二字以式高今之文，不知圣人之道，放之称六合，卷之藏之于密，至大而至精也。不谈圣人之道，虽学圣人之文，粗浅者撷取语录，芜蔓者陷溺流踈，何足言文哉！杜牧之诗曰：高摘屈、宋艳，侬熏班、马香。七百年中作者，惟李、杜、韩、柳四君子与古争强，余无闻焉。文之气概，必目上于天，不可妄自菲薄，尤当见第一义。曾南丰云：吾下笔时，目无刘中垒，何论韩退之。取材于经史，取理于圣人，转益多师，本之诗、书，参之庄、列，心摹力追。取法乎上，非三代两汉之书不敢观，非圣人之志不敢存，而后求古义，识时势，求篇法、章法、句法、字法也。近讲桐城派，每况愈下。

古文之道，导源六经。经有两派，有议论之文，有经术之文。夫子《十翌》诠释文王、周公，《子夏丧服》诠释《仪礼》，《诗序》诠释《诗》，皆源流也。其后议论派，如贾谊《陈政事疏》，贾山《至言》，晁错《重农贵粟书》等是也。经术派，刘向《上灾异对事》，极谏外家起昌陵，韦元成《议宗庙禘祫》等是也。

昌黎集中议论之作，《淮西五原中丞传后序》；经术之作，《禘祫议停选举》、《上宰相第一书》是也。三苏议论多，子固经术多。平日读书见事，虽性之所近，亦由题各有体，援古证今，令人眼开目明。读古书要学古人，学古人然后能为古文，不厌大言也。学今人，何如学古人？学古委琐人，何如学古豪杰人？作文字，其格律、声色、臭味，俨生于三代，上不蕲及之，必期过之。去古今，而后能去今远。背负既厚，则有今人之性情，无今人之面目，然后能自成一家。

文之类有十三。所以为文者八：气味神理，文之精也；格律声色，文之粗也。始而涉其粗，孟子所谓彀率绳墨也；终则体其精而遗其粗，由有法以至于无法也。千古之善学者莫过昌黎，虽有模仿其迹，不可得寻也。昌黎而后，无不可寻。杨子云、柳子厚又模仿之甚，以其迹而弃之，则过矣。以为非文章之病，则不能。

学作文碑传，则笔易平浅。古人先学作论，如审讼狱，处处放开，处处塞合，关其口而夺之气，炼心思，穷笔力。长篇大篇不容易学，起伏照应，断续离合，难于驾驭，难于收拾。

学古人文，莫学其一笔扫去，翻瓶泻水。学《史记》，学论赞，回环曲折，许多法度，如昌黎《邵南序杂说》等项。若学其一笔数行，无此笔力，则成千里黄河矣。

古今人文之分，黄梨洲云：唐以前之文曲，宋以后之文直；唐以前华，宋以后朴；唐以前句短，宋以后句长。文近八股调者，虚字多也。古人不见虚字，字里行间典实能盖之。

古□传文至多，家数不同，宣何师？充其所长，无强其所短，损过就中，毋使倚于一偏而已。切不可贪多务得。荀子曰：古之作□者多，而□独存，未有两而精者也。及文体既成，无圆无方，如采花酿蜜，见蜜不见花。

曹子建云：凡人为文，私于自是，不忍割截，恒患其多；必求交友中，有公鉴而无枯息者，讨论而削夺之，斯繁简得其中矣。

词章之家，于古文、骈体之外有诗赋。夫赋特文中之一体，何有待于讲贯？然欲于文章一道与大人争胜，则赋亦一大宗也。古人诗赋，得源三代，上而周召，下而孔门，被服风雅。卷河失音，已兆其始，及至周衰，风雅益盛，而三百篇成焉。赋之名出于《诗序》，序云：一曰风，二曰赋，三曰雅，四曰颂。夫序何不以风、雅、颂并列，而一曰风、二曰赋乎？以赋为先者，实以诗之一体也。

后代源流渐降，春秋之后，战国之时，凡百施为皆废不举，独文采为高。班固《艺文志》除六艺百家之外，以词赋为大宗。刘向曰：不韵而颂曰赋，登高能赋，可以为大夫。春秋赠答赋诗，或命人歌，或自歌，皆古人之辞也。曰不韵而颂者，则自作也，矢口成音韵也。登高能赋，可为大夫；《诗序》之说，见毛诗定之方中序。刘向释之曰：感物造端，才智深美，可以图事，故可为大夫也。春秋时，大夫交贽邻国，以微言相感，故楫[①]让之时，歌诗见志，以观贤不肖；孔子所谓“不学诗，无以言”也。同衰聘问□□学诗之事。佚在布衣贤人失志而歌谣作，太儒荀卿、楚臣屈原忧谗畏讥，皆作赋以讽，咸有古诗七引之义。汉兴，枚乘、司马相如及扬子云，竟为富丽淫靡之词，而失讽喻之义。

① “楫”，疑作“揖”。

笔记·词赋

（1888年前后）

词赋源流，详见于刘彦和《文心雕龙·词赋》一篇，源流至晰。曰：《诗》有六义，其一曰赋。赋者，铺也。铺采摛文，体物写志也。八字道尽赋家金针。及魏晋崇尚庄老，好为清言，多作小赋，及讲山川，所谓“老、庄既退，山水方滋”。比之楚汉，赋家华朴、强弱、大小判焉。后进小生，不知源流，作为小言，杂五七言于其间，若五七古诗转韵者。然唐以后人又矫之，鄙其淫屑，于时文赋兴焉。如议论一则，仅有韵而已。梁沈约、周颙讲四声八病，必使音律相谐，宫商和协。于时入唐，律赋兴焉，以至于今不衰，所谓每况愈下，而其始固非如是也。班固曰：赋者，古诗之流也。《国语》曰：公卿献诗，师箴瞍赋矇颂。此皆诵古人之作，即王式以三百篇谏之义也。诗赋之分郑庄之赋“大隧”。献公使夷吾于屈，屈人歌之曰：狐裘蒙茸，匪车不东，吾谁适从。皆写己志，即赋之权舆，特寥寥短节，命意未缛。荀卿之赋，即在《荀子》内《赋论》是。屈原赋二十五篇，即《离骚》、《九章》、《九歌》是。夫赋在诗家，不过六义附庸；及荀、屈并作，洋洋巨篇，蔚成大观。明乎其义，知赋家之源流主乎讽谕。又如赋家诸体，刘彦和云：京殿苑猎，述行序志，体国经序，义尚光大。京如《三都》、《两京》，殿为《鲁灵光殿赋》，苑为《上林》、《长杨》，猎如《羽猎》皆是。序行述志更多。陆士衡《文赋》云：赋体物而浏亮，亦赋家之能事也。至体物赋法，彦和亦有云：拟诸形容，则体贵纤密，象其物义，理贵附会。

古人之诗，上以风讽下，下以风讽上，輶轩采风，以为大政。后人忘其始祖，遂使繁华损枝，膏腴害骨，□□莫益讽谕。是贵知赋之源流，辅采摛文者其体，体物写志者其意，则周秦以降，上下二千年一日无余。

自后世之赋论之，赋家盖有五，体由诗为骚。楚时荀卿有《礼赋》、《蚕赋》，篇章不多，而文意已备，其文多依理义。惟屈原以宗臣被放，忧谗畏讥，言之不足而长言之，乃作为《骚》，赋家以为托始。其弟子宋玉、庚勒□学之，名曰楚词，而汉人之体裁备矣。

《骚》中"帝高阳之苗裔兮"至"吾将从彭咸之所居"，皆用"兮"字为调。至《渔父》以议论问答为文，但有韵耳，问答既讫，其文亦完。其弟子学之，学其体也。宋玉《九辨》、《神女赋》通篇用"兮"字，《风赋》、《登徒子好色赋》全以议篇成文。《风赋》分雄风、雌风若二比，然是《渔父》之流也。荀卿、屈原叠自为祖，宋玉、枚叔、贾谊继别为宗。《诗》三百篇则百世不迁之祖。汉人为赋，蔚成大国。自今人观之，有小赋，有文赋者，律赋体裁益变，遂推汉魏之赋为古赋。

古赋有二体，一全用"兮"字，如司马相如《长门赋》，贾谊《吊屈原赋》、《鹏鸟赋》，及班固之《出通》，张衡之《思元》，皆是也。向秀之《思旧》，王杰之《登楼》，潘岳之《秋兴》，晋宋以后，类不能数。此皆祖骚章者也。

至敷陈终始，沉博绝丽，不用"兮"字，以议论成文，即有铺排之处，皆托为问答，为《两京》、《三都》、《上林》、《长杨》、潘岳《籍田》等皆是也，此皆祖述《渔父》、《卜居》者也。此二种不冒古今者也。

又有前后议论单行，中有偶句一体，排赋之体出其中，文赋之体亦出其中。《两都》、《二京》煌煌大篇，首尾托之宾主，中间全用议论，后人遂开文赋一体。如潘岳《籍田》，唐杜牧之《阿房宫》，欧阳修《秋声》，东坡《赤壁》，苏过《飓风》，皆散行有韵之文，首尾文也，中间赋也。此体自《渔父》、《卜居》为之，先开《风赋》、《好色赋》，因而开《两都》、《二京》之体，中间亦用排句，始能满实。故《骚》中亦用对偶，如制菱荷以为衣，擎芙蓉以为裳。班固《两都》云"开三条之广路，扩十□之通衢"是也，自古有之。至晋宋以后开出俳赋，中全用排偶。如士衡《文赋》，明远《赭白马》、《芜城》，谢庄《月赋》，灵运《山居》，沈约《园居》，文通《恨赋》、《别赋》，谓之排赋。排赋者，自首至尾，以排句成文。排赋之末流，遂有靡曼，六朝诸作，渐有五七言之体。其始亦似甚古，如宋玉《高唐赋》“延年益寿千万岁，玉钗挂彩衣，萝芰搴臣衣”，自古有之，不若六朝靡曼耳。梁元帝《荡妇思秋》、鲍明远之《芜城》，起处皆如小诗。至庾信之《春赋》，多集五言诗以成，排偶之体至此已极。又后来开律赋一体，其源出江淹《别赋》、明远《芜城》，皆律赋之阶梯，自唐至今著为令。

小赋者，皆滑稽游戏之作也。词赋家为文之一体，而小赋者大率诙谐以见志，主文以谲谏。

宋玉之《小言》、《大言》等，类见后世，如扬雄之《逐贫》，蔡邕之《青衣》，李商隐之《虱赋》，欧阳修之《老饕赋》，皆玩无不恭，亦赋家之一体也。

赋家以羽猎宫殿、体国经野义为光大，所贵者知其本，有益劝谏。不然徇乎其末，必为刘舍人“损技害骨”之讥也。

赋家列代体例亦宜知，既欲以此立名，不可不周其室庐堂奥也。赋家先有作序者，起于东汉。何为起于东汉？夫《高广》、《神女》李善注，五臣谓为序，误也。彼已有韵，不得谓序赋也。《文选》内赋五十六篇，其有序者二十四篇，其自作序者皆东汉人也。西汉人七篇，皆是史官序其缘起，录赋家割史文以为之。如贾长沙《鹏鸟》，是至长门虽不见于史，然皆时人所作，非长卿自为也。至《上林》、《长杨》、《羽猎》诸序，皆史文也。

赋家之注，亦无自注，后世有自注者，首见灵运之《山居赋》。此赋见《汉魏百三家□定赋汇》，皆载其赋，并载其注。其余或为同时人所注，如左太冲《魏都赋》，张载为之注；《蜀都赋》，刘突为之注。或为后人所注更多，如郭璞为张衡注《两京》，薛综作《上林赋注》是也。序有为他人作者乎？曰有。左太冲《三都赋》请王士安作序，洛阳为之纸贵。是□献赋始于何时？司马相如、严助始因武帝好之，得幸备侍从，非射策也，至唐以赋取士。著于功令始于何时？自汉至唐皆用射策，至高宗建隆[①]三年始变，分为三场，首场曰六经，六经者，《礼》、《春秋》之传及《尔雅》也。二场一文

① “建隆”，疑作“永隆”。

一赋，三场五策。后来偏重于赋，迄宋、元、明至今，著为令。然当时律赋，亦有不同排偶者，如杜牧《阿房宫赋》、刘华《山赋》是也。其历场题目，皆见于《文苑英华》。又官限韵限序者，亦无定。有以《花萼楼赋》一首并序为韵者，是限序也。《文苑英华》中有一题二赋，一有序，一无序，是有不限序者。有《诏遣天元先生归罗浮旧山赋》，云以题中八字为韵。有皇帝□□一天射中双雕赋，以六字为韵。《王汤集》里有《曲直不相入赋》，以曲直二字为韵。有韵字多于题者，如《秦容说剑赋》，以清沙漠决云霞通题为韵并宽大。有随人用韵者，如《霓裳羽衣赋》，五篇均注任用韵是也。唐人出题，甚多用本朝事及诗句，不同后世也。至得字法，皆是题解，非难人者。至切者《衡成悬赋》，以不可欺以轻重为韵。又有不相切者，《镇座石狮子赋》，以一统万年，平上去入为韵是也，然解题义十之八九。

赋家之用韵，有一韵到底者，曹子建之《槐赋》，徐幹《舞鹤赋》，桓玄《凤凰赋》，顾野王之《□崖赋》。两韵到底者更多，汉公□《轨文律赋》，王粲、曹植作《槐赋》，□用两韵是也。

和赋亦有，邺下七子至多，但无“奉和”等字样。唐太宗作《小山赋》，□□□□□□□□□□；李邕作赋，高适有《和李邕赋》；东坡有《沉香山子赋》，颖滨有《和子瞻沉香山子赋》。然和作有之，依韵尚少，惟宗田锡《和□□枯木赋》依韵。然次韵尚少，明舒芬《和朱子白鹿洞赋》，次原韵。

赋家之长短，至短魏□之《果猿赋》十八字，高隐[①]之《虱赋》、《蝎赋》二十六字，罗隐秋《虫赋》四十字，至短者也。至长之赋，莫若杜佑《述书赋》，一万八千余字，分上下两卷，至长者也。其述书专讲书法，自仓颉起至隋书家，凡一百七十人为一卷，唐帝王、公卿、士民四十七人为一卷，人加论赞，可谓斟酌尽善。其赋见《全唐文》。其赋别二卷者，以本朝之君，不可在前朝臣庶之下，又不可以本朝之君冠尽今古，大相悬远，故另为一卷，体裁最善。赋家之至快者，祢正平之《白鹦鹉赋》，振笔直书，文不加点，至快者也。若《研京》一绝，炼都十年；至久者，唐卢肇作《□□赋》二十年，分三卷至为表上之朝。其赋见《全唐文》。宋苗晋卿作《春秋类记赋》 万五千

---

① “高隐”，疑作“商隐”。

言，百字为一韵，凡百五十韵。《文选》之外，若《古文苑》，尚有《文选》所未及者。若荀卿之《赋论》，宋玉《大言》、《小言赋》，张平子《天象赋》，皆煌煌大文，取其沉博绝丽者以为骨，蕲不为班固所讥，导百而劝一，得讽谕之旨为要。至排赋近于靡曼，文赋近于薄弱，赋家之体，以沉博绝丽为主，不足取也。其书《古文苑》、《汉魏百三家赋汇》、《文苑英华》，皆宜买备。

扬雄所谓"读千赋而后能一赋"，学问家皆要由博返约，固不独赋然也。

广艺舟双楫（节选）

（1890年）

【按】《广艺舟双楫》，一名《书镜》，是康有为的一部书法理论著作，康有为在书中自述其写作时间云："作始于戊子（1888年）之腊，实购碑于宣武城南南海馆之汗漫舫，老树僵石，证我古墨焉。归欤于己丑（1889年）之腊，乃理旧稿于西樵山北银塘之澹如楼，长松败柳，依我草《玄》焉。凡十七日至除夕述书讫，光绪十五年也。"光绪十五年除夕，正当1890年1月20日。书成后，光绪辛卯（1891年）梓刻出版，至戊戌（1898年）八月，凡十八印，戊戌八月、庚子（1900年）正月，清廷两次下令毁板。辛亥革命后，是书又有广艺书局、万有文库本等刊行，并有名为《六朝书道论》的日译本问世。今据光绪十九年万木草堂原刊本校点。

自 叙

可著圣道，可发王制，可洞人理，可穷物变，则刻镂其精，冥缪其形为之也。不劬于圣道、王制、人理、物变，魁儒勿道也。

康子戊己之际，旅京师，渊渊然忧，悁悁然思，俯揽万极，塞钝勿施，格细于时，握发愁然，似人而非。厥友告之曰：大道藏于房，小技鸣于堂，高义伏于床，巧爂显于乡。标枝高则陨风，累石危则坠墙。东海之鳖不可入于井，龙伯之人不可钓于塘。汝负畏垒之材，取桀杙，取榈栌，安器汝？汝不自克，以程于穷，固宜哉！且汝为人太多，而为己太少，徇于外有，而不反于内虚，其亦闇于大道哉！夫道无小无大，无有无无。大者，小之殷也；小者，大之精也。蟭螟之巢蚊睫，蟭螟之睫，又有巢者；视虱如轮，轮之中，虱复傅缘焉。三尺之画，七日游不能尽其蹊径也；拳石之山，丘壑岩峦，窈深窅曲，蠛蠓蚋生。蛙蠙之衣，蒙茸茂焉。一滴之水，容四大海，洲岛烟立，鱼龙波谲，出日没月。方丈之室，有百千亿狮子广座，神鬼神帝，生天生地。反汝虚室，游心微密。甚多国土，人民丰实，礼乐黼黻，草木笼郁。汝神禫其中，弟靡其侧，复何骛哉！盍黔汝志，耡汝心，息之以阴，藏之无用之地以陆沉。山林之中，钟鼓陈焉；寂寞之野，时闻雷声。且无用者，又有用也。不龟手之药，既以治国矣，杀一物而甚安者，物物皆安焉。苏援一技而入微者，无所往而不进于道也。于是康子翻然捐弃其故，洗心藏密，冥神却扫；摊碑摛书，弄翰飞素。千碑百记，钩午是富。发先识之覆疑，窍后生之宧奥。是无用于时者之假物以游岁莫也。

国朝多言金石，寡论书者，惟泾县包氏，钲之扬之，今则孳之衍之，凡为二十七篇。篇名如左：

原书第一
尊碑第二（略）
购碑第三（略）
体变第四（略）
分变第五（略）
说分第六（略）
本汉第七（略）
传卫第八（略）
宝南第九（略）
备魏第十（略）
取隋第十一
卑唐第十二（略）
体系第十三（略）
导源第十四（略）
十家第十五（略）
十六宗第十六（略）

碑品第十七（略）
碑评第十八
余论第十九（略）
执笔第二十（略）
缀法第二十一（略）
学叙第二十二（略）
述学第二十三（略）
榜书第二十四（略）
行草第二十五（略）
干禄第二十六（略）
论书绝句第二十七

永惟作始于戊子之腊，实购碑于宣武城南南海馆之汗漫舫，老树僵石，证我古墨焉。归欤于己丑之腊，乃理旧稿于西樵山北银塘乡之澹如楼，长松败柳，侍我草《玄[1]》焉。凡十七日至除夕述书讫，光绪十五年也。述书者，西樵山人康祖诒长素父也。

广艺舟双楫卷一

原书第一

文字何以生也？生于人之智也。虎豹之强，龙凤之奇，不能造为文字，而人独能创之。何也？以其身峙立，首函清阳，不为血气之浊所熏，故智独灵也。凡物中倒植之身，横立之身，则必大愚，必无文字，以血气熏其首，故聪明弱也。凡地中之物，峙立之身，积之岁年，必有文字。不独中国有之，印度有之，欧洲有之，亚非利加洲之黑人、澳大利亚洲之土人，亦必有文字焉。秘鲁地裂，其下有古城，得前劫之文字于屋壁，其文字如古虫篆，不可识别。故谓凡为峙立之身，曰人体者，必有文字也。以其智首出万物，自能制造，不能自已也。

---

① “玄”，原作“元”，避康熙皇帝讳，今改回。

文字之始，莫不生于象形。物有无形者，不能穷也，故以指事继之。理有凭虚，无事可指者，以会意尽之。若谐声、假借，其后起者也。转注，则刘歆创例，古者无之。仓、沮创造“科斗”、“虫篆”，文必不多，皆出象形，见于古籀者，不胜偻数。今小篆之日、月、山、川、水、火、艸、木、面、首、马、牛、象、鸟诸文，必仓颉之遗也。匪惟中国然，外国亦莫不然。近年，埃及国掘地，得三千年古文字，郭侍郎嵩焘使经其地，购得数十拓本，文字酷类中国“科斗”、“虫篆”，率皆象形。以此知文字之始于象形也。

以人之灵而能创为文字，则不独一创已也；其灵不能自已，则必数变焉。故由“虫篆”而变“籀”，由“籀”而变“秦分”，即小篆。由“秦分”而变“汉分”，自“汉分”而变“真书”，变“行”、“草”，皆人灵不能自已也。

古文为刘歆伪造，杂采钟鼎为之。余有《新学伪经考》辨之已详。《水经注》称：临淄人有发齐胡公之铜棺，其前和隐起为文，惟三字古文，余同今书。子思称“今天下书同文”，盖今隶书，即《苍颉篇》中字。盖齐、鲁间文字，孔子用之，后学行焉，遂定于一。若钟鼎所采，自是春秋、战国时各国书体，故诡形奇制，与《仓颉篇》不同也。许慎《说文·叙》谓：诸侯力政，不统于王，言语异声，文字异形。今法、德、俄文字皆异，可以推古矣。但以之乱经，则非孔子文字，不能不辨；若论笔墨，则钟鼎虽伪，自不能废耳。

王愔叙百二十六种书体，于行草之外，备极殊诡。按：《佛本行经》云：尊者阇黎，教我何书？自下太子广为说书。或复梵天所说之书、今婆罗门书王有四十音是。佉卢虱叱书、隋言“驴唇”。富沙迦罗仙人说书、隋言“华果”。阿迦罗书、隋言“节分”。瞢迦罗书、隋言“吉祥”。邪寐尼书、隋言“大秦国书”。鸯瞿梨书、隋言“指言”。耶那尼迦书、隋言“驮书”。娑伽罗书、隋言“牸牛”。波罗婆尼书、隋言“树叶”。波流沙书、隋言“恶言”。父与书、毗多荼书、隋言“起尸”。陀毗荼国书、隋云“南天竺”。脂罗低书、隋言“形人”。度其差那婆多书、隋言“右旋”。优波伽书、隋言“严炽”。僧佉书、隋言“等计”。阿婆勿陀书、隋言“覆”。阿㝹卢摩书、隋言“顺”。毗耶寐奢罗书、隋言“杂”。陀罗多书、乌场边山。西瞿耶尼书、须弥西。阿沙书、疏勒。支那国书、即此国也。摩那书、科斗。米荼义罗书、中字。毗多悉底书、尺。富数波书、华。提婆书、天。那罗书、龙。夜义书、乾闼婆书、天音声。阿修罗书、不饮酒。迦罗娄书、金翅鸟。紧那罗书、非人。摩睺罗伽书、天地。弥迦遮迦书、诸兽音。迦伽娄多书、鸟音。浮摩提婆书、地居天。安多梨义提婆书、虚空天。郁多罗拘卢书、须弥北。逋娄婆毗提诃书、须弥东。乌差婆书、举。腻差婆书、掷。娑伽罗书、海。跋阇罗书、金刚。梨伽波罗低梨伽书、往复。毗弃多书、食残。阿瓮浮多书、未曾有。奢婆多罗跋多书、如伏转。伽那那跋多书、等转。优差波跋多书、举转。尼差波跋多书、掷转。波陀梨佉书、上句。毗拘多罗波陀那地书、从二增上凶。耶婆陀轮多罗书、增上句已上。末荼婆哂尼书、中流。梨沙邪婆多波㑖比多书、诸山苦行。陀罗尼卑义梨书、观地。伽伽那卑丽义尼书、观虚空。萨蒲沙地尼山陀书、一切药草因。沙罗僧伽何尼书、总览。萨婆韦多书。一切种音。《三藏记》云：先觉说有六十四种书，鹿轮转眼，神鬼八部，惟梵及佉楼为胜文。《酉阳杂俎》所考，有驴肩书、莲叶书、节分书、大秦书、驮乘书、牸牛书、树叶书、起尸书、右旋书、覆书、天书、龙书、鸟音书，凡六十四种。然则天竺古始，书体更繁，非独中土有“虫”、“籀”缪填之殊，芝英、倒薤之异。其制作纷纭，亦所谓人心之灵不能自已也。

《隋志》称婆罗门书，以十四字贯一切音，文省义广。盖天竺以声为字。《涅槃经》有二十五字母，《华严经》有四十字母，今《通志·七音略》所传天竺三十六字母，所变化各书，犹可见也。唐古忒之书，出于天竺。元世祖中统元年，命国师八思巴制蒙古新字千余，母四十一，皆相关纽。则采唐古忒与天竺为之，亦迦卢之变相也。我朝达文成公，又采唐古忒、蒙古之字，变化而成国书。至乾隆时，于是制成清篆，亦以声而演形，并托音为字者。然印度之先，亦必以象形为字，未必能遽合声为字，其合声为字，必其后起也。辽太祖神册五年，增损隶书之半，制契丹大字。金太祖命完颜希尹依仿楷书，因契丹字，合本国语为国书。西夏李元昊命野利仁荣演书，成十二卷，体类八分。此则本原于形，非自然而变者。本无精义自立，故国亡而书随之也。

欧洲通行之字，亦合声为之。英国字母二十六，法国二十五，俄、德又各殊，然其始亦非能合声为字也。其至古者，有阿拉伯文字，变为犹太文字焉；有叙利亚文字、巴比伦文字、埃及文字、希利尼文字，变为拉丁文字焉；又变为今法、英通行之文字焉。此亦如中国籀、篆、分、隶、行、草之展转相变也。且彼又有篆分、正斜、大小草之异，亦其变之不能自已也。

夫变之道有二，不独出于人心之不容已也，亦由人情之竞趋简易焉。繁难者，人所共畏也；简易者，人所共喜也。去其所畏，导其所喜，握其权便，人之趋之若决川于堰水之坡，沛然下行，莫不从之矣。几席易为床榻，豆登易为盘碗，琴、瑟易以筝、琶，皆古今之变，于人便利。隶、草之变，而行之独久者，便易故也。钟表兴，则壶漏废，以钟表便人，能悬于身，知时者未有舍钟表之轻小，而佩壶漏之累重也。轮舟行，则帆船废，以轮舟能速致，跨海者未有舍轮舟之疾速，而乐帆船之迟钝也。故谓：变者，天也。

梁释僧祐曰：造书者三人：长曰梵书，右行；次佉楼，左行；少仓颉，下行。其说虽谬，然文字之制，欲资人之用耳，无中行、左、右行之分也。人圆读不便于手，倒读不便于目，则以中行为宜，横行亦可为用。人目本横，则横行收摄为多；目睛实圆，则以中行直下为顺。以此论之，中行为优也。安息书革旁行以为书记，安息即今波斯也。回回字右行，泰西之字左行，而中国之书中行，此亦先圣格物之精也。然每字写形，必先左后右，数学书亦有横列者，则便于右手之故。盖中国亦兼左行而有之。但右行实于右手大不顺，为最愚下耳。

中国自有文字以来，皆以形为主，即假借、行草，亦形也，惟谐声略有声耳。故中国所重在形。外国文字皆以声为主，即分篆、隶、行、草，亦声也，惟字母略有形耳。中国之字，无义不备，故极繁而条理不可及；外国之字，无声不备，故极简而意义亦可得。盖中国用目，外国贵耳，然声则地球皆同，义则风俗各异。致远之道，以声为便。然合音为字，其音不备，牵强为多，不如中国文字之美备矣。

天竺开国最先，创音为书亦最先，故戎蛮诸国，悉因之。《西域记》称跋禄迦国字源三十余，羯霜那国、健驮罗国有波尔尼仙作为字书，备有《千颂》。《颂》三十言，究极古今，总括文书。《八纮外史》及今四译馆所载浡泥、文莱、苏禄、暹罗、吕宋诸国书，皆合声为字，体皆右行，并本原于梵书。日本国书字母四十有七，用中国草书为偏旁，而以音贯之，亦梵之余裔也。

声学盛于印度，故佛典曰：我家真教体，清净在音闻。又以声闻为一乘，其操声为咒，能治奇鬼异兽，盖声音之精也。唐古忒、蒙古及泰西合声为字之学，莫不本于印度焉。泰西治教，皆出天竺，予别有论，此变之大者也。

综而论之，书学与治法，势变略同。周以前为一体势，汉为一体势，魏、晋至今为一体势，皆千数百年一变，后之必有变也，可以前事验之也。今用真楷，吾言真楷。

或曰：书自结绳以前，民用虽篆、草百变，立义皆同。由斯以谈，但取成形，令人可识，何事夸钟、卫，讲王、羊，经营点画之微，研悦笔札之丽，令祁祁学子玩时日于临写之中，败心志于碑帖之内乎？应之曰：衣以掩体也，则裋褐足蔽，何事采章之观？食以果腹也，则糗藜足饫，何取珍羞之美？垣墙以蔽风雨，何以有雕粉之璀璨？舟车以越山海，何以有几组之陆离？诗以言志，何事律则欲谐？文以载道，胡为辞则欲巧？盖凡立一义，必有精粗；凡营一室，必有深浅。此天理之自然，匪人为之好事。杨子云曰：断木为棋，梡革为鞠，皆有法焉。而况书乎？昔唐太宗屈帝王之尊，亲定晋史，御撰之文，仅《羲之传论》，此亦艺林之美谈也。况兹《书谱》，讲自前修。吾既不为时用，其他非所宜言，饱食终日，无所用心，因搜书论。略为引伸。傫子临池，或为识途之助；若告达识，则吾岂敢。

取隋第十一

何朝碑不足取，何独取于隋？隋碑无绝佳者，隋人无以书名冠世者，又何足取？不知此古今之故也。吾爱古碑，莫如《谷朗》、《郛休》、《爨宝子》、《枳阳府君》、《灵庙碑》、《鞠彦云》，以其由隶变楷，足考源流也。爱精丽之碑，莫若《爨龙颜》、《灵庙碑阴》、《晖福寺》、《石门铭》、《郑文公》、《张猛龙》，以其为隶、楷之极则也。隋碑内承周、齐峻整之绪，外收梁、陈绵丽之风，故简要清通，汇成一局。淳朴未除，精能不露，譬之骈文之有彦昇、休文，诗家之有元晖、兰成，皆荟萃六朝之美，成其风会者也。

隋碑风神疏朗，体格峻整，大开唐风。唐世欧、虞及王行满、李怀琳诸家，皆是隋人。今人难免干禄，唐碑未能弃也，而浅薄漓古甚矣。莫如择隋书之近唐而古意未尽漓者取之。昔人称中郎书曰“笔势洞达”，通观古碑，得“洞达”之意，莫若隋世。盖中郎承汉之末运，隋世集六朝之余风也。

统观《豆卢通造像》、《赵芬残石》、《仲思那造像》、《巩宾墓志》、《贺若谊碑》、《惠云法师墓志》、《苏慈碑》、《舍利塔》、《宋永贵墓志》、《吴俨墓志》、《龙华寺》，莫不有“洞达”之风。即《龙藏寺》安简浑穆，亦有“洞达”之意。而快刀斫阵，雄快峻劲者，莫若《曹子建碑》矣。吾收隋世佛经造像记颇多，中有甚肖《曹子建碑》者，盖当时有此风尚。其余亦峻爽。造像记太多，不暇别白论之，附叙其概。然爱其峻爽之美，亦嫌其古厚渐失，不能无稍抑之。吾尝有诗曰：欧体盛行无魏法，隋人变古有唐风。犹取其不至如唐之散朴太甚耳。

隋碑渐失古意，体多闿爽，绝少虚和高穆之风，一线之延，惟有《龙藏》。《龙藏》统合分、隶，并《吊比干文》、《郑文公》、《敬使君》、《刘懿》、《李仲璇》诸派，荟萃为一，安静浑穆，骨鲠不减曲江，而风度端凝。此六朝集成之碑，非独为隋碑第一也。虞、褚、薛、陆传其遗法，唐世惟有此耳。中唐以后，斯派渐泯，后世遂无嗣音者，此则颜、柳丑恶之风败之欤！观此碑，真足当古今之变者矣。

《苏慈碑》以光绪十三年出土，初入人间，辄得盛名。以其端整妍美，足为干禄之资；而笔画完好，较屡翻之欧碑易学。于是翰林之写白折者，举子之写大卷者，人购一本，期月而纸贵洛阳。信哉其足取也！然气势薄弱，行间亦无雄强茂密之象。沈刑部子培以为赝作，或者以时人能书者比之，未能迫近，无从作赝。子培曰：笔法不易赝古，刀法赝古最易，厂肆优为之。黄编修仲弢以其中“叙葬处乐邑里”数字，行气不接，字体不类，为后来填上，若赝作必手笔一律。因尊信之。吾观梁《吴平忠侯》、贞观时《于孝显碑》，匀净相近，盖梁、隋间有是书体。学者好古从长，临写有益，中原采菽，无事苛求，信以传信可也。《姚辨志》虽为率更书，以石本不传，仅有宋人翻本，故不叙焉。

《舍利塔》运笔爽达，结体雍容茂密，而有疏朗之致，诚为《醴泉》之先声。上可学古，下可干禄，莫若是碑。《龙华寺》气体相似，但稍次矣。《贺若谊》峻整略同，雍容不及，然亦致佳者也。《赵芬残石》字小数分，甚茂重，与魏碑《惠辅造像》同。字小而体画密厚，可见古人用笔必丰，毫铺纸上，岂若《温大雅碑》之薄弱乎！

唐人深于隋碑，得“洞达”之意者，有《裴镜民》、《灵庆池》二碑，清丰端美，笔画亦完好，当为佳本。《裴镜民》匀粹秀整，态度安和；《灵庆池》则有腾掷之势，略见龙跳虎卧气象，尤为妙品；《九成》、《皇甫》佳拓不可得，得二碑可代兴矣。

《臧质》古厚而宽博，犹有《龙颜》、《晖福》遗风，《宁赞》严密而峻拔，犹是《修罗》、《定国》余派。《龙山公》为虞、颜先声，《钦江谏议》为率更前导，其与《龙藏》皆为隋世鼎足佳碑也。书至于隋、齐、周，名手若赵文深、李德林；梁、陈俊彦，若王褒、庾信，咸集长安，故善书尤众。永叔跋《丁道护碑》曰：隋之晚年，书家尤盛。吾家率更与虞世南，皆当时人。余所集录开皇、仁寿、大业时碑颇多，其笔画率皆精劲。盖隋碑之足赏久矣。

碑评第十八

《爨龙颜》若轩辕古圣，端冕垂裳。《石门铭》若瑶岛散仙，骖鸾跨鹤。《晖福寺》宽博若贤达之德。《爨宝子碑》端朴若古佛之容。《吊比干文》若阳朔之山，以瘦峭甲天下。《刁遵志》如西湖之水，以秀美名寰中。《杨大眼》若少年偏将，气雄力健。《道略造像》若束身老儒，节竦行清。《张猛龙》如周公制礼，事事皆美善。《马君起浮图》若泰西机器，处处有新意。《李仲璇》如乌衣子弟，神采超俊。《广川王造像》如白门伎乐，装束美丽。《刘玉》如荒江僵木，虽经冬槎枒，而生气内藏。《司马昇》如三日新妇，虽体态媚丽，而容止羞涩。《灵庙碑阴》如浑金璞玉，宝采难名。《始兴王碑》如强弓劲弩，持满而发。《灵庙碑》如入收藏家，举目尽奇古之器。《臧质碑》若与古德语，开口无世俗之谈。《元燮造像》如长戟修矛，盘马自喜。《曹子建碑》如大刀阔斧，斫阵无前。《李超志》如李光弼代郭子仪将，壁垒一新。《六十人造像》如唐明皇随叶法善游，《霓裳》入听。《解伯达造像》雍容文章，踊跃武事。《隽修罗》长松倚剑，大道卧罴。《云峰石刻》如阿房宫，楼阁绵密。《四山摩崖》如建章殿，门户万千。《定国寺》如禄山肥重，行步蹒跚。《凝禅寺》如曲江风度，骨气峻整。《司马元兴碑》古质郁纡，精魄超越。《马鸣寺》若野竹过雨，轻燕侧风。《高植碑》若苍崖巨石，森森古容。《高湛碑》若秋菊春兰，茸茸艳逸。《温泉颂》如龙髯鹤颈，奋举云霄。《敬显儁》若闲鸥飞凫，游戏汀渚。《太祖文皇帝神道》若大廷褒衣，端拱而议。《南康简王》若芳圃桂树，净直有香。《李君琶》如闲庭卉木，春来著花。《皇甫驎》如小苑峰峦，雪中露骨。《张黑女碑》如骏马越涧，偏面骄嘶。《枳阳府君碑》如安车入朝，不尚驰骤。《慈香》如公孙舞剑，浏亮浑脱。《杨翚》如苏蕙织锦，绵密回环。《朱君山》如白云出岫，舒卷窈窕。《龙藏寺》如金花遍地，细碎玲珑。《舍利塔》如妙年得第，翩翩开朗。《苏慈碑》如手版听鼓，戢戢随班。

论书绝句第二十七

昔尝续慎伯为《论书绝句》，择人间罕称者发明之。及述此书，论之盖详，未能割爱，姑附于末。

隶、楷谁能溯滥泉，句容片石独敻然。若从变处搜《灵庙》，应识崑岺在《震》、《迁》。

句容有《吴葛府君碑额》，为正书第一古石。浑厚质穆，亦自绝尘，真隶、楷之鼻祖。《灵庙碑》在隶、楷交变之间，意状奇古。若从欲变之始言之，则《杨震》、《张迁》二碑实开隶、楷之意矣。

《受禅》应为卫觊书，邯郸韦诞比何如？瓘、恒世受真传法，一脉逾河走传车。

《受禅碑》颜真卿以为钟繇，刘禹锡、徐浩以为梁鹄，今从其同时人闻人牟准《卫敬侯碑》文，以为卫觊书。觊与邯郸淳并以古文名。子瓘孙恒世传笔法，恒传崔悦至宏、浩，为北书之宗，又传江琼至式，故北书率卫派也。

元常法乳知谁在，珍重丰碑有《枳阳》。文质蹒跚开《石阙》，始知晋法有传方。

晋《枳阳府君碑》，丰厚茂密，在文质之间。今传元常诸帖，字体犹有其意，真元常嫡嗣也。《太祖文皇帝神道》，稍加姿美，然亦魏、晋正传，善学者当能会之。

铁石纵横体势奇，相斯笔法孰传之？汉经以后音尘绝，惟有《龙颜》第一碑。

宋《爨龙颜碑》，浑厚生动，兼茂密雄强之胜，为正书第一。昔人称李斯篆画若铁石，体若飞动，可以形容之。

餐霞神采绝人烟，古今谁可称书仙？石门崖下摩遗碣，跨鹤骖鸾欲上天。

《石门铭》体态飞逸，不食人间烟火，书中之仙品也。

《琅玡》茂密集书成，《郙阁》、《褒斜》章法精。能戒熹平变疏匾，仅传古法《彦云铭》。

秦斯《琅玡石刻》茂密极矣，汉隶惟《郙阁》有此意，《褒斜》异笔而同意，熹平以后，隶法大变，今楷出焉，惟《鞠彦云墓志》独有《郙阁》之法。

《褒斜》分法知谁继？瘦硬应推《吊比干》。风荡齐碑成一律，《修罗》雄峻独为难。

《吊比干文》瘦硬无匹，出于《褒斜》。齐碑百余种，皆以瘦硬取胜，然无雄峻秀韵之味，惟《隽修罗碑》独峻拔耳。

铦利森森耀戟鋋，《始兴》碑法变钟传。率更后出书名擅，谁识先师《贝义渊》。

率更书有武库剑戟森森之气。窦臮以为出于北齐刘珉，想以其峻峭处近之。其实信本南人，南碑《始兴王碑》与率更《皇甫君碑》无二，乃知率更所从出。然南碑无不圆浑者，此则先变钟法矣。

骨遒血莹态丰秾，《怀令》青青秀一峰。变化方圆尽奇丽，光芒鳞甲若游龙。

《怀令李超墓志》骨血奇峻，结撰精丽，变化无端，兼备方圆，与《张猛龙》皆为结体，无上上品也。

《子建》遗碑独擅场，卫家体质贵雄强。大刀斫阵称无敌，沉著偏兼痛快长。

昔人称中郎骨势洞达，后世惟《曹子建碑》有之。虽体杂篆、隶，致诮百衲衣，然沉着痛快，中有浑穆气象，是《般若》正传也，其开爽则启唐人矣。

异态新姿杂笔端，行间妙理合为难。谁人解作《兰亭》意，《君起浮图》仔细看。

唐《马君起浮图记》，字里行间，姿态百出，诡制妙理，变化一新，而不失六朝法度。《猛龙》之后未多见。钟司徒意外巧妙，绝伦多奇，于此有焉。

鲁公端合瓣香薰，茂密雄强合众芬。章法已传《郙阁》理，更开草、隶《裴将军》。

鲁公书举世称之，罕知其佳处。其章法、笔法，全从《郤阁》出，若《裴将军诗》，健举沉追，以隶笔作之，真可谓之草隶矣。

南宫《书评》妙难量，跳掷偏兼对越庄。灵庆池边遗石在，神锋峻立独回翔。

韦纵书《灵庆池碑》，体格不出唐人，是欧、虞新体。然龙跳虎卧，兼庄若对越，俊若跳掷之长，且笔画完好，深可宝爱。

山谷行书与篆通，《兰亭》神理荡飞红。层台缓步翛翛远，高谢风尘属此翁。

宋人书以山谷为最，变化无端，深得《兰亭》三昧。至其神韵绝俗，出于《鹤铭》而加新理，则以篆笔为之。吾目之曰行篆，以配颜、杨焉。

欧体盛行无魏法，隋人变古有唐风。千年皖楚分张、邓，下笔苍芒吐白虹。

自隋碑始变疏朗，率更专讲结构，后世承风，古法坏矣。邓完白出，独铸篆隶，冶六朝而作书。近人张廉卿起而继之，用力尤深，兼陶古今，浑灏深古，直接晋、魏之传。不复溯唐人，何有宋、明，尤为书法中兴矣。

诸夏音转为诸华诸华音转为支那考*

（1900年2月后）

中国大开，始于夏禹。时经洪水之后，禹以唐、虞之水官，手定①洪流，巡行天下，分画九州，通启道路。殊方异域，咸奉朝贡。大江以南之三苗，即今贵州、广西之苗人也。左彭蠡，右洞庭，今江西、安徽、湖广之地，乃南部之土著，始虽负固，继亦宾服。碣石岛夷，今辽东、高丽之地。蟠木，今东三省之老林窝集，皆已通化。昆仑为今葱岭，近北印度矣，时亦即叙。故《禹贡》曰"声教讫于四海"，故称禹迹。田称禹甸，地称禹域。盖在亚洲中为文明之先进，为声教之广被，莫如大禹矣。当唐、虞时，文明既盛。盖经六十四民、九皇、五帝开化之所积，自石期、铜期、铁期之后，更无限族长、土酋之世，积成专制之帝权，扩拓万里之国土。必法制具备，制造精奇，而后能控驭无外，通达多方。当五帝时进化极速，如今百年，至唐、虞而治法极备，禹乃身集其大成者也。

唐、虞禅让祚短，不传于外域。惟禹以治水之迹，声教四溢，上用唐、虞之文明，下开中国之大统。夏祚四百，名称久远，故与四裔②对称，皆曰夷夏，《书》曰"蛮夷猾夏"是也。服从日众，声教日远。礼俗既同，益自别异。自称曰中夏，合称曰诸夏。《春秋》曰：据乱世，内其国而外诸夏。升平世，内诸夏而外夷狄。太平世，远近大小若一。《论语》亦曰：夷狄之有君，不如诸夏之亡。《国语》管仲曰：诸夏亲昵是也。凡见于周末经传诸子，及汉

---

* 原文未署日期，其中提及"吾在南洋，日有印度数十人卫从"，是本文应作于1900年2月后受英政府之邀寓居新加坡、槟榔屿期间。

① "定"，《万木草堂遗稿》本作"流"。

② "裔"，《万木草堂遗稿》本作"邻"。

时史文记说，不可胜数。对外之言，不曰夏则曰诸夏。而周时风俗，皆以诸夏为名。汉后诸国混一，故不称诸夏而称中夏，故诸夏之名，在中国对外之称，为至古矣。外国多以创先之人名其地者，吾国为禹域，然则称诸夏最宜，不能以汉、唐之后起易之。

华字见于左氏《国语》，曰：我诸戎饮食、衣服不与华同。是诸戎称夏为华之证。华字[①]文义，不知所自。吾粤语多古音，而读华、夏字同韵，音极近，但开口之高下音耳，当是夏之转音。如邾娄之为邹，郕之为盛，公谷同经传。同写地名国名，而音近字殊者，不可胜数。若夫童之为夫钟，殴蛇之为曲池，奚作郎，祁黎作时来，屈骜作阙骜，缗作闵，载之为戴，戴止之为首止。然则夏之与华为音转无疑。相习成风，或合称曰华夏，或称诸华。《说苑》称《春秋》先京师而后诸夏，先诸华而后夷狄。杂见于传记史文者，更不可胜数。

佛典称我为支那，又曰震旦，又曰真丹。三者不同，皆译者写成，而音实相近。日本人多传佛典，故称我为支那。吾在南洋，日有印度数十人卫从。与之语，称我国为支那。巫来由人、吉宁人亦称支那，其音甚正，无少差异。印度与希腊、罗马早相通于我殷周时，故意大利语亦谓吾国为支那。英语稍远，罗马语作猜那，又为支那之音转矣。然支字英音作CHE，猜字英者作CHI，同出于CH，其为音近而转可知。当禹作《贡》时，昆仑已通，益作《山海经》叙西域绝国土物，可见通达之远。此外邹衍《淮南》之大九州，《列子》之化人，皆曾闻荒外之事。昆仑与印度迫近，则三代之时，必有以诸夏之名传于彼土者。印度文明亦极古，自有书记言之。故虽汉时与之相通，而彼土知名已久，故用其旧名诸华，而不若匈奴无文字之国，仅就新近交通而称之为汉也。汉明帝时遣蔡愔、秦景[②]使印度，自白马驮经而还。印度高僧竺法腾之流，接踵而至，译写经文，即称支那，不称汉土。然则支那之号，必自殷周时流传于印度断然矣。

今考支与诸同齿音为双声，那与华同喉音为叠韵。然则支那即诸华之音

① “字”，《万木草堂遗稿》本作“存”。

② “蔡愔、秦景”，原作“蔡景”，误，校改。

转，诸华为诸夏之音转至明。如印度，汉时译曰身毒，六朝时译曰天竺，近世译曰印度，《元史》又作痕都，然皆极相近者。波斯则《汉书》作安息，《唐书》作大食。土耳其实为突厥。高加索，《元史》作钦察。《明史》之欧罗巴，今英音作邀笠皮。亚细亚，英音作噫射。西班牙，今作日斯巴尼亚。日耳曼，今作诸问。葡萄牙，今作波都基路。埃及，今英音为噫折。佛兰西，今为法兰西。希腊，今为希利尼，今英音作敧离士。罗刹，今作俄罗斯。盖《明史》出[①]于艾儒略之《职方外纪》，皆意大利音也。葡萄牙谓傍噶拉为满加喇，《明史》从之。今为孟加拉。他若暹之为赊焰，智利之为痴利，仰光之为漾贡，或作晏公，西贡之或为柴棍，锡兰之为西郎，又为哥林堡，槟榔屿之为庇能，古巴之谓桥罢，爪哇之为渣华，皆今音之，与[②]《瀛寰志略》之少异者。而日本之音为摭班，亦中日之译成少殊者。即国朝满洲本为女真，又为珠申，在汉为沃沮，在周为肃慎，其实皆音转也。那字大开口，舌上有华音，舌底有夏音。凡此译音，皆取相近，万不能全同者。

由斯而推，而支那之为诸华，诸华之为诸夏，益明矣。盖其始西僧入中国译出时，不通中国之学，不知古文字音义，但从音写为支那，或为震旦，或为真丹，亦无一定之字，而写震旦、支那为多。犹今译书不知考古，如突厥而为土耳其，波斯而或为白社，《唐书》之摩诃末，而今作谟罕默德，释迦牟尼则作乔答木那，韦陀今译作费大，则令人忘所自来，展转流传，遂为定字。盖僧人多空疏而不知考古。中土士人，自不称支那，则置之不论。然普大地中，地名无不从主人者。今南洋诸地，皆从巫来由名。英、荷、葡、法文明之国，未尝凭空为之立名。况我华夏之大国，文明之古邦，而印度人乃能凭空造名为支那乎？此必无之理矣。若名从主人，则遍考经子传记，既无支那二字。昆仑交通于禹世，印度译书于汉时，即有此音。然则非诸华，诸夏而何？故就译字而论，知身毒、天竺、印度之少殊，支那、震旦、真丹之已别，更何疑于诸夏、诸华、支那之从同乎？

吾国本为亚东至大之国，当时地球未辟，环立四裔，皆小蛮夷，故就地

---

① “出”，《万木草堂遗稿》本作“由”。

② “与”，《万木草堂遗稿》本无。

言之，自称中国。就所见东西南北对言之，非有所夸也。外人或讽吾国有朝名而无国名，若果然，更见吾国之大。然三千年来，对外皆称中国，并非无国名也。群书具在，不得证言。若夫时君世主，以其朝名之，汉、唐、宋、明对外者，试考其行文发言，无不称中国，不过大题一标其名耳。即今和约尚然也。若夫古者对外，则以诸夏为名，诸夏为转，见之经传，至为明确。夏即华也，《公》、《谷》、《左传》之经字，惟人所从。即不然，而华之名著于周时传记，所出极古。诸国既以支那名我，我即以古音义之诸华以定国名。群记称华夏、华夷者至多，今海外各埠皆称吾人为华人。考华之名，既极古雅，寻诸华之音，尤为精确。则称诸夏也可，不称诸夏而称诸华亦可。国名称诸华，既为四千年之古名，又为《春秋》经之定名，与外人之音既相接，与古人之音义相接，与今人之俗称亦相接，为最宜矣。若以国既合一，不必称诸，则中、诸音相近，亦可与外音相承，或名中华亦可。《华严经》字母张、真、中、诸皆为双声，中华可为诸华之转音，即可与支那音相接。且西僧译时，又作真丹、震旦。真、中亦双声，或即中华之转音，未可知也。今海外各会馆皆号中华，合中国、诸华、中夏而为一名，古今中外皆通，义亦宜也。若既考定，上自国书官书，下及著书属文，皆定于一，皆不秩然哉？

［录自《清议报》第一百册，参校以《万木草堂遗稿》本］

答某君书*

（1903年）

汝两书问为文，欲为文何也？岂欲为报乎？但在东学此，为东文所累，最相反耳。

此事甚长，非一言能答，其本在积理，次在积词。积理有得于书传，有得于阅历，积词则用周、汉之词也。简要最上之法，取《庄子·齐物》篇、《管子·侈靡》篇、《荀子·解蔽篇》熟读而察之，见其布局、结构、运笔而学之。它若《素问》之峭，《楚骚》之浓，《考工记》、《战国策》皆可采其腴，下及《史记》、《汉书》，旁采秦碑，熟浸之，上法《诗》、《书》、《易》、《礼》之奇奥。如是则自有境界，若春云出岫，秋壑生花。至若山海之雄奇，则视人心境矣。

近人最易师法者，莫若《龚定盦集》。有格调笔态，神色韵味，定盦最备，读之入古至易。定盦之文，居然周、汉之文也，可专读定盦集，模仿之。若奏议则汉人贾谊、刘向诸疏，扬雄谏不受单于朝书，谷永救陈端书，皆极佳。任公甚能文，作毕可请其点定之。改数次，则知非而自得矣。

至今所读之书目，有各国新理之书，在东读之，最便者也。多读多思，用笔记，加议论，文自精深。但无忘本原之学，勿全随之转也。吾今成《大学》、《中庸》、《孟子》、《〈礼运〉注》，及《春秋笔削微言大义》，并告。

［录自《万木草堂遗稿》卷五］

---

* 《万木草堂遗稿》编者署“民国十二年”（1923年）作，据信末告成诸书皆撰于1901年至1902年康有为避居新加坡、印度期间，写信时间应在此后不久，故系时于1903年。

《人境庐诗草》序

（1908年6月22日）

嵚崎磊落，轮囷多节，英绝之士，吾见亦寡哉！苟有其人欤，虽生于穷乡，投于仕途，必能为才臣贤吏，而不能为庸宦，必能为文人通人，而不能为乡人。苟有其人欤，其为政风流，与其诗文之跌宕多姿，必卓荦绝俗，而有其可传者也。吾于并世贤豪多友之，我仪其人欤，则吾乡黄公度京卿，其不远之耶！

公度生于嘉应州之穷壤，游宦于新加坡、纽约、三藩息士高之领事官。其与故国中原文献至不接也，而公度天授英多之才，少而不羁，然好学若性，不假师友，自能传群书，工诗文，善著述，且体裁严正古雅。何其异哉？嘉应先哲多工词章者，风流所被，故诗尤妙绝。及参日使何公子峨幕，读日本维新掌故书，考于中外之政变学艺，乃著《日本国志》，所得于政治尤深浩。及久游英、美，以其自有中国之学，采欧美人之长，荟萃熔铸而自得之。尤倜傥自负，横览举国，自以无比。而诗之精深华妙，异境日辟，如游海岛仙山楼阁，瑶花缟鹤，无非珍奇矣。

公度长身鹤立，傲倪自喜。吾游上海开强学会，公度以道员奏派办苏州通商事，挟吴明府德潚叩门来访。公度昂首加足于膝，纵谈天下事，吴双遣澹然旁坐，如枯木垂钓。之二人也，畸人也，真人也，今世寡有是也。自是朝夕过从，无所不语。闻公度以属员见总督张之洞，亦复昂首足加膝，摇头而大语。吾言张督近于某事亦通，公度则言吾自教告之，其以才识自负而目中无权贵若此，岂惟不媚哉！公度安能作庸人，卒以此得罪张督，乃闲居京师。翁常熟览其《日本国志》，爱其才，乃放湖南长宝道。时义宁陈公宝箴抚楚，大相得赞变法，公度乃以其平日之学发纾之，中国变法自行省之湖南起。与吾门人梁启超共事久，交尤深。于是李公端棻奏荐之。上特拔之使日本，而党祸作，公度几被逮于上海，日故相伊藤博文救之，乃免。

自是久废无所用，益肆其力于诗。上感国变，中伤种族，下哀生民，博以寰球之游历，浩渺肆恣，感激豪宕，情深而意远，益动于自然，而华严随现矣。公度岂诗人哉？而家父、凡伯、苏武、李陵及李、杜、韩、苏诸巨子，孰非以磊砢英绝之才，郁积勃发而为诗人者耶！公度之诗乎，亦如磊砢千丈松，郁郁青葱，荫岩竦壑，千岁不死，上荫白云，下听流泉，而为人所瞻仰徘徊者也。康有为序于那威北冰海七十二度观日不没处，以为公度有诗，犹不没也。光绪三十四年夏至。

［录自黄遵宪《人境庐诗草》］

朱九江先生佚文叙

（1908年10月）

以躬行为宗，以无欲为尚，气节摩青苍，穷极问学，舍汉释宋，源本孔子，而以经世救民为归；古之学术有在于是者，则吾师朱九江先生以之。

先生令山西襄陵百九十日，政化大行。以巡抚某为某亲王嬖人，拂衣归，讲学于其九江乡礼山草堂，垂三十年。先生为先祖连州公讳赞修，号述之。友，先君知县公讳达初，号少农。与伯叔父两广文公讳达棻，号彝仲；讳达节，号竹荪。皆捧杖受业。有为未冠，以回参之列，辟咡受学，则先生年垂七十矣。望之凝凝如山岳，即之温温如醇酒，硕德高风，不言而化，兴起发奋于不自知焉，乃知以德化人之远也。先生授学者以四行五学。四行：一曰敦行孝弟，二曰崇尚名节，三曰变化气质，四曰检摄威仪。五学：一曰经，二曰史，三曰掌故，四曰义理，五曰词章。日一登堂讲学，诸生敬侍，威仪严肃。先生博文强记，不挟一卷，而征引群书，贯穿讽诵，不遗只字，学者录之，即可成书一卷，今所传礼山讲义是也，然十不能得六七。至夫大义所关，名节所系，气盛颊赤，大声震堂壁，听者悚然。为才质无似，精闻大道之传，决以圣人为可学，而尽弃俗学，自此始也。

先生天才敏隽，少以神童闻于粤，方十三龄，仪征阮文达公督粤而召之，试诗而大惊，辟为海堂，授为都讲，沉浸经史掌故词章之学。凡吾粤长老，若曾勉士之经，侯君谟之史，谢兰生之词章，皆翕受而自得之，旁及金石书画，罔不穷精极微。当是时，汉学方盛，饾饤为工，猎琐文而忘大义，矜多闻而遗躬行。先生琼识高行，独不蔽于俗，厉节行于后汉，探义理于宋人，既则舍康成，释紫阳，一一以孔子为归，其行如碧霄青云，悬崖峭壁，其德如粹玉馨兰，琴瑟彝鼎，其学如海，其文如山，高远深博，雄健正直，盖国朝二百年来大贤巨儒，未之有比也。梨洲精矣，而奇佚气多；船山深矣，而矫激太过；先生之学行，或于亭林为近似，而平实敦大过之。

著书满家，以为所知，有《国朝学案》、《国朝名臣言行录》，凡百卷，《蒙古记》、《晋乘》各数十卷，诗文数十卷，晚岁皆自焚之。世多疑焉，意者先生疾世之哗嚣，多以文学炫宠，而以身为法耶？夫言之不足化人久矣，文人之无实多矣，天下无我是书，而教化遂以陵夷，人心遂以熄绝，则其书必当存也。天下无我是书，而教化无大损，人心未至灭，则先圣先哲之遗书具在，循而行之，大道可宏，生民可救，则何必以著作炫世乎？孔子曰，予欲无言。子思述中庸之末曰，声色之以化民末也。上天之载，无声无臭，至矣。先生之德，于是至矣。后之人，受不言之教，以躬行为归，何必遗书？否则著书等身，而中心薮慝，其书愈多，其名愈盛，其坏风俗败国家愈甚，是毒吾民也，奚取焉？予小子稍有所述作，每念先生焚书之旨，未尝不反省而悚然曰，吾岂有名心欤？抑出不得已不忍人之心欤？其昔人曾发之，而无待已之喋喋欤？否则宜焚之也。

先生卒于光绪壬午之春，年七十五，诗文既尽焚无一传，同门友营祠墓毕，议遗文，简广文竹居，胡茂才少恺，皆博学高行，以先生恶表襮哗嚣，诏述遗旨，相约勿刻，至于今又垂三十年矣。虽然，令先生无一字流于后世，于先生至人之德，不言之教，则不背矣，后于后人思慕先生之意则非也。先生嗣子之绂，宇来卿早殂。明敏克家，搜辑先生佚诗文于乡里中，得《是汝师斋诗》一卷，《大雅堂诗集》一卷，皆三十岁前作，及佚文数十篇，皆书札为多，盖皆流传于外，先生无从焚者。先生之诗，精警雄奇，晚而澹雅，由杜、韩、陶、谢而上汉魏以溯风骚。先生之文，雄深雅健，深入秦汉之奥，为今所为文，皆受法于先生，此率尔之文，少日之作，诚不足以见先生之万一。然丹凤一羽，夏鼎一足，得之亦为至宝，与其弃之，无宁过而存之，且大义亦时见焉。后之学者，稍闻遗训而瞻文采，不犹愈于无耶！故敢违先生之旨，负同门之约，刻而布之，诚知罪戾，不遑避矣。

先生讳次琦，号稚圭，又字子襄，南海县人。道光丁未进士，行事详于平阳水利碑，用弁卷端。其《是汝师斋诗》，刻于粤之《学海堂集》。光绪三十四年秋九月弟子康有为记。

［录自《不忍》杂志第三册］

梁启超手写《南海先生诗集》序

（1908年11月2日）

诗者，言之有节文者耶！凡人情志郁于中，境遇交于外，境遇之交压也瑰异，则情志之郁积也深厚。情者阴也，境者阳也；情幽幽而相袭，境嫮嫮而相发。阴阳愈交迫，则愈变化而旁薄，又有礼俗文例以节奏之，故积极而发。泻如江河，舒如行云，奔如卷潮，怒如惊雷，咽如溜滩，折如引泉，飞如骤雨。其或因境而移情，乐喜不同，哀怒异时，则又玉磬铿铿，和筦锵锵，铁笛裂裂，琴丝愔愔，皆自然而不可以已者哉！夫有元气，则蒸而为热，轧而成响，磨而生光，合沓变化而成山川，跃裂而为火山流金，汇聚而为大海回波。块轧吾芒，大块文章，岂故为之哉？亦不得已也。

故志深厚而气雄直者，莽天地而独立，妙万物而为言。悱恻其情，明白其灵，正则其形，玲珑其声；芬芳烈馨，秾华远清，中和永平；澹泊而不厌，亭立而不矜，迤灦而渊渟，月明而山行，石破而天惊。时或风雨怒号，金铁飞鸣，山水妙丽，天日晶晴；或万马战酣，旌旗飞萦；或广殿排仗，晁旒严凝；或岩藤落叶，面壁老僧；或万花放晓，士女春盈；或深山大河，巨海积沙；崇峰攒天，洪波叠岭；飞雪蔽地，潮海极目；烟岫郁攸，蜿蜒漫空；乾端坤倪，神怪暴发；人经物理，龙象蹴踏。斯其为情深而文明，气盛而化神者耶！

吾童好讽诗，而学在撢理，既不离人性，又好事，不能雕肝呕肺以为诗人。然性好游，嗜山水，爱风竹。船唇马背，野店驿亭，不暇为学，则余事为诗，天人之感多矣。及戊戌遘祸，遁迹海外，五洲万国，靡所不到，风俗名胜，托为咏歌。莫拔抑塞磊落之怀，日行连犿奇伟之境。临睨旧乡，邅回故国，阅劫已夥，世变日非。灵均之行吟泽畔，骚些多哀；子卿之啮雪海上，平生已矣。河梁陇首，游子何之；落月屋梁，水波深阔。嗟我行迈，皆寓于诗。

情在于斯，噫气难已。奔亡无定，散佚弥多。

门人梁启超请收拾丛残，发愿手写。搜箧与之，尚存千余篇。亡人何求，又非有千秋之名心也，抑以写身世，发幽怀，哀乐无端，咏欢淫佚，穷者达情，劳者歌事，《小雅》、《国风》之所不弃也。后之诵其诗论其世者，其亦无罪耶。

孔子二千四百五十九年，即光绪三十四年十月九日，南海康有为更生自序。

［录自梁启超写印四卷本《南海先生诗集》，1911年日本东京刊印］

《留芳集》序

（1908年）

吾家门范文学，虽远溯于十三世祖涵沧公，而近承遗泽，实自高祖炳堂荣禄公始也。吾粤僻处海滨，与中原文献不接，当乾嘉时，而吾粤犹传白沙先生学风。是时汉学大盛，南海冯潜斋先生讲理学为大宗，而文章气节则钦州冯鱼山先生为大师。炳堂公禀天粹资，而兼受二冯先生理学文学气节之传，盖实为岭学之正传焉。其道以躬行实践，蓄德清粹，履孝友，尚廉节，而养心超然。公举公车也晚，以诸生讲学粤城，弟子岁著录者百数，皆以躬行，不为俗学事哗嚣表襮，故比当时之考据夸靡者闇然。虽然，盛德日彰，弟子多成，欲湮没而不得，今《南海县志·官师传》述公德行至显，而仍未表其诗也。

粤自白沙先生以诗言道，曰：闲来悟得观心法，只看青山不著书。公亦有然，盖粤学之风也。且鱼山先生久与中原诸老游，故传诗最正。公生于雍正，长于乾隆，卒于嘉庆，时际承平，寿八十余。讲学之暇，余事为诗，而精深微妙，发其道心，英英白云，泠泠玉磬。其迹芳恻，其情馨逸，其志沉烈，其心超脱，其声雄杰，其韵遒结，盖出入唐贤之室而上追三百者耶。若其正而不腐，尤得白沙之遗旨也。但以诗论，置之吾粤近代诗人中，盖为鱼山法嗣，而自成高调已，若藐姑射仙之视西施南子。即与乾嘉当代才人校，虽寥寥数十篇，不成太集，而高节雅音，逸响清气，白云高山，如奏韶乐，亦耻与袁随园辈竞下里巴人之颦笑焉。知道之士通诗之意者，知非阿所好也。孟襄阳诗集无多，而与李、杜并驰。少陵曰：赋诗何必多，往往凌鲍谢。公诗自写其志，今虽传者日少，而发道言，多高调，奚以多为？即与白沙诗集并传，亦奚让耶？

公既不欲以词章鸣，久藏于家，百余年未布，非徒国人未知，乃至吾粤称诗，亦未及公者。公虽潜德乎，而名业不闻，非子孙述祖德之谊也。为逋亡海外，居于槟屿，从兄沛然以公诗寄，属刊刻之，则去公卒百载矣。后七年戊申，再居槟屿，再为校注，乃拟刊流天下，俾后之考粤学、诵国风、知人论世者有所讽焉。

［录自《不忍》杂志第二册］

与梁启超书

（1910年4月12日）

试读少陵“秋兴”、“诸将”等什，可识正体。又如“风急天高猿啸鸣，渚清沙白鸟飞回。无边落木萧萧下，不尽长江滚滚来”，何等沉雄高壮，熟得之，开口自别。即如吾与汝诗“神州沉矣哀哀劫，吾道非耶莽莽伤”，运典适均，不肯少纤，行气沉雄高浑。吾虽不纯少陵，然非深于杜诗，则于吾下字用典、运调行气之得失，必不能领略而别白也。自少陵外，太白不待言，余子则昌黎、义山、苏、陆可取以佑新色新声，本朝则定庵，吾粤则翁山最佳，独流次之，二樵又次之。然后以己之意境神志抒发之，则自有丽则大雅之音，以与古人相见。且汝之地位，更不可从事于纤小偏僻一途。原本风雅，游佚楚骚，而折衷于李、杜、韩、白、苏、陆诸公，上采汉魏陶、谢、阮、左而铸之，生气遂出，沉雄高壮，如欧、乐然。以汝之才，何所不至。前正欲寄诗稿与汝，以今境或无力刻，故复留，然正可与汝一参耳。汝与博皆可序之。复问任弟近祉。如去，三月三日。并示孺博、觉顿。

汝它日读吾诗，可置以与古人比较若何。于国朝人则无似者，湘绮诗吾尚未全见。或仍有□定庵耳，定庵意境声色实绝伦。

已见擎一书，余事详前函。《国风报》无一不佳，一一如吾意所出，可谓正则通达，论欧事、英事甚在行，余选择皆精当。望汝勿再变耳。能有恒自得，将从前砂□之气一洗，益见光晶矣，甚可喜。

［手稿，藏中国国家图书馆］

与梁启超书

（1910年7月16日）

连得数书及觉弟书，念我甚慰。以事去庇迁坡。憩园淡申律一百四十三号以租主误写一百四十二，致电信不收，迟误甚多且巨。一划之误如此，况其它乎？惟信到时恐又迁它屋，因或力不能住坡，或返港矣。今但候米事定耳。

所寄还六章诗，经圈评者乃竟浮沉亦奇。吾所纠汝者，在纤运典、弱气调、不均全体及对仗四字，又戒汝勿学宋派，当从杜及小李沉酣熟之，旁及香山、钱、刘。宋人只可苏、陆，勿山谷。不意瑜亦诃汝也，汝诗诚浅，然《断藤曲》大佳，则古体尚可。令娴生日诗亦可。以汝之才，此区区者何患不能。试熟读少陵律体百余，摹其神气格调、运典用笔之处，务求雄浑雅健，吾诗未知于古今人何比，然此四字则不欲去之。力矫纤弱生硬。当有入处，凡近人学山谷生硬诡奇堆垛者，皆先屏之，康昆仑三年三弹瑟琶乃有入处，亦是此意。

至汝学书本极易，今之生硬乃由学分之故，然汝书之短在方笔多不善转运，若书札能运圆笔更佳。觉顿书佳甚，以善用墨故，与吴廉卿相类。吾颇解此道，但不用工，又不择笔墨耳。即如此而所写之笔乃一分银之金不换耳。觉顿书它日可名世。自子培外，所见比觉者甚寡。杜、苏勿联，暇当写寄。今书诚滞汝书用碑书故，何不检《广艺舟双楫》一读之？隔远甚难详及，若吾所好，仍以南碑《龙颜》及《石门铭》、诸山《摩崖》为超绝。若钞诗乎，则以虞、褚为妙。帖则小王及米尤为浓妙，大王难得佳刻者也。忧虑百集，汝能从事于此，亦曾文正祁门中之神气也。赵子昂下笔非欲刻金石观，吾生平一切无名心，皆草草为之，故不能绝出也。

得寄二百金，适在陈，今日交屋租，余六元。得此如大旱之得膏雨也。镜如为讼事而病甚，老母又病于澳，甚矣小事之不易。故米虽倒而事未了，外国之例不自由如此。吾内外交集，讼费亦需，金牌首饰适尽而弟款来，虽无多而延此数十日，尚少分些与萩园，彼奇穷甚。

我犁自有乐地，即此口心游艺，亦何须腐鼠之吓耶？复问任弟安胜。六月十日。

令娴能文，至喜，可寄文来，若佳，吾有各国物，当有以赏之。

［手稿，藏中国国家图书馆］

与梁启超书

（1910年7月21日）

得书始知徐侍郎已逝，是何年月耶？感念知己，摧恻何言，研甫似在学部当差，是否？当为文以祭之，暇乃诗及陈义宁也。吾不能作小楷，序文及题签吾尤无写理皆汝自一手为之。或汝欲吾书与汝抄者并流传耶？我写跋诗冠首可也。汝精力绝伦，乃能于百忙抄此诗稿，不独风义足风后世，而程功之有恒、精神之满腹，且足占福气焉。沪中人欲分刻二部，价分贵贱，意良佳。今再抄一部寄沪，已由菽圈，此或可石印也。

吾非有意为诗，亦未与时流争名，惟贮兴而吟，积极而发。虽复古人在胸，而实不刻意摹仿，而上本风、雅，下酿唐、宋，元气吐薄，一唱而三叹之。然横览时流及国朝作者，梅村沉丽感伤而填典太多，渔洋才调甚美而不雄奇，曝书太广而过于数典，若西河横溢，其年博丽，查初白、宋牧仲、赵秋谷、冯钝吟皆雅则，而非苍深雄奇。吾粤三家，梁药亭稍弱，若道援、独漉感激苍深，真得骚、杜正宗者也。樊榭亦若纤典太过，如贾□然。乾隆时袁、蒋、赵号三家，祧唐祖宗，以是得名。袁太佻，赵学香山、东坡而太滑，蒋才气较优，然亦不若二樵之辣也。惜二樵足迹不出岭表，总为别宗。如孟襄阳，其后洪北江、黄仲则、张船山，吾尚爱北江也。嘉、道间舒铁云、王仲瞿、孙子潇之才气不如吴嵩梁也。而定庵新声妙气，尤集其成。咸、同后作者吾未读全集，不得而论也。湘绮楼、人境庐吾皆未见全集，望寄。惟吾诗视古人皆不类，菽读吾集，忽推为诗王，汝又谓国朝无两，不知当代才人如鲫，如何品藻也。集刻后或在报中征一品藻，则见时流之论也。舍之则藏之事业聊以自娱为欢笑耳。

汝诗甚佳，惟苦于太用意刻划，此盖入手于宋诗之故。惟五七古尚可，律诗则不佳。不独山谷、半山不可学，即东坡亦是当稍缓。杜诗之"盘涡鹭浴底心性，独树花发自分明”，是山谷所师；何不学杜而师其瘦硬，尚与山谷同师也。然吾意告汝正不在是，吾意汝熟读杜及义山数百首，得其神气声情，下笔为之，自有元气混仑，沉郁锦丽，不须刻意摹仿也。

作书经过一拙乃畅，亦自然之层级。写《张迁碑》甚佳，草书未自然耳。先复数语，后再布。复问任弟佳胜。

更生　六月十五日

令娴文可寄来，吴书收悉。

博谓勿攻丑，亦可也。吾今动心忍性，于人何不容。吾门魅魍之不治，何能治人？

□用人尚存二者，苦汝甚矣。其它不足计，吾母八十而不得事，每念痛心，实由此事来也。今日何事不摧心短气，幸以道心排之耳。

［手稿，藏中国国家图书馆］

与梁启超书

（1910年8月5日）

每日静坐止观，以澄万有之物感，乃学者必当有事。直从事于内典，以免蒙头盖面，诚足也。《成唯识论》精深与《楞伽》同，近刻《唯识心要》亦可采。若论用功，不在文字。孟子“勿助勿忘”，实得指要。白沙“养出端倪，即天地我立，万化我出”，此言自得也。《圆觉经》“一切障碍即究竟觉，智慧愚痴皆成般若，无明真如皆是涅槃，一切境不求了知，于不了知不辨真实”。庞德公之“饥来吃饭困来眠，搬柴运水亦是神通”，自在受用，至为极矣。故必无所得乃有得。罗近溪云：“绝无凑泊，即以绝无凑泊为工夫；不到彼岸，即以不到彼岸为止境。”亦深得此义。故常惺惺，乃是初禅，同于神秀之勤拂拭耳。未知汝今受用如何。灵光独现，不露根尘；又复如水上葫芦，净无可把。吾昔诸境俱现得端倪时，亦仰首南斗，翻身北辰。然其难仍在勿助勿忘，说得竟妙。此真明明德之工夫，诸古德亦不易说到吾孟先生耳。

汝文才气绝佳，惟久于东中，又声名已成，有意开新，乃摭拾东文入文，凡至恶俗之字，如手段、手腕其它组织、目的、舞台、二十纪，为字满目等亦日日入文，以至波荡成风。文笔则芜漫，文调则不成，千古文章之入于地狱恶道矣，莫今日若。中国已百无所有，一切须变，独此道德、文章、衣服、饮食四者可存耳。若文章亦皆芜秽之，古复何有？此诚汝之罪也。计十年后中国不亡，文学复兴，必有英才领袖文学者，以汝为的而攻射之。吾欲规汝久矣，今汝自悟其非，不如汝自忏之，何不即作一文自忏而攻用东文者，如辟革命然，免援后生以口实，岂不美欤？且免后日须将各书重译一次，功德亦大。汝观吾文，曾肯用一日本字否？日本变新制可采，若以中文造恶俗字则不可从也。汝今心术醇正，虚娇皆去，此非论文，实学道之进境也。至学韩非于报体，颇宜。以汝之学，无所不可，为今之计，不必求增美，先求释回，但扫尽埃秽，清光大来，然后渔猎酣醉于古人，无所不可耳。

《金币论》闻寄在汝处，此稿属在数年前，行箧无书，故引证不详。今得少增，再写一部。汝处多书，可为我增之乃刻。处处声明纯金纯银可也，惟意不可改。或候吾后书。

吾与汝改金皆同，惟吾以中国久通用两钱，不能骤改若改则烦苦，故强时合之，而不暇专提纯金纯银之说。然纯金银之用九成，乃通例，故不待多言发挥之。汝所发乃于今对度支部之说，则甚中其要害。但六钱余大纯金银圆，吾仍以大地所无，不敢以为然。即日本行金后，亦求收禁其大圆，汝久在日本，何以不感动于此？而以□角、二角行之，以二十之半圆为一金中圆，十半圆为一小金。盖亦隐师德、法之以二十擘、佛郎易大金，十擘、十佛郎易一小金也。亦如二十诗令易一磅意。日本久定法价而尚废，何于今将欲行金而反铸大圆乎？今除美、墨出银外，全球无大圆者恐后来必再改，故期期以为不可也。若必尽去权量，如汝尽去权量，又何必大圆？则今者宜全学英磅制，而以二十小银圆如诗令者助之。德国昔自立，今亦与英订同制，兑易平等，亦以其金与擘与英重同也。二国商务冠大地，于交易最便。但吾终以吾民习用，不可改耳。吾之不以纯银金计所铸者，以旧时通用之两钱皆带铜铅，九成而非纯银；若今尽用纯银，则还旧债与支前款者所失甚大，而收者太便宜，故未以汝说为然也。汝净银之说似忘此义。即收旧银而尽持计净银除外币外，尚须待半年禁行之后乃便民，初时只可持低金价，如皆以为七钱之比耳。候半年而限定为净银，一年而收禁之。不易者皆打印不行，作为银块可耳。可商之。伯唐已到，东行能讲妥不？此间行者、阿象并集，革报日必诬攻，其荆、聂之传闻尚日入于耳。吾曾登报绝一切事，而彼等不已也。嗟乎！吾身竟欲罢不能，大有迫令登场之象，不自由乃尔。因汝请补作诸诗寄往五古四首、五律五章、七律五章、七绝一章，共增十五首，可分别写入各篇中，另写一部寄沪，以便印石或拾字粒矣。复问任弟近祉。

七月朔再到南洋又周年矣。

有论广东自治不宜□□一文，可登《国风》以助汝。

［手稿，藏中国国家图书馆］

致梁启超书

（1910年秋）

吾为人事溷苦甚矣，久不得学者论学之书。得书，并圣歌，甚括商《儒行》篇事，如空谷足音，为之欣然，拨冗而复汝也。

特提拔《儒行》一篇。吾昔以此篇为有儒服儒行，标教之实名，易于发明孔子为教主，颇能勉人。故口特拔之。惟此篇但标行，故未极博大，远不能比《大学》、《中庸》，故吾未以配五书也。《礼运》实为弘大，且会大同。吾昔曾有注，欲拔出配《大学》、《中庸》。然《儒行》比《孝经》实为深博，其名义显切，或可代《孝经》也。然《孝经》所以郑重者，实以父子之义为孔子所特重，故郊庙并举，以祖配天。其与耶教异者在此。故以孝与仁并重，而中国人民独多，即因于此。今日如仍重父子乎，则《孝经》似不可废。若趋大同矣，则与商耳。《儒行》一篇，既言夫行，则崇高崭截为多。后汉之俗，颇出于此。然于今世，亦不甚近，其在佛乘中乃戒行品之类也。夫孔道之博，大中实为一隅。佛说诸经诸品，词各有当，本无上下大小之分，皆因病发药耳。是在善解之。吾昔读之数十遍，总觉未圆满耳。

惟开口言哀公孔子考在哀公前，则非孔子所作，此又不可注经，而附会改经也。佛、耶诸经无一宗自述，佛经皆多阿难述，而天下尊信之，何必自述乎？今只可如汝所云，孔子之言而弟子述之矣。不然，据郑云而定为孔子手笔也。

《论语》、《孟子》、《大学》、《中庸》，本各自为书，合为“四书”，体实不类。今莫如以《儒行》、《大学》、《礼运》、《中庸》四篇合为“四记”，则精粗先后大小毕该。或五行，即大戴中《容经》，于礼容最精。《弟子职》于意训最善，抑合此为六，名为“六记”。其序则以《容经》在《儒行》后。或以《弟子职》附《孝经》同为小学，而此但为“五记”。汝意如何？

汝注此篇甚佳，弟可寄我。“一定尊让”一条，俞说似较详妥，可从之。不累长上，可谓让矣。何不可之有。惟今人之命儒也妄，吾欲从此句读。常以儒为诟病，当时孔子初创儒教，必为人疾矣。故云然。然则谬妄之攻，在所不免，而常为人诟，尤当时实情。然则郑句读未妥，盖后汉时儒已一统，康成忘创时之难。王通亦不知，惟好改郑，故偶合，正不必从郑，而不从王也。此间无书，当觅出再一读，或有以告汝。方今世衰道微，学者逐于利而慕于新，不知大教为何事。然天道循环，中国不亡即强，今人渐思，孔道又将大行。弟习西文于异域，尚能覃思及此。传道得徒，吾一生发明孔学之道，其不中绝矣。方今国争方竞，旧理诚间有不适于时用者。今必当政教分行，双轮并驰，乃不偏弊。故教会教部之设，不可以已。计将来不能不用吾此说也。汝体弱，宜为道珍摄，不可太劳。

［录自《万木草堂遗稿》］

邱菽园所著诗序

（1910年）

大原旷旷，万里无山者，非中印度与中美国耶？其有突起崇丘，高十数丈者，必石硱崔崒莽苍者也。平沙莽莽，万里无际者，非撒沙拉大漠与瀚海戈壁耶？其有湖波淀泊者，必深碧澄清，伏流怒发者也。碧梧翠竹之美，中原之常植也，然北京不能产，有亭亭一株，则御苑以名其屋矣。醴泉芝草，何以为祥瑞也，以其非有根源而常生者也。夫人所以震惊豪杰，以为异人者，岂其有异于圆颅方趾之表哉？岂非以挺生于其土产之所无，特出于其时世之所不为耶？

夫人情莫不幽囚于土俗，化之生之，囿之蔽之，若天之四垂，若墙之四合，总有大力高足，岂能破垣而窥出天之外哉？故豪杰之成就大小虽殊，要其不囿于耳目游处，不假于师友赞助，嵚奇磊砢，突儿耸拔，奇识大力，各随其所天授之姿以得之。以吾所见天下士多矣，率皆有所依据凭藉，而成就不过尔尔也。若与中原文献不接，甚且与士夫不相属，远处绝海蛮夷巫来由之域，隶于异邦殖民初辟之壤，踞椎魋裸跣手饭之与游，居阛阓腥臊滞居殖货之与长化，能美田宅致富，急公好施，斯亦彼中豪杰魁垒者矣，岂有讲学术、能文章、著书满家者哉？更岂有毁家纾难，慷慨勤王，为之于举世不为之日者哉？是皆绝出常纬，为理势之所不能产者也。然而星嘉坡乃魁然挺出邱菽园矣！

星坡为英属巫来由地，大商市也。菽园生于是，乃不为殖产之商，而为误身之儒。既以童龄颖绝，弱冠登科，官于内阁，挟其生产百万之富，方当西园鬻爵之时，不以之交通中贵，报效牝朝，上之得卜式之封侯，下之得崔马之公卿。今之目不识丁者，比比皆是，岂况菽园之文学才术，即起家藜褐，已足平视内国之才士，况挟其百万之资以奴使朝贵者哉？则今之拥旄江海、曳履星辰久矣。而乃闻戊戌维新而大喜，闻己亥废立而痛心；同为四万万之编氓，而忧国如家，引为己任，捐施十余万，冒险犯难，以事勤王。家人左右谏之以保守，朋识交游怵之以祸患，一皆不顾，独行其是。事虽不成乎，然子房报韩之心，敬业发愤之志，及古今中外爱国之士，杀身破家沉族之不恤，而惟国是忧者，彼皆愚夫也哉？怪士也哉？而千百世后咏之歌之，爱之慕之，英雄而豪杰之，鹓雏食于桐实，而燕雀以腐鼠吓之，其相去何远也！然则若菽园者，虽谓之非豪杰而岂可得哉？

常人之情，荣古而虐今，于古之豪杰则慕之，于今之豪杰则怪之。夫豪杰块然特立独行，无人世之见存，如狮虎之行，自无伴侣，则同时之目为怪物者，即他日豪杰之代名云尔。

菽园以能诗好客名天下，又纵于声伎饮酒，中原士夫或以顾阿瑛、马秋玉目之。庚戌重游坡，菽园请点定其诗，自戊、己以来，感时抚事，沉郁之气，哀厉之音，悱恻之情，绵邈滂沱，顿挫浏亮以吐之，虽多托乎好色之言，而夷考风骚，可兴可怨，哀感顽艳，实正则也。吾与菽园共事，知菽园深，菽园才志，类明季四公子二秀才，就中尤类冒辟疆、吴次尾。佛称不生边地而生中国，其侧出旁生于域外蛮荒，成就尤难，则远过之。呜乎！可谓豪杰之士矣。若以诗人目之，则蒋藏园所谓“呼作词人心骨痛”矣。

菽园少年豪富有盛名，时血气尚激，朋友助寡少，偏宕狂简未中行，盖豪杰之常耶！孟子曰：人之有德慧术知者，恒存乎疢疾。今阅历日深，学道有得，进德甚猛，非复畴昔，家纵日贫而道日富，诗亦以穷而益工，天或以退为进而大成就之耶。其童冠之作别为一卷，附于集末，不遽删之，亦见童乌之颖，生有自来也。

［录自《万木草堂遗稿》卷二］

致罗掞东论书法书

（1915年）

论书甚当。惟高密与绍述奚足当齿颊。乙老之行书自冠冕海内，尧生戛戛独造，亦今之豪杰。近者若海、曼宣之成就。弟书若屈铁，浑劲才出，如再加一厚字，则成就无量。

试观宋、元人，墨迹已甚厚，如六朝人则如拨墨，但观宋拓佳者可见。弟久于京师，见真迹与宋拓应不少也。吾安能如弟言。

抑凡有得于碑，无得于帖，或有得于帖，无得于碑，皆为偏至。宋人书，变化淋漓诚莫如米，然亦得于帖而止。

若夫今人谓学某家或某家某碑，无论其所学非其佳碑佳帖，即得佳者，而体格尽于前人一碑一帖之中，所谓一城一邑一官一职，其未足尽天地之量与神明之容，不待言矣。此所以千年之间，才士夆出，而成就只此也。千年中书家，可以此该之。

蒉盦书少见闻，去年挽联为其手笔，风华艳发，果尔胜一切时流多矣。今往一纸赠之，未审蒉盦以为如何？

［录自《万木草堂遗稿》卷五］

致朱师晦书

（1915年）

承书下问，何其虚怀而好学耶？

孔子人道也，佛神道也。惟人道，故本诸身，征诸庶民；故以处人接物为要道，而其本原在明明德。聪明睿智，文理密察，齐庄中正，发强刚毅，致广大而尽精微，极高明而道中庸，此至深远矣。

佛弃其身，出其家，绝其世，以修炼精神为主；故终日所言皆在神识心性，而于处人接物讲求者寡。然合十诵佛，何尝不有功于处人接物。但今讲佛学，只从六祖，只尊心性耳。

足下出家而从佛乎，则专言心性可也。若足下身未出家而不从孔子之处人接物，但高谈心性，得无于人道未宜耶？近乱世人多谈佛，且高谈出世间而轻孔学，得无误乎？

又承问书法体兼碑帖，与《书镜》尊碑不同，何其善问也。《书镜》以□所不备为主，至《书镜》尊碑，乃有为而发。仆若再续《书镜》，又当赞帖矣。观其会通，而行其典礼，一切皆然。无偏无过，岂独书耶！

［录自《万木草堂遗稿》卷五］

清词人郑大鹤先生墓表*

（1918年11月）

高密郑文焯叔问，善为词，沉丽幽嫮，哀感顽艳。其辨音律，研分刌，扣宫协角，皆中经首之会。凡唐、宋以来词部[①]遍批细字，评得失，精别毫发。盖君生于京师，长于豪华，从父[②]锳棨宦游南北，冠年中光绪丙子举人，官内阁中书，遍交当代耆宿贵要、名士通人。博文学，妙才章，好训诂考据，尤长金石、书画，旁及声色、饮馔、古器，沉酣以自娱，而感激于国事，超澹于荣利。及戊戌政变，感愤弃官，游吴而家焉。先后巡抚十余人，慕其才名延幕府。君乃徜徉湖山，著书作歌词，以老于吴下。已而辛亥国变，君幽忧哀愤，西台痛哭，尽托于词。行医卖画以为食，常郁郁不乐，虽平日宝藏之书画、骨董，亦不复爱顾而尽弃之，盖生气尽矣。丁巳之腊，以其孺人张氏之丧来沪谢，且慰予复辟之难。吾留之晚饮，乃曰：今京师大学以金石、医二教习聘予，月俸金八百，加鬻画行医，计月可千余金，供吾搜金石书画，足雍容娱老矣。若辞聘，吴中请吾医与画者寡，行将饿死，进退维谷。君其为我决之。答之曰：兹非吾所能及也。如人饮水，冷暖自知，兹非吾所能及也。戊午正月，君以书来曰：大学之聘已却之。昔者清史馆之聘，且已忍饥而不就，岂至今而后失节哉！吾复之曰：然哉！[③]二月廿五日，君遂病卒，寿六十三岁。葬[④]于邓尉梅花中，从君志也。前一日弥留，属其子复培以后事托康有为。康

* 上海博物馆藏有本文抄件，内容略有出入。

① “部”下，抄件有“及金石”。

② “从父”，抄件作“少从其父河南巡抚”。

③ “吾复之曰：然哉”，抄件作“越”。

④ “葬”前，抄件有“十月”。

有为乃为纪其丧，闻其所藏书画、古器，则已鬻尽。君若不死，再见首阳之饿夫矣。呜呼叔问！世慕渊明，□君才节何加焉[①]！其女茂韶才，书法似君，请铭其墓。乃为写铭曰：

石芝庵，梦大鹤。超荣观，老文学。词馨烈，哀故国。饿采薇，穷卖药。此靖节，亦贞白。死士垄，长岳岳。

［手稿，藏台湾“中央研究院”近代史所］

① “焉”下，抄件有“今举国人弃君亲以争利，一切廉耻不顾，而同归于尽，视君何如哉”。

题郑叔问手写诗稿

（1918年）

郑大鹤先生，词章、画笔、医学，绝艺冠时，人所共知，惟寡知其书法。今观所自钞诗稿，遒逸深古，妙美冲和，奄有北碑之长，取其高浑而去犷野。盖自《张猛龙碑》阴入，而兼取《李仲璇》、《敬使君》、《贾思伯》、《龙藏寺》以及《瘗鹤》。凡圆笔者皆采撷其精神，故得碑意之厚，而无凝滞之迹。近以写北碑之称者，赵扔叔、陶心云，然误法《龙门》，故板拙。扔叔晚亦写《郑文公》，乃有可观。然若叔问所作，以汉碑北碑之本体，而寓南帖超逸之气，则近人所少见，所谓：鸾凤翔翥众仙下，珊瑚碧树交枝柯。

［录自《万木草堂遗稿外编》下册］

题潘若海遗墨

（1920年冬）

潘婿其璇以其尊甫若海弟遗墨请题

宁耐、安详、谦退、涵容，皆处事处人法。虽前人语，然有是遗笔，琯、璇兄弟守此庭诰，庶几克家。其书法亦安详、涵容、潇洒、高妙。自吾赠之《大观帖》出，盖宋拓也。琯、璇善保此哉！

庚申冬南海康有为

宁耐是息事第一法。安祥是处事第一法。谦退是保身第一法。涵容是处人第一法。

香池五兄大人雅正　潘之博

［录自《康有为先生墨迹》四］

赠刘海粟创办美术学校序*

（1921年夏）

画以像形而资观感者也。人之情，感物而动。其美者，芳椁郁穆，则观感深。其不美者，粗疏索莫，则观感浅。其美之至者，游入无穷，如酣醉，如入定，可以坐忘观化焉。

吾中国自汉晋、六朝之画，皆尚象形，至南北宋画则山林逸兴，精深华妙。吾藏宋时油画，已开欧人之先，气运既生动，写形复毕肖，其美至矣，感人深矣。

吾遍观各国画院，周游大地，观古文明国突厥、波斯、印度之画，皆迹象板滞而无神韵，不足与于斯文。即欧土自十五纪前，只写神画，亦复钝滞少生气，无秀韵。盖自十五纪前，大地之画无如中国宋画者。然王维作雪里芭蕉，东坡作朱竹，以禅学作画，会心于牝牡骊黄之外，于是元高士攻宋人院体界画为匠笔，但高谈神韵以胸中逸气，其作俑自东坡始。东坡之言曰：写画必须似，见与儿童邻。于是人人皆王维、东坡，而写形弃界，五百年名士论画之书皆同矣。后士慕其高妙，但摹其丘壑，千篇一律。于是荒率粗豪，相习成风，黄茅白苇，一望无际，于是中国之画学衰而垂绝矣。欧土自十五纪后，基多琏腻、拉飞咽师弟出，创为油画，师法天地，摹写风云，五采十色，阴阳浅深，惟妙惟肖，日新日异。而吾中国以荒率粗疏之画当之，能不败乎？

方夫百国制器，通商勤工，各竞画美，以广销流，此民生富源，所任至重也。故绘画须遍及乎器物，则画笔正须委诸匠人。天下之高士无多，安能令数高士画全国劝工通商之器乎？吾甚欲取欧人写形之工，补吾写神之缺而未

* 美术学校开办于1921年夏，本文应作于此时。

逮也。

今上海之美术画院，兼采欧美之新色，不遗中国之旧体，有观美之感，有写生之神。刘君海粟，苦心孤诣，创开学校．陶成后学。他日百工器物，皆有精画。以便通商而开富源；又必有天才卓特者，集合中西成一新画体，其在斯乎！

［录自《康南海先生未刊遗稿》］

《审安斋诗集》序

（1921年9月21日）

吾戊戌遁海外，携元遗山诗集，感伤身世，日讽其《金亡都破》诸作，恻恻心脾，不意十数年竟于吾身亲见之。吾门人陕之士陈伯澜，静笃而质敦，好学而隐秀，学于秦中大儒刘古愚先生，而久客粤督幕府。昔来问学，吾多与谈经，未知伯澜之能诗也。当戊戌春夏之交，门人赴公车者以百数，能诗者夥，若麦孟华孺博、林旭暾谷，华实尤茂。而吾开堂讲学说经外，多谈政治，不及诗。今廿余年，世变日深，伯澜怀抱，郁郁不得展，皆托于诗。今刻诗成，请吾序之。八月二十三日夕，乃得读其《审安斋诗集》，则沉痛飞惊，歌泣缠营，哀厉幽清，悱恻芳馨，何其类遗山也。其《新秋》、《伤春》、《感秋》、《和叔雅、孝方、扶万》诸律，一唱三叹，哀感顽艳，与遗山《金亡都破》诸作奚异耶！其他名章俊句，络绎弥满。杜少陵曰：赋诗何必多，往往凌鲍谢。陕士多质，而伯澜华严若是。陕诗人自李天生、屈悔翁后，莫能或之先也。吾门以能诗名海内者，麦孺博、潘若海往矣，今朱古微侍郎编为《粤两生集》。今存者南洋则邱炜萲菽园，京师则罗惇曧瘿公，皆清丽沉郁，有古诗人风。今得伯澜，可骖靳连镳，抚尘并驾，驰驱中原，未知鹿在谁手也。嗟夫！士生乱世，怀抱珠玉，沉屈下僚，或为诸侯宾客，不能展才用。抑郁磊落，穷愁放歌，不过聊自娱耳。然后世讽少陵、玉谿之诗，浴日月而丽云汉者，彼岂非终身屈下僚而客诸侯，轗轲不遇，郁郁不展者耶！伯澜诗之雄健学少陵，绵丽学玉谿，而神似遗山，遇合亦同之。后之读其诗者，论世知人，沉吟感叹，当亦同之也。辛酉八月二十五日南海康有为序。

［录自《万木草堂遗稿外编》下册］

《粤二生诗词集》序

（1921年12月）

吾自海外归，以甲寅六月居上海申嘉园，日与沈子培尚书游，而问人才，曰：自戊戌吾亡外十六年，与中国人士不久接，后起多才贤，孰冠冕者？尚书应曰：以所见人才，能冠一国，莫如君之门生麦孺博、潘若海也。

吾闻而适适惊，乃轻吾东家有颜子而不知也。二子者，皆有万夫不当之勇，博极今古之学，通贯中外之识，恻怛救国之仁，沉毅而刚劲，直大而忠纯，至诚而有仁术，观世甚深，而去就不苟，安贫自娱，非其道与之千驷万钟不受。二子相友善，相扶携，抵掌行吟，五升之饭不饱，不忘忧中国，哀生民，孜孜锲而不舍也。夫震万石之钟，器巨声闳，翼负青天，待培风而抟九万，而枪枋榆之燕雀笑之。沈尚书以为冠国士也，岂其阿耶？

昔吾讲学粤万木草堂时，有吾邑陈千秋礼吉、曹泰著伟两生，高才博学，冠绝一时，皆以甲午不幸短命死矣。及戊戌从我变法，则有谭嗣同复生、林旭暾谷两生，皆以奇才戮死矣。越岁庚子，唐才常黻丞，又以奇才弘学，举兵汉口，蒙难死矣。越数年三水何树龄易一，道通天人，无言而死矣。伤心陈蔡，痛念吾党人才寥落，已令鄙人有天咒之悲。所与经营中国、负荷生民者，有孺博、若海二子，乃先后长往也。

昔袁世凯之将帝，两召孺博相见，且授以教育总长，孺博即拂衣出国门不肯见，况于受官也。然乃俯首与若海入江督冯国璋幕，相与谋倒袁，以为非西南无敢起兵者。若海既游说桂督陆荣廷，订举兵之约，若海为江督冯华甫电约滇中蔡锷举兵，滇、桂遂先后举兵。若海为袁严捕，走香港，呕血死于吾家亚宾律道三号宅中。孺博则以乙卯怒袁称帝，而先气绝死。呜呼！人之云亡，邦国殄瘁。自二子之逝，天实丧予，吾遂孤独穷老，吊影海滨。嗟乎才难，既有其人，又复凋之，伤心人兮，将如之何？

孺博弱冠举于乡，若海为郎于民政部十余年，从吾奔走救中国。若海弱冠从戎，习兵略，倜傥权奇，气吞八表，尝入扬州猛将徐宝山幕，将拥之以勤王，遍交全国诸将帅，尽识其才略兵械，而欲乘时鞭笞抚用之。孺博则太冲希夷，抱德□和，怀宝迷邦，不易乎世，不成乎名，不见是而无闷，遁世不见知而不悔，确乎不可拔之潜龙也。然二子以忧国故，皆抱怀大志，郁伊不少展，故其发之于诗词，多忧伤憔瘁、悲秋冶春之绮语，则未能天游也乎。然其雄深郁律之气，若春云出而海潮涌，腾踔峻厉，光怪怒发不可遏。然抑之柔之，中乎桑林之舞，乐而不淫，哀而不伤。读者论世知人，固自得之。若拘者美其诗法之出少陵、昌黎、东坡、半山，词调之出于美成、梦窗、稼轩、白石，抑末也。

若海诗词本多，今此区区散在人间，亦泰山一毫芒耳。若孺博于词章，绵丽沉郁，尤其天才，自少与梁启超以才名齐，惟不自收拾，吉光片羽，为其亲旧搜发者，龙章凤姿，亦可窥豹于一斑。杜少陵曰：吾怜孟浩然，短褐即长夜，赋诗何必多，往往凌鲍谢。后有知音，应同此赏叹也。

朱彊村侍郎，久与二子游，多所倡和，既叹念逝者，为录校其所遗诗词，令吾序之。披卷咏叹，天寒日短，夕阳在山，朔风振厉，修竹萧条，如闻山阳之笛，哀怨微茫，感旧伤怀，能无怆恨！朱侍郎曰：潘、麦二子之才贤，庶几鲁二生。若海，南海人；孺博，顺德人，吾遂名为《粤二生诗词集》而序之。

[录自《万木草堂遗稿》卷二]

邱菽园集叙

（1922年7月）

生海外蛮荒之地，当冠岁绮靡之年，遘君国非常之变，而能毁家纾楚难者，指囷赠周瑜者，难其人矣。假若有之[①]，未必能卓荦观群书、华妙工词章也。吾门人海澄邱炜萲菽园，乃并而有之。

当庚子之变，吾游地星坡，主菽园之家。唐才常举义师实赖焉，党人多托命于菽园。虽不幸败，而忠义之气，雄杰之姿，与张良之破产报秦奚异焉？太白曰：子房未虎啸，破产不为家。沧海得壮士，椎秦博浪沙。报秦虽不成，天地皆震动。潜匿游下邳，岂曰非智勇？岂非为菽园写赠耶？天下英雄，固不以成败论也。

菽园冠举于乡，才名噪一时，遭逢不时，豪志不展，遘国多难。那拉在位，则受党人之疑。民国大乱，遂绝仕进之意。养晦肥遁，抱膝长吟，于是豪情胜概，一寄于诗。所谓独寐寤歌，永矢□□者，非耶？

菽园既好学能诗，虽僻陋在夷，而藏书甚富，无学不窥，口诵掌故、古今文词，滔滔若悬河。其为诗，磅礴天葩，雄奇俊迈，兴会飙发，秾郁芬芳。盖其天才之俊逸，与时事之迁移合而成之。沈寐叟尚书叹赏之，谓可争长中原，北方之学者莫能先也，或与黄公度京卿骖联镳马。然其诗正集，尚久郁而未发于世，是与世之一得炫名者，盖亦远矣。

吾问其近作，菽园谓正集未编，手写此钞来沪，皆游戏之作，然多有寄托。其奇情壮采，浓姿活态，勃窣而郁怒，清深而馨嫮，自发逋峭于行间，读者可论世而知其人也。即论书法，亦复遒逸俊妙，驰骋于国朝诸名家。吾门能

① “有之”，原作“其人”，误，据《南海康先生年谱续编》所录节文改。

诗者甚夥，若麦孺博、潘若海、谭复生、唐黻丞、林暾谷，皆以雄才远志，妙解诗词。中道往矣，惟菽园与我独存，而万里远隔，望海怀思。为序其诗，我劳云何。

［录自《万木草堂遗稿》卷二］

跋《汉甘陵相博碑》

（1923年春）

此汉甘陵相博碑，新发现于洛阳城东五里许，相公庄北，北魏人墓中。孙桓卿中将得之。

癸亥春吾游洛，抚摩碑石，至精美，惜魏时已破三段，用为墓门。中修而左右短，右段已失矣。中段与左间锯分断，坏去寸余，失字一行。左段厚六寸，其背半锯成坑，为门形，去厚之半。幸其面字无恙。中段左方厚五寸八，右方厚五寸。碑孔在碑文三字下，最完整。今所存中段六行，行三十字。左五行，旁毁一行，上去一字，行二十九字。以左段推之，计右段亦六行，是全碑当为十八行，约五百余字。今存者，凡三百一十六字。

碑文讳博，字季智，无姓，以前、后《汉书》考之，名博凡六人，而时、地、官皆不合，则姓无可考也。甘陵为地名，在汉章帝后，只有四十年，为时甚短。则其人必在明章安顺时矣。其额两行，左行为“甘陵相尚”四字，右行为“府君之碑”四字。甘字仅余半画，府字尚存大半。以字推之，应作“汉故甘陵相尚书□府君之碑”十二字。以碑文推之，博再辟司隶，并举贤良方正，辟大将军府，后发宪台，迁□州刺史，征为尚书，拜仆射，拜巨鹿太守。

［录自《万木草堂遗稿》卷二］

复吴秋辉书

（1923年6月11日）

秋辉仁兄：

承惠书谈经，空谷足音，闻似人者而喜，不意大乱尚有其人抱遗经而究终始也，欢喜不任。虽然，足下之疑经，以己意望文攻剖，惟数千年间，风俗不同，好尚歧异，后人之是非，未必古人之是非也。且人各有己，不能以己意发之为是。且言人人殊，不能为定论也。《尚书》、《洪范》、《金滕》皆在今文二十八篇之中，此二十八篇者，自伏生传之欧阳、大小夏侯，立于西汉学宫。凡西京博士弟子举国传诵，为孔门真传之书，《史记·儒林传》详言之，若考孔门之真传是非，必在于是。至于刘歆之壁中伪古文书五十余篇，则除二十八篇外，皆伪书也。足下欲考经学，必须先辨今古，知古文为伪，今文为真，然后去伪存真焉。仆所著《伪经考》详言之。虽然，足下真好学深思之士也，于今世不可多得也。足下于《礼记》谓《明堂位》、《月令》、《祭法》三篇皆伪，诚然也。以刘向《别录》考之，比之《戴记》诚少三篇。然足下非考据得之也，乃以意推得之，此真非常之才也。足下又疑《禹贡》而先赞之，可谓明过古今也。盖《尧典》、《禹贡》皆为孔子亲笔删古书而成之，故与《盘庚》诸《诰》之体大异，以与《易经》调法相同，故知为孔子作。兹事体大，非一二言所能尽，故为君揭其大意焉。匆匆奉答，敬问

撰祺，不尽一一。

有为谨启　廿七日

承惠大著《学文溯源》至谢，容读之。此间无《伪经考》。北京琉璃厂

长兴书局、上海有正书局有之。然近济南，则星宿庙万国道德会江寿峰有此书，足下就江君借之可得也。

为又启

再者，仆“长素”之字，在戊戌前用之，刻已废，用“更甡”字。

[录自吴秋辉著《经说》附录，北京图书馆出版社2001年影印本]

《江南万里楼词钞》序

（1924年夏）

天生鸟兽，有自然之语言声歌，何况人也。文言者，语言声歌之精，故雅而有韵。大地万国语文，皆用拼音；惟中国语文，虽有谐声而用单文，故有属对。夫一阴一阳之谓道，中国文词穷奇偶骈俪之工，整齐绮丽之极，万国无比焉。六朝人称文笔，以无韵者为笔，有韵者为文。歌谣也，自古有之，韵文之最先者耶？和声依永，演而为诗，调而为律，于是有高下、抗坠、清浊、平仄、长短之音，有一言、二言、三言、四言、五言、六言、七言、八言、九言之句。至于唐末，诗之道变化极矣。长短句之词乃出焉。词者，文言之有分寸节奏，写情之尤要眇者耶。其声绵渺而哀厉，其气芬芳而馨远，其情娟嫮而悱恻，其词绮靡而瑰丽。文言至五代、宋人词，观止矣，蔑以加矣。元人增长为曲，铺排广博而已，于其声调，分毫未之能加也。故词人皆师法南北宋，若美成之跌荡悠扬，苏、辛之傥宕遒上，梦窗之七宝楼台，姜、张之清新俊逸，亦各穷工极妍矣。然韵味之隽，含蓄之深，神情之远，词句之逸，未有若三李者，结唐诗之终局，开宋词之先声，实词家元始之音、中正之声。若文辞之有屈、宋，书法之有羲、献，莫能尚之。元人未有专之者，明人于词不足道。国朝最盛，然朱厉以来，皆组越甲以为工，夸晋郊以炫富。夫词以纾情，非与波斯胡竞贾也，奚取于斯。纳兰性德之饮水、侧帽，其庶几乎清水出芙蓉矣，然杂于宋、元焉。吾门人杨圻云史生世于京师华腴之地，游宦乎南溟诡异之俗，遭遘国难，朝市变迁．感激既多，郁而为词，盖与李中后主之身世亦近焉。其旨远而微，其情深而文。其声逸而哀。回肠荡气，感人顽艳，清词丽句，自成馨逸。而肌肤若冰雪，天然去雕饰，左挹浮丘，右拍洪崖，超绝埃尘，若藐姑射仙人焉。盖三李之芳躅复见于今，而非余子所能望见者也。云史为诗，雄丽似少陵，名腾海内，而词则度世飞升，世鲜知者。癸亥之腊，风雪中，吾与云史登嵩岳之顶，宿于太极峰下，息于嵩阳书院，游于石淙，踞巨石，临清渊。云史请吾序发明之。世之善为词者，其必有赏音而不河汉吾言也。甲子夏日南海康有为序。

［录自《康南海文集》］

复支伟成书

（1926年6月21日）

支君足下：

承惠书及大著，披读欢喜。既承虚问，不敢不竭。近世学术之谬，圣教之衰，大抵自章学诚为最甚矣。孔子为改制之教主，六经皆孔子所作，而尤重《春秋》。故孟子言孔子之圣，继禹、汤、文、武者，不言其盛德至善，只言《春秋》。刘歆既以《左传》之文述鲁史，而夺《公》、《谷》之微言大义，又撰《七略》以抑儒，然六经犹尊，敢伪经而不敢攻经也。至章学诚乃谓诸经为史，则孔子改制立教皆灭矣。夫惟教主之作乃尊为经，其弟子后学所述，则谓为传、记、义。故虽《系辞》、《论语》之尊，亦只称为传。佛道之尊教主亦曰经，其他则曰论，义亦固也。佛道之经，未闻降级。若以六经为史，则孔子非教，中国无教主，宜其若明若昧，人心败坏，风俗陷溺，一至于此也。他教不攻我教，而我自攻之，宜孔教之衰也，所关至大矣。惟裁察。敬谢，复问著安。

［抄件，藏上海博物馆］

论学诗

大同书成题词

千界皆烦恼，吾来偶现身。狱囚哀浊世，饥溺为斯人。
诸圣皆良药，苍天太不神。万年无进化，大地合沉沦。

人道只求乐，天心惟有仁。先除诸苦法，渐见太平春。
一一生花界，人人现佛身。大同犹有道，吾欲度生民。

廿年抱宏愿，卅卷告成书。众病如其已，吾言亦可除。
人天缘已矣，轮劫转空虚。悬记千秋事，医王亦有初。

梁任公曰：先生演礼运大同之义，始终其条理，折衷群圣，立为教说，拯厥浊世。二十年前，略授口说于门弟子；辛丑、壬寅间，避地印度，乃著为成书。启超屡乞付印，先生以今方为国竞之世，未许也。

斯哲谨案：南海先生于清光绪十年，本《礼运》之旨，著《大同书》。其书分十部：甲部《入世界观众苦》，乙部《去国界合大地》，丙部《去级界平民族》，丁部《去种界同人类》，戊部《去形界各独立》，己部《去众界为天民》，庚部《去产界均生业》，辛部《去乱界治太平》，壬部《去类界爱众生》，癸部《去苦界至极乐》。书成，既而思大同之治非今日所能骤几，骤行之恐适以酿乱，且以今为国竞之世，因秘其稿，不肯以示人。故先生《礼运注》曰：若未至其时，强行大同，强行公产，则道路未通，风俗未善，人种未良，且贻大害。故只得因其俗、顺其势，整齐而修明之；故禹、汤、文、武、周公之圣，所为治化，亦不出此，未能行大道也，不过选于乱世之中较为文明而已。其文明之法，皆在隆礼，由隆礼而谨修之。故于五德之运，未能至仁运、智运，而仅当礼之运而已；不独未能至仁运、智运也，即义运、信运亦未之至，但以礼为经，而著其义、考其信而已。南海先生之言如此。彼持急激主旨，大乱之后，尚未底定，欲一骤而几于大同焉，其流弊何可胜道哉！

酬陈逸山农部[1]见赠

岭外文章破大荒，万山趋海辟雷阳。一时豪杰陈同甫，九牧知名盛孝章。
老去雄心归画稿，闲来逸事付诗囊。田畴竟向无终老，长作耕夫卧醉乡。

我诗不及逸山诗，海内传闻潘老辞。嘉道波澜都不染，黄陈宗派许相师。
将军玉塞秋屯帐，少妇璇闺晓掠眉。雄浑新鲜归老笔，风流只合屈梁知。

万竿修竹一茅堂，熟计生涯隐逸长。约共南山卜邻宅，愿同北郭老耕桑。
江山摇落空忧国，湖海飘零独卧床。樗散画师聊自遣，英雄养晦是何乡？[2]

题荷花画帧

世界偶然留色相，生涯毕竟托清波。明珰翠羽人曾识，碧汉红墙梦似过。
残月照来裳佩冷，晓风坠后粉痕多。城南诗客频相问，怊怅朱颜易老何。

---

① “部”下，稿本有“以诗四章”。

② 本句下，稿本有注文：“逸山雷州人，曾游曾文正幕，少负奇气。琼州潘存户部，学行俱高，尤赏之，榜楹帖曰：我诗不及一山诗。与邓铁香鸿胪并为至交，号‘岭南三孝廉’，皆咸同老辈也，吾皆及交之。逸山晚节委蛇，时论少之，尝赠诗约我结邻花埭，曰：‘花埭卜居思结邻，苍僵老木荒江滨。读书酌酒最宜我，翠叶桃花休引人。’”

题从父竹荪广文公画兰[1]

九畹荒芜楚客悲，况教萧艾满当时。屈原已往罗含去，怀抱芳馨欲与谁？

众香杂进近何如，薜芷辛夷与揭车。绿叶紫茎空委露，秋山花放媚三闾。

题吾友梁铁君侠者画竹

生挺凌云节，飘摇仍自持。朔风常凛裂，秋气不离披。
乱叶犹能劲，柔枝不受吹。只烦文与可，写照特淋漓。

假寓花埭伍氏福荫园两月，亭池静丽；已而遭从兄子勋丧，哀感徘徊而去

好春忽忽已三月，幽鸟时时闻一声。花埭楼台成梦幻，白云丘垄换公卿。
此身已拼束高阁，发愿从今依化城。华月不来灵雨暮，凄凉谁与问三生？

题黄季度画赠着色折枝荷花

绝代容华绝代姿，风鬟雾鬓见翻疑。可怜照水好颜色，披瀑江波媵折枝。
洗竹为奴课，看花带客还。日斜烹苦荈，天许几时闲。

上书不达，谣谗高张，沈乙盦、黄仲弢皆劝勿谈国事。乃却扫汗漫舫，以金石碑版自娱，著《广艺舟双楫》成，浩然有归志

上书惊阙下，闭户隐城南。洗石为僮课，摊碑与客谭。
著书销日月，忧国自江潭。日步回廊曲，应从面壁参。

---

① 题下，稿本有注文："广文公能诗，有集。吾少年从受经。"

门人陈千秋、曹泰、梁启超、韩文举、徐勤、梁朝杰、陈和泽、林奎、王觉任、麦孟华初来草堂问学，示诸子

圣统已为刘秀篡，政家并受李斯殃。大同道隐礼经在，未济占成易说亡。
良史莫如两司马，传经只有一公羊。群龙无首谁知吉，自有乾元大统长。

日本学者庄原和著《新学伪经考辨》，以书寄赠，并承问讯。不意旧著远到鸡林，且有驳辨，益征好学，喜而赋答

去国曾怀赵江汉，说经谁识吴草庐？海东好事能著辨，合与洪朱并案书。洪右臣给谏良品、朱蓉生侍御一新皆有专书驳辨，日本乃亦有人为之，洵佳话也。

虎观异同从古难，古文真伪自来争。天遣老夫犹不死，又来东国识经生。

凤靡鸾吪经几劫，春兰秋菊各芳馨。徂徕新井后来秀，多谢殷勤问管宁。

题邱菽园《风月琴尊图》

天风浩浩引飞舸，海月茫茫照醉歌。别造清凉新世界，遥伤破碎旧山河。
变声浪吼灵鼍舞，汗漫天游仙鹤过。我识鸱夷心寄远，五湖预拟泛烟波。

题邱菽园《看云图》

黑云压城没星斗，满天如墨沙石走。阳日掩匿光昒黝，虾蟆狂叫变苍狗。
邱生奇气世无有，登高横睨八荒久。看云愤慨难袖手，被发问天天听否？
誓呼大风扫群丑，溟海苍苍顽雾厚。抚剑问天天宇剖，绝顶独立无人从。
邈邈云雾向虚空，但见仙人绿发翁。白云黄云翳滃滃，我与云将卢敖若士游鸿濛！

与蔽园论诗，兼寄任公、孺博、曼宣[1]

一代才人孰绣丝，万千作者亿千诗。吟风弄月各自得，覆酱烧薪空尔悲。
正始如闻本风雅，丽葩无奈祖骚词。汉唐格律周人意，悱恻雄奇亦可思。

新世瑰奇异境生，更搜欧亚造新声。深山大泽龙蛇起，瀛海九州云物惊。
四圣崆峒迷大道，万灵风雨集明廷。华严帝网重重现，广乐钧天窃窃听。

意境几于无李杜，目中何处着元明。飞腾势作风云起，奇变见犹神鬼惊。
扫除近代新诗话，惝恍诸天[2]闻乐声。兹事混茫与微妙，感人千载妙音生。

与邱蔽园论诗，跋卷尾三首

滂沱吐出作欢悲，怀抱千秋八表思。偶尔起予三尺喙，摊笺百纸又论诗。

论诗竟夜已天明，起步园林万绿生。皎日腾升诸境现，高丘曲演九州成。

鸟啼花放知何世，木绕云阴自在行。别有诸天千世界，化城无碍起纵横。

蔽园绝世事而苦吟，其诗精深华妙，大成矣[3]

采药灵山历苦间[4]，一朝换骨得金丹。骖鸾化鹤飞升去，俯视腥膻人大难。

---

① 稿本题作《论诗示蔽园，兼寄任公、孺博弟》。
② “惝恍诸天”，稿本作“冥契箫韶”。
③ “矣”下，稿本有“授记摩顶，成佛生天”。
④ “间”，稿本作“艰”。

题梁任甫所藏唐人写维摩诘经①

我生视书古为僻，未见唐人之笔迹②。江南京北览藏家，仅存宋后宝拱璧。
昔者欧游睹古物，埃希罗马多遗墨③。邦滗忽露古城画，歌林近发旧都刻④。
摩抚丹墨数千年，惆怅吾华安可得。云风⑤洞窟何茫茫，石锁蛟龙宝气藏。
碧瞳绿发多好事，千年石室发敦煌。玉检金泥裹百箧，龙威风篆写千章。
一船书画巴黎溢，五车秘怪燕市光。陈农求书白马寺，杜春挟简金丝堂。
散落人间尚千百，纷纭胠箧而探囊。我从南洋望北极，石渠怪发动未央。

竭来须磨双涛阁，海涛松涛生清凉。任甫手持唐人写经卷，妙墨遒峭写硬黄⑥。

隶意尚存北齐勒，笔态颇近诚悬庄⑦。铁网交如珊树折，仙乐嘈奏回鸾翔。
所写净名经一卷⑧，菩萨行品尤深长。不染不舍无净秽，是逍遥游之神方。
半生行道长挟此⑨，日饭三升毛孔香。我本摩诘所化身，众香国里吾⑩久薰。
偶来浊世任⑪斯文，预人家国亦艰辛。颇⑫虑牵率为世醺，日读一遍心耕耘。
神游诸天身入尘，地狱天宫亦何分⑬。

斯卷破烦之大军，著兹古墨诵勤勤，岂止古物仅藏珍⑭。

---

① 稿本题作《题梁任甫所藏敦煌石室唐人写经》。

② “视”，稿本作“嗜”；“未”，稿本用“寡”。

③ “睹”，稿本作“访”；“埃希罗马”，稿本作“埃巴希罗”。

④ “忽露”，稿本作“大发”；“发”，稿本作“露”。

⑤ “风”，稿本作“封”。

⑥ “任甫手持”至此，稿本作“任甫得唐写经卷，金色晃荡起硬黄”。

⑦ “隶意”，稿本作“遒峭”；“笔态”，稿本作“险劲”；“悬”，稿本作“悲”。

⑧ “所写净名经一卷”，稿本作“妙严一卷净名经”。

⑨ “半生行道长挟此”，稿本作“吾生道长挟此卷”。

⑩ “吾”，稿本作“汝”。

⑪ “任”，稿本作“预”。

⑫ “颇”，稿本作“所”。

⑬ “亦何分”，稿本作“何所分”。

⑭ “斯卷”至此，稿本作“斯为破烦之大军，况兹古墨妙入神。昼夜焚香诵勤勤，岂为好古仅藏珍”。

因此证果[①]散法云，震动六极大千春[②]。

题梁任甫海桑吟画，寄林献堂

东败昔割台，吾方在公车。孝廉三千人，伏阙哭上书。
鸣鼓守台官，连轸塞巷闾。台湾有人士，血泪洒大夫。
吾时从旁观，恻痛切肺肤。终为秦桧阻，行成割地图。
人士绝往来，旌节亦已无。哀念吾种人，驱为亡国奴。
未知新邦政，困苦果何如。遗老林献堂，好义薄云衢。
任甫与邂逅，遨游遂与俱。鹿耳与鸡笼，周历千里途。
遗黎夹道迎，闻声相欢呼。

白葭居士属题精忠柏断片图

世道交相丧，万方同一贯。偷生事仇敌，精忠反见讪。
气节扫地尽，岂有表忠观。片松同铁石，昔殉武穆难。
不枯亦不荣，天壤垂异撰。富贵皆臭腐，此木不朽烂。
长照西湖滨，南枝同赞叹。嗟尔桧媚仇，跪像千秋扮。
观此柏尽节，题咏万年看。

题余稚《花鸟图》寄同薇

幽兰写向水仙丛，片石如云苔点浓。不识何时供奉画，黄莺花上唱东风。

过杜甫墓诗

李杜同称诗圣神，青莲守旧杜开新。向来瓣香为子美，今古以来诗一人。

---

① “果”，稿本作“圣”。
② 本句下，稿本有“散花纷籍亿由旬，我亦拈花笑不言”。

论中西文化比较

与洪右臣给谏论中西异学书

（1891年）

承示洒洒数千言，驳诘洋人政事制度，详斥洋学者之非，而发明先王及祖宗之大法，及中西强弱之故，远虑深识，佩服无已。然所驳诘者，于洋人情事利弊，似未甚得其綮肯，既未足以折西人，亦不能服讲洋学者之心，则虽有正论，彼亦将匿笑而不肯相从也。仆迩者涉猎于洋学，稍反复中西相异之故，及其所以强之效，亦似稍得一二。仆深山之人，幼奉儒师之说，长诵先圣之书，未尝识一洋人，未尝与一洋事，其无所偏袒，可不待言也。谨复于大君子之前，惟垂采而教正之。

窃见近人言洋学者，尊之如帝天，鄙洋事者，斥之为夷狄，仆以为皆未深求其故者也。夫中西之本末绝异有二焉：一曰势，一曰俗。二者既异，不能以中国之是非绳之也。

何谓势异？中国自从三代故为一统之国，地广邈，君亦日尊。以一君核万里之地，而又自私之，驾远驭，势有所限，其为法也守，其为治也疏，听民之自治。然亦幸赖其疏且守，若变而密，则百弊丛生矣。泰西自罗马之后，分为列国，争雄竞长，地小则精神易及，争雄则人有愤心，故其君虚己而下士，士尚气而竞功，下情近而易达，法变而日新。此势之绝异也。

中国义理，先立三纲，君尊臣卑，男尊女卑，积之久，而君与男子，纵欲无厌，故君尊有其国，男兼数女。泰西则异是。君既多，则师道大行，而教皇统焉，故其纪元用师而不用君；君既卑，于是君民有平等之俗；女既少，则女不贱，于是与男同业，而无有别之义。此俗之绝异也。

夫中国之教，所谓亲亲而尚仁，故如鲁之秉礼而日弱；泰西之教，所谓尊贤而尚功，故如齐之功利而能强。所以至此者，盖由所积之势然，各有本末，中国、泰西，异地皆然，然不可一二言断是非也。

公谓“中饱之说”诚是也，然所以然之故，公未详之也。夫其所以然之故，即在势与俗也。中国以一君而统万里，虑难统之也，于是繁其文法以制之，极其卑隘以习之，故一衙门而有数人，一人而兼数差。故仆尝谓使周公为吏部，孔子为刑部，亦必不能为。虽欲不粉饰，得乎？途杂而选极轻，官多而俸极薄，上尊而查之极难，虽欲不中饱，得乎？昔唐太宗行四分世业之田、府卫之兵，法至美矣，然甫至高宗先天、显庆，而法已大坏，何哉？三代分国，虽有闾里州党，以知夫家、人民、六畜之数，极其纤细，行之久而无弊者，有封建分之故。唐用兵制，乡成于县，县成于州，州成于户部，以一县令稽百里之乡民，势已不能，况以户部稽万里之户口乎？不久即弊，故弊在制地太大，小官太疏也。

泰西则不然，政事皆出于议院，选民之秀者与议，以为不可则变之，一切与民共之，任官无二人，不称职则去，故粉饰者少，无宗族之累，无姬妾之靡，无仪节之文，精考而厚禄之，故中饱者少。泰西非无贪伪之士，而势有所不行；中国非无圣君贤臣精核之政，然而一非其人，丛弊百出，盖所由异也。幸先圣之学，深入于人心，故时清议能维持之。不然，由今之法，不能一朝居矣。

然泰西之政，比于三代，犹不及也。三代有授田之制以养民，天下无贫民，泰西无之。三代有礼乐之教，其士日在揖让中，以养生送死，泰西则日思机智，惟强己而轧人，故其教养皆远逊于我先王也。

然今之中国既大变先圣之法，而返令外夷迫之。譬如故家子，蒙祖父之荫，而悖祖父之学行，则不如白屋邻人，反得以其学行挺起，虽其先世出身卑贱，反而为之屈矣。故仆所欲复者，三代、两汉之美政，以力遵祖考之彝训，而邻人之有专门之学、高异之行，合于吾祖者，吾亦不能不节取之也。

公谓西国之人专而巧，中国之人涣而钝，此则大不然也。我中人聪明为地球之冠，泰西人亦亟推之。自墨子已知光学、重学之法，张衡之为浑仪，祖暅之为机船，何敬容之为行城，顺席之为自鸣钟，凡西人所号奇技者，我中人千数百年皆已有之。泰西各艺皆起百余年来，其不及我中人明矣。然而泰西特以器艺震天下者，其所以鼓舞之异也。其设学以教之，其君、大夫相与鼓励之，其士相与聚谋之，器备费足，安得而不精？我聪明之士，则为诗文无用之学，以其愚下者为之，即有精巧者，又未尝鼓励也，则安能致巧？是盖政教之异，不得归咎于中人之涣且钝也。

［抄件，藏上海博物馆］

请译日本书片代杨深秀作

（1898年6月1日）

再：道光后，大地交通，诸国竞长，议者已议师夷之长技而制之。考泰西学校选举，专以开新为义，合十六国人士所讲求，五百年君相所鼓厉，政治、学术、理财、练兵、农工商矿，一切技艺，日出精新，皆有专门之书，每门卷盈千百。美国养兵二万，而顷与西班牙开仗旬日，辄已大胜。盖泰西所以横行四海、掩袭大地者，不在力而在智。吾自交涉以来，同、光以前，中外议臣亦未尝不言变法，而都其所见，率皆在筑炮台、购兵舰、买枪炮、练洋操而已，尚未知讲求学校也。甲午军兴之后，渐知泰西所以富强，在于有学，于是议臣始言学。当今直省督抚，亦纷纷渐知立学堂矣。然学堂以何物教之，尚未计及也。学堂仅教诸生童幼习西国文字语言，五六年后始能通其文字；语言尚未通，其政学则又待之十年后矣。今世变甚急，朝不及夕，岂能从容待之十年乎？其不在学堂中之人士，及任官之士夫，尤今日所倚而用之者。乃无从得地球掌故物理、泰西政俗、经济农工商矿各学而考求之。

臣以为言学堂而不言译书，亦无从收变法之效也。同治时，大学士曾国藩先识远见，开制造局，首译西书。而奉行者不通本原，徒译兵学、医学之书，而政治、经济之本，乃不得一二。然且泰西文义迥异，译者极难，越月逾岁，乃成一种；故开局至今数十年，得书不满百种，以是而言变法，是终不得其法也。

臣愚窃考日本变法，已尽译泰西精要之书。且其文字与我同，但文法稍有颠倒，学之数月而可大通，人人可为译书之用矣。若少提数万金，多养通才，则一岁月间，可得数十种。若筹款愈多，养士愈众，则数年间，将泰西、日本各学精要之书，可尽译之。而天下人士及任官者，咸大通其故，以之措政皆有条不紊，而人才不可胜用矣。国家虽贫，而岁糜闲款，不知几许，若一铁舰、一克虏伯炮之费，动需百数十万矣。若能省一炮之费，以举译书之事，而尽智我民，其费至简，其事至微，其效至速，其功至大，未有过于此者。若承采择，乞饬下总理各国事务衙门议行，或年拨数万金试办。臣愚一得之见，伏维圣鉴。谨奏。

[录自《戊戌变法档案史料》第四四六页]

请广译日本书派游学折*

（1898年6月1日）

奏为请广译日本书，大派游学，以通世界之识，养有用之才，恭折仰祈圣鉴事：

窃顷东事大败，割台湾，赔巨万，举国痛之。臣以为此非日本之胜我也，乃吾闭关之自败，而人才之不足用也。夫中国万里之广土，五千年文明之古国，以文学教化，自尊高于大地者也。以夙昔环我皆诸番野蛮未开化者，故鄙为夷狄，又皆遣学于我，而日本政法文学亦自我出，故足己无待，轻视一切。此中国人数千年之积习，非一日矣。其学者所事，学八股试帖、读四书五经而外，无他学矣。其号称博学方闻之士，则有义理、考据、掌故、词章、舆地、金石诸学，通之者郡县寡得其人。然问以新世五洲之舆地、国土、政教、艺俗，盖皆茫然无睹，瞪目挢舌，若罔闻知。猝以投之大地交通万国之世，以当各国之新法、新学、新器，安有不败者哉？

盖人才之盲瞽不足用也，数千年闭关自足使然也。吾永永闭关，以为今之世，犹古之世也。而不意自嘉庆之世，汽船骤出；道光之世，电线忽成；咸丰之代，铁舰创行；同治之朝，铁路交通；近乃电话四达。于是诸欧挟其异器，横行宇内，隳突全球，若天上诸星之忽下于地也，遂破吾数千年久闭之重关，惊吾久睡之大梦，入吾之门，登吾之堂，处吾之室矣。自尔之后，吾中国为列国竞争之世，而非一统闭关之时矣。

列国竞争者，政治、工艺、文学、知识，一切相通相比，始能并立；稍

---

* 此折原载《戊戌奏稿》，内容与《请议游学日本章程片》、《请派近支王公游历片》、《请译日本书片》同，疑本奏折系康氏据上述奏片于流亡期间改写，姑依奏稿署期系于此。

有不若，即在淘汰败亡之列，而吾乃以宿昔闭关之俗对待之。天已大雪，不觅炉裘，而尚葛屦履霜；前横大河，不具舟航，而以方车渡水；其有不寒毙而溺死者乎？我国今势，何以异此？

日本昔亦闭关也，而早变法，早派游学，以学诸欧之政治、工艺、文学、知识，早译其书而善其治，是以有今日之强而胜我也。吾今自救之图，岂有异术哉？亦亟变法，亟派游学，以学欧美之政治、工艺、文学、知识，大译其书以善其治。则以吾国之大、人民之多，其易致治强可倍速过于日本也。

今以吾国人士至卿大夫，此一国之托命者也。其聪明才智，岂为乏人？其欲讲求外国之政治、文学、工艺、知识亦夥矣。然苦于欲通之而无其道也，以无各国之书故也。昔者大学士曾国藩尝开制造局于上海以译书，于今四十年矣，其天津、福建、广州亦时有所译，然皆译欧美之书，其途至难，成书至少，既无通学以主持之，皆译农、工、兵至旧非要之书，不足以发人士之通识也，徒费岁月、糜巨款而已。

臣愚颛颛思之，以为日本与我同文也，其变法至今三十年，凡欧美政治、文学、武备、新识之佳书，咸译矣，但工艺少缺，不如欧美耳。译日本之书，为我文字者十之八，其成事至少，其费日无多也。请在京师设译书局，妙选通人主之，听其延辟通学，专选日本政治书之佳者，先分科程并译之，不岁月后，日本佳书可大略皆译也。虽然，日本新书无数，专恃官局，为人有几，又佳书日出，终不能尽译也，即令各省皆立译局，亦有限矣。

窃计中国人多，最重科策，退以荣于乡，进仕于朝，其额至窄，其得到难也。诸生有视科第得失为性命者，仅以策论取之，亦奚益哉？臣愚请下令，士人能译日本书者，皆大赉之。若童生译日本书一种五万字以上者，若试其学论通者，给附生；附生、增生译日本书三万字以上者试论通，皆给廪生；廪生则给贡生。凡诸生译日本书过十万字以上者，试其学论过者给举人。举人给进士，进士给翰林，庶官皆晋一秩。

应译之书，月由京师译书局分科布告书目，以省重复。其译成之书，皆呈于译书局，译局验其文可，乃发于各省学政，试可而给第。举人以上至庶官，则译局每月汇奏，而请旨考试给之。若行此乎，以吾国百万之童生，二十万之诸生，一万之举人，数千之散僚，必皆竭力从事于译日本书矣。若此则不费国帑，而日本群书可二三年而毕译于中国，吾人士各因其性之所近而研究之，以成通才，何可量数。故臣之请译日本书便也。

若夫派游学乎，则宜多在欧美矣。书者空言也，实行之事，非深久游入其学校，尚虑不能深明之。且欧美近今之盛，实以物质故。汽力之为用，倍人力者三十，而国势之富盛强，亦三十倍。夫物质之学，又非可以译书得也。请大筹学费，或令各县分筹之，大县三人，中县二人，小县一人，皆举其县之秀才，令其县自筹供其费，吾以千五百县通计县二人，骤得三千游学生矣。律、医二者，我宜缓学。自哲学、海陆军、化电、光重、农工、商矿、工程、机器，皆我所无，亟宜分学，每科有二三百人矣，其后岁岁议增。及理财既成，增派无数。六年之后，立国之才，庶几有恃。

若派学生于诸欧，以德为宜。以德之国体同我，而文学最精也。若法民主，于欧东多变，覆车可鉴，吾国体不宜。惟日本道近而费省，广历东游，速成尤易。听人士负笈，自往游学，但优其奖导，东游自众，不必多烦官费。但师范及速成之学，今急于须才，则不得已，妙选成学之士，就学于东，则收新学之益，而无异说之害。昔日本变法之始，派游学生于欧美，至于万数千人，归而执一国之政，为百业之师，其成效也。此臣所以请派游学也。我皇上忧国如腊，叹念人才，乞下明诏，亟开译书局，并筹遣游学，其于作人成才以供国用，至大计也。伏惟皇上圣鉴。谨奏。

［录自《戊戌奏稿》］

请开学校折

（1898年6月）

奏为请广开学校以养人才，恭折仰祈圣鉴事：

窃臣以狂愚，请废八股，荷蒙圣明嘉纳，立下明诏施行。薄海回风，洗濯固陋，咸更新厉学，以赞休明。夫以千年之弊俗，而一旦扫除之，非皇上之神武英断，何能致此？岂愚臣之梦寐寤思所能及也。天下回首面内，想望更化之善治，肇应千载之昌期，在我皇上矣。其鼓荡国民，振厉维新，精神至大，岂止区区科举一事已哉？虽然，譬诸治病，既以吐下而去其宿疴，即宜急补养以培其中气，则今者广开学校为最要矣。

吾国周时，国有大学、国学、小学之等，乡有党庠、州序、里塾之分，教法有诗书、礼乐、戈版、羽籥、言说、射御、书数、方名之繁。人自八岁至十五岁，皆入大小学。万国立学，莫我之先且备矣。《诗》曰周王寿考，遐不作人，言文王于人才作而致之，非赖自然生而有之也。故兔罝野人，可为干城腹心；介胄武夫，能说诗书礼乐。人才既多，则国命延洪，故作人则能寿考也。后世不立学校，但设科举，是徒因其生而有之，非有作而致之。故人才鲜少，不周于用也。臣不引远古，请近校于今欧美各国，而知其故矣。

欧美之作其国民为人才也，当吾明世，乃始立学。仅从僧侣，但教贵族，至不足道。及近百年间，文学大兴。普之先王大非特力，馆法名士窝多于其生苏诗宫而师之，聘柏罗斯其于瑞士，而创国民学。令乡皆立小学，限举国之民，自七岁以上必入之。教以文史、算数、舆地、物理、歌乐，八年而卒业。其不入学者，罚其父母。县立中学，十四岁而入，增教诸科尤深，兼各国文，务为应用之学。其初等科二年，高等科二年；初等二年者，中学必应卒业者也。自是而入专门学者听之。专门者，凡农、商、矿、林、机器、工程、驾驶，凡人间一事一艺者，皆有学，皆为专门也。凡中学、专门学卒业者皆可入大学，其教凡经学、哲学、律学、医学四科。自是各国，以普之国民学为师，皆效法焉。英大学分文、史、算、印度学、阿喇伯学、远东学，于哲学中别自为科。美则加农、工、商于大学，日本从之。夫学至于专门止矣。其所谓大学者，不过合各专门之高等学多数为之。大聚天下之书图仪器，以博其见闻；广延各国鸿博硕学专门名家，以得其指导。而群一国之学者，优游渐渍，讲求激厉，而自得之。凡各州能备此者，皆可谓为大学，非徒在国都而已。总而言之，小学、中学者，教所以为国民，以为己国之用，皆人民之普通学也。高等、专门学者，教人民之应用，以为执业者也。大学者，犹高等学也，磨之砻之，精之深之，以为长为师、为士大夫者也。其条理至详，科学至繁。荷兰、比利时、瑞典、丹麦以蕞尔国而能独立者，以诸学并立，大学岿然，人才不可胜用故也。普胜法后，俾士麦指学生语之曰："我之胜法，在学生而不在兵。"以百业千器万技，皆出于学，作而成之故也。

彼分途教成国民之才，如此其繁详也。我乃鞭一国之民，以从事于八股枯困搭截之题，斲人才而绝之，故以万里之大国，四万万之人民，而才不足立国也。近者日本胜我，亦非其将相兵士能胜我也；其国遍设各学，才艺足用，实能胜我也。吾国任举一政一艺，无人通之，盖先未尝教养以作成之。天下岂有石田而能庆多稼者哉？今其害大见矣，不可不亟设学以育成之矣。

今各国之学，莫精于德；国民之养，亦倡于德。日本同文比邻，亦可采择。请远法德国，近采日本，以定学制。乞下明诏，遍令省府县乡兴学。乡立小学，令民七岁以上皆入学。县立中学。其省府能立专门高等学、大学，各量其力，皆立图书仪器馆。京师议立大学数年矣，宜督促早成之，以建首善而观万国。夫养人才，犹种树也，筑室可不月而就，种树非数年不荫。今变法百事可急就，而兴学养才不可以一日致也，故臣请立学亟亟也。若其设师范、分科学、撰课本、定章程，其事至繁，非专立学部，妙选人才，不能致效也。惟圣明留意幸察，伏乞皇上圣鉴。谨奏。

［录自《戊戌奏稿》］

请改直省书院为中学堂乡邑淫祠为小学堂令小民六岁皆入学折*

（1898年7月3日至9日间）

工部主事臣康有为跪奏，为请改直省书院为中学堂，乡邑淫祠为小学堂，令小民六岁皆入学，以广教育而成人才，恭折仰祈圣鉴事：

窃顷迭奉上谕，开办大学堂，停止八股，举行经济常科，仰见我皇上除旧布新、兴学育才至意。惟臣维古者国学之下，有乡塾、党庠、术序。泰西各国，尤重乡学，其中等学校、小学校遍地，学校以数十万，生徒数百万。举国男女，无非知书识字、解图绘、通算学、知历史、粗知天文地理之人；中学以上，咸有天文地舆、化光电重、公法律例、农商工矿、各国语言文字、师范之学。故非独其为士者知学也，其农、工、商皆有专门之学。即其被选为兵者，亦皆童幼出自学堂，咸粗知天文、地理、图算、格致。妇女亦皆有学，近多为医师、律师及为师范蒙师者。盖有一民，即得一民之用。

美国学堂，乃至数百万所，学堂岁费八千万，生徒乃至二千万人，故人才至盛。岁出新书二万、新器三千，民智而国富以强，故养兵仅二万，兵费不及学费十之一，而万国咸畏之。近者破日斯巴尼亚，其明效也。丹墨男子

---

* 此折原署光绪二十四年五月。据折称“窃顷迭奉上谕，开办大学堂，停止八股，举行经济常科”，知上于光绪二十四年五月十五日（1898年7月3日）光绪颁布开大学堂之谕后。另据《康南海自编年谱》云：“时大学堂已定，吾乃上折请于各省开高等学堂，各府开中学，各县开小学，拨各省善后款及规费以充学费，并请废天下淫祠，以其室宇充学舍，以其租入供学费。二十一日奉旨允行。”查《光绪朝东华录》，“二十一日”为“二十二日”之误。是此折当递于7月3日至9日间。1898年8月27日《知新报》曾刊录此折，但有所删改，现附于后，以供参照。

八十万，庚寅俄、英失和，将交兵丹国海峡，丹国不允，俄、英逡巡而退。我中国民四万万，冠于地球，倍于全欧十六国，地当温带，人民智慧；徒以学校不设，愚而无学，坐受凌侮。是遵何故哉？盖泰西户口少，而才智之民多；吾户口多，而才智之民少故也。故欲富强之自立、教学之见效，不当仅及于士，而当下逮于民，不当仅立于国，而当遍及于乡。臣为我皇上筹之。

泰西变法三百年而强，日本变法三十年而强。我中国之地大民众，若能大变法，三年而强；欲使三年而强，必使全国四万万之民皆出于学，而后智开而才足。我皇上若辨之既明，审之既定，行之以勇，则与二三大臣聚精会神于兴乡学而开民智之事，昼夜课功，以全力赴之。其效之大小，必有与皇上心力之多寡以相应者。臣为我皇上思兴学至速之法，凡有二焉：我各直省及府、州、县咸有书院，多者十数所，少者一二所，其民间亦有公立书院、义学、社学、学塾，皆有师生，皆有经费；惜所课皆八股试帖之业，所延多庸陋之师，或拥席不讲、坐受脩脯者。其省会间有及考据、词章之学者，天下数所而已。师徒万千，日相率为无用之学。故经费虽少，虚糜则多。今既罢弃八股，而大学堂经济常科皆须小学、中学之升擢，而中学、小学直省无之；莫如因省、府、州、县、乡、邑公私现有之书院、义学、社学、学塾，皆改为兼习中西之学校，省会之大书院为高等学，府、州、县之书院为中等学校，义学、社学为小学。方今创办伊始，亦无高等学。凡有诸学略备者，为中等学；粗知图算、舆象、语言文字、政律者，为小学。但以学规经费为等级，不论郡邑乡落，不论公私官民，皆颁发大学堂章程，令其仿照办理。其力有不足，略减规模。请旨先电饬各直省督抚，督率道、府、州、县，各将所属书院、义学、社学、学塾处所多少，教习人才高下，经费数目，限两月报明。各书院、义学皆本有经费，但有明诏，改变章程，别延教习，因其已成之基，一转移间而直省郡邑、僻壤穷乡祈祈学子，千数百万，皆知通经史而讲时务矣。事效之顺，未有逾此者。

然观美国学费十倍兵费之数，则我直书院区区经费，不足言矣。皇上若欲速收成效，非人增学费不能奏功。臣查上海电报局、招商局及广东闱姓规，皆溢款百数十万，各省善后局，皆为向来贪猾吏所盘据巢穴，积弊尤深。臣曾游广西，已革抚臣史念祖尝请臣一饭，支用善后局赞费以百数，乃至臣随仆亦用燕席；答臣一拜，亦费首县供应十八金。闻广东尤甚，督抚请客，一次支用善后局费至六百金。其拜客及他供应费，皆类是。此非独两广，各省皆然，可以类推。刚毅尝抚广东，清声素著，若皇上试诘问之，必得其详。夫各省督抚，屡经严旨饬办学堂，则委以支绌无款；而应酬举动杂费，乃滥浪如此。方当国事艰危，非复侈供张、饰繁文之日，乃使皇上独忧社稷，而疆臣但安荣尊富、滥用民脂，而置国事于不问，竟视严旨若弁髦，犹为有人心者乎？请严旨戒饬各疆臣，清查善后局及电报、招商局各溢款、陋规、滥费，尽拨为各学堂经费。除贵州等极瘠苦省分外，必可每省得数十万金，以为养士之用。庶几各学堂延师、购书、庀器皆有所资。并鼓动绅民捐创学堂，其能自捐万金、广募十万金经费者，赏以御书匾额，给以学衔；其有独捐十万巨款创建学堂者，请特旨奖励，赏以世职，以资鼓励。其院师学长，多八股之士，或以京秩清班，以空名领之，今宜皆更易，别聘通才。其中学、小学所读之书，所办之章程，皆特设书局，编辑中外要书，颁发诵读遵行。然犹虑不能遍及穷乡也。

查中国民俗，惑于鬼神，淫祠遍于天下。以臣广东论之，乡必有数庙，庙必有公产。若改诸庙为学堂，以公产为公费，上法三代，旁采西例，责令民人子弟年至六岁者，皆必入小学读书，而教之图算、器艺、语言、文字。其不入学者，罪其父母。若此，则人人知学，学堂遍地。不独教化易成，亦且风气遍开，农、工、商、兵之学亦盛。《诗》云：肃肃兔罝，肆于中逵；赳赳武夫，公侯腹心。以兔罝野人，足为腹心，其人才之众可想矣。伏乞明降谕旨，饬下各省督抚施行，严课地方官以为殿最，违者纠劾一二，以警其余。庶几风化可广，人才大成，而国势日强矣。臣愚昧之见，是否有当，伏乞皇上圣鉴训示。谨奏。光绪二十四年五月□日。

［录自《杰士上书汇录》卷二］

波兰分灭记序[①]

（1898年8月）

《传》谓：国不竞亦陵，何国之为。呜呼！观于波兰之分灭，而知国不可不自立也。俄为虎狼之国，日以吞并为事，大地所共闻也。波人以立王之故，假俄之力。当是时，举国咸德俄，以俄大之足恃也，乃听俄驻兵其国。而俄使即夺波王之权，减波兵之数，分波边之地。波自知其弱，不能自立也，乃议变法。其始则小臣议之，而其君与贵族大臣疑之，几兴大狱。而后议定，波王决然变法，贵族欣然改从；具草既定，布告将行，此可谓非常之机会、自强之至理矣。而俄人乃兵围议院，流变法贤才于西伯利部，勒令守旧法而勿变。于是不七年而波亡。呜呼！力弱之后，见胁强邻，虽欲变法而不可得矣。观俄之所以待波，蹂躏而残食之，涂炭其衣冠，系缧其贵族，肝脑涂地，血流成河，其贵族被毒尤惨，虽有千万仁人志士，无补灭亡。然则当时贵族大臣之阻挠变法，实先助俄自灭自亡之矣。是故欲变法自强者，宜早为计；欲保国自立者，宜勿依人。

我辽东之归地，实藉俄力，而以铁路输之，今岁则以旅、大与之。动辄沮挠，我之不为波兰者几希！今吾贵族大臣，未肯开制度局以变法也。夫及今为之，犹或可望；稍迟数年，东北俄路既成，长驱南下，于是而我乃欲草定宪法，恐有勒令守旧法而不许者矣。然则吾其为波兰乎？而凡守旧阻挠变法者，非助俄自分之乎？臣所为每考波事而流涕太息也。谨编其略，以待鉴观焉。

① 序及各卷题下，原有“工部主事臣康有为撰”一行，今均删。

附：进呈波兰分灭记序[①]

臣窃闻波兰分灭后，其民散走欧美。俄人虐待之，几同犹太。俄、普皆禁其作波兰语文，禁买地。即美至平等，均为仆婢，亦耻与波兰入伍。盖虽为欧种，几视与印度人等矣。哀哉，亡国人也！波兰分灭事，未入中国载记，臣每读之，睹夫列强同谋之诡，连兵压逼之酷，波兰君相忍辱频仍之苦，割讲渐次之尽，及将分灭，君主、后妃、亲王、大臣迫劫之惨，若读晋怀、愍，宋徽、钦，石重贵故事，岂徒富贵皆空，其戮辱困苦，求为奴隶不可得也。国民性懦，不早事力争。及经万变，流血无数，获开议院，而俄人环兵三千，陈炮对院，以监囚诸议员，莫敢噤声，其勇烈者言出而戮矣。臣既痛波兰之君民，行复自念中国，未尝不为之掩卷流涕、泪下沾襟也。

尝推波兰所以致分灭之由，一由其君忍受耻辱，不早英武自强也；一在其宰相大臣守旧保禄，苟延旦夕，而甘心卖国也。夫以列强之窥逼如彼，而波君相之怯偷如此，未有不亡国者也。使其民早同心竭力，以与君相争国会，不二心，不易虑，不畏囚死，波王本亦宽柔爱民之主，未尝不可得也。徒惑于其大臣耳。乃国民爱死坐视，不早争之，至于国已濒危，大势尽去，虽得开国会，而已为强邻所制。虽有圣者，无救于亡也。

及亡后，乃始沉族破家，肝脑原野，欲以救亡，终无成也。此国民酣嬉目前之罪也，所以为亡国之民也。若其君主，既上制于椒房之太后，下制于贵族之大臣，不能自奋矣。与其分灭于外，惨为亡国之戮囚；孰若付权于民，犹得守府而安荣。乃逡遁避终[②]，徘徊不决，至于国势濒危，大势尽去，乃始开国会而听之民献。则已为强邻所制，虽有无数之忠臣义士，终无救于亡矣。

若其亲贵大臣，守旧持禄，日以剥民纳财、卖国鬻权为事，诛囚才贤，压抑新法，蒙闭人主，力拒国会，以为一身富贵长久之计。而不知分地既尽，剥床切肤，家族妻子，囚掳诛夷[③]，高台倾而玩好散，身首不保，白首同归。

---

① 本文录自《戊戌奏稿》，参校以《不忍》第二期。

② “逡遁避终”，《不忍》本作“逡巡迟疑”。

③ “家族妻子，囚掳诛夷”，《不忍》本作“家族诛夷，妻子囚掳”。

是则自作之孽，无复可悯者矣。惟惜其君宽仁好善，不能自克，以至身死国亡，为天下戮；祸及其民，延于累世。此则后之览者，不能无累欷三叹也夫。嗟乎！弱为六极，需者事贼，以召分灭，亦可鉴也。谨辑叙之，上呈圣鉴。臣康有为谨序。

欧洲十一国游记序

（1904年12月22日）

将尽大地万国之山川、国土、政教、艺俗、文物，而尽揽掬之，采别之，掇吸之，岂非凡人之所同愿哉？于大地之中，其尤文明之国土十数，凡其政教、艺俗、文物之都丽郁美，尽揽掬而采别、掇吸之，又淘其粗恶而荐其英华焉，岂非人之尤所同愿耶？然史弼之征爪哇也，误以为二十五万里。元卓术太子之入钦察也，马行三年，乃至。博望凿空。玄奘西游。当道路未通、汽机未出之世，山海阻深，岁月澶漫。以大地之无涯而人力之短薄也。虽哥仑布、墨志领、岌顿曲之远志毅力，而足迹所探游者，亦有限矣。然则欲揽掬大地也，孰从而揽之？故夫人之生也，视其遇也。芸芸众生，阅亿万年，遇野蛮种族部落交争之世，居僻乡穷山之地，足迹不出百数十里者，盖皆是矣。进而生万里文明之大国，而舟车不通，亦无由睹大九洲而游瀛海。吾华诸先哲，盖皆遗恨于是，则虽聪明卓绝，亦为区域所限。

英帝印度之岁，南海康有为以生，在意王统一之前三年，德、法战之前十二年也，所遇何时哉？汽船也，汽车也，电线也，之三者，缩大地、促交通之神具也。汽船成于我生之前五十年，汽车成于我生之前三十年，电线成于我生之前十年，而万物变化之祖为瓦特之机器，亦不过先我生八十年。凡欧美之新文明具，皆发于我生百年内外耳。萃大地百年之英灵，竭哲巧万亿之心精，奔走荟萃，发扬飞鸣，滂礴浩瀚，积极光晶，汇百千万亿之泉流而成江河湖海，以注于康有为之生世，大陈设以供养之，俾康有为肆其雄心，纵其足迹，穷其目力，供其广长之舌，大饕餮而吸饮焉！

自四十年前，既揽掬华夏数千年之所有，七年以来，汗漫四海，东自日本、美洲，南自安南、暹罗、柔佛、吉德、霹雳、吉冷、爪哇、缅甸、哲孟雄、印度、锡兰，西自阿剌伯、埃及、意大利、瑞士、澳地利、匈牙利、丹麦、瑞典、荷兰、比利时、德意志、法兰西、英吉利，环周而复至美。嗟乎！康有为虽爱博好奇，探赜研精，而何能穷极大地之奇珍绝胜，置之眼底足下，揽之怀抱若此哉！缩地之神具，文明之新制，不自我先，不自我后，特制竭作以效劳贡媚于我。我幸不贵不贱，无所不入，无所不睹，俾我之耳目闻见，有以远轶于古之圣哲人，天之厚我乎，何其至也！

夫中国之圆首方足，以五万万计，才哲如林，而闭处内地，不能穷天地之大观。若我之游踪者，殆未有焉。而独生康有为于不先不后之时，不贵不贱之地，巧纵其足迹、目力、心思，使遍大地，岂有所私而得天幸哉？天其或哀中国之病，而思有以药而寿之耶？其将令其揽万国之华实，考其性质色味，别其良楛，察其宜否，制以为方，采以为药，使中国服食之而不误于医耶？则必择一耐苦不死之神农，使之遍尝百草，而后神方大药可成，而沉疴乃可起耶？则是天纵之远游者，乃天责之大任，则又既惶既恐，以忧以惧，虑其弱而不胜也。虽然，天既强使之为先觉以任斯民矣，虽不能胜，亦二十年来昼夜负而戴之矣。万木森森，百果具繁，左捋右撷，大嚼横吞，其安能不别良楛，察宜否，审方制药，以馈于我四万万同胞哉！方病之殷，当群医杂沓之时，我国民分甘而同味焉，其可以起死回生，补精益气，以延年增寿乎？吾之谓然，人其不然耶？其果然耶？

吾于欧也，尚有俄罗斯、突厥、波斯、西班牙、葡萄牙未至也；于美也，则中南美洲未窥；而非洲未入焉；其大岛，若澳洲、古巴、檀香山、小吕宋、苏禄、文莱未过。则吾于大地之药草尚未尽尝，而制方岂能谓其不谬耶？抑或恶劣之医书可以不读，或不龟手之药可以治宋国，而犹有待于遍游耶？康有为曰：吾犹待于后遍游以毕吾医业。今欧洲十一国游既毕，不敢自私，先疏记其略，以请同胞分尝一脔焉。吾为厨人而同胞坐食之，吾为画工而同胞游览焉，其亦不弃诸？

孔子生二千四百五十六年，即光绪三十年冬至，康有为记于美洲北太平洋域多利之文岛故居寥天室。

［录自《欧洲十一国游记》第一编，上海广智书局1905年排印本］

英国监布烈住大学华文总教习斋路士会见记

（1904年）

光绪三十年九月二日，监布烈住大学华文总教习斋路士先自瑞士令其子来见，赠我以像。既归，约往游。斋君昔为汉口领事，居中国二十年，能操京语甚熟，盖欧人之精熟华学第一人也。著书甚多，为欧土华文导师。吾闻欧人凡读华文者，必由斋君之书以入门焉。斋君之室陈设书画、什器皆华器也，其笃嗜专好如此，宜其致精审也。性貌醇粹温温，盖为学人。与吾谈学，盛称中国文明及诗文之美。盖其时方译《文选》之诗，而《楚辞》则斋君已先译讫。其寄我之书札，引宋玉词曰："愿皇天之嘉惠兮！及生还而无恙。"吐属渊雅，可谓情深而文明矣。因论及中国之教，斋君曰："五经与四书，皆为理雅格译坏，彼私其教，译非由公。我欧人不知，遂误信之，而轻视中国之教。吾欲为之纠正，而苦恨力有不逮。"吾乃谓君："若能再译，吾当竭力相助。"斋君欣然。呜呼！至矣斋君之公也。然斋君之明通，安能知此乎？

凡此显晦有时，大道之光，非为一时一人，理患不至，道患不宜。一时之盛不足喜，一时之衰不足[1]；好尚必有变迁，得失必有循环。吾夙昔未出游，因就欧美百年来之表面观之，惊惧颇甚，以为其教化之至极盛矣。今既久进其国，乃觉彼之俗化尚远不若我东汉及宋、明之世，不过道路、宫室、器用、兵械之良美，乃因新学之汽电发明而遂超我，与教化都不相关也。吾国苟稍能致力物质，自强之后，通译诸经之精义微言，则最切于人道，而为彼土所未能至者。世界苟未至于大同之境，则诸经之教旨终可久远而普及于欧美间。盖孔子以人为道，不远于人，故切于日常人用。今欧美之新义，不过在"利用

① "足"下，疑脱"忧"。

安身以崇德”七字。诸经多据乱世之文，而今欧美则犹在据乱之时期，欲升平而未之至也。受病既同，则药方亦宜同，故所开药方虽甚古，而皆切合于今之病。则此补养之药方，自当大行，而中国之大医生，尚当遵奉也。日后有志之士欲译经学，或兼典学之职者，其谨之。因所关在吾一国数千年之文野，令人之轻重敬慢，因有在焉。若不通孔子三统三世之义者，慎勿著笔也。盖不通三统三世之义而论经，则开口便错。究其极，亦不过为刘歆、朱子之学而已，非偏谬则狭隘，不能包含宇宙而通变宜民，非止阻塞进化、晦盲大道，则为人所轻亦宜也。

间与斋君论欧人之为华学专门者，甚恨经游时多，未及识之。计法人Professor E. Chaurannes撒繁曾译《史记》，未毕，其所已译数卷，吾在南洋夙见之。撒繁在巴黎为大学华文总教习。法人古弄Maurice Conrant曾译《书目提要》，在里昂为大学华文总教习。法人阁借Cororer曾译《中国书目》。德人嘻打Professor Hirth曾撰《中国罗马交通记》，今作纽约哥林布大学华文总教习。吾在芝加哥游大学时，嘻君已寄声约相见。及吾到纽约访之，则嘻君已避暑出矣。德人佛兰格A. Franke在柏林为大学华文总教习。意人褒噫腻C. Phini在意大利之佛罗链士为大学华文总教习。英人噫诗觐L. C. Hopkins曾撰《中国学说》，今为天津总领事者。英人巴遽E. H. Parker曾撰《匈奴史》。英人梯罅C. H. B. Taglor今在北京。荷人的格落De Groot久在中国制造局译书，今为卜忌利大学教习。英人[①]傅兰雅Flyer今在北京。

此外虽有习华文者，然甚浅云。吾所游各国大学，咨问学华文者，闻德有百余生，尚未知确否。余国皆落落可数，不过数人，或十数人。以处地既不关世界之冲，又无日新之学足供人用，苟非游华，不为所须，故欧美人寡有学之者。昔在汉、唐，各国遣子就学于吾者甚多，服吾缝掖，读我诗书。今则吾反遣学于人，俯首易服，不进化则退化，亦可感喟也已。若二三十年后，吾国学子既众，且能自创新学新器，以行于世而图霸，则兵力、汽船亦将遍及于大地上。是时，吾国文必大行于世界。曾有一法人语我曰：“异日世界将有三种文字盛行，英文、德文与华文也；班文次之；我法文昔为欧霸，后其殆乎！”

① “英人”，原作“美人”，误，校改。

此甚为知言哉！至是时，各国之入就我国者数当甚众。此则惟吾国人能发愤、能保全、能自立、能自强，而后乃能有此声誉乎！然挟吾广土众民，及尊士好学之风，致此胜境亦至不难也。未知老夫及身得见此否耳。思之感仰，辄不禁为之累欷。

吾遍游欧美大中小诸校几百数，而华人之在学者，每试无不褒然居首，否亦必在前列，虽中才亦然，吾甚怪之。吾游历各国，别有大欲存之于心。盖认为我国与欧美人之比较，迥不在乎今日国势之强弱，而在乎将来人种之盛衰。如使吾种而果愚弱，则吾国即使能如匈奴曷拉未之破西罗马，如突厥索立曼之灭东罗马，同于拓跋、契丹、女真、蒙古之强盛，亦终必合于中国，徒为中国之促进扩大而已。是则一时之盛，亦可足恃？故吾种果愚弱，终必与黑粽之种同归于尽。使吾种而果强且慧也，则如罗马人为峨特、匈牙利所蹂躏，今何尝不为地球之霸乎？故吾日游于欧美人间，所深观密察者，惟在此事。

吾察欧人之秀白颀伟，种诚绝美。而不解入学之败绩于我也。吾始疑吾国人来游学者，多为聪敏之士。此同行军之选锋，以我选锋当彼常卒，故胜不足异，而败亦不足为奇也。又疑欧美学子在其家国，多好佚游嬉戏，不勤于学；而我游学之士，苟非官选良才，即为发愤自费者，远游异国，谈何容易。故少游嬉。以我精勤胜彼游惰，非果我种之能胜人也。然吾观美国中诸市邑，吾华人十万，所在儿童甚多，吾尝调查之。即以砵仑而言，吾国小儿入学者四十余人。自十岁以上者，学课至下无出九分者；十岁以下，学课之至劣亦无出八分者。若美国之小儿，至高不过八分，低劣者且有至二三分，平常一般则皆为六七分为多。美国小学，必有纸、木、金之手工作业。其小儿学工，动须问难，多乃能了解；吾华小儿听则立解，问难亦无至二次者，作工又复精美，绘画尤佳。故砵仑小学校室之画，皆多用华人所画，无砵仑学生。罗长根言要之甚详，且述美女教师之言，曰华童驯良，灵敏易教，吾甚喜教之云云。美童顽钝动有之。智慧如何，则诚可与白种人并驾。间复遍考埠学课，吾华童各课分数，亦无有下于美童者。凡此一般生长海外之儿童，既非所选锋锐，亦非有所夙知，而发愤勉。然则吾华种族之可追踪于欧人，确确然矣。

英之学士曾与吾言曰，中国人长于强记，而欧人长于毅思。盖中国人诵读多自阅记背诵，故积渐成习，传种子孙故也。由此推之，中国之读书崇学已数千年，其积成精细明敏之质，理所固然。欧土自开辟以来，仅罗马三十里城中有学者耳。中经千年黑暗之世，惟事战争，自僧众而外，既无学校，亦无读书者，殆绝少识字之人。近顷三四百年来，乃始兴学。以此之故，禀质之美，受学之宜，不如我之滑然而当，亦理之自然者也。要而论之，据吾种种考察，华人之学业，殆[①]有下于欧美人者。在美洲之东诸大学，日本学生甚多，我华人学生又皆无不居日人之上者。然则吾种之人，无论为天亶聪明，无论为遗传良美，要皆为世界第一敏慧之种族，而无与我敌矣。夫敏慧则强，愚钝则弱，此天理也。

夫敏慧与愚钝，初不关于躯干之修伟也。相彼犀象，岂不硕大，其如钝何？相彼印度之宾杂人，今充当沪、港之巡捕者，人所共见也，其修伟亦且过于欧人远甚，又其如钝何？吾闻欧美人之言曰，黄种人思不能毅，而欧美人则反是者，盖以黄种人之脑部不及欧美人故也。夫脑度之大小，人人各异，我见欧美人之愚钝者多矣。今以其制器一日之长，而诩及全个种族，则我自周时之输攻墨守、木鸢飞战，宋偃师之木人演剧，张衡地动之仪，孔明木牛流马之用，南齐祖冲之轮船，宇文恺之行城及阖书馆，金人之开阖门帐，岂亦脑度不足耶？然则我数千年制作、文学之盛，而欧人则千年黑暗，几不识字，又可遂谓欧人脑度不足耶？

欧美人又谓，中国人目不能圆视周正，足湾曲不能直伸；欧人目深则视周远，鼻高则脑力强。吾固最爱欧美人形相之端美者，吾昔有诗，所谓“地中有海生人白，二者天骄我不如”。故吾每见欧美之事物胜于我者，辄常诵此二语以自愧之。就吾种人之形相，诚愧之矣。然谓足不能直，则我由来足直而不湾。印度人固目深而鼻高矣，其强智又若何？且吾国燕人之鼻，多高直过于粤人，而智敏不如粤人，则其关键或不在此耶！

欧美人之议论，多从实验，此固倍根最得意之学派也。往者欧美人之论养生，多谓食麦者强而智，食稻人弱而愚。今因日本人一战而胜俄，于是美国之实验学者又谓食稻更强，纷纷倡导食稻之说，近且议令兵士皆多食米，其可笑若此。然美人之能按实穷理，舍己从人，变化极速，固有其当然。而中国之

---

① “殆”下，疑脱“未”。

万种事物，彼人多求实验，则欧美人之所谓实验精确者，安知其不又为日本之米也。夫吾国近者凡百败坏，远逊欧美，吾岂敢自谓吾种人之必过欧美也。然学生入学之实验，高下优劣判然若此，则吾正以倍根之法行之也。吾亦无以自解也，然而吾国数千年之文明冠于大地，盖有由也。藉使吾种为黑人，其必不能致此文明矣。

然则今兹之败绩者，盖由一统之故。以一统之故，人心不竞争，君力太压制，遂至不能发扬其聪明。彼欧人者，但以我为守旧泥古，亦非然也。其千余年之泥古，何尝不深乎？徒以诸国角立之故，乃觅新地；既得新地，乃得新识；既得新识而比较之，则旧识之谬误乃毕见；旧者濯而去之，而新者用以日新，乃奖导之，乃利赖之。夫事有所凭藉则成就自易，以所改易者只少许，而成功立可得矣。吾在芝加哥，闻有能创新德律风者，旧制须由总公司代传，今则人人各自皆能直达。又新创一传电器与电灯者，吾甚神明其人，以为聪明绝特而能制作者也。及游其公司，视其制器，其创作人出见，则年才三十许，蠢蠢然一钝物，曾从电学卒业，但于旧器少拨易一二机而乃得之者。若是则何人不能耶？吾乃笑曰："欧美之制器人，吾知之矣。始吾欲求见爱迪生，从此亦可作罢论矣。"

吾游美洲，见吾华人未尝学于工厂，未尝习于工业，而费城梁某乃能自制车头，砵仑余焕和亦能自制电车，表色地一弱冠少年能自制轮船。是数人，今尚为粗工，不过一寓目而即能之。吾已令余焕和专意学电焉。此仅就吾所亲见者，其余吾所未及见者，尚不知凡几也。然则吾国之弱，吾种人不能悉任其咎也。盖吾历来闭关自守，未尝与他国竞争，未尝入斗智场竞智，则吾国之不能列名于强榜中，乃固然也。直如深山农隐，若王霸蓬头之子，孙宏牧豕之夫，生子抱孙，耕食凿饮。其与朝市士子之终岁摊书橐笔，竞于名场，夸科第之荣，炫试艺之美，穷工极巧，日益加增者，固若南北之风马牛矣。然令公孙宏十年诵读，则六十老翁立能冠汉廷之贤良科，而王霸应征而出舍来乘轩，何让邓禹、卓茂乎？

欧美之人不尚学业，但崇实利，英、德尚佳，美人尤甚。国家虽有强迫教育之法，而童子八岁即弃学而执业，虽入学不取脩金，然美人之能入中学者甚稀。盖实利之念盛炽，但能致富，即可得操一切之权。吾所过美洲诸城邑，会见其城主、市长及郡守甚多郡守，吾国人多误译为总督者也。计纽约、费城二城主较有学识，芝加哥、新藟次之，皆以律师举充者，此外率皆工肆之主。若挨利贺之郡守，则以牧羊致富，因而被举。乃至第二三繁富大郡，而吾华人误译而敬为总督者，乃一鞋肆之主，以九万四千之金买众工之欢而被举得之者。美人相与笑其朴鄙曰："加份拿即郡守也左置一律师，右立一书记，问之则唯唯左右人谓。"吾曰请游其鞋肆则喜，当接吾于车站，曾一携吾手而游其肆，则亦并无一言。循此而谈，则吾国之超擢某市侩为京卿，放使臣，乃正合美国之俗，不足诟詈也。此其所谓文明矣。美人某告我曰："我美国尚实利，而不必事学。"吾始见欧美之儿童仆隶，皆以为博学而神明者也，今见美之人士，则恍然知其不然。盖彼辈大富翁、大腹贾，或制器匠，则或所在皆是也。若求其博学穷理，则另觅可也。纽约、哥仑布大学教授论全美人才，以华盛顿卜碌架为第一，而置总统甚才且仁者于第三，亦可想像美国之学风矣。乃但耳食美之富强，诧曰文明文明，学子多，学校多，试还观于我国，则又何如也？

我国无强迫之教育，无不收脩金之学校，然父母犹多典鬻以教其子。我生海滨之粤，而耳目所接、审识之人，未尝见有不识字者。当十五年前，吾教授于粤。粤城全数之馆，大中小合并而计之，凡三千校。此皆就门前所贴某人之馆计之。若延师于家以课读者，则无从而知之，犹不在数内也。按每书馆二十人计之，尚为六万人，况在家课读者之数，尚倍于此者乎！欧美人家贫年壮而为学者，盖绝无也，吾国人则比比皆是。故以欧美之大学例之，如英、美诸大学之三千人者，吾若有此大学，必逾三万人，可断言也。是故吾国人之嗜学，虽俗尚使然，殆亦由天性所禀赋。其不如人者，则以所学所习都非所用，人日事实学而开智，吾日事八股以锢灵耳。今若废弃八股而崇尚科学，则新知焕然启发怒萌，不可抑遏矣。夫万国之开化在教，莫不自贵其僧。故婆罗门及佛暨耶莫不尊奉僧而传其文学，印度、暹罗、缅甸及千年黑暗中世之欧土皆非僧无学也。吾国惟以士传其教学，兼任官、师与僧，此吾国之士所以最贵而又最多也。

夫英开学于四五百年中，德、法开学于三百年中，至近百年来始极盛。印度号称好学，而儿童十数诵读于街衢。我国命夔教胄，乃在四千年前。战国诸子，从徒数千百，汉太学生乃至三万。汉儒之著录，宋、明儒之讲学，皆万数千人，精舍、学宫尽千年物。是我学风之盛，求之大地，罕有其匹；流传数千年学术之书，研精入微。是故欧人多谓吾东洋能言哲学，我游欧美，诸报访事多质哲学于吾。

以视欧人，当吾明末乃知去黑暗而复古学。至倍根、笛卡儿出，始黜古而渐放光明。然即上而索格底、伯拉图、亚里士多图，近而康德、黑智儿等等，所发明之心理人道，则一披宋、元、明学案，而积牍充栋，人人皆是矣。至边沁之新说横生，乃正因学术之初启，如吾战国诸子然，既无统宗，各抒偏见。此乃吾学界已灿之光，而彼则复生新产耳。然不过如庄子所谓耳目鼻口，各明一义而不相通者也。英人斯宾塞，兼利心物，学识最为精深，其论穷理尽性，且至于命，吾最取焉。然试取朱子集与之令读，同者甚多。若夫因物质以求物理，此固欧人奇特之新得，诚为吾国所未有。若夫虚学，则吾国所最擅长而绰绰有余者。而今学者，乃以欧美一日之富强而尽媚之，以为无一不超出吾国者；见吾国一日之弱，遂以为绝无足取焉。吾国最崇祀观音者也。观音作女像，制之以白玉白磁，像必甚美，白衣莲座，相与拜跪而祈祷之。吾粤之誉极美者，则必曰是岂观音耶？吾女同璧，携一女奴从往印度。女奴平日乃虔事观音者，闻得往西天佛土，而欢喜敬仰无已也。既至印度，行数千里，深入至舍卫，睹印之妇女，乃至若王妃、公主者，吾女皆与往来焉，率皆深黑瘠黄、圆肉紫唇。女奴乃叹曰："昔之观音，乃亦如此乎？"遂以经典之神所传乃皆欺人者，于是竟不佞佛。今吾国人之不详考而媚外也，则皆谓观音为秀白而美丽者也。若至印度而深考之，其未有不为女奴之惊叹，且悔而且笑也。否则未尝读已国数千年之书，盲瞽无睹，则骤至印度乃开目也，是亦捧无盐以为西子也，固其宜矣。

要之，吾国人得种之慧，好学之笃，横大地而无与让。若能改良宫室，务事净洁，置隔板以去地湿，多开窗以迎光气，多种花木以吸养炭酸，多习体操以强健筋骨，多食生血欲滴之牛肉以强体润颜，多饮啤酒以行血丰肌；德人貌干最丰伟，盖因饮啤酒，吾别有说。择匹端丰长大之妇以合婚传种，孕子育儿者而居山谷浣堿之地，其废疾者淘汰之；男女六岁以下必就学，壮老之夫皆设休息日学及夜学以教之。则传种日强，相好端丰，颜渐渥丹，神益清明。而挟吾国人士之多，以讲求物质，妙抒新理，则吾国之盛强，吾学之修明，万国应无与我

竞者矣！

监布烈住大学，距伦敦汽车行八小时许。近学之处，市街清洁，绿树阴森。教习斋路士君遣马车来迎，出妻女相见，令其女为前导往游女大学校，而与吾女同璧偕焉。校中花草绕径，院为后筑，计二层，长廊绕之。藏书楼列书数万卷，上下两列。学分神、文、医、算、物理、拉丁、德、法语诸科，但无律耳。女学生一百二十五人，三年乃卒业，多年达廿余岁者。女教习俏嗤嘘 Miss Sjdgncck导之游焉。

女大学不设科第。盖欧洲各国旧俗，于女学仍施抑压，皆无科第即学位。此惟美国平等耳。吾谓斋君女公子曰："男女皆天所生，同为平等。今开议院，女应预议，何为不争此权？"斋君女曰："非女子之职，义不可作议员也。"盖英女虽预燕会应酬宾友，而尚安分若此。吾所识彼之法部大臣嘩夫人，文学甚深，有才气，常昌言女权，则大为报纸所攻讦。英、美仅隔一海，而风俗相悬乃竟若是，亦可怪矣。然既不欲愚民，既开大学以收女生，令习各科以为世用，女子同一天生，且科第与官事无预，但为虚荣，何为吝此科第而不使女子稍一扬眉吐气耶？此事终让美人出一头地，吾取美矣。吾国若立女大学，当如美之给予科第，令黄崇嘏常见于世间焉。英人他日亦必变，但以渐耳。

然美国女权最昌，随之而淫风亦最甚。男女讼案居十之九，堕胎居十之八，人类势将日少，则可畏莫大焉。美虽设严禁，堕胎者囚三年，罚金六千，然其风迄不少遏。而英之女风尚不至此，则其斟酌保守，或亦别有故耶？英之变法多逡巡，而最少流弊；法、美最新最勇，而弊害最多。皆如前车之覆，而我之居其后者，得以鉴其得失，然后称著步焉。此为吾国人所宜留意者也。

监布烈住凡二十三校，合为一大学，学生凡三千人，每校至大者容七百人。有新有旧，而彼得敦士校为最古，阅三百年矣。墙甚旧而黝黑。此校之藏书楼尤古，已四百年，深长廿丈，书左右列，凡十二万卷，有《高宗耕织图》在焉。

每校各有食堂、书楼、讲室、博物院、祈祷道场，各有校长、教习，各为经费，皆如恶士弗。准此而言，则吾粤之有菊坡、学海、粤秀、越华、广雅、应元、羊城、西湖、禺山，亦各有校舍，各有经费，各有校长，各有教习，皆依原名，不必另改而合为一大学，于府学宫设总校长、总教习以领之，外增设总博物院、藏书楼。能通普通学而具脩金者，听学生之来。斋内不足居，则听其寓斋外，虽三万人亦可容也。其有不尽能通普通学者，设补习学校。则莘莘士子、文物人才，盛于列国矣。其民间有校舍、有经费愿归并者，随时合并之，则规模日增。凡各省城书院数所者，皆照此合并为一大学。实为至易至简，又何用多事更张，骛虚名而无实益乎？

游总藏书楼。是日例不开楼，校长特取钥启之，且躬陪同游。书凡七十万卷。别一室藏中国书数万卷，皆故华使威妥玛所赠者，惟装订加以西式，中计华书之著作者八百八十三人。所藏书多美恶杂揉，有极恶劣之郢书燕说而亦列焉。承以书目赠我，吾亦许以书赠之。吾入刁生学舍，院楼三层，有大园，墙亦甚黝黑，与恶士弗同。英王昔曾学于此，每临学必候其师，故有行宫在焉。斋墙甚厚，故不甚通光线云。

其祈拜耶稣之殿，尖塔无数，耸峭宏丽。盖每校有之，而总大学别为一所焉。盖凡教学，必尊其先圣先师，此中西之通义也。遍观各国大中小校，莫不皆同。其本校教授之有名者，悬其像于中，所以敬先师也。皆有祈拜耶稣之殿，所以敬先圣也。吾国人之就学者，虽非同教，既入其学，亦施敬焉。其重先圣先师亦至矣！其神学科别为一派，班次、衣冠皆在诸科之上，致敬先圣，因重其传受之人也。日本学校昔本崇孔子，今中国式微，变用西法，一切扫除。而其国俗则儒佛同尊，难定于一，孔子又非其国产，故不立祈拜之殿。扫除经学之专科，然中学必诵五经，小学必诵《论语》，彼亦无能自外焉。

若我国以儒治国，垂数千年，笃生教主，不假异地，此乃大地之所无，而吾国文明之最光远有耀者也。况孔子去世卿、去奴隶而开二千年一统、平等、自由之治，定同姓不婚而人民数万万，繁衍昌炽，冠于大地，功莫盛焉。其改制为教主，兼该三世，自据乱、升平、太平，莫不具备。一世之中，又有三统三正以待变通。故曰上下无常，不可为典要，惟变所适。其称“文王既没，文不在兹”，以文为主，尚进化也。《诗》始文王之君主，以寓据乱；《书》首尧、舜之民主，以示升平；《易》称见群龙无首，天下治也，以示太平。明堂之制，上圆下方，三十六牖，七十二户，则各国之王宫、议院亦正同之。衣长后衽，尚白尚黑，建子建丑，则今之欧洲各国行为。试问谁能于数千

年之前垂范欧土之制乎？

今兹经说，但泥古而不能进化，皆刘歆伪说为之。盖伪《左传》以夺《公羊》，而微言大义绝。不然，则当我六朝时，已进升平世矣。太平大同之道，今欧美尚去之万里，而何自弃其妙道大教乎？妄人寡识，以己国一日之弱而惊于欧人一日之强，乃欲尽弃其学而学焉。孰知于我国所弃余之诸子旧说出示之欧人，则珍之若球图，而我乃独轻之。至有敢谓中国无教育，谓孔子乃哲学家、政治家、教育家而非教主者。审若是，则中国遂竟无教乎？因之媚外风行，群盲推波，乃至大学堂编官书，亦公然采兹谬说。渐至有倡议谒圣不行跪拜礼者，渐至有书称西历几世纪者。无识无耻，谬妄颠愚，举国若狂，甘为奴隶。噫！何吾国人之弱不知立，愚顽忘耻，意若是之甚也！

夫今之敢倡是说者，不过以日本书盛行，日读而迷之。日人以神道为宗教，乃日人之妄定名词耳。因是之故，佛、耶、回之言神道者，则以为教；儒不如佛、耶、回之专言神道，则以为非教。试问教之为文义，并非日文，亦非西文，乃出于吾之古经传记者也。若《书》之称敬敷五教，在宽，教胄子，《易》言教思无穷，《论语》言子有四教，《孟子》言教亦多术，又曰教以人伦，逸居而无教，则近于禽兽，《史记》称仲尼弟子以友教于四方，此皆至近之说，人人共知；教之为义至浅，亦人人共识；岂有数千年文明之中国而可无教？又可无主持教化之人乎？若数千年之中国而可无教也，则中国人不皆沦为禽兽乎？人虽欲媚外自轻，亦可忍弃自昔先民无数圣哲之精英乎？亦何忍日降于无教之禽兽乎？人虽欲自辱自贱，何至如是哉！国有大圣而必自攻弃之，而谓他人父、谓他人君乃为然耶，此等笑闻，岂真数千年来未有之特识耶？

且试言之。日人之于华文训诂，多所未惬。如自由、经济等词句，皆与中国本义相反。即体操二字，在中国文法，只可曰操体乃通。而其行文又习于佛典之重文，若慈悲、勇猛、坚固等字，必用双名。由是主名百物，多用双字。如教主立教之教，而必曰宗教；教学之教，而必曰教育。此今人遂述日文而视为确然不刊者，实考之而皆极不通者也。夫宗之与教，二文本不相关，中国自古名词，有言祖宗者，有言宗庙者，未有言宗教者。日人之为此名词也，始出于佛学者也。自唐世佛学分离，于是《传灯录》分五宗，乃有禅宗、天台宗、慈恩宗、华严宗之目；其后禅宗中又分宗，曰临济宗、沩山宗、仰山宗、云门宗、法眼宗、曹洞宗。所谓宗者，犹战国诸子之分曰某子，后世汉、宋之争曰某学，又曰某派某门云耳。又如人家族姓，所谓继嗣为宗，太史公所作五宗世家，今人所谓某房云耳。撰录之僧，偶作名词，本无意义，日人又增加本愿宗、真言宗、净土宗、秘密宗焉。日人以其复文之俗习读传灯之书，乃取宗字加于教上。盖当时教者，系专指佛教言之；宗者，专指佛教下诸宗派言之也。教大宗小，以宗加诸教上，已大不适矣。

夫教者，中国之名词。教者效也，凡学、觉、交、效、爻、孝，皆从此义。大意乃以二物相合，先知觉后知，先觉觉后觉，一人先立一道术，后人从其道而效之之云耳。中国既自有其教数千年，而《史记》秦扶苏称诸生皆效法孔子，汉武帝称诸子不在孔子之道者绝勿进，而学者束发读经，入学皆拜孔子，言义皆折衷于孔子，犹欧之奉耶，突厥、波斯之奉回。此中国数千年之实事，而非梦呓虚幻之言，虽愚者亦皆知之也。夫举国数千年皆尊奉其道而效之，不谓之有教、不谓之教主而谓何？

及佛、道之起，于是有各从其道术而效之者，故谓之佛教、道教，合儒教言之而曰三教。在中国虽尊儒而辟佛、道，然既有此教，即不能不谓之为教。乃至若旁宗外道，若白莲教之类，虽其道可辟，而仍不能谓其非教而没其教之名。故教者犹道也，佛典称九十六外道，即九十六外教，道与教，皆有是教云尔。苟非率天性而修之，道、教未必皆精美也。故教乃事理之一名词，有之非必足贵也，有教未必足贵。然非野人或禽兽，则未有无教；若果无教，则惟野人及禽兽耳。惟教术之不一，故有美恶；亦惟教术之不一，而有人神。然无论其教之术如何，终不能不谓之为教也。今日人宗教之名，本由译欧美之书而出。盖因欧人向宗耶氏，别无他教，故其名谓之厘利尽Religion。厘利尽者，谓凡能树立一义，能倡徒众者之意。然则与中国所谓教别无殊异，所含广大。或谓中含神道之义，则因耶教尊上帝，而欧土之教只有耶氏，故附会之，并非厘利尽必限于神道也。若令厘利尽之义必限于神道，则当以神道译之，而不可以宗教称之；又或以神教译之，而不可以宗教称之。今日人以佛氏宗教之词译耶氏厘利尽之义，耶少变佛而本出于佛，回少变耶而实出于耶，其同为神道，固皆一也。然若限于神道为教，则宇宙甚大，立教甚多，岂必尽言神道者？凡能树一义，以招徒党而传于后者，苟非神道，则以何名之？以何译之？

既无其他名词，则亦不能不以厘利尽目之。则厘利尽亦应为一切诸教之广义，而不能仅为神道之专词矣。

夫孔子之道至大，兼陈三世以待变通，诚无所不有，既不能执一端以窥之。日人以异域传儒书，始知韩、柳，继讲朱、王，其不足以知孔子，固未足异。然孔子既自言之曰：圣人以神道设教，而天下服。又曰：明命鬼神，以为黔首，则百众以畏，万民以服。故虽远鬼神而不语，以扫野蛮时代迷信过甚之风，亦存祭祀而畏天，以示照临上下左右之切尽，毁淫祀而仍隆敬祀典，立天地、山川、社稷、祖先之祀。《诗》、《书》所载，语必称天。"明明在上，赫赫在下。天难忱斯，不易维王。天位殷适，使不挟四方。"六语之中，称天者四。又曰：上帝临汝，无贰尔心。获罪于天，无所祷也。诸经所述，不可胜数，虽耶教尊天之切，又岂有过此？

中国开明最早，以孔子早扫神权，故后儒承风，为无鬼之论。然在孔子之意，以生当乱世，人性未善，不能不假借鬼神以怵之，仍而不绝。如管子所谓：不明鬼神，则陋民不悟也。故庄子称孔子曰：古之人其备乎！配神明，亦通四辟，无不在，以神道为教。是孔子何尝不兼容并包？但不欲以此深惑愚民，若异氏之术自取尊崇耳。今多谓孔子不言天神、灵魂、死后者，皆误因《论语》之一二言，如"子不语神怪"、"远鬼神"等说。则《易》曰：精气为物，游魂为变。故知鬼神之情状。群嵩凄怆，天地之精，乃取而祀之。经说固已无限，即以《大学》言，开端即曰"在明明德"，岂非灵魂？而《中庸》始则曰"天命"，终则曰"上天之载，无声无臭，至矣！"此又何言？故日人之加宗于教而以为名词，义不可通。

夫欧人文法，无合两字义为一字义者。稍有重复字义，则以为拙劣，其在蒙学蒙师，亦即以笔涂之。中国古者形容之词，行文偶有一二。至六朝人之文，必用骈语凑足字数。野僧不学，迻译佛典，乃全用双字。日本人不知其本，乃无论述何字义，行何文词，必用双字。若依其例，则"天命之谓性"，必当曰"天帝命令之性质"；"大学之道"，必当曰"广大教学之道术"；"在河之洲"，必曰"止在河水之洲渚"；若"稽古帝尧"，必曰"顺若稽考古先帝尧"矣；"乾元亨利贞"，必曰"乾元始亨通利益贞正"矣。此在经家训诂则可，不然则岂复成文乎？在中文固无理而可笑，在欧人则更以为鄙劣而不通。今以日人所学我数千年文明之汉文，我乃舍而从日人不妥可笑之名词，愚陋甚矣！是故“宗教”二字之不典不妥，在日人已属不可，况吾国人？故必不可引之于笔端。吾国数千年文词，只有“教”字之一字一义，吾国人行文，只可曰“教”，安有“宗教”之不妥贴而令人迷惑者乎？

今即不泥文义，而姑从其意而虚会之。其曰宗教家者，耶、佛、回之言神道者也；非言神道者，不得号曰宗教也。若如其意义，则非宗教也，乃神道也。今欧美各学校于研求耶教经典之科，日人亦知译为神科矣。然则于耶、佛、回之教，何不译曰神道乎？不尔，则亦曰神教乎？孔子虽天人并包，神灵兼举，然若谓中国之教、孔子之道为神道，为神教，则非徒不足以包孔子之道之大，而义实不切。数千年来皆以孔子为教，无以孔子为神道、神教者。若妄名之，非愚则诬，亦言孔子教者所嗤而不受也。若以宗为神，则中国宗之文尊也，有祖义而无神义。即以佛教《传灯录》创立“宗”字，彼禅宗、天台宗、慈恩、华严皆指心现境，不尚鬼神。故以宗教代神教之名，谬矣！若以中国普遍之教名，则白莲教、五斗米道教皆得为教，何况数千年之大教乎？故如日人之名词，无一而可也。

今日人之科学名派译自欧人，除宗教外，有哲学、政治、教育等名词，而以宗教为神道、神教。中国之大教主孔子者，既非神道、神教，则无以名之，而孔子又四通六辟，无所不在，故谓之曰哲学家、政治家、教育家也。夫以欧人自罗马中绝，学术复光仅不过有三数百年，其阅历至浅，本不足该括宇宙；至近百年来，则又苦书籍太多，业难兼修。故欧人于其十九纪之人才多专门，而甚少如彼十八纪之通学者，时为之也。故彼今兹之俗，政党政客日夜运动，无少休息，机谋日出而德心浅，奔走应酬日多而学问浅。故为政客者不为学者，为学者则教授穷理，不为政客，两者几若绝域而居。而我中国则实无此数者之分。即如道德之士，中国所贵，如黄叔度、郭有道者，并非哲学教授、政治家，何称焉？上之圣贤，如伯夷、柳惠、颜、曾、闵、冉，抑又何称？是故日人所译述欧人之名词，在彼欧土则可，在我国则大不当也。

今吾国人乃以一日之孱弱，迷于日本之新书，醉于欧美之强盛，不问是非，不审时宜，即使出自欧美及日本下愚人之论说，则亦尊尚之，盲从之。于是凡中国之旧说，不论其为圣贤豪杰、圣经贤传，悉弃去之。此是何状？此为何名？今好新者动以奴隶性质骂人，而以自主自立为贵，然媚外自弃若此，又非奴隶而何？以数千年学术、教化最文明之中国而全弃之，其不能自主自立也明甚。且以日人所译欧义不完不备、不妥不通之宗教等名词，奉之惟谨。人摈我为无教，我亦曰吾无教；人摈孔子非教主，我亦曰孔子非教主。如木偶土梗，如传声器，听人之揶揄辱骂为无教之野蛮禽兽，而亦觍然甘签名，具亲供，曰我中国诚为无教之野蛮禽兽。真不料吾神明之种族，竟有此无耻无愤、不知不觉之物也！

然仅一二人自供认野蛮禽兽，尚犹以为未足，而乃智者创述之，官书公定之，行之通国而教之学童，惟恐举国四万万人及后嗣子孙不知已为野蛮禽兽而大声张扬以训导之，曰尔中国无教者也，无教主者也。不知是诚何心哉？亦不过欲尽驱之纳于他教，尽逼使之为他国奴耳。就令果若此，彼创之者果亦何益焉？而乃互相称述，尽翻数千年来中国为有教、有教主之说，惟恐不至，惟恐不尽，惟恐未明。其意若倘使中国数千年稍有一不作野蛮、不作禽兽，而竟然少有教焉者，则心怦怦然而不得安。是苟非丧心病狂，则何称焉？不知吾国神明之胄，何以不幸而乃有此乎？

吾国人士，若不念神明之种而甘为野蛮禽兽也，则相约而从之，曰中国无教、无教主可也。苟吾国人士稍能自念身为神明之胄，而不甘遂沦为野蛮禽兽也，其慎无盲从妄说而亦曰吾中国无教、无教主也。知吾国教最文明、最精深，然后吾种贵；知吾国产有教主，道最中庸、最博大、最进化、最宜于今世，可大行于欧美全地，莫不尊亲，然后吾种贵；知吾国有最盛美之教，有神明圣王之教主，我全国及各教宜尊奉之，庶将来使大地效之拜之，如欧人之尊敬耶稣然，然后吾种贵。能知吾种贵，然后不媚外为奴，不称人世纪，而卓然自立；知自立而后学盛道尊，而后种强民贵焉。兹事所关者大，可不留意而毋忽耶？盖他教虽各有神圣，而中国数千年民俗之宜、功德之盛，无有如孔子者，此为吾国国教也。民间乡曲，宜尽废淫祠而遍祀之，立诸生以同讲劝焉，一如欧美人之祠耶稣，立祭司、牧师也。大中小学校，宜设殿拜跪，祭祀，敬礼，诵经道。创立经学科，尤宜尊崇，其诸生藉以传道。如欧人学校之必有礼拜耶稣之殿以诵经讲道，又必有神学之科焉。宜立儒教为国教，而其余听民之自由信仰，如欧人之以耶稣或天主为国教，而以其余听民之信奉自由也。宜以孔子纪年，以统中国数千年之记事，用省烦渎，而与国朝今之纪元并行，如日本之以明治君号纪元，而又以神武天皇纪元二千五百年同为并行焉。昔日张之洞议定学制，固多未宜，惟请立经学科一事，最为有识，核与欧美之尊奉先圣甚合。今之媚外者，乃大攻其守旧。彼辈于欧美之法无不谄媚，何为于立教之大学校中神科而反忘之耶？

又吾国人另有一奇质：变化最速，得新则弃旧，故绝无古物之留存，而为文明之大憾。外国人攻讦吾国为顽固保守，此特见其一时一面而已，吾则深怪吾国人轻佻悍薄。试详论之。今突厥、波斯之与欧土至近也，若突厥则更与奥、俄邻界，自君士坦丁那仆至奥京之湾，不过三十六小时，才一日半耳。然欧土变法已数百年，而波、突今犹酣睡，若罔闻知。即以监布烈住大学论，吾国学生已达十余，突厥乃仅一生，波斯则竟无一焉。即以欧土各国变法较，皆经数百年次第演变而成，非一蹴而至。今试观吾国一二年间，猛跃而大变，其意几若以日本为腐败，以欧美为迟滞，欲一超距而驾凌欧美焉。且闻日京及上海之间，所号称之男新党、女豪杰，其家庭、衣服、体发、形象千怪万状，种种皆以革命为言，日异月新，不可思义。自我不见于今数年，而大变若此，几同隔世。近人名词必用日本书句，称年必用西历世纪，虽属不知自立，然无论誉之攻之，要其不为顽固保守，则显而易见也。初尚以为仅一二少数人，今则骎骎乎几遍于全国矣。我自戊戌维新，忧心忡忡，日惧国土之覆亡而人士之不我从也。曾几何时，相将突变，甚且攻我为守旧矣。

即如近者毁佛寺以兴学，粤城之长寿既毁，梧州之冰井生波。阒暗殷阗，何所不可？以兴学徒令古迹荒芜，亦复何必？更闻长寿刮及佛身之金。夫成住坏空，大劫难免，天地且不能久，而况于人？盛衰轮回，物之理也，诚何足计哉！然佛固大地之一大教也，其教虽不切于中国，而其学则甚微妙精深，洽于至理，无能毁之者也。今日势之所趋水流沙转而轻重深浅隐然自见，不必过用人力推排之也。至于古物遗迹，则尤当珍护之。吾所著意、法、英游记中，诸凡千数百年之古代宫室、寺垒，为数尤多，其图可具见也。岂惟本国如是，乃至所灭之异国、异种、异教，于其古迹，亦并加珍护。印度舍卫之佛殿，以石柱数十扶之；蒙古前帝之食殿饰金，以三千金补其三尺焉；其余石像暨刻镂之物，皆收置一室，有守者司其钥而侍游人之观览焉。彼岂呗以恭敬之心临之哉？盖以为大地之珍奇，当由大地古今之人公共世守之，一以开知识而为进化之助，一以不示专己守残而广博异闻之意计至深远哉！此英之所以为文明而臻强盛也。

洪秀全之起也，所过名蓝旧迹，莫不焚烧。吾过庐山之九十九寺，皆已化为灰烬焉。野番争斗，则举火焚人之庐，此岂有异欤？又岂止为盗贼之行耶？夫不爱大地古今公共之珍奇物者，非人理也。今之号为维新、务实用、好媚外者，非新不取，非欧美则弃。勇猛好事则诚勇矣，然是非深远甚难定也。庸讵知今日之以为是者，不旋踵而后人即以为非乎？苟无关大体者，毋宁留有余以待后人之思，且藉以博见闻而考进化耶？且即以为非而扫除焚雉之，不类于野番盗贼之行乎？夫专务实用，则家人、筐箧、厨灶、米盐莫尚矣。此岂数千年文明之民族所宜有耶？假令行此，岂不可羞？衡之英人以我为野蛮，不亦宜乎？若秦之长城、隋之邗沟，吾人曾日日数之以炫我之家珍，今则中国之城垣无用矣，然不可以毁。故寺观亦然，虽无用，终不必毁。神佛之像，关系美术，何不留以供博物院之展览？何不保护珍惜，留示后人？

盖凡前人之一瓦一石、一椽一砖，皆千数百年之遗物，有可以令人兴观者。譬之诗乐，比兴遥深；长歌短谣，一唱三叹，其实亦何用乎？而意戛乎远矣！是其感人甚大，岂止发人之厚质雅韵、深情远度者耶？所关亦非细也。吾戊戌之主毁淫祠，乃为无名之庙宇耳，非有教之庵寺也。即欲毁弃，而一教之大，安有不明下诏书，辨析而后去取之？坐使吏胥之奉行不善，以致僧尼震惊，是岂焕发明诏之初心哉？且吾之变法，乃缘救国，不得已也。当国争据乱，处世虽微，而他日世跻太平，必又有转机而兴盛焉。即夫耶氏之兴盛，亦为佛氏之绪余。故凡一大教之能立，必有至道足以深入人者，虽有帝王强霸之力，亦无能灭之者，但兴衰有时耳。思挟一时之强力而欲遂灭其教者，皆愚人耳。今耶氏势盛则保护之，佛教衰微则践踏之。柔茹刚吐，亦志士仁人之所引为大耻者也。

夫昔之人非无辟佛者。当北齐时，人民二百余万，而僧居六十万，民人多舍身侫佛，若此则人道将灭而教治大坏。是故不能不大辟之，以拯其弊。此则昌黎之徒所为日夕大呼者耳。若夫今日中国之佛教，几濒沦亡。行经广西数千里，殆无一寺矣。今日之所为中国患者，是岂在佛教乎？披缁之徒，于今虽少有德学者，然吾观山水佳处及书画古物，多赖山寺僧徒以点缀保守之。若人间世则专事谋食，身不能居守名山水也。变乱既多，名物散乱，势不能保守之，故昔人寄其千百载流传之望于僧寺。是则山寺僧徒，真可以为中国绝妙之博物院、古物室焉。以故弥可珍爱矣！

吾亦既遍游大地，入其新国，游山水名迹，无古寺古物之可考，无怪服之僧、出世之典，所见者辄觉寡趣。虽以至盛至强之美国亦然。盖人间世之事理甚多，墙之有东西，相反而相成也；有用之与无用，出世之与人世，亦有相成者矣。一室之无空虚也，身何以资转旋焉？一室之有门户也，当其无，以入出之故有。有之以为利，无之以为用。人能知无用之用、出世入世之相成，则几乎可与言变法也。夫人之务实利、崇实用，固矣，然人固具有高情逸韵、远度清襟、霞举轩轩、自然馨逸，人亦爱慕之至。闹市华堂，清庙广廷，曲室洞房，固人之所欲处矣，然山林泉石之清幽，天风海涛之空旷，萧洒孤高之士尤乐好焉。厨者供人以饮食，日所最要而不可少者也，而多远之；怪石山花不应于用，而斋堂以为清供，与之尤亲昵焉。野人饮食男女、厨溷床笫外，无他事物，至务实用也，而教化最浅，去兽不远，人所至轻之者也。高士名流，陈书画金石之骨董、嘉花异草之清供，此饥之不可食、寒之不可衣者也，而文明为最。若夫欧美之富室，则陈设有如骨董之肆焉。由此以言，则能用无用者，岂不尤文而可贵乎？专讲实用者，又岂非野鄙而可贱乎？一切当可由此而类推焉！

吾观夫欧人之变法也，利用其新，而不必尽弃其旧。英尤有焉！双轮并驰，徐以俟其得失耳。苟政治之败、物质之窳，必当与各国絜短校长者，则吾为日不给而改良匡正之，故八股、诗赋，吾夙所甚笃嗜也，忍爱而立割焉。若夫不关于救国之政治、物质，则君子行礼不求变俗，猎较之场犹可簪花一枝。旧酒醰醰，古器泽泽，遗簪不弃，故剑宜求。摩挲古钟鼎而欣然，赏玩旧书画而色喜，步游废寺而兴嗟，俯读断碑而堕泪。故人风雨，故园草木，故乡庐墓，故国山河，每一相思，侧望何极，眷念反侧，我怀如何？庄子所谓旧国旧都，望之惕然，人之情也。君等独无情哉？苟无故旧之情欤？而其实为真正爱国之仁人耶？是为吾所不敢知也。凡虚憍者不足以任大，浮慕者不足以举实，轻躁者不足以虑远，斟之酌之，损之益之，断之续之，务得其宜，则变通尽利矣。吾国数千年文明大国，大地诚无过我者。《诗》曰：既和且平，依我磬声。过兹十年后，发愤自强，保持国粹之论势必大出。春兰秋菊，时吐芳馨，必有英俊领袖之者。追视今者之披头乱服、歌舞傞傞，必赩然嗤为野蛮无耻矣。抱爱国深情者，于意云何？

恶士弗书楼，藏古物甚多。有希腊贺梅尔诗，纸墨极古。有十世纪之地图，极粗，几与墨西哥土人同。然吾见今官书各地图，其粗恶亦可比，则彼十世纪时犹在野蛮时代，更不足算也。此楼即有中国地图，亦甚粗，纸墨亦甚旧，类明世者。虽有中国书数百种，然殆无人能读，堆埋尘垢中。诗人舍利以攻教遂没，而有名故留。藏书凡七十五万册，书目亦八百本，墨迹及抄本三万册，在英为第二，在天下为第六。其诗、琴及镖与手书亦存。盖一善之长，亦不使淹没，以感动后人焉。呜呼！以一学校而藏书之富至此，宜其成学之盛哉！此楼白板灰垣，构造甚朴，两边分作十室，中为通道。乃钵连所创建，故供奉其像及存其铁柜焉。别有耶路撒冷缩型，盖恶士弗学本神学之余，故尤尊教迹也。又有巴比伦刻石甚多，文类似天发神识。有加拉吉打祆祠缩型，吾昔曾登其颠，有印度屋六层，皆在地下住者。名王、名士之像悬列两壁，有楂理士第一及第二与其后像。披发第一像甚寒窘，此其被杀也。列有显理第七御案，蒙以黄绒，制似中土，以为纪念。威灵顿曾为本学校长，故像存焉。恶士弗、监布烈住二学校长，皆以大臣之有盛名者领之，故惠灵顿亦尝充焉。像戴发冠，仅露面，各国王及大臣皆然，发短二三寸，束成鬘形，衣红色长袍，每二寸镶金寸许。但不理事，每年仅到一次。惟授博士乃到，各博士跪领封号。其授啤噫等名位，皆不理事，地位固尊重，以空名领之，甚类吾国之翰林管监掌院，而其不理事且尤有甚焉，是直与大学士领内阁同矣。故知旧国多此体制耳。英有贵族，故尤当临以重臣，然亦诸生所乐引以为本校之尊重焉。其校中事皆副校长理之，副校长则以各校之大教习轮充。每一科学有一大教习，名波非（P. F.）。其讲师惟大教习所请，凡数百。其中华学大教习名褒洛，岁脩三千磅。诸生来听讲三磅半，而诸生仅二三人，华文之为人轻弃若此。国势之不昌，亦可谓甚矣！

神学馆

凡初入学在神学馆，为初入学地，正面高尺许，设中座，副校长坐焉。

分校长带学生北面列班立，分校长立于下。每生给学律一册拉丁文，乃诰诫应如何以守学律，仪甚严肃。学生应诺，乃就旁棹亲笔署名，并声明贵族、平民等字样。

考试馆

馆壁以白石装饰，填地亦以杂石，状颇伟丽。内分试院甚多，视人多少为别，如吾国之考优拔贡，人数甚少，则亦入小院也。其大院试官有高坐，其试坐左右几桌式如中国童试然。其试官由各校长公议请之，若本校长例不得充补，以防其私，此亦积久生弊所致然也。明时房官亦由聘请。诸生经四学期考，不得第者逐出，然准还家修习，及格再来应考。而吾曾见恶士弗校竟有年四五十、经十三年不得一啤噫（b. a）者啤噫即秀才也，则亦与吾国之老童经十数次考，卒不得青一衿者同矣。但其答问以积分为主，问十得五，即为及格，又无限额，其易至矣。而亦竟有累试十余年终不得第，岂非奇甚？吾见吾华人士在欧美诸学者，试皆前列，又多第二。美费城某，有十二次率第一者。彼皆谓吾华人长于记诵，故应试易胜云。惟试期甚促，仅限三小时，各就本科试问，题凡五六，亦有一文长至千字者。然但问能对否，不拘长短，又皆用草书，故捷疾不甚费时也。

吾国旧例试生太多，有至万余者，而试官太少，故阅卷难周，用是设房官、幕友以分司之，而遗才多矣。且因阅卷之难周，于是专重首场八股，而二三场经策致不暇阅。因之士人遂亦不复经场，而束书不观、空疏谫陋矣。其最为大害者，莫如限额。房官、幕友及试官皆有额为限，虽有美才，或以额隘见摈，而不才或反以额宽备录矣。况又无积分以考之。唐时试士，准呈平日之著作以为行卷；宋时行三舍积分法，亦略同于欧美法焉。明及国朝，乃徒凭一日八股之文以定得失，故去取多不当。其限写楷法，故尤迟滞。若夫乾隆中叶后，朝、殿专以楷法竞胜，而殿试甚至一字不通、全策不对，但用方光乌之楷，遂以抡元入翰林，而书法不工者，即复董、贾，亦必摈弃。故百年来，举国人士研精楷法，举子以上，经年终日埋首为之。其事尤异，一日不弹，手生荆棘，故尤须日日为之。夫以举国诸生、举人、翰林皆束书不观，而日事此至为无用之楷法与割裂截搭之八股，如此者，近百年之俗也。

此百年中，正欧美人铁路、轮船、汽机、电器日出之时。计其奖励新器专利，始于西历一千七百九十五年，恰当吾国乾隆五十年奖励朝、殿楷法之日。彼百年中，新器出十九万五千具而霸大地；吾百年中，笔秃亿万管，墨磨亿万挺，合全国人士所写作之八股大卷折子，亦何止十九万五千之新式？而纷纷割地赔款，失利失权，几亡中国。其功效之相反如此，则试之有用无用异也。不然，以中国开学之早、试士之早，而收效何以若此其酷哉？此亦天下古今得失之源，可以鉴矣！吾戊戌之岁，是以力请废八股、诗赋、楷法也。

今科举既废，旧害虽除，而限额之大害余毒未殄，草书法尚未行，此亦有司不可不留意者也。学生年二十一岁者，许为法学之啤 b噫 a。法学卒业后，仍须再入法律院三年，乃得给大法律士文凭。其小法律士，须在大法律士家当差五年，乃给文凭。其大学卒业仍须入法律院者，盖以大学所学者，万国之国交法，而法律院所习者，国内之民法也。故须另习，乃能充辩护人。监布烈住法律院分四目：一、民法，二、刑法，三、财产，四、小刑法，其五则国际法也。凡学政治学者必兼史学，此与吾国同矣，实至理也。盖史者，治乱得失之迹，国势民风之所寄。各国之史不同，不通一国之史，则于其国之国势民风、治乱得失茫然。今学者徒知向慕欧美，几欲妄图全移欧美之政化于中国，而不一读吾国数千年之史，更不问吾之国势民俗、沿革得失与欧美之迥殊。夫以彼欧与美之政化既不同，欧与欧各国各自为政，亦复不同，而妄以渺不相涉之欧美政化遽全移于中国。橘逾淮而为枳，雀入水而成蛤，其得失何若，岂待多言？不见强弱、老幼、男女，而见人之瘳病药方辄欲试之，岂不妄哉？其结果不为庸医杀人者几希！

其讲医院在博物院内，学生座分高下七层，作半环形。他讲座皆平列，而讲医院独高下森然者，以讲医学多验实形，须众共睹之也。

博物院

计有大尺许之蜂窝，圆如地球形。有大鸟期之衣哥那顿鸟，骨身高一丈，尾丈余，以爪似鸟，故定为鸟类。有大兽长六七丈，高三四丈，今存其蹄，高五六尺，广六七寸，此大兽期之最大兽可考者，盖穿山之龙蛇类云。

有美洲土人，画面作 ◡ 形，以别其乡种，盖无姓名故也。

有木刻美洲古文，凡数百文，横十行，似古钟鼎。

有加拿大象形文，如画，作人骑马状，则往者此为会意矣。

凡美洲文皆多象形。为首之高鸟，则酋也，其次辅佐皆作鸟形，殆以鸟纪官之类耶？

又有墨西哥文，吾后在美洲所见益详博，别见吾《墨西哥史》，今不复详。

有苏门答腊文，皆削竹简为之，多作乙、九、七、己、攴之形，皆简单之笔画。

有大盘，长数尺，高尺许，如浴盘。

又有大碟，三尺许，乃南太平洋汤架岛食人之器，有血存焉。可考人类之始与兽不远之俗。

有阿尔兰渔船，如一大盘，裹以树皮，可以见彼进化之阶矣。——

有澳洲他士㖠呢岛土人，裸身，形黄。

学生公食堂

为显理第八所筑，查理士第一于此开议院焉。四壁悬像，有显理、查理士之像。堂可容二百二十人食，厨亦大方四丈。其炉能烧百余之鸡也。

钟　楼

英制，限八时鸣钟则诸生休息。昔某公爵为学生时，以夜舞故割去钟钮，致钟鸣不响，乃逐之，可见贵胄佻挞之风。环钟楼皆学生室，每学生书房一，寝室一，浴室、厕所一。教习亦同，惟教习室免租耳。学生室有美恶，租有贵贱。其旧有名人曾住之室，租尤昂贵，人以得住之为荣。在此堂住食，每季须四十磅。此地皆贵爵富人所争租者。而窗既不多，墙复崩坏黑旧，皆不肯修。学生帘皆红布，其为古旧如此。吾后遍游美国学室，体制皆同，而窗大墙新。好尚迥异，可推见英、美人之俗矣。而英人方以学自我创自矜，故特留其旧且坏者，以自炫也。

吾白鹿洞诸学他日改良学科，而故堂旧壁，正可留之，以示后人。

一、学者凡经中馆及小大馆以后，乃可入大馆。

一、学者能遂听讲而解语意，能应问题而作文词，能有财力以出脩、房租者，即任随其意择入一馆。不拘其为举、贡、生、童之地位，一律看待，亦类相同。

各国大学亦然，听人择其所欲而自请。入校考试题通过，必须通三国语言，而尤重拉丁及希腊文。以古旧群书皆用拉丁文，试题亦多用拉丁语，不通拉丁语则不能听讲、作文，故应尔尔。此亦与菊坡、学海之兼讲《说文》同耳。

所须中学之文凭者，以中学主在教普通学。不谙普通学，亦无以为听讲、作文之地。此犹入大馆者，必已读群经、能作全篇八股及八韵诗赋同耳。

各国大学脩金不同，略近中国百金上下，多不过倍。能出脩金者可入大学。各国入大学者并无须学位资格，亦限啤噫（b a）呒噫（m a）乃始准入学之[①]例。若已取得啤噫（b a）呒噫（m a）而再入学者亦听，校长、教习亦一体看待。

我国新定学制之至奇谬而可笑者，莫若以国为大学、省为高等学、府为中学、县为小学之名目，而大学、高等及中学又皆限生员始得入之，此最属不通而限制人才者也，亦与各国学制之至相反也。中国大县童生数千人，领取生员极难尽，多高才而终身竟不得一青衿者，乃以此立限，岂非坐失人才？原立学之意，在成就人才耳，苟能听受甄陶，何妨任其来学，又何必以生员限之哉？夫一国之人才，以多胜耶？抑以少胜耶？如曰以少胜，而藉愚其民，可无庸议矣；如曰以多胜，而又竟限之以诸生，则是不欲国之民之多就学也。

尤有大谬者，我国自昔义隆养士，故学校书院皆有廪饩膏伙，因是不得不限额为之。不得不限之者，为筹经费故也。夫以科第之宠荣所在，遂使国人竭其家业以求之。吾粤县考，竟有费万金而钻营一案首者。今科举既废，求通显者胥在学校，其于区区脩金何有焉？何劳糜款以养之？若既不养士，则限额何为？欧美、日本之各大学，率皆数千人，以无限额而悉听人之来故也。独吾国大、中、小学乃笃守旧制严限，学限仅以百数，岂非恶人才之太多，而故欲抑遏使少耶？方今遭时大难，需才至亟，而乃为此限制遏抑之举，是犹之南而

① 原文如此，疑误。

北行也。何其相反欤？其愚何可及焉！

溯原定额及限定学位之制，周、汉无之。汉之时，大学生达三万人，亦以无额之故，乃得有此数耳。其州郡举考秀虽有额，唐、宋以科举取士亦因之，乃为取才入官之故。官额既限，故举士之额亦遂不能无限，然唐时舒元舆已力争之。而乃千载昧昧，甚至施之于学校，悖矣！且近世科举，列名多不得官，然则与取才亦无预矣，徒以为搢绅之荣，有同爵位之虚，仅标异于齐民耳。即今欧美之学位，实皆为虚爵，与任官奉职全不相关，若欲入官，更别须应考。然则朝廷又何惜此虚名而不以之与民哉？吾曩见一乡一县之中多举人、秀才者，文风渐开，鄙僿自少，余若进士之服官者多，其地渐进于文明者亦多；至于穷乡僻县，诸生亦少。

然此仅较其文野，专就外观比之，非以道德相竞也。欧美愈称文明，而其国人之嗜利则尤甚，与吾华乡曲人之心直而言信相去万里。若吾华都邑人士之品行，则又不如乡人。况今当对外竞争之时，吾国人民太多，即令虚名之荣足开朴僿，亦应以无量之数分布于穷乡僻县，以开文风。况学生皆攻有用之学，学成则足资国用；又适当乱世，尤须以多为贵耶！各国民寡而士少，皆极意奖励之，犹恐不得。吾国民多而士贵趋学者众，若令一如各国之制，不设学额，不限学位，但果能听讲而自备脩金者，不妨即听其入大学。而大学又不仅限于国都，凡省、府、县之学校，其程度足称大学者，即以大学名之。美国大学凡二十三，而华盛顿无一焉，亦岂以地为学耶？或者拘泥于礼经国学之文，则古者诸侯万国，当有大学万所矣。

吾意吾国每省大学必当过万人，若广东则吾信其数达三四万人而不止也，其他江、浙、湖南、四川等省份亦必二三万人。学生愈多，而脩金之入愈广，所延教习、所购图书仪器愈多，而学生之程度亦愈高，人才之造就亦愈众。其俯视欧美十倍而何多让焉！考之实施之效而大益，考之外国之制而相符，舍此不为而因缘千年之弊制，深入脑中而不之改，真可笑、可悯、可伤者也。然在昔时尚犹有可原也，今则游历之吏、游学之士接踵于外，而于此尚昧昧然，墨守而不之变易，岂非大怪事哉？夫不费国家分毫之力而可得数十所之大学，可得数十万大学之士，且程度增高，人才辈出，岂亦恶之耶？是则此乃今日立学之第一要键。现行之法若不改易，殊无以广学培才，诚为有司所宜留

意而非细事也。

一、入校必有节仪脩金，不能具备脩金者逐出。

各国学校，一季不能交纳脩金及一切费用者逐出，数年学期之功一旦立尽，故学生类竞竞然，虞学业之不竟焉。吾国书馆，学生贫不能具脩金者，师多怜而免之，则视各国大学尚稍优也。惟丹墨大学不收脩金，小国寡氏，望多植人才以裕国，故特宽免之耳。

一、教者一人或数人不定，各自轮讲所学。

课程类若五经、四书，或诗赋、骈体、古文、时文暨算学等。学生听讲与不听讲，各听其便，然听讲率居大半之数。按之各国大学教习甚多，各讲所专任之课程；诸生每季除听讲一次外，余不来听讲者听[①]。各大学校，苟非著名博学精思自得之讲师出讲，则多开卷循文，按句解义，与八股先生之讲四书同，而听者亦寥寥无多。盖以常言之听讲者，远不及吾粤书馆之万一。

一、学生执业。

广东菊坡精舍、学海堂学长八人或十人，诸生必择一人执业。各国大学各科教习数十人，学生亦必择一人以执业。

一、斋舍。

馆内斋舍有限，而来学者人数无限，故有寓馆内斋者，有寓馆外斋者，有从远处搭课者。各国大学校亦有校内、校外之分，但无从远方搭课者。亦有距离讲艺之院万里而藉书函寄问，吾曾于美国费城见之，每人脩金为七十元。

一、作文。

学生作文与不作皆听[②]，然教者及亲友同学亦有规问。恶士佛大学每季必须限作一艺，余时不作，听之。

一、出入。

寓斋出入居游，各听其便。过于游惰者，各师亦时加规劝。各国大学之出入居游，亦多听便。虽有学规监督，然多同具文而不实行。

一、学期。

各大馆岁中自正、二月开学，至七、八月散学，学期约为七八个月。各

---

① “听”下，疑脱“之”。

② “听”下，疑脱“之”。

国大学校，学期亦只八月。然大馆冬令亦有讲经或古文、诗赋。而各国当避暑时，教习皆散，不如吾粤大馆矣。

一、志事。

粤中大馆学者惟慕科第，不事读书，鲜有高才远志，故多为乡愚朴鄙者，而热中应试者亦只此辈。故狡黠幸运者，恒掇高科而跻朊仕，奔走钻营以得富贵，浸成风俗。各国大学中，间亦有此。

以上十一条，抑何相似之甚。乃知大地上人，苟非贤哲挺生，以讲学任道转移一世者，寻常侪辈鲜有不合化同流者也。是则国无盛衰，政无文野，殆同一辙焉！

各国大学与粤中大馆，既都有许多相同，而吾国人才之衰，而彼国人才之盛，相去若甚远者，则诚不在其学规体制，而在其教法焉。远在四百年前，欧洲当中世黑暗之时，全欧各国皆无学校，惟僧侣领其教权，欧人几无有识字者。以柏拉图、亚里士多哲学之精深，而欧土已无其书，至假十字军之力，始从阿剌伯而得，经重译而后通之，又况其他乎？以视吾唐、宋时文学之昌明，真有天渊之判矣。故吾国自古之以文明自诩，鄙视一切，有由然也。

恶士弗学校始于彼西历一千二百六十五年，英人在欧洲夸为学校第一先声者。其比吾国立学于汉武之世，乃至犍为皆立文学，亦能著书，文翁石室，至宋犹在。今班、马所谓“自是公卿多文学之士，方领矩步，遍于圜桥，大学以数万人”者，犹可按也。至汉季大儒弟子万数。宋世仁宗皇佑二年，命各州县皆立学，今之天下千余县学宫，皆立文庙以祀孔子，旁设诸祠，并立校舍，皆为北宋遗物。虽中国未兴石筑，土木多废，时有增修，而旧址遗型多有在者，如苏州学宫，本为范希文舍宅。若夫白鹿洞书院、武夷山之精舍、宋明诸儒讲学之所，遗基尤多。夫以英人仅有五六百年之校，犹自夸炫、保守、珍重若此。且恶士弗在数百年前仅为小校，自咽活第二之后，学生乃有百八人，今钟声百八之数，犹资纪念。而论时则已在十五世纪矣。至意列沙伯大奖学艺，倍根遂出，于是时学校乃盛。盖欧土在十字军战后，路德新教既兴，当十五世纪时，而古学乃出，始知讲希腊、罗马之学。至倍根出后，物理学乃始发生。查理第二、占士第一、威廉第二相继兴学，而恶士弗大学规模乃始定，然时则已在清朝初年矣。

今彼恶士弗之校舍，黝黑颓落，污坏不堪。吾遍游德、法、意、奥、美各国及各小国，大学皆轮奂辉新，无有若恶士弗者。英人非不敬学，而恶士弗学租非不极当也，然而不肯修改者，重古贵学以夸其文明之最早也。岂知吾国北宋时千年之学宫校舍尚存千余所，而剥落颓败之土木，乃倍出恶士弗之年，而多至千倍乎？但交通日涉，中西文译未通，未以吾国之古而多译告欧人耳。若译告欧人，则其惊重敬异，震于吾华之为大地文明第一，又当如何也？故以吾视彼欧土夸为第一之恶士弗学校，亦犹彭祖之视孩童、猗顿之视黔娄耳。吾尝与美国水利首长泛论文明。彼甚炫耀欧美，而谓吾国之程度不如。吾谓近百年来，欧美新学诚驾万邦，吾所不如欧美者，近百年耳。而吾国文明有数千年之历史，今吾国若将变而从欧美，不待三十年可期必至。以算学程式计之，以百余年乘除于数千年中，则欧人尚差我数十倍。故吾人于大地各国，诚无有可凌驾而上之者。该首长词穷心折，欣然而笑。乃吾国人今但以欧美一日之富强，不加考察想像，视人如帝天，自视为野蛮，则其奇愚孰甚焉！其忌祖媚外抑何一至于此？而不克自立乃尔耶？

夫中国之立学最久，三代曰庠序，曰学校；汉人名为黉舍；六朝及唐人名为国子监四门学；宋人称为精舍、书院；今名学堂。日本人从欧美制，而译名以中国文字，曰大学，曰高等，曰中学，曰小学。岂有他哉？是在教法之精粗、广狭如何耳。其在京师，翰林院、国子监、太学创自元、明，最为古旧，又为王学。即比之恶士弗，古旧亦过之，真可雄长于万国，永为大地第一文明古物矣！太学题名之碑凡数百，创自元世，蝉联至今不绝。若在英人与各欧人，不知当若何保全珍护，坠碑遗瓦，一一爱惜尊敬。此岂非所谓文明也耶？夫不惟教法之得失，即就舍弃国子监、翰林院之雅文而为学堂之俗称，又有何深义？得无大惑不解乎？不知自立，徒事媚外，进退何居？讵有所得？近之愚妄人未知欧美之文明究为何物，乃竟有欲毁国子监、翰林院而并归大学堂，欲毁菊坡精舍、学海堂而并归广州中学堂者。不几令英国恶士弗之童子妇女笑乎？其媚外忘耻，不知珍视国粹；己国虽幸有地球第一之文明古物足以称号于天下者，而略不知保全，甘心媚外，以为人奴。此其愚贱，甚于高树降旗之为某国顺民，极其惨毒；更甚于杨琏僧伽之毁宋陵，掘诸帝之骨，而以理宗之头为饮器也！

人有自鬻为奴者，己身贱辱无耻可矣，乃必强率其祖若父为奴，且改题其历代远祖之为士大夫者之主而亦奴之，其妄如何乎！今举国滔滔谬称变法之人，何以异是？盖使教法果美善，则学堂可也，庠序校可也，国子监、翰林院、精舍、书院、黉舍亦胥无不可也；使教法不善，如昔之为八股也，诗赋、楷书也，则尽变易为欧洲各大学之校舍、师生，亦岂有当乎？无论改易扁额而曰大学、中学、小学堂以烦匠人，徒为粉饰，于事实更何补济？又何许子之不惮烦？然则于宜改者而不酌改之，于不必改者反斤斤焉，亦适以见其愚妄耳。

夫恶士弗、监布烈住二大学之所以有名者，其一盖由英国数百年来之名臣名士皆尝学于其中，其历代诸王以及今王咽活亦属此二校之学生，而为博士者也。其于孔子之言大学自王子及公卿士大夫之子，与凡民之后皆入学，在我为虚文者，在彼乃为实事也。吾过英名相格兰斯顿之故学室，黝黑污败，而租者价且加贵，人辄指而艳称之焉；过某桥某道，则曰此昔诗人某学于此而日行吟处也。曾学于此校之学生，后有诗名者，辄留存其诗稿、笔管、银表等，曰此某诗人之遗物，举以为歆慕。此其动人兴起之心，抑何浓挚耶！又英之诸王、诸名相、名臣、名将、名儒、名士之像，亦皆悬于校之墙壁。其英眉秀目，与夫丰功硕德、高文典册、精制名作，皆日照耀感触于后世之心目，间以咏以思，以群以兴。苟中人以上，未有不感动起立，思齐前贤而瓣香馨祝者也。此诚二校之善以古人感动学者也，可谓“周王寿考，遐不作人”矣。凡欧洲各国之校，胥莫不遍悬其先辈之名贤，以为兴起之用。而各国之学皆稚，或国小而立新，故无有如英之二大学。而其中恶士弗尤古，聚强英全国数百年之人才，皆从此中出，几如我太学之进士题名碑也。故恶士弗之名最盛美，而入恶士弗之学生亦辄倨傲自命，而人亦从而加敬之也。此以声闻像法兴起，一也。

其二在立科之美密。科学之目，已前见于篇首。盖英国自倍根首创物质学派，欧人渐觅得新地，播新知识于全球，而英人物质学尤盛。恶士弗以神学、人道学之余，兼综诸学，切于时用，而不遗物理。虽崇尚高远，不如美人之矜重工艺农商，然全欧大学无有农工商科者；其意主于教育士大夫，正与中国同也。立科既密，知识既新，故稍好学者，各因性之所近而为之，即可有成。此以分科易以成才，二也。

其三在教习之多且才也。每科大教习数十人，小教习尚不止此数，已具见篇首。欧土新学日多，人难兼业，故专门之学者，不求仕宦，不入党派，毕生以教授著书终老，精力以专而易得精博。故大学教习，实选一国专门之名硕为之。非如吾国教学者，多以科第空名领位也。既聚集名硕之群师，学者苟能好学湛思，而欲有所讲业传授，问难质疑，自易得其精当，不致盲行妄臆。故广聚学师，易以成才，三也。

其四在博物院、藏书楼之开拓闻见也。聚天下之古今书册、抄本、精本、古器、名物无数，以供学者之参考，耳濡目染，闻见自殊。如王、谢子弟之笔札，虽在妙年，如王僧、王洽，已是神品学生，随手取携，自然博异。此以收藏书器富博，易以成才，四也。

其五在学者、友朋之观摩讲辨也。以英国四千万人之众，而选其英才六千人于是，又从而淘汰其三千余，仅留好学之士数百人。则此数百人者，皆颖特豪俊之夫也。聚数百人颖特豪俊之姿，又以名硕之师儒、博极之书器导引而发挥之，则此数百人者皆为上才。以此上才终日相处，观摩辨论，进益无方。故真好学之士入此学，必为魁奇之人而有名于世。此由数百豪英相为观摩切劘，易以成才，五也。

夫以三四年之间，处英国三岛之地而能有数百之名才，则亦不为少矣。分以任国事，福人民，著书论学，诚已众多矣。此二学之所以成就人才而有大名于世宙者也。是故此二学者，并非有何种善教良规，亦在善用其分、善用其聚而已。科欲其分，书器、师资欲其聚，而人才固不可胜用也。

吾国一统不竞，科学不昌，物理新学、地球新识不能自我而发明，此固无可致憾于前人也。惟汉人分别五经六艺，用意本为分科；唐、宋人分九经，分三史、六朝史、唐书，又分小学、算学、律学及医学诸科，外有开元礼学、开宝礼学等，此则略与英国之学科相同矣。试晰言之。其九经同于哲学、神学科，三史同于英之古史学科，而六朝史、唐书同于英之近世史科，诗赋、文词同于文科，律学同于法科，四译馆及诸僧籍剃度文同于英之东洋学科。然则除物理学为我国所阙然未备者外，凡英国大学诸科，我唐、宋时已无不相类而兼有矣。虽尚不如英学之精详，然亦可谓具体矣。

自八股出后，诸科徒存空名，渐且全废，而功令惟限八股文，禁诸生用后世书、后世事。于是明世以后，学者除三代之书不读，又屏弃诸子，以其乱道而不观，独尊程、朱，遂并汉、魏、六朝及唐代诸儒之笺注不识。简陋既甚，古今不知。《南华》已成僻书，《汉书》乃为谁作；四书既为一统，《公》、《谷》、《仪礼》、《周礼》不以命题；读《礼》又复丧删其简，读《左传》又复篇选其义。五经既删，八股是事。于是举国学子，尽皆沉埋陷溺于空疏谫陋之八股，真有不知汉祖、唐宗为何人者。故佛时是西土经文，贞观乃西京年号，传为笑谭，并非戏谑。考官如此，而试士可知。又朝、殿之试翰林，大考专重楷法。八行布白，终岁讲求；举子词臣，白首不辍；一日不作，手即荆棘。比之妃青俪白、无用之诗赋，尤有甚焉。而又科举之级数太多，既有县、府、道、院之童试十重，又有乡、会、朝、殿之试四级。取额既已太窄，以万数千之试士，仅取百数十人。阅卷者又复无多，以一二人一二日，至多或十余人廿日，而阅万千之卷，故颠倒谬妄，去取不公。虽高才硕学，多终身不第；而黄口小儿粗通八股者，已掇巍科而为典试。谬种流传，涓涓不绝。故举国学者共见，如此可不事学，徒取富贵，率束书不观，甚者文师垂戒，以为读书于科举有碍。以是诸因合沓于今世，于是举国之人皆为盲瞽愚昧矣。盖自有中国以来，未之有也。酷矣伤哉！八股之祸。此鄙人所以恨极，而首请于上力除之也。以是之故，故中国大馆学规与英之大学同，而收效与英异也。其所以致异者，在不知善用其分，不知善谋其聚，以是效果之美恶相去甚远也。吾国今则八股已废，各科已分，宿病已除，补剂已服，然不知一切之基因，徒震欧人之强盛，而欲一举舍已而取则之，则又大误矣。今为吾国之学校前途计，诚当亟亟改良而订定焉。

天下之为药方者，皆为疗病也；审病之所在，而药乃可下。天下之为兵戎者，皆当量其敌也；必先较敌之与我长短，而后思有以胜之。学校者，人才之制造场，而强国之根本也。其始当审病而去之，其中当与敌较，其终当自致精确而求美善。虽然，病固难知，而方亦未易制也。吾既遍游各国之大学，粗能知其短长而求其美善。返观吾国而病乃现露，其药方亦略可得而订定焉。

其第一病乃为大学、中学、小学之以地限者，剧毒最甚，当立治也。夫大学、小学之名，本于《礼经》。就《礼经》言之，大小二字，皆就学龄言。故古者十五岁而入大学，八岁而入小学。则所谓小学者，今之蒙学也；所谓大学者，今之中学以上皆是也。小学教数与才名书计学乐、诵诗、舞勺，则比于数学、国文、地理、音乐、体操等类也；大学教六艺，是为分六科也。其所谓国学，即为大学，天子曰辟雍，诸侯曰类雍，下有水，以桥圜之，此太学之制也，在明堂之东序。《大戴记》称帝入东学、帝入西学、帝入南学、帝入北学，则明堂之四门学也。

夫黄帝、尧、舜时万国，汤三千国，周千八百国，诸侯百数十里不等，各有一太学，是周时有千余大学也。凡百数十里即有一所，故凡一国十五岁以上之王公卿士子弟，与凡民之俊秀者，悉皆在焉，但与王畿太学之有圜桥异其制耳。惟其各封建国皆有大学，故人才众多而国乃可兴立。观春秋诸小国卿大夫之才，可推也。今丹麦、瑞士、比利时、挪威、匈牙利之小，乃至德之联邦各小国，数十里者皆有大学，正与吾国周时封建大学略同也。故考之古制，中国有千数百大学，无天下惟一大学之义。大学但取十五岁以上之俊秀，八岁自乡之小学普通毕业而升入者，正与今之各国六七岁入小学，六年或八年卒业入中学，十四岁入中学，六年或四年卒业入大学同，皆以年龄之学级为升学大小之程序，因人生自然之理为之，而非以国、郡、县学位贡士分之，可谓至明矣。

日本大学、小学之名，取之吾国经义。而古者学制尚疏，有大小而无中学。日本译欧美学校之名词，而别为大、中、小三级，以六七岁所入者为小学，以十四岁所入之普通学为中学，以冠岁所入之合众学为大学。镕铸吾古义而定其名实，至精当矣。吾粤之俗，有大馆、中馆、小馆之名词。小馆者，蒙馆也，教数岁初学之童蒙，教诵经、习字、作对偶、学诗文。至十五岁以上，诵经毕，能作全篇诗文，初应试入中馆。至冠岁前后，诗文精工，入大馆以竞妙美、争元魁，自举、贡、生员、童生之秀健者，皆在此而合校焉。虽所教者不如人，而名义、学级乃与欧美之实名、日本之译义暗合无少异，则以公理之自然故也。

故欧美乡市之大及于千人者，无不有楷士孤。楷者，译言高也；士孤，译言学也，盖言高学也。日本译为中学而每县必设一焉，已不如欧美之多矣。然高学乃对小学而言，与古者之大学对小学而言，亦正同矣。古者百数十里封建地，必有一学校，与日本每县必有一校、欧美市镇必有一校，又正同矣。至于欧美之大学，多出民建，多在乡曲，亦多有在僻远者。美国大学二十三校，而华盛顿无一焉；而僻在西北部之小市镇，如西林抓、李抓罅，乃反有之，其校长尝请吾演说于是焉。即英之恶士弗、监布烈住，亦在伦敦数百里外，未有汽车以前，须时二三日乃达。亦非近在京都者，此尤欧洲大学之创始者矣。

故大学者以其学科程度言之，非以地限之。凡仪器稍备、能兼诸学、各习专门、能给学位而在中学以上者，即可名大学。若遂谓其程度甚高，无不兼该，亦殊未必然，吾于美之西林抓、李抓罅及乌柯连三大学见之矣。在日本人仅二大学，尚斤斤必谓为高等学者，而美国则已号为大学矣，此美国所以能育才也。今吾国之省府县全地界，古今所无也；其于治体级数太多，亦已无理矣。既不之改，而尚施入学制中以自抑之。

吾所谓省者，人民辄数千万，皆足与英、法、德、奥、日等抗衡，而大于丹、比等小国数倍者也。乃局限于国土太大，以既非京都，故不得有一大学焉。若夫县学，古之封建国所谓国学也，乃今之丹麦及德国诸联邦之大学也，吾粤所谓大馆者也；其人皆读经书、通文章，年已及壮，或曾为诸生，而乃以周时及日本童蒙之学名之。欧美人译之，日本人读之，不几谓吾一县之大、人民之多，竟无一中学而皆为童蒙乎？无论诸生之学格、人格为外人所轻，即以名义论，亦与古人及欧美、日相背。背则不经不文，轻则失人失学。何自薄其人士若是乎！进而一府，如吾广州者，人民几二千万，盖兼欧洲比、荷、丹、瑞四国之人民也。昔年考试，士人四五万，不可谓不多矣。今乃设为中学，限以百数人。入学者多举、贡、生员以上，或有名之士，今乃等于十四五岁童子。何其轻乎！夫各国万人之乡市，犹有中学数区，而学生或千数人焉。今乃以兼四国之人民，而得中学一区、人士百数，乃至无一高等专门学，不几重为欧美、日人所笑乎！欧美人皆能日张其国体，使人畏之；吾国乃自弊其国体，使人轻之，其愚何可及也！若一省之名高等学，而不得立一大学，而此学又仅得百数人士，亦令欧美人大轻笑者也。

此等名词，考之古经则不合，采之日本亦相反，施之实事又自轻，徒自压抑其士民，而国体大以受辱，则何为矣？故美之为制，大概发舒其民，故民气上扬。吾国之制，大抵压抑其民，积习既深，乃于无关切之学名而亦以限制等级行之，故大、中、小之名则是，大、中、小之实则非，此乃至愚而重为天下笑者。此名不改，无以劝学。且今官定各教科书，所编小学、中学各书，皆缘日本体制，以课初学之童蒙，抑以教府、县学之诸生乎？此不待言也。既不待言，而府、县学名中、小，教科书亦名中、小学，而用乃相悖，同出管学，何其违反乎？此又不待诘问者也。故新定高等、中、小之名词，尚不如旧名府、县学之妥适也。故不去省、府、县高等、中学、小学之名，不能为兴学之基也。

高等、中、小学之名既除，然则学以何名乎？以何位置诸学乎？应之曰：立国各有体，不必纯法外人也。欧洲各国轻农工商，不列于大学，而美则列之于大学焉，日本从之。欧土各国中小学非贫子，校无事金木之工者，而美则列为中小学要科。然则究何所适从焉？欧美大学尤尊神科，而日本无之。盖立国不同，则立法亦不同也。我国最重士，千年以来，卿相、士夫皆从科第出身，入内阁且限于翰林焉。而吾于戊戌游日本时，日本之有大学已历数十年，博士且达百数，迄未尝有一人任大臣者。美之前各总统，亦未尝有一人为博士者。盖美重富力而不重士，日本偏重政客而不重学者故也。即以英而论，其以入大学为重，诚冠于各国矣。然硕学之斯宾塞、名臣之张伯伦皆未入大学。若夫伦敦中目大学领得啤喼、吺喼学位者，悉贾字，佣书，教学，管库，缮书札，供奔走。而在美国，则带路，斫柴，侍酒，供食，身为佣仆，无所不至，吾尝佣用之矣。夫以各国立学、分科、颁位、致用之绝不同如此，而各臻强盛，则中国之为中国，自有法度，无可师人矣。今之言学务者，其不知所从，盖有二。一、惊慕乎欧美之强，而妄欲一一模仿之。故内轻已国之士，而欲驱其师欧美、日本也，而又盲人瞎马，不知所从。一、蒙蔽乎夙昔选举合一之俗而郑重科第，苟其得售，即当授以官也。此二者不改，宜其无以制用也。

夫欧美之学校、选举，至判然不相关者也，日本亦然。即三代抡才之与授官，亦自异辙也。此意不明，多相牵掣，宜其为学位、等位以限制之也。故立学制者只为学校计，应知其科第之荣名与授官绝不相及，而后可也。在欧美惟博士得以充大教习，颇有可重之处，其余啤喼、吺喼，则并不甚宠荣。盖冠岁之后三四年毕一业、问十通五者，殆必得第焉。一年之后，又必进为吺喼矣。美尤贱之。西方可以一二年而得啤喼，又可以金购，如吾国监生焉。夫稍有金钱而能在学数年者，无人非啤喼、吺喼也。在国家但得人通此学，何竟吝此空名焉？故欧美人之所谓秀才、举人，其与我国之秀才集数千人考试而得三数十人、举人则集万人考试而得百数十人者，难易若天渊矣。吾国有博学硕儒终身场屋，竟不得登科第，彼无有也。我于人才务为抑限，以就官额；彼于人才务为宽舒，以求通解而已。夫欲得才，必宜宏奖育也。抑限之与宽舒，至相反矣！

今吾国立国之要需，只在物质之工艺而已，其余政治、法律、外交皆可以翻书而得，则吾能文好学之宿士习之至易。然则所以为省、郡、县学之定名定制，在此矣。

窃夫今日中国新书尚未备出，欲从事各国新科学，不能不假途于异国之文。则凡今人士，盖几无不在中学普通学之列。虽然，日本大学诸科书，皆华文也，其有日文者，十之二耳。吾人所易通也，吾国诸生学此至易。然则除物质、工艺学别列在专门学外，则吾举国学生皆在各国大学生、高等学生之列者也，又何事自卑抑之乎！

今请正其名。凡各乡十数岁童蒙读小学教科书者，谓之小学。其年长未读小学者，谓之补习小学。其小学数年毕业、年十四五以上者，谓之中学校各普通学。凡三千人以上之乡市能设一中学者，即以名焉。其年长而未习中学，但谓之补习普通学，则一县必设一所。吾国士夫今日所最要者，概不出此补习学矣。欧美人又多自延师而求速成，即入大学者，亦但问学之资格，而不问所自来。吾夙闻欧人之至论也，谓人才之致用，最要莫如中学之普通学，通此则一生足以为用矣，通此则百业足以成就矣。若夫专门，以致精为用者也；大学以致博得名者也，非人人之切用也。

吾国尚士，废科举以来，考秀徬徨，士之壮年者，亦徬徨不知所从，不知所用，尤当以极广大之法度安置之，网罗之。故日本之县设中学也。吾则县设补习普通学最宜也。以其学生皆大学之资也，故以补习名之。若其通用大之乎，则照旧名曰某县学，不独不加中、小字，即他字亦不必加之。如恶士弗校之但名某地加列住，而后即合为大学，最便也。

盖各县土地之大小肥瘠与人民之多寡不尽同，其在吾粤之南海、番禺、顺德、香山、东莞、新会、新宁之民多且富也，必能集资而成，足备大学之资格。其一县中之大乡人数十万，如顺德、龙山之类，亦可成一高等学焉，或更可成一大学焉。其中县亦必可成一高等专门学。国家但就其资力之所至，而听其为大学、高等学，不必以其资格而额定焉。府亦如是，省亦如是。大率论之，府必有高等专门学，每省必有大学，然皆宜听人民及长官之自为计，听其水流沙转，而国家但为奖导，顺而受之。如其有力，则一县成十大学，尤可喜也。育才务多，国家何靳焉？假今吾国有百千万大学生，不尤文明之至而为国光耶！何苦自斲而务少之，从而坐令美国人自炫其大学校之多乎？至于日本之但有两京学，盖由其国小人贫、财力不逮使然，非理之至也。或谓医学不备，不足为大学，亦非也。美之西林抓、李抓罅无医学矣，欧人大学无农工商矿，岂可谓之不得为大学乎？今请粗定大学、高等专门学之格，而各省、府、县之人士集资合力，能应此格者，学政视察，果能符合，即奏明以大学、高等学之名与之。高等学若粤之学海堂、菊坡精舍，浙江之诂经精舍，四川之尊经书院，皆有分业，并多教习，可以名之矣。然虽列之于高等学，但亦不必改其本来精舍、书院之名，以存旧典。

大学之资格如左。

一、学生皆经补习普通学而来，否则家自延师，以能通普通学为合格。即以普通学诸科题试之，能应问即准其入学，不拘是何资格。

一、分科各听办学人内定，然以能备六科学、两国语者为合格。

一、每科必分门目，多少听办学人自定。然每门必有一分教习，每科必有一著名之大教习。诸科合并，必有一尤著名之总教习。

一、必有一博物院，合中外古今事物须在万种以上。又必有一藏书楼，合中外图书必有十万卷以上。

一、学费额数须有百万，以购办仪器、图书、房舍，余留养学。经学政验视合格，可为奏请立案。

既许名为大学，即许自考科第，为期三年毕业。而考试则须由校长、总教习请学政亲临，会同面考。合计其平日积分，凡问十得五，即认为合格而取之，援用古今雅名，曰某学秀才，或用《王制》名曰秀士亦可。其再学他业，或入其他著名之大学暨京师大学者，经一年或三年再试，学政监临如前，考取合格者，名曰茂才。除京师外，其某处大学可有茂才名号，分别酌定。遇有考拔出外国游学，或备供他项用途者，名曰选士。选士资格与茂才同等。其自本校出身，领得秀才、茂才、选士衔名，确成专门名家、博学著书而名业昭著者，经校长呈明学政，上之学部，由大臣会同京师大学试之。合格引见，授位曰某学博士，比今之进士焉。

高等专门学之资格如下。

一、其一切概与大学同，但分科目、集资财、延教习、购图书、置仪器，视大学为次而不能足其额者，即属此学。

一、此学三年毕业，亦由校长、总教习请学政会同考试，计算积分，取录合格者作为某学毕业生，或曰优生，发给文凭，可任此学艺之一切职业及同科教习。其入他大学，可不拘年限，应试合格者可取录为秀才。

一、若有数高等专门学舍而能如大学分科、集资、延师及备其图书、仪器之额者，即可作为大学。

盖自专门学以上，皆有用之才，故给予学位较为从宽，用示激劝。吾国从古贵士，人民又多向往，科第之心最为炽盛。昔者士人应乡、会试不止十次，请枪替者甘费万金；而各省军需之捐输多者，辄增其学额举额。今科第既废，犹是人也，好慕之心更盛。绅士向来有权望于其乡，人人能自开大学、高等学以自得科学，以使其子弟皆得科第，则其鼓舞大学、专门学之兴起，必有大效力焉！

夫以恶士弗之作育有成，不过在善聚教习、图书、仪器，因以集聚人才。若是则吾国苟能急起而直追之，恶士弗之创立必达无数，而人才亦不可胜用也。假使各省、府、县各集其百万之资，以置备无限之图书、仪器，则人才愈出愈盛，岂非良法美意哉？此法之于各国或无大效，而于吾国最宜盛行而最可见效者也。此例若行之三年，吾国必有数十大学出焉；行之十年，则大学必过数百焉。此惟数千年崇儒、重士、贵科举之中学所能有乎？

夫以一大学而学生数千人，多者且万人，既有科第，可厚收其脩金，以增置图书、仪器，而学自然日盛也。十年后复有数百之大学，而大学生随之亦有数百万。钻研启发之余，中国新书、新器自必日盛，况中国故文学第一国也。结果必复其始，不及十年，其必以文学冠万国，于以前无古者、后无来兹，不亦伟乎！

监布烈住计共二十三校。其大而古旧有名者有十余校，若王校、偕士校、噫马袅噫路校、伽亚校、色噂校、耶稣校、女后校、割顿校、嫩嫌校，而边布碌校、彼得席校尤黝黑而古旧，云校有英王行宫。盖英王昔曾学于是，后每临学，必谒其师，故立行宫焉。尖塔耸峭，作三面，轩悬形，前覆垂藤，华木幽胜。王校高塔、圆穹、祈殿、道场皆极峻伟，备觉庄严。

色嚩校、女后校临伽力桥，花木浓郁，风景至佳。而屯地校圆桥幽艳，垂树毵毵。色嚩园草树夹流，景尤幽胜。屯地校门刻镂亦极精，盖甚古者。阿顿卜碌医校，其医学甚有名，吾国闽人之在南洋者，多学于此。吾皆游焉。

欲考欧美学校之情况，必得其最大最先之规模而印证之，然后一切后来之条理乃可求也。美国学校，系出于英。欧洲各学校则以英之恶士弗为最先，而于大学之中名列第一者也。在英国为至古至大之学，英人自夸为地球第一焉。盖一则以其最古，二则以其为校最多，三则以其成才最众也。最古者，此中计有啤料校，始于西历一千二百六十三年，正当我宋、元世。而在彼十四世纪时，则已有五校。英王咽活第二创开阿料校，咽活第三后创开女后校，而大学校、玛利亚校新校同时创于此地。嗣在十五世纪时，又增二校，英王威廉创开玛地各校，耶稣校弟湾地继之。在十六世纪时，复增六校，伊丽莎白女王创开耶稣校、巴色嚩校、稚拿地校、卑理顺那校、试烟问诃校、可罢士伽士地校。继之英王占士第一又创边布碌校。至近数百年，数益增加，乃为廿一校合而成为一大学。故诚属各国所无，而亦最大且古者也。

其楼阁峥嵘，石筑完固，巍然峙立于恶士弗一市中。塔宇相望，形制各异。极目数里，皆是校舍，诚清异瑰伟之地也。监布烈住在后，亦同此式。吾后游美国波士顿之哈佛、臬嬉份之耶路及全美其他各大学，皆仿此制。则恶士弗诚可称为鼻祖哉！盖其开创先于五百年前，英之前后诸王既创垂而奖导之，为数固日有增加。而自伊丽莎白之后，益宏奖大学，揸理士第一、占士第一皆迭躬临视学。王子之入学者，后为帝王，列像于壁. 昭垂百世。其余英国数百年来强盛之名将相，以及硕学名士，皆出于是，是以享名最盛也。

原夫此学，实为最旧。始本由神学，进而为人道学、复古文学，而增入近世之哲理学，旁更及于医、律，而于物质应用者稍稀。盖其学生率皆讲求希腊、拉丁文学，翩翩风流，自视贵异，不肯与凡俗伍，有中国人士之风。美人乃专以实用为主，故将农工商列于大学，而不重希腊、拉丁之文学，近且将议发之。颇有讥评恶士弗之守旧者，而英则绝不少改。然欧洲大陆各大学，亦皆以各工艺、农商置于专门，而不以列之大学，是亦浴于恶士弗之风化也。其用意盖以大学者，专在养成士大夫之人才，而以专门学则为实用焉。

吾于欧美各国之法治，最爱英人。他若法之疾驰躐等，扫除一切，固不见功而祸患孔殷矣。即美之专务实利，则亦有质胜之患。惟英之进化双轮并驰，大地鼎新，一切皆自英始。而抒怀旧之念，发思古之情，令人俯仰徘徊，雅韵深情，悠然自远，所以长养人士之高怀雅性、悱恻缠绵，故能旨趣贞固，寄托遥深。虽慓悍不如法、美，而坚定深稳，卓然不败。故英之所获最多，鲜有不收效绩者，实其风俗有以致之也。盖人之于道，温故、知新皆不可缺，进取、保守两宜并顾，稍有所偏，皆足致病。相其时宜以为步骤之疾徐，若天马鸣銮，温然而中节。孔子言道，最贵中和。英之为化虽不能遂至是，然合各国而较之，其亦稍近于中庸者耶！《诗》曰：不刚不柔，敷政优优，百禄是遒。英得刚柔之宜，协新旧之变，从容以赴，不疾不徐，真所谓“敷政优优”，宜其“百禄是遒”哉！

吾国向来只知保守，当万国交通竞争之世，而行以数千年朽弊在之旧法，必不能竞存于新世之中，是则不可不大变。故当戊戌时，吾甘冒犯一国之怒而毅然思变之。今之时，人人亦既知变，则应就轨道之可循者寻求之，亦有宜温故存旧者。苟不问其可否，一概屏除，见西法则师之，见我法即弃之，既不能保存国粹，则无深情雅性、逸旨高怀，而人格斯下。且夫一国之立，自有其固定之精神，不在其表面之形式。若只知事事从人，以顺为正，是奴仆也。此在野蛮之国则可，岂具有数千年文明之中国而亦甘为婢妾之行哉？

波士顿一瞽者语我曰：“各国立国之道，皆以具有自立之精神为主。闻贵国有志之士急于变法，而一切乃舍已从人。考之各国自立之道，皆不如此。然则敢问君之宗旨如何？”吾甚愧其言，乃指吾服而示其相者曰：“诚然吾乃首变法者，而吾终不变吾服，盖以吾道固有自立之道也。”今之人士能变法者，言衣服则欧装之迟难不便，言饮食则欧餐之干淡不调，免冠之易为风吹，握手之病易传染，此皆欧人与我自言不美者，乃吾国人虽于其至恶之，亦复从之；至言及年代，则动引十几世纪。夫华土固有其数千年文明正朔，昭然自立，与西历何与而先自降耶？世乃三十年之义，又何其不词？在日人之岛国，旧无文明则可，在我从之何为？其他若祭祀必以去烛为言，甚且行礼亦以立揖为敬，几如稍存国俗即为野蛮，少用西风即为文明者。无耻至此，有识同悲。种此奴仆根性，他日何以自立？试问立国盛强之道，果在服食、行礼否？如必在此，变之宜速，否则徒令欧美人笑吾沐猴而冠、生心害种耳！以吾国之广土众民，苟能自立，何不使人转而从我乎？善哉！英之兼重保守而恶士弗之能存古也。宜其人才之众哉！

恶士弗以一校，每校各有施主，各有学费，各有校长，各行其政，又各有校舍，各有公共食堂、藏书楼、祈祷讲道场，各延教习以讲授。各校学生，多者数百人，少者数十人。如美国联邦之各各自立也。而由国立一校长、总教习综持之，别有合自廿一校之公共藏书楼、祈祷道场、试院、公议堂以统之，如华盛顿、普鲁士之政府焉。此其所以为大也。监布烈住大学、伦敦大学同其制，不复详赘。

吾尝观夫学生之竞渡矣。设帐棚于河干，画舫栉比，红女联翩。竞者得胜而归，则所欢或其所识之女举帕欢迎，掷果欢笑。其义主导乐以畅魂灵，习劳而壮体魄，未可徒以佻达议之也。吾国重礼守教，斯须之间，不庄不敬则以为轻佻，故坐如尸，立如齐，正容止而不妄语，足容重而不妄行。于德行吾为尚，于和乐彼为畅。然人之所以为道，皆以为群也，不损于其群者，无可议焉。行己之齐庄，一己之私德，非有益于人群也；与众乐乐，则能欢洽于大群。夫以己与群较，则群大而己小，当舍小己而从大群。然则尚乐者，尚较有得也。

藏书楼有数所，博物院亦甚大，吾皆游观焉。书楼计有书廿余万册，博物院有物事数万种，胥以备学者之考察，其文献亦足征矣。各国大学规模率同。其阅书有立铜表二尺许，上置木板，可圆转，可欹斜，置书于上，以便阅者。边缘有钉，以护书焉。吾登书楼之顶以望恶士弗全市，但见校舍触目接，塔棱耸矗于烟云间，花木溪流周遭掩映。盖精舍、书斋必宜择清胜之地以避尘嚣，乃足以养学者之神魂。遥望大钟楼，夕时响百八扣之钟声，足助清听也。英人所谓系依昔之学生数，然百八钟声在中国寺庙皆然，乃出佛法，印度俗也。英人不知之而妄加附会，或不肯认为印度俗耳。飞桥交通，树径花溪，行吟清胜。有某诗人行处，今以名其路焉。其公囿甚佳，畜鹿百数。吾居恶士弗凡四日，每晡游焉。时为光绪三十年六月九日至十二日也。

学生多寓校外，室颇清整，近公园者有佳者。有行歌于衢者，衣服修洁一如常人，乃乞丐也。给之以钱则受，彼固不行乞于人，但以歌唱悦人耳。以博人欢，人则给以金钱，亦可谓食功而非食志。然衣服整齐，则诚能不辱国体者矣。

市中有旧时焚新教人处，泰西争教之力，惨酷至此。夫教以益人者也，若此是反以为毒矣。新旧教之争，死者百万，乃得行之，其与我国汉、宋朱王之相攻仅以笔舌，相去何远哉！

有东方茶馆，遍挂东亚器物，出售所食有一茶、一饼或酪，价三佩尼。

戏院广大庄严，仿罗马斗兽场式，亦为演说处，皆许外宾男女入座观听。有竞走场，有竞渡处。欧人之立教与我最异者，莫若此矣。然孔子之六艺，以礼乐并重。我国旧所偏重者礼者也，欧人甚称之，欧人所重者乐也。礼主庄敬，乐主和乐，盖皆圣人之道而人道所不能无焉。其学生皆登堂扮演，骤观似甚游戏。然武之为乐，天子亲舞冕而总，于一成而北出，再成而灭商，三成而南，四成而南国是疆，五成而周公左、召公右，六成后缀以崇，天子六成之中歌酌桓赉般，岂非今之戏剧乎？然则何怪焉！所异者，于学校中诸生等扮为男女之戏，未免媟而不庄。然欧人以寻乐为主，父母、子女亦复戏扮男女，以招客娱宾，不以为怪。

盖欧人之视男女游戏，不以为媟，亦其礼俗使然也。此事得失，正难言之。以其波澜远大，关涉极重，故欧人不贱俳优。昔士卑亚之词，如吾国屈原、太白，不止汤若士矣，士人莫有不讽诵者，而昔士卑亚乃一优人也。顷英国某一名优死，英王唁之，英廷自巴科以下诸大臣皆往吊，惊动全国。盖其人本有文学，能自创新剧本，吾往观之，旌旗变色，无所不备，兼诸天星界之人物、礼乐而一新之，故自不凡。然在吾国，终不能行此。夫戏者乐也，乐以化民成俗者也。既所关至大，乌得不重视之？亦既重视之，乌得不以学生学之？吾国以虑其媟也而轻鄙之，士人遂不屑为；且以其为优者，竟不齿于人数焉，故乐益坏而位益下。而戏剧既无通人主持，乃益趋淫靡，而无裨于风化人心焉。大凡物为人情所同好而不能免者，则为治教者必当有维持之，不能以轻鄙绝之也。学者愈轻鄙之而又不能绝之，愈败坏矣。夫道者非从天降地出者也，因人之身体、性情率而行之之谓道也，故孔子曰：道不远人。戏剧者，人身体、性情之所乐好，所谓道也。既有此道，绝之而不裁成著美之，则俗化衰矣。故学生之为戏剧，岂非所谓“道不远人”者耶？若其竞走、竞渡，所以有水陆之嬉而强肌肤之节，寓之游戏之中，以为有用之地。欧人救火援溺之行，亦类此哉。是因事设教，所以致于人用者也。

啤料校开创至古，而学人至多，迄今犹然。现有学生百余人，脩金每季四磅。房租食用，中等者月十二磅，奢者或不止此；俭者尚可稍省，但不能从容应酬交接耳。每岁学期计二十来复，约须费百五十磅。

凡学生新入学者，不论学位，万国皆可，但投愿学书则试之，必兼三国文乃可入学。欧土概以英、德、法三国文为一般通行者，古文则希腊、拉丁也。拉丁文在中学时已有之，故必考拉丁文，通乃许入学，因英文学多根据拉丁文也。其余阿剌伯、印度文、西班牙文皆得任备一国文。今年新增中国文，能通之者准作为备一国文矣，美国有数大学亦同此例。盖交通渐繁，而欧美人亦已渐留意于中国也。

新学生入学时，按礼不能自往见旧学生，旧学生先来则可，惟至第二学期则可任意。同校生新来者，旧生必先请酒，而后新生乃敢请之。若请茶则新旧皆可。先后同校者，月必请茶，其礼仪繁复迂构，甚似吾国翰林衙门焉。

学生会有公会，其公会分藏书室、阅报室、辩论室、发信室、写字室、食堂、烟室、茶室、打球房、花园，莫不咸备。公举人分任其事，以便学生之息游、观摩、讲论、办事焉。入会者人纳金一磅，又每学期纳二十五先令，经纳九学期后即无庸再纳。好写书札者，纳三先令，若立交十磅者，后无庸交。规条详明，堂室整洁，园林幽蒨，甚可游息。其藏报无不备，当日俄之战，日日皆有电报告大众焉。学生之来信电者，皆于公所发收。其办事室每来复四日八时至十一时开办，公举一人主持之。凡游校，须三先令，有学生导游者。免学生之领人游者，许带九人，多一人纳三先令。若学生不衣礼服，概以常人论，即学生亦收诗令。校中有戏院，有印字馆，有自行车室。

［抄件，藏全国政协文史资料委员会］